创业的必修课系列

制度才是真正的老板

（图解实操版）

雄信文化 编著

清华大学出版社
北京

内 容 简 介

对待老板，“70 后”会觉得老板最大，“80 后”崇尚上下平等，而“90 后”会觉得：我才是老板！

对待制度，“70 后”基本会自觉遵守，“80 后”需要老板说服，而“90 后”会：走人！拿脚投票！

目前，“90 后”渐渐登上职场舞台，他们聪明有才但不愿受气，他们个性张扬但我行我素。如果你是老板或领导，还用管理“70 后”、“80 后”的思维来管理“90 后”，那么你就 OUT 了！

聪明的老板，开始学会不硬碰硬，而是巧妙地通过建立制度，用“90 后”的方式来管理“90 后”，让制度成为真正的老板，让一切有章可依，按制度办事，让公司标准化、让做事流程化，这样运营才能高效化，最终实现企业的利润最大化。

本书从老板经营和管理企业的角度，从建立制度、完善制度、执行制度、赏罚有度、文化建设角度，提供了实用的方法和案例，帮助刚创业的老板或管理者精通并运用制度，帮助企业发展壮大！

本书不仅适合准备创业或创业中的老板、管理者们阅读，也适合与“90 后”有接触的管理者、人事类管理人员以及对“90 后”管理感兴趣的读者阅读。

图书在版编目(CIP)数据

制度才是真正的老板(图解实操版)/雄信文化编著. --北京：清华大学出版社，2016
(创业的必修课系列)
ISBN 978-7-302-43666-9

Ⅰ. ①制…　Ⅱ. ①雄…　Ⅲ. ①企业管理制度—图解　Ⅳ. ①F272.9-64

中国版本图书馆 CIP 数据核字(2016)第 084784 号

责任编辑：杨作梅
装帧设计：杨玉兰
责任校对：周剑云
责任印制：刘海龙

出版发行：清华大学出版社
网　址：http://www.tup.com.cn，http://www.wqbook.com
地　址：北京清华大学学研大厦 A 座　**邮　编**：100084
社总机：010-62770175　**邮　购**：010-62786544
投稿与读者服务：010-62776969，c-service@tup.tsinghua.edu.cn
质 量 反 馈：010-62772015，zhiliang@tup.tsinghua.edu.cn
印 装 者：三河市中晟雅豪印务有限公司
经　销：全国新华书店
开　本：170mm×240mm　**印　张**：20.75　**字　数**：415 千字
版　次：2016 年 5 月第 1 版　**印　次**：2016 年 5 月第 1 次印刷
印　数：1～3000
定　价：49.80 元

产品编号：062734-01

前言

1. 写作驱动

新公司刚成立，如何开展业务，避免开业即结业？毕竟现在公司倒闭的速度比新开的速度还快，能活过5年的公司更是寥寥无几！

如何开展业务，通过销售订单，让公司活下来？是通过推销自己、促销产品，还是打造人脉、关系拉单？每天的销售业绩怎么来实现？

公司有了，可制度、文化一切为零，怎么办？是人管人、人管事？还是建立优秀的制度、机制，实现制度管理？制度才是真正的老板！

员工怎么办，在一切成本越来越高的情况下，老是招不到合适的人，招到了好不容易培养出来人又走了，面对“90后”的“跳跳族”，怎么管理？

稍微喘口气，又发现，公司的财务一片混乱，成本居高不下，处处增加，而利润越来越薄，再不控制，公司又要亏本了，怎么办？

随着企业发展越来越大，资金越来越紧缺，一方面是竞争激烈，另一方面还要发展壮大，可资金从哪里来？怎么融资？怎么借贷？

2. 系列图书

为了帮助创业的新手朋友能够一开公司就赚钱，避免走弯路、错路，浪费时间和精力，雄信文化团队精心策划，将自己的经验汇集，编写了本套“创业的必修课”系列图书，帮助创业的朋友解决各方面的问题。

- 《新手这样开办公司》(图解实操版)
- 《每天学一点销售学》(图解实操版)
- 《制度才是真正的老板》(图解实操版)
- 《管理员工就这几招》(图解实操版)
- 《轻松成为财务内行》(图解实操版)
- 《融资借贷完全攻略》(图解实操版)

3. 本书内容

本书为“创业的必修课”系列中的《制度才是真正的老板》(图解实操版)，主要内容包括：建立制度——用制度代替老板；完善制度——才能坐稳江山；完美制度——才能打出好牌；建立各项制度——排兵布阵；执行制度——胜在制度赢在执行；赏罚有度——企业奖惩制度与绩效制度；制度与人性化管理——现代化的企业管理；制度建设——企业发展的根基；以及文化与制度——企业发展的精神支柱。帮助创业者或管理者明白如何建立制度、完善制度、执行制度、赏罚有度和进行文化建设，让企业变得正规，帮助企业做大做强！

4. 作者售后

本书由雄信文化编著，同时参加编写的人员还有刘雄宇、颜信、余慧、谭贤、柏松、谭俊杰、徐茜、苏高、曾杰、张瑶、刘嫔、罗磊、罗林、蒋鹏、田潘、李四华、刘琴、周旭阳、袁淑敏、谭中阳、杨端阳、卢博、徐婷、余小芳、蒋珍珍、吴金蓉、陈国嘉、曾慧、向彬珊、李龙禹、徐旺等人，在此表示感谢。由于作者水平有限，书中难免有错误和疏漏之处，恳请广大读者批评、指正。联系邮箱：itsir@qq.com。

编　者

目录

目录

第1章

建立制度——用制度代替老板

学前提示

为什么用制度

- 制度是管理的法宝
- 什么是制度
- 制定管理制度的内容和原则
- 优秀制度成就优秀的企业

如何用制度代替老板

- 行政靠制度，管理者要用权有度
- 经营企划制度，做好公司长期规划
- 行政办公制度，做好人性化管理
- 人力资源制度，帮助老板管好人才
- 财务制度，帮助老板管好财富
- 机密制度，帮助老板管好企业机密

1.1 为什么用制度

“老板打天下，制度定江山。”制度决定一个组织的兴衰与成败，也决定一个组织发展的高度与广度。如果说管理是树木，那么制度就是滋养万物的土壤。只有肥沃的土壤，才会培育出茂盛的植物。

只有规范健全的制度，才能有规范有效的管理。不会用制度管理，干得累死累活也不会有成绩！一个成功的管理者，也必然是一个制度管理大师。

因此，不管做什么，要想成功，就必须重视制度建设、增强制度管理的意识，让制度的理念在企业肌体中运行，只有这样，才能从根本上改善企业管理。另外，也正如我国一句古话说的“没有规矩不成方圆”，企业有了“规矩”，才可以成“方”成“圆”，才能在管理中游刃有余。

1.1.1 制度是管理的法宝

【企业实例】 创立于 1802 年的杜邦公司至今已有 200 多年的历史，是世界 500 强企业中寿命最长的公司之一。它之所以长寿，是因为杜邦家族不断地进行制度创新，始终坚持用制度管理企业。

在早期，杜邦公司的管理带有明显的个人英雄主义色彩，亨利·杜邦管理思维就是这一制度的典型代表。他的管理模式被称为“恺撒式管理”，即单人决策的意思：公司大大小小的决策，都由他说了算。公司所有支票他要亲自开，所有合同他要亲自签。这种管理模式在长达 39 年的时间内取得了较好的效果，亨利靠着单人决策建立了杜邦帝国。

然而，当亨利卸任之后，他的单人管理能力无法被继承。亨利去世后，其侄子尤金成了杜邦公司的最高管理者。但他经验不足，管理无能，导致企业迅速衰败，甚至差点儿倒闭。

面对危机，杜邦家族废除了单人决策的管理模式，改用集团式的管理模式。最高决策权掌控在家族手中，但家族成员不再事必躬亲，而是让执行委员会去执行他们的决策。同时，杜邦集团将管理制度化，不再推崇个人单打独斗，这样做大大地提高了管理效率，促进了公司的发展。

但是，由于权力过于集中，管理失去了弹性。面对多变的市场环境，杜邦公司的适应能力较差。于是，杜邦公司采取多分部体制，把权力下放到部门，这一举措使杜邦公司再次获得了飞速的发展。

常言道：“打江山容易，守江山难。”守江山的关键在于治理，治理的关键在于制度。从杜邦公司的发展历程中，我们可以看出：企业长久发展的关键在于制度。

每个时期，杜邦公司都有特定的制度：最开始是单人决策，然后是集团式经

营，最后是多分部体制。这些制度在特定的时期，为杜邦公司的发展提供了相应的保障。从最初的个人英雄主义，到后来的多分部体制，杜邦公司的企业制度在不断地发展和创新。

对任何一个企业来说，制度的创新是公司“定江山”的法宝。如果用一句话来说明制度创新的重要性，那就是：制度创新是管理的法宝，是企业的根本创新，是最重要的企业体制变革。

我们发现在杜邦公司的发展过程中其总裁不断更替，其中不乏英雄人物。这些人是杜邦家族历史上重要的人物，是名噪一时的响当当的人物。

但是，现在很多人都不记得他们了。这说明什么呢？这说明一个企业的成长，需要绝对的领袖，但是更需要合理的制度，好制度比好领袖更能让人印象深刻，更能让企业长久发展。

所以，从这个意义上说，老板、领袖是打天下的“王者”，制度是定天下、定江山的“王者”，管理者的能力远远不如制度有威力。

而想让一个打天下的统帅变成定江山的“王者”，关键在于创新制度，坚持用制度管理公司，让一切管理行为变得系统而规范。之所以要强调制度建设，目的是用规范化的制度来约束管理者，避免管理者滥用职权。

因为人是有感情和弱点的，而制度却能避免感情用事，弥补人管人模式的漏洞。与此同时，制度也要规范员工的行为，消除企业内部无序和涣散的状态，维护管理者的权威，让企业的意志和行动相统一。

如果一个企业没有规范的制度，或许在某个时间段能混下去，甚至还混得很有效率，但从长远来看显然行不通。因为没有制度、没有纪律，会导致企业没有执行力、没有生产力。

所以，一个明智的老板，在创立公司之后，一定会努力制定适合公司的系统化的管理制度。以下几点具有较高的参考价值，如图 1-1 所示。

图 1-1 制度是管理的法宝

1. 在制定制度时，要以“高标准、严谨”为原则

制度不严谨，全是泛泛而谈的“空架子”，没有具体的规范，那等于没有制

度。现在很多小公司就是这样，虽然也有一套的制度，但不严谨、没有考量的标准，根本无法评估执行效果。这样的企业也注定难成气候。

如果你想打造一个一流的团队，就必须制定严谨的制度。这非常容易理解：如果制度足够严谨，那员工的所作所为就会有明确的衡量标准。

这样一来，员工好的行为就会得到激励，不良的行为就会得到遏制和纠正，这对公司的发展壮大有重要意义。

2．告知相关制度的前因后果，让员工明白怎样做

企业管理制度，其实就是企业内部的游戏规则。作为管理者，应该让每个员工清楚地明白制度是什么，知道哪些行为是允许的，哪些行为是不允许的，哪些行为是公司大力提倡的。

管理者制定制度之后，一定要清楚地告诉员工：为什么公司要制定这些制度，员工为什么要遵守这些制度，制度与员工有什么关系，制度跟公司的业绩有什么关系……只有真正看明白了公司的制度，员工才知道为什么要遵守，怎样去遵守。

3．拟定具体的奖赏和惩罚标准，严格地按照标准执行

在制定制度的时候，一定要设定具体的奖惩标准：员工表现得好，按照规定给予奖赏；员工表现糟糕，给公司造成了损失，按照规定给予处罚。

这样的制度才能彰显公平，才能鞭策后进、鼓舞先进，才能起到管理员工、凝聚人心的作用。

企业的管理者不要像古代的某些皇帝那样，有法不依，随心所欲地奖赏或惩罚员工：员工办了一件让他开心的事，他就可以给这位员工加官晋爵；员工说错了一句话，得罪了他，他就可以立即将其“打入死牢”。要知道按这种做法管理企业会让人口服心不服，是难以管理好公司和员工的。

4．监督检查，杜绝有“法”不依、有“罪”不定

在制度和标准下，员工违反了哪些规定，就要受到相应的处罚。但如果没人监督，执行者就会滥用职权、徇私舞弊。

打个比方：张三与王经理关系不错，张三违反了公司的制度，王经理念及人情，不按规定处置张三。王经理这样做引起了李四、王五等员工的不满，他们有怨言，工作积极性大减。

其实这种情况在公司非常常见。为了避免惩处制度执行不到位，高层管理者必须狠抓制度执行的力度，避免发生有“法”不依、有“罪”不定的情况。

1.1.2　什么是制度

实际上，现代的企业管理理论主要来自西方社会，是工业化大生产推动了现代

管理理论的发展与进步。在西方，其核心的管理理论是规范与制度，且利用二者对人员进行相应的管理。

但是如今的很多企业，并没有将西方管理这一优点吸取过来，它们所凭借的依旧是人治管理。如此，管人者劳心劳力，被管者也感觉不满意。问题究竟出在哪里呢？这是因为人管人的时候难免会有一些主观判断与偏好无法摆脱，导致被管者的认识和理解不一，这才引发了上述结果。

相对人治管理来说，制度治人更具有优势。严格的制度在每个人面前都是平等的，这就在一定程度上减少了所谓的不公平。制度犹如尺子，不仅可以衡量被管者的行为，还可以衡量管理者的行为。

这样就实现了相对的平等，而平等就相当于对人的尊重。不仅如此，制度也可以告诉员工哪些是可以做的，哪些是不可以做的，这样就让管理者腾出更多时间关注更加重要的事情，而不是将心思都浪费在琢磨人心上。

通常，相对合理的制度能够有效地降低企业的内部消耗，使管理者与员工将聪明才智放到公司的发展上，而不是人与人之间猜疑和争权夺利上。

在企业中，只有制度可以让我们从与生俱来的缺点与不足中规避出来。制度是管理不可或缺的工具之一。因此，在制度中必须形成对人的行为进行扬长避短的某种“机制”，而这种“机制”能够代替老板实现对企业的管理。

【企业实例】 一个 7 个人的小团体，共同分食一锅粥，如何让每个人都吃上香喷喷的粥？大家纷纷献计策，设计出 6 种制度。

第 1 项制度：让一个人负责分粥。大家很快从中发现了弊端——这个人为自己分的粥最多。于是大家决定换另一个人来分，结果却与第一个人一样。

第 2 项制度：大家依次分粥。这样做之后，大家发现虽然每个人的机会都是相等的，但是每人每周只有一天能够吃饱而且有剩余，其他 6 个人都饥肠辘辘，最终造成了资源的浪费。

第 3 项制度：大家推选出一个最值得众人信任的人分粥。起初，这个大家推选出的人还可以很公平地分粥，但是渐渐地，众人发现，这个人会有意无意地为自己和那些溜须拍马的人多分一些，结果导致个人腐败和风气败坏。

第 4 项制度：民主选举一个分粥委员会和一个监督委员会，形成民主监督与制约机制。但由于监督委员会时常提出各种议案，分粥委员会又会据理力争，等到议案决定后，粥早已经凉透了。

第 5 项制度：每一个人轮流分粥，但是负责分粥的那个人要最后才能拿粥。令人惊讶的是，在这样的制度下，7 个人碗里的粥竟然是一样多。

第 6 项制度：大家抓阄决定喝哪一碗粥。这是我国民间经常采用的最简洁、高效、公平的方法。这种方法虽然不科学，但是分完之后大家并不会表现得十分失落，因为每个人的机会都是均等的，所以不会有相互埋怨的事情发生。

在上述案例当中，第 5 项制度是最好的，第 6 项次之，其他都是不可取的。第 5 项制度正视了人性恶的那一面，但是在制度当中设计了限制人性恶的条款，在这样的机制下，人性恶的一面就得到了很好的遏制。

机制又是什么？所谓机制，就是一种“势能”，它总是有形地存在着。当然了，也正是因为它的存在，才可以促使员工能够做什么、不能够做什么，才可以警示员工可以怎么样做、不可以怎么样做等。而这种如影随形、无所不在的“势能”就是“机制”。

对企业来说，一个完美的制度是浑然天成的，是精妙而清晰的，是简单而高效的，是令人为之惊叹的。由此，制度对于企业的重要性可见一斑。身为一个成功的企业管理者，一定要擅长借助制度的力量进行人员上的管理。

那么，制度是什么呢？

经济学家诺斯这样认为，“制度就是社会的游戏规则”，或更加规范地说，制度就是构建人类相互行为的人为设定的约束。大到社会，小到企业，人与人之间所追求的利益行为常常是相互牵制的。

如果只从行为主体的功利性计算，就很容易出现好人办坏事，坏事人人争先的结果。为了更好地协调人与人之间的冲突，维持良好的秩序，人们迫切需要用制度规范个体的行为。

事实上，倘若没有制度提供的秩序，人类社会将会一直停留在霍布斯设想的“一切人与一切人作战”的丛林时代。

1.1.3 制定管理制度的内容和原则

【企业实例】 在管理万科集团过程中，王石始终坚持一个理念——“建立规范的公司制度的作用比什么都重要！”

他曾经这样说过：“作为万科的创始人，我个人的能量和影响力在万科早期的生存和发展中起着决定性的作用，因此在某个时期靠个人威望就能维持企业的运作。但是，作为职业管理者，必须意识到成熟企业强调的是企业文化和机制，就必须按现代企业制度的标准建立运行机制。”

因此，从王石执掌万科集团之初，建立一个行之有效的企业管理系统就成了他工作的重中之重。虽然被称为“万科黄埔校长”，但是他却尽可能地减少自己对企业的影响力，把权力下放给管理层，让他的下属能够拥有更大的权力空间，让他们为企业的发展承担起责任。

王石为万科建立了完善而又严格的现代企业制度，并且费尽心血培养了大批可堪重任的栋梁，他们后来都成为万科的中流砥柱。这样做的效果是显而易见的：即使离开了王石，万科依然能够高歌猛进，保持着快速发展趋势。

而此时的王石，就安心做自己的甩手掌柜，悠哉地纵情于山水之间了。

企业管理制度是对企业管理活动的制度安排，包括公司经营目的和观念，公司目标与战略，公司的管理组织以及各业务职能领域活动的规定。

企业管理制度是企业员工在企业生产经营活动中须共同遵守的规定和准则的总称。企业管理制度的表现形式或组成包括企业组织机构设计、职能部门划分及职能分工、岗位职责工作说明，专业管理制度、工作或流程、管理表单等管理制度类文件。

企业依法制定规章制度是企业内部“立法”，是企业规范运作和行使用人权的重要方式之一。企业应当最大限度地利用和行使好法律赋予的这一权利，聪明的企业管理者都看到了这一点。

1．建立企业管理制度的内容

通过前面内容对企业管理制度的介绍，我们要建立的企业管理制度主要有以下内容。

(1) 建立以参与国际竞争、占领国际市场为目标的经营战略体系。

(2) 建立企业职工培训、考核、奖惩制度。

(3) 建立现代企业技术改造与科研制度。

(4) 建立集中管理与分散经营相结合，即集、分权相结合的运行机制。

(5) 建立企业的民主管理制度。

(6) 建立企业的文化生活制度等。

当然，为此要建立一系列配套的管理，如研究与开发管理、生产管理、财务管理、人力资源管理等具体制度。

但实践中，我们很遗憾地看到大量企业并未对此予以充分的重视，他们认为反正有国家法律、法规，出了事按国家法律、法规处理就行了。

其实不然，国家法律、法规是大法，不可能针对某个单位的具体情况，相对比较概括，而企业的具体情况千差万别，需要的是更准确详细、可直接运用的规范。

懂得做标准的企业必定是行业的标杆，同时也可以被称为领军企业。因为行业中所谓的标准，其实就是制定行业准则。

任何一家企业，想要进入这个市场，必须按照你所制定的标准来实施，所以立志于做标准的企业有绝对的优势，它可以通过提高自身的产品质量和服务标准来提高该行业的门槛，对其他企业进行限制，以此来削弱对手的优势。

2．制定企业制度的原则

一个企业需要多少制度，需要什么样的制度，不同的企业或者同一企业不同的阶段是有差别的。但是在建立和制定企业制度的过程中，应该遵循以下几个原则，如图 1-2 所示。

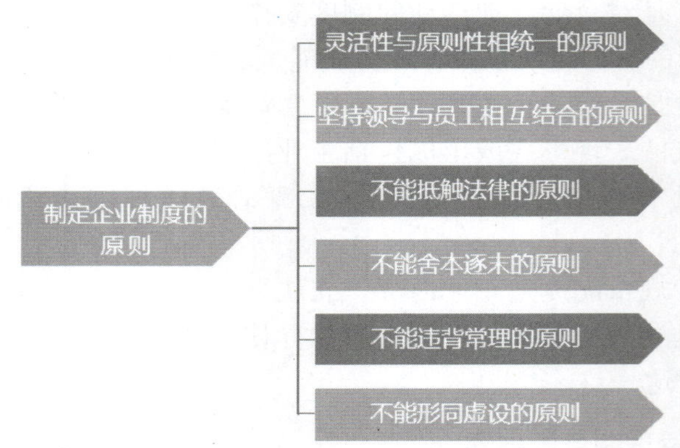

图 1-2 制定企业制度的原则

1) 灵活性与原则性相统一的原则

在制定制度时，要有灵活性，灵活性在前，原则性在后，制定的时候把能够存在的特殊性尽可能都包含进去，并且要对制度的使用者进行调研考察，让他们参与制度的制定。

2) 坚持领导与员工相互结合的原则

企业内部规章制度的制定涉及广大职工的生产经营行为及各种利益，因而绝不能把它当作简单的文字性事务工作来对待，而要结合企业的实际情况和生产经营管理的需要，经过充分讨论，按有利于员工贯彻执行的原则来进行制定。

3) 不能抵触法律的原则

制度的制定不能与国家法律相抵触，要考虑人们的风俗。尤其是随着全球经济一体化进程的加快，国际性大市场的形成，企业势必要与更多的国家、地区，更多的人群打交道，跨国企业、多国企业在这方面更是如此。因此，企业的管理制度的制定必须考虑到国家法律、当地风俗习惯、人们的文化教育水平、宗教习惯等。

4) 不能舍本逐末的原则

制度的制定不能列举大量无关紧要的条文，喧宾夺主，降低了重要条文的分量，而且细枝末节的条文过多，不便于记忆。制度的制定要根据实际需要，以能发挥实际效果为目的。不制定无用的制度，不制定空洞无物的制度，不制定不切实际的制度。

5) 不能违背常理的原则

制度的制定不能过于苛严，大家难以做到，惩罚措施过火，员工动辄得咎，导致抗拒心理。

6) 不能形同虚设的原则

制度订而不用，对违规者不按规定处理，姑息纵容，或在执行中因人而异，亲疏有别，导致制度自行废弛，成为一纸空文。

制定的制度要形成完整的体系，彼此相互配套，避免重复和相互矛盾。

由于企业管理制度是一个由许多方面内容组合而成的体系，各方面的配合和衔接就显得相当重要，一套不完整的企业管理制度或互相冲突的管理制度只能使企业中的人员更加无所适从，管理更加混乱，而不可能实现管理的标准化、科学化。

3．制定管理制度的主要思想

制定管理制度不仅要依据以上 6 大原则，而且制定管理制度要坚持以下 6 条指导思想原则。

1) 领导与员工相结合的原则

制定管理制度既要体现领导集中统一管理的要求，又要反映出普通员工维护制度的愿望。企业厂部领导应统一负责组织拟订，在制定中要坚持走员工路线，及时总结员工经验，从员工中来，到员工中去。

2) 实事求是的原则

制定管理制度要坚持从企业本身的具体情况和实际条件出发，力求符合实际，切实可行。

3) 相对稳定原则

所制定的管理制度既要立足现实，又要考虑发展，避免朝令夕改，保持原则的相对稳定。

4) 提高工作效率和提高经济效益的原则

这有利于实行集中统一指挥，有利于有效地组织企业的生产经营活动。这是制定管理制度的基本出发点和落脚点。

5) 为员工服务的原则

制定管理制度要坚持为人民服务的宗旨，保护员工的身心健康，方便员工的工作生活。要遵循以人为本的原则，制定出的条例要富有人情味。

社会主义企业的管理制度不是对工人“管、卡、压”，而是革命自觉性和纪律性的统一。

建立规章制度是员工的要求，这是社会主义国家与资本主义国家的根本区别。

6) 先立后破的原则

在新的管理制度没有生效以前，原有的制度应该继续执行，以免使管理陷入混乱状态。

专家提醒

企业管理制度是企业管理各项水平的综合体现，是一项复杂的综合性系统。企业管理制度的建立、健全和完善必须有计划、有秩序、有步骤地进行。建立、健全、完善企业各项管理制度作为一个动态的过程，包括如何正确地制定、如何有效地执行以及如何不断地修订完善 3 个方面。

1.1.4 优秀制度成就优秀的企业

【企业实例】 玫琳凯公司的直销做得特别成功，受到了企业管理界的广泛关注。当然，这在很大程度上归功于玫琳凯公司的奖励制度：玫琳凯每年的奖金总额高达3800万美元。

玫琳凯公司的奖励制度如下。

(1) 美容顾问的订单达到一定的数量，就会享受公司给予的服务费。例如，如果订单金额在800美元和1200美元，就会给13%左右的服务费，订单金额达1800美元以上，就会得到20%的服务费。

(2) 如果员工卖出特定的产品就会得到一条缎带。

(3) 业绩好的员工，都会得到特别设计的别针，这些别针都有特殊意义。

(4) 玫琳凯公司的内部杂志会奖励、赞美表现优秀的员工。杂志每月发行一次，让员工在赞美中分享成功的经验。

(5) 玫琳凯公司每年会给表现优秀的员工海外旅游的机会，受到奖励的员工甚至可以携带自己的家属。

以上奖励制度，让玫琳凯公司的直销有了新的改变。

为什么越来越多的现代企业管理者意识到了制度建设的重要性？因为经历了创业的艰难，在企业逐步走向正规管理的同时，他们看到了制度的优越性。一个合理的、完善的、有效的制度，能够让创业者们逐步走向他们事业的新高峰。

而成功的企业必然有其优秀的制度，优秀的制度必然会使企业更加稳定地发展。以下几个方面详细解析了优秀制度，如图1-3所示。

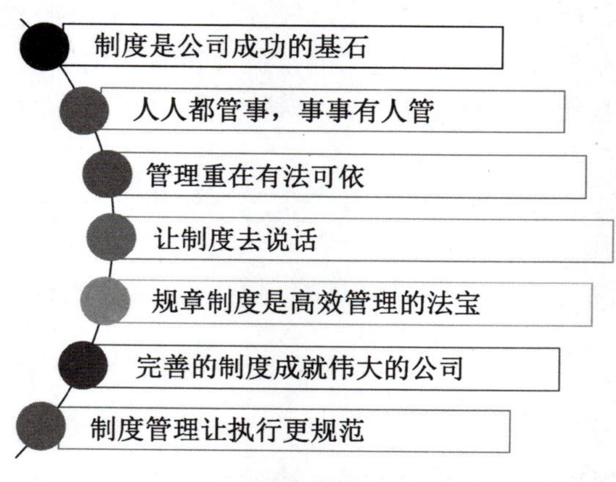

图1-3 企业管理制度的主要内容

1．制度是公司成功的基石

“没有规矩不成方圆。”一个公司管得好，能长久发展下去，从根本上说有赖于严明的制度与纪律。

(1) 公司应制定一个具体的、可操作性强的管理制度，保证员工在理解制度的基础上懂得如何去遵守。

(2) 制定严格的标准，并且要有相应的处置方式。严格是要激发员工的积极性，处置主要是保证制度能够真正执行。

(3) 制度制定以后需要不断检查、不断监督。管理者要对制度进行定期考核，从而有助于公司长远发展。

2．人人都管事，事事有人管

海尔电冰箱厂有一个五层楼的材料库，它共有 2945 块玻璃。如果你走到跟前仔细看，一定会惊讶地发现每块玻璃上都贴着一张小条！

原来每张小条上印着两个编码：第一个编码代表负责擦这块玻璃的责任人；第二个编码代表是谁负责检查这块玻璃。

海尔在《考核准则》上规定：如果玻璃脏了，责任不是负责擦玻璃的人，而是负责检查的人！也就是说，如果玻璃脏了，责任锁定在检查的人身上，而不会被推卸到擦玻璃的员工身上。如此形成环环相扣的责任链，做到了“奖有理、罚有据”。

这一制度管理的核心是，公司不再去想个人工作态度如何，而是把责任锁定，即使是简单的擦玻璃工作，也要明确指定两个责任人，确保处处都有明确的责任。

3．管理重在有法可依

管理中的“法”，就是公司在组织管理中所遵循的规章、制度。对任何一个公司来说，只有规章制度完善，才能使人们有章可循，有法可依；一旦触犯了这些制度，则会遭到相应的处罚。

因此，规章制度制定得好，公司的管理工作就有法可依，便于管理的规范化。这对执行者来说无疑是一个福音，公司员工只要按部就班做好手上的工作就可以了。甚至可以说，制定一套好的规章制度，甚至要比添几个主管还顶用得多。

事实上，制度也好，规矩也罢，它们存在的意义，不在于约束，而在于凝聚。将每个成员各自独立的个人倾向规范引导，小流汇聚成大川，从而获得超强的战斗力。管人管事之前，先定下规矩，如此便可处乱而不惊，应付自如。

4．让制度去说话

在英国剑桥大学，有一位著名的校长治校有方，培养出了无数名满天下地学生。有人问他：“为何能把学校经营得这么好？”他回答说：“我一般都用一条鞭子来惩治那些不听话不上进的学生，并且奖罚严明。”他还说，如果给他一把手枪，会把学校管理得更好，培养出更多好学生。

故事深刻寓意是不言自明的，它提醒每一位管理者：只有制定科学的制度并严格执行，才能把公司治理好，增强工作效率。

“一条鞭子”就是能够严格执行合理制度的代名词。对任何一家公司来说，都需要这样“一条鞭子”来实现优化管理，让“一条鞭子”取代老板实现企业管理。

5. 规章制度是高效管理的法宝

把公司运作好，管理者需要建立一套完善的制度。制度设计合理、运作有效，公司内部高效运转，员工士气高昂，事业才能蒸蒸日上。为了提高管理的效率，在制定合理的规章制度时，有以下两点可供参考。

1) 规章制度要经过民主程序认定

顺应民意，才能持久。我国法律规定：公司的规章制度应该通过民主大会的形式，经民意代表同意，并且经多数员工通过，才具有效力。

2) 规章制度应该及时修改、补充

市场不断变化，形势也在不断地变化。因此，公司的规章制度应该不断地修正。只有不断地推陈出新，制定符合当时形势的法规，才能确保制度和规章的合理性、时效性。

6. 完善的制度成就伟大的公司

制度的作用是：规定公司正常运行的基本活动框架，调节内部集体协作。越来越多的管理者意识到，一个合理、完善、有效的制度，才能够让公司走向一个发展的新高峰。

只有健全、完善、合理的制度，才能使公司实现规范有效的管理；只有不断完善的制度，才能让管理走向规范化，从而让管理者从烦琐的事务中解放出来，为领导和员工提供最大的创造空间。完善公司的管理制度，应该从以下几个方面着手。

(1) 管理制度是公司运行的基础。管理制度的意义在于，让大家有章可循，让员工知道哪些该做，哪些不该做。

(2) 制度依据实际而定。制度化管理的基本要求是按制度办事，坚持原则。

(3) 不断修订现存制度。不断地修订、补充、完善现存制度，通过制度不断地建立和健全，公司才能持续适应变化着的客观环境。

7. 制度管理让执行更规范

许多公司之所以能成为行业内的佼佼者，与它们严格的制度管理是分不开的。昔日的微软、联想、华为也都是普通的小公司，而如今它们成为全球知名的跨国公司，靠的就是完备的制度化管理。

(1) 在公司实施制度化管理的过程中，要严格保证制度能够公正、公平、公开地实施。如此一来，公司的执行力就会更规范，并产生高效率。

(2) 通过各种制度来规范员工的行为，使公司在执行中逐步趋于规范化和标准化，逐步发展壮大。

专家提醒

公司的发展水平越高，管理制度就要越符合国际惯例。

各种各样的职责规范、工作程序、行为准则几乎触及了公司经营活动的所有层面和各个环节，让公司有了规范化运作的基础。

1.2 如何用制度代替老板

俗话说："老板打天下，制度定江山。"那么到底怎样用制度定江山呢？制度是不是真的能代替老板管理江山呢？归根结底还是用什么样的方式方法来运用制度、掌握制度、依靠制度来进行企业管理。

我们先来看一下用制度进行管理的"热炉法则"。每个企业都有自己的"天条"及规章制度，企业中的任何人触犯了都要受到惩罚。热炉法则形象地阐述了制度管理的基本原则，如图 1-4 所示。

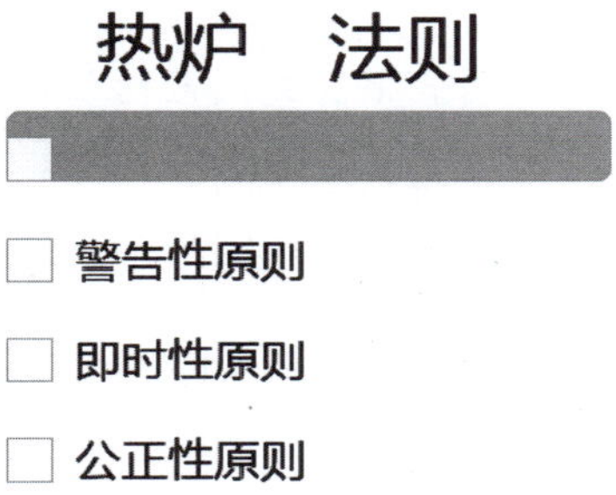

热炉 法则

- 警告性原则
- 即时性原则
- 公正性原则

图 1-4 热炉法则

(1) 警告性原则。热炉火红，不用手去摸，也知道炉子是热的，是会灼伤人的。领导者要经常对下属进行规章制度教育，以警告或劝诫下属不要触犯规章制度，否则就会受到惩处。

(2) 即时性原则。当你碰到热炉时，立即就会被灼伤。惩处必须在错误行为发生后立即进行，绝对不能拖泥带水，绝对不能有时间差，以便达到及时改正错误行为的目的。

(3) 公正性原则。不管谁碰到热炉，都会被灼伤。也就是说，只要触犯单位的规章制度，就一定会受到惩处。

人管人，累死人。管理者一定要善于用制度、规范去管理员工，不断完善部门与团队的规章制度，并配合进行团队文化建设，建立起制度约束的两大保障机制，确保团队各项工作的正常运转。

专家提醒

热炉法则还有其他解释，当你靠它太近，就会感到很烫甚至被灼伤；当你离它太远，就感受不到它的温暖；保持适当的距离，你才会得到温暖和保护。

这个原理告诉我们，当我们遵守制度、执行它就能给我们带来益处；当我们违反制度，就必然会给我们带来伤害。

1.2.1 行政靠制度，管理者要用权有度

【企业实例】 20 世纪的老福特就是一个不愿意给自己立规矩的老板，甚至是听不得一丁点儿下属的建议。想当年福特公司可是在美国汽车领域稳坐龙头交椅，可是为什么最后永远地成为通用的手下败将？原因其实很简单，那就是老福特不愿意自己的权力受到限制，认为下属提建议就是挑战自己的权威。所以在市场竞争极其激烈的情况下，老福特仍然独宠黑色 T 形汽车。

任凭下属如何谏言，老福特仍然坚持己见。于是，下属们趁老福特到欧洲“微服私访”时悄悄改进了黑色 T 形车，使之驾驶起来更加平稳舒适。下属们本想用新车给老福特一个“惊喜”，没想到老福特却反而给了他们一个“惊雷”——怒砸新车！弄得下属们好不委屈！此类“惊雷”老福特可不止送了一个！市场竞争何其激烈，且不说有一些小汽车公司正在急流勇进，更何况还有通用和克莱斯勒这两个劲敌在。

果不其然，在其他产品的夹击下，福特的龙头地位被超越，这黑色 T 形车成了名副其实的“祸水”。老福特不就是使用权力过度吗？

还有重庆国光集团的刘宗朝，胆子可不小。国光集团小有成就之后，刘宗朝便开始了盲目扩张，在全国开了十几家分厂、几十个经营部，出现问题之后不但没有悬崖勒马，反而继续发挥“胆子大”的风格，疯狂地盲目投资。于是，走火入魔的刘宗朝带着国光集团马不停蹄地掉进了深渊。国光集团破产了，曾经风光无限的总裁如今只能靠拾荒维持生计。

管理制度与管理者是企业管理中不可或缺的两个要素，两者需要互相配合。管理者不仅要在制度实施时当好“领头羊”，同时也要有度地使用手中的权力，如图 1-5 所示。

1. 制度是规则，是前提条件，是需要管理者带头遵守和执行的

无论制度是自上而下规定的，还是各方之间达成的共识，都已经成为大家要遵守的游戏规则。

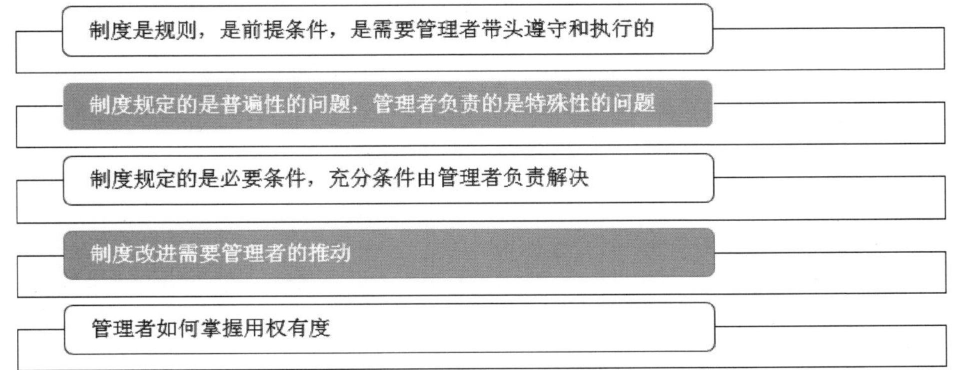

图 1-5　制度与管理者的关系

“铁打的营盘流水的兵”，企业要成长、要发展，要通过企业的各种生产经营活动形成积累，所以企业自然会对各种活动提出要求，以保证企业目标的最终实现。制度反映的是企业的要求，遵守企业的管理制度，满足企业的管理要求，帮助企业达成目标，是企业中每一位员工的基本义务。

制度的执行，首先需要管理者带头，如果管理者本身就对制度表现得无所谓，那么他的下属肯定会放大这种倾向，表现在各种具体的行为当中。

在职场中，纪律性是每个人必备的基本素质，是对求职者的基本要求，是参加社会化大生产的基本条件。

作为企业中的一名员工，不论是普通员工还是管理者，能否认真遵守企业的各项制度，也反映出能否做到个人服从整体、局部服从大局，能否在企业中与他人进行良好的合作，特别是当个人期望与企业制度产生冲突时，能否理性对待，直接反映出一个人职业生涯的成熟程度。

这里顺便澄清一个概念——团队合作。团队合作与团队建设不同。团队建设强调的是一个管理者如何打造自己所管理的团队，此时的管理者往往处于主角的位置。而团队合作则是指在团队中如何与他人进行合作，特别是当处于配角的位置时，是否仍然能够积极、主动地参与工作，为整体目标的实现贡献力量。

对经常扮演主角的管理者来说，能否经常调整自己的心态扮演好配角，是对管理者本人的一种考验，也是进一步使思想境界得到升华的机会。因为只有放下了对自身名、利的执着，能够事事为他人着想，才可能真正满足团队合作的要求。

2. 制度规定的是普遍性的问题，管理者负责的是特殊性的问题

不同规模的企业对制度的需求是不同的。企业人员规模越大，内部沟通越普遍，问题越多，就越需要在企业中形成一些行为规范，以统一全体人员的行为模式，降低内部沟通成本，保证企业的工作效率。

军队是纪律性最强的组织，效率也是最高的。

但制度也是需要成本的，制度的制定、执行、监督都需要成本。只有当某种问题本身所带来的成本将达到一定程度，使企业认为值得为此投入一定的管理成本来抑制该问题时，企业才会建立相应的制度，这是制度管理中的成本权衡。

所以制度往往也是滞后于问题的。因此，企业通常只会为那些具有普遍性的、影响较大的问题制定制度，制度中不可能枚举所有的特殊情况。

在小企业中，虽然问题也不少，但未必都能够成为普遍问题，值得去制定严格的制度进行管理。所以大家经常看到这样的现象，小企业中往往是“能人文化”盛行，大企业中往往是以“制度文化”为主。

制度规定的是普遍性问题，但是每项具体工作都有其自身的特点，通常不会存在两个完全一样的任务，那么每个任务的特殊性，就需要依靠人来处理，依靠管理者来解决。

制度与管理者之间是配合的关系。当一个企业以运行管理(Operational Management)性质为主时，大量的工作内容是重复的，个性化的工作内容比较少，制度的覆盖面也就比较大。

当一个企业以项目管理(Project Management)性质为主时，项目之间存在的普遍性的问题相对较少，项目中的个性化特点比较突出，那么制度的覆盖面就会相对变小，为各个项目保留的自主空间就会加大，而对于管理者在每个不同任务中解决个性化问题的能力要求就更高了。

管理者要能够根据项目目标的要求，找出解决各种具体问题的办法。工作任务的特殊性越大，就越需要管理者的聪明才智。此时，制度与管理者的配合关系，就好像是标准产品与客户化应用之间的关系一样，是一般与特殊的关系。

在许多的质量管理制度中，都提供了裁剪的说明，允许管理者可以根据实际的工作需要，对原有的过程进行调整，增加新的过程、减少原有过程、重新组合过程之间的关系等，这都为管理者处理特殊情况提供了方便。

从另一个角度来说，在制定制度时，要关注普遍情况，不能被特殊情况所误导，这是制定制度时需要注意的，如图 1-6 所示。

我们可以很明确地看到图 1-6 中白线有一个弯曲的弧度，之所以会有这样一个弧度，是因为在白线边上有一根横倒着的树枝，因为树枝压在了原本的白线上，所以白线会伸出一个弧度。

从制度的角度来剖析，白线本身就是普遍情况，而被树枝影响有弧度的那一部

分就是特殊情况。不能因为有这样一个弧度存在就要忽略白线总体是一条直线的事实。所以，在制度制定时，要关注普遍情况，不能被特殊情况所误导。

3．制度规定的是必要条件，充分条件由管理者负责解决

“制度是死的，人是活的。”企业中的管理制度就好像是交通规则，它规定了在道路上大家都应该遵守的基本准则。但是，交通规则不是路线图，不能把每个人带往各自的目的地。

企业是一个平台，企业制度说明企业中各项活动的行为规范，在完成每一项工作的过程中，大家都需要遵守制度。

但是如何能够把每项具体工作完成好，仅依靠制度是不够的，还需要人来处理，特别是具有一定权力的管理者，其存在的价值，就能够在遵守制度的前提下，对各项工作任务，通过自身的聪明才智，创造出所需要的充分条件，最终完成好任务。

制度与管理者之间就是这样的互补关系。

对一个制度不成熟的企业来说，管理者个人的能力非常重要。在缺乏制度支持的情况下，甚至是没有制度的情况下，管理者通过自身的努力，仍然能够以个人风格创造充分条件，完成任务，走出自己的一条路来。

在一个制度非常全面的企业中，发挥个性的空间可能会很小，就好像是高度自动化的生产线上的熟练工人，按照生产线的操作要求进行简单劳动，这样的工人其自身价值也是非常有限的。

也就是说，企业制度的健全性与管理者的价值，是此消彼长的关系。

因此，作为管理者需要明白自身的存在意义，明白管理者与制度的互补关系，不能指望按照制度循规蹈矩就可以完成好各项任务。如果制度真的能够成为充分条件，那么管理者也就失去了价值，企业也必然会变得僵化，失去活力。

管理者与制度的互补关系如图 1-7 所示。制度少，管理者的工作就会多，灵活度也大；如果制度多，管理者的发挥空间就小。

图 1-6　制度的普遍性与特殊性

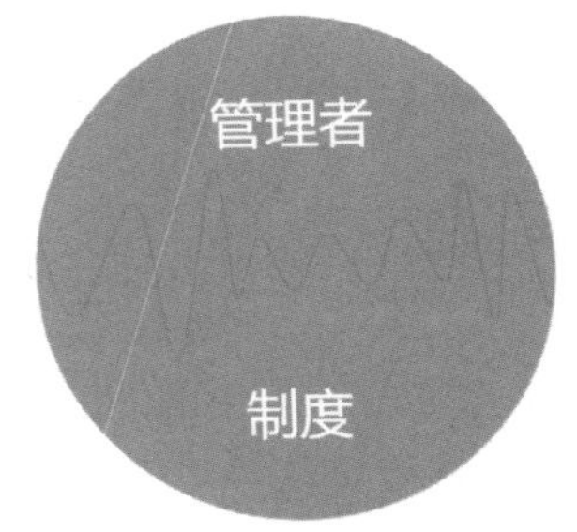

图 1-7　管理者与制度的关系

管理者与制度的关系，对于以项目管理方式为主的博科公司来说，在制度方面，特别是项目管理制度当中，约束条件必须要考虑适度，以适应不同项目的个性

化要求。

虽然可以在制度中提供更多的帮助和指引，但一定要与规定的必要条件明确区分开，因为帮助信息不是要求，可能只在某些情况下可以参考。如果把帮助信息和制度规定的必要条件混在一起，就可能会使执行者感到困惑，结果会动摇制度的权威性。

在有些公司的质量体系文件中，就存在不少的帮助指引，例如在一些文档模板中提供了参考样例，初衷也是为了给执行者提供更多的支持，但是结果却经常被误解成是制度的要求，机械地照样执行，结果导致被认为制度不灵活，或者成为偷懒者的借口——制度中就是这样规定的。

4．制度改进需要管理者的推动

制度本身也是需要不断改进的，制度改进也是管理者的职责。制度改进的过程，就是企业成长的过程，制度的不断完善，就是企业的经验积累的过程。

随着企业自身的发展，随着外部环境因素的变化，制度也需要随之不断进行改进，以保证制度与实际管理目标的匹配，制度的改进主要就是依靠管理者来推动。

当管理者发现了制度存在的缺陷后，应该能够及时指出，并推动制度的改进，制度的改进反过来又会为管理者提供更好的支持，也会降低管理者自身的管理成本。

从这个意义上来说，管理者应该把制度看作是自己的一种管理工具，把制度改进看作是管理工具的改进。

有些管理者在某些情况下，把自己和制度对立起来，忽略了自己对制度改进的义务，实际上也就远离了制度这个重要的管理工具，结果肯定会使自己的管理效果受到影响。

制度管理也需要掌握正确的方法。制度有三个要素：“没有理论依据的制度是不可靠的，没有实施方法的制度是不可行的，没有工具支持的制度是不高效的。”那么在制度的建立和改进过程中，理论、方法、工具这三个要素缺一不可，而且三者之间是按照逻辑顺序需要紧密配合的。

明确了三者之间的关系，在改进中同时兼顾三个因素的配合，往往会收到意想不到的效果。

例如，某公司在改进项目度量表的过程中，首先从理论上澄清了认识并迅速达成了共识，然后在实施方法上改变了对于度量周期的要求并修改了相应的文件，同时在管理工具方面寻求简便的操作方法，把原来手工计算数据并填写表格，改为由项目管理信息系统自动生成数据。

仅此项改进经过测算，原来的操作方式即使对一个熟练的项目经理来说，每周大约需要 8 小时，而按照新的做法，每个项目阶段只需要半小时。可见，三者有机的结合，特别是管理工具的正确运用，会大大提高制度的质量，提高制度执行的效

率，降低制度推行的难度。

因此，在推进制度改进的过程中，每一个管理者都需要加强理论学习，加强作为管理者所必需的“概念能力”。

5. 管理者如何掌握用权有度

在很多民营企业里，老板就是企业的主人，所以往往表现得非常强势，说一不二，但是，很多时候他们又会下意识地犯一回“老毛病”。

因此，一些人开始思索，怎样才能从根本上解决这个问题呢？其实，最根本的解决办法就是给领导立规矩。

然而，很多人都会认为，给员工立规矩容易，给领导立规矩难，但是领导没规矩的企业想要做好更是难上加难。我们常说，其身正，不令而行。但很多老板的自我约束能力是很差的，所以一定要有制度来约束，这样才能够领导得好。有了制度，领导者的权力受到了制约，领导者的行为也就得到了规范。

可能有的人会问，老板愿意给自己立规矩吗？答案当然是 NO。大多数老板是不愿意自己的权力受到限制的。但是，权力过了度，就如同汽车刹车失灵，横冲直撞，最后不仅车毁，而且人亡。

健全制度，给领导立规矩。你也好，我也好，当领导的都面临用权这个难题。总裁不想被限权，副总裁也不想被限权，销售总监也不想被限权，最后连员工都跟着“胆子大”起来。

可关键是用权无度，就容易上演悲剧。前进的路上已经有了这么多的警示牌，如果还不能起到作用的话，那可就真的是车毁人亡了。所以，即使不愿意受约束，为了企业的长远发展也必须这么做。虽然有难度，但也不是做不到。

就像英国的国王查理一世一样，权力大不大？他是皇帝啊，权力至高无上，但是他一意孤行，结果怎么样？英国爆发了光荣革命，查理上了断头台，之后英国改成了君主立宪制，国王的权力就这么给制度化了。有时候改革需要领导人做出一些牺牲，但只要是符合国家利益的，还是很有必要的。

做企业也是如此，为了企业的发展，老板做出一些牺牲也很有必要。所以，对于企业也一样，也需要给领导者“立宪”，有了规矩，用权才有度。

没有一个健全的制度来约束领导者的权力的结果就是：管理很随便，权力使用也很随意。要么是专权，将一切权力集中于自己手中，无论大小事，个人说了算，独断专行；要么是越权，越过自己的职权范围，决定或处理本不属于其职权范围内的事；或者是滥用权力，私用权力，搞特权，最后把企业整成了一个老板独裁企业。

所以，你能看到，没有制度的管理是混乱的，没有约束的权力是泛滥的，这样做不是把企业搞活了，而是把企业搞疯了，最后把企业搞死了。那么，怎么才能够避免领导搞特权，或者说让他用权有度？最好的方法是健全制度，给领导立规矩。

对领导者的职责和职权范围，做出明确、严格的界定，使其各司其职，各负其责，各行其权。

领导为公司创造了巨大的价值，奖励是应该的；领导犯下了大错，得到惩罚也是必需的。古人都说“天子犯法与庶民同罪。”“老板犯错与员工同罚”也是必需的。所以说，企业的制度要重视，领导者的制度也不能忽视，这是对企业、对领导者都有益的事情，何乐而不为呢？

当然，权力如水，可以为害，也可以为利，给领导立规矩，并不是剥夺领导权利，而是为权力之水修筑堤坝，变“权害”为“权利”，同时，还可以有效防止因权力过度而导致的内部腐败。

1.2.2 经营企划制度，做好公司长期规划

【企业实例】 大华公司设立了“5 年内营业额提高 3 倍，成为该行业市场占有率第一的厂商”的目标。因此，公司必须研究拟订许多达成此目的的长期计划，如市场开发计划、生产设备计划、人员预算计划及资金来源计划等，而在每个年度或每个营业周期，也需要设立短期计划。

例如，在资金计划中为了某些设备投资而需要向银行借款时，其偿还的计划也要列入长期计划中。

每年偿还多少额度、用什么样的资金流入来偿还、对公司其他计划会不会形成不良影响等则是每个年度按照该年度经济状况或行业循环状况必须加以详细计划的，这自然也就成了一个短期计划或年度计划。

企业的经营是积极适应外部环境变化与要求以及企业经营的目的和经营观念，以制定和调整企业目标和战略，进而建立起适应战略要求的组织结构和管理结构，并通过各职能领域的活动展开和实施战略，以实现企业的目标和使命的系统活动过程。

1. 经营企划的定义

广义的“经营企划”，并不限于最高经营阶层所策划、推动及执行的计划，而是指企业中大大小小、各式各样的所有计划，如总经理室、策略规划小组、各部门主管以至于现场的监督人员拟订的计划。

欲实现企业提高利润，降低成本，提高质量等目标，就必须彻底执行 PDS 的过程，如图 1-8 所示。

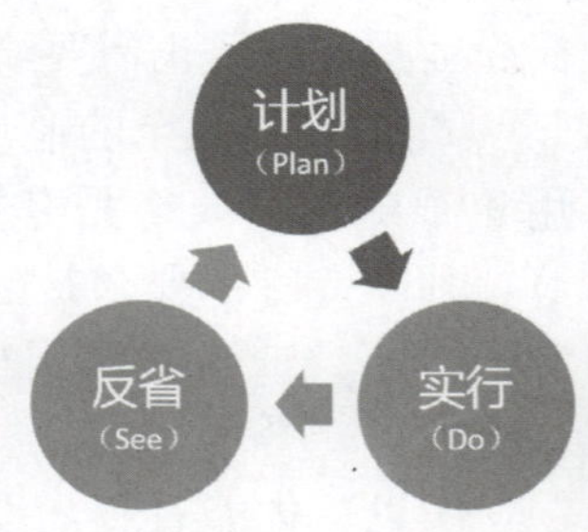

图 1-8 PDS 程序

这个程序是经营计划的生命流程，对企业经营阶层拟订的经营计划是必经的三个步骤。从广义上讲，它对所有的拟订计划者也是不可或缺的。

狭义的“经营企划”，则是侧重“经营”两个字本身的意义，因此只限定于经营阶层或经营阶层的幕僚(Staff)部门，如总经理室的执行特别助理们，经营计划部门的策略规划人员等所拟订的较有系统的、关系面广的、关系到公司生存的及侧重公司经营管理层的计划。

以下的内容则是两者兼而有之，以狭义的经营计划为主，广义的经营计划为辅。

2．经营企划的目的

企业经营的目的是将资金及人力投入，以最少的成本获得最大的利润，而取得利润的目的是给予各种投入的团体以适当的成果共享及利润分配。基于要分享最终的企业经营成果，每个团体都有自己本身对企业的责任(或者称贡献度)。简而言之，妥善制订经营计划是为了实现企业经营最终获得最大利润的目的；详细言之，有下列 5 大目的。

(1) 业绩蒸蒸日上的目的。

(2) 开发潜力市场的目的。

(3) 业绩稳定增长的目的。

(4) 企业经营发展的目的。

(5) 企业永续经营的目的。

3．经营企划的种类

经营企划的种类终究以何种方法来量身定制适合各企业自身的经营企划方案是值得考量的话题，下面给出了两种方法。

1) 以时间来区分的经营计划

经营计划最简单的划分法即区分为短期计划及长期计划。所谓短期计划，通常指的是年度计划或以一个营业周期为基础而拟订的计划。

而长期计划则是指 1 年以上，通常为 3 年或 5 年的经营计划，由于长期计划的重点侧重公司未来发展方向及投资原则等主题，因此又称为“策略规划”，如图 1-9 所示。

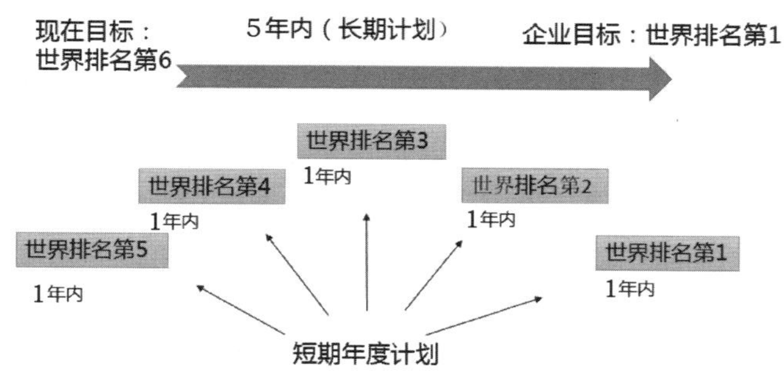

图 1-9　短期年度计划与长期计划

2) 以企业是否涉及新投资来区分的经营计划

长期计划和短期计划除以时间的长短来区分外，另有其他区分的方法，即企业的基本构造，如多少家分支店、多少人员、组织构架形式等，在不发生改变的前提下所设立的计划，称为“短期计划”；而企业的基本构造有所改变的计划，则称为“长期计划”。

援用上文所提大华公司以“5 年内营业额提高 3 倍，成为该行业市场占有率第一的厂商”为目标，就必须订立 5 年内人员及设备成长几倍？金额、数量为多少？需在全国各地哪些地点设立分公司或是代销办事处等包含经营构造变化的长期计划，这些计划均以公司整体立场的观点来加以审视。

长期计划绝非一成不变，需每年修订。接下来，为达到 5 年度的这些计划，每个年度该怎么执行的指导原则则称为短期计划。

例如，在 5 年计划中已设立 5 年内公司彻底进行自动化，因此人员的增长以 1 倍为上限。在第一年度时应先维持公司现有的人员数，但需要训练现有人员具备可操作自动化机种的第二专长。

但是还需要考虑如何达到这一目标，是通过自行内部训练即可，还是需外聘专门技术人员？如何激励员工面对公司未来的改变等，此类计划由于不涉及企业投资，不改变经营结构，即称为短期计划。

3) 以功能来区分的经营计划

以功能来区分的经营计划又称为项目计划。项目计划有时并不特别限定期间，而是在特定的问题上分别订立完成的计划。

例如，分支店筹设计划、设备开发计划、新技术引进计划、购买或变更设备计划、资金财务计划、人员计划等均称为项目计划。

因此，计划的种类也根据企业功能区分方式不同而有了不同的分类，本书的范例区分也是采用此类为主，分别以营业计划、生产计划、开发计划、财务会计计划及人员、设备计划等加以详述。

一般而言，一个较完整的经营计划实务流程是先以时间来区分长期计划及短期计划，然后在每个长短期计划内再分别以功能划分为子计划。

4. 经营企划的要素

企业经营管理具体到各职能领域的计划、组织、指挥、协调、控制等管理活动，同样都有其特定的内容、原则与方法。

将职能领域的管理行为规范化，形成关于日常经营管理制度，这是企业经营管理制度的主要内容，也是企业管理制度外部的延伸与内涵。

1) 年度经营方针和年度经营目标的明确化

收集了内部及外部的资料情报后还需要正确而公正地分析，然后列出年度经营方针及年度经营目标等项目。倘若此目标模糊不清，就会造成执行计划成员认知上

的差距，当然就无法达成真正的目标计划。因此，方针和目标必须明确表示出来。

2) 年度计划的主要内容

根据各个公司的不同，实际情况亦随之有别。这些项目每一步计划均很重要，其中尤以年度利益计划是最基本的计划。

5. 经营企划的设立程序及构架

尽管每个企业存在不同的“国情”，但是在构建经营企划的设立程序及构架的层面都大同小异，尽量保证具体事情具体分析的唯物辩证观。

(1) 首先，公司要了解企业存在的价值是什么？要从最原始简单的获利，进而提高到对地区社会有所贡献，提高员工的生活水平以及提供更好的商品给消费者等根本思想。

(2) “恭自省”，即清楚地了解并分析公司本身的优劣点，例如销售能力欠佳、技术人员研究开发能力强等。

(3) “观外情”了解自己公司周遭的外部环境有何变化，包含消费者习性的改变、政府法令变迁、劳工及环保等问题是否会为公司本身创造出可能的机会与威胁。

(4) 在明确掌握外在环境的机会与威胁及详细明了本身的优缺点后订立了非常清楚的目标及方针，同时尽可能地数量化。

(5) 明确目标之后寻找可能的执行计划方案。

(6) 彻底执行计划方案。

(7) 检查成果并改进。

做成计划有一个重要的关键，那就是目标和对策之间的关系。不论何种企业都有基本目标，有了基本目标便有了基本计划，而这个基本计划便设定了各部门或各功能的个别目标以及个别计划。同样地，有了长期目标便有了长期计划，这可作为年度(短期)目标、短期计划的基础，也可和更具体的、短期的目标计划相联系。

1.2.3 行政办公制度，做好人性化管理

【企业实例】 阿里巴巴上市的时候曾经公布了一份招股说明书，在这份说明书中，人们惊讶地看到：马云的持股比例竟然不到 5%，只是象征性持股。

然而与之形成鲜明对比的是，阿里巴巴将近 5000 名员工却持有总计 4.435 亿股，平均每名员工持股 9.5 万股。

这正是马云一直秉承的“发展为了员工、发展依靠员工、发展成功由员工共享”理念的真实写照。在阿里巴巴，企业首先满足了员工赚钱的欲望，所以员工的忠诚度如此之高也就不难理解了。

企业管理的目的是什么？应该是这样的：通过有效的激励手段让员工完成各项

任务，使组织目标得以实现。管理制度是以条文约定的形式对员工进行激励的过程。管理制度应该体现对员工的激励与引导，对员工的行为进行约束。

如何从行政办公制度体现人性化管理呢？在很多企业的《企业文化手册》中“以人为本”赫然入目，究竟什么是“以人为本”？“以人为本”的企业管理应该体现在以下要素里，如图 1-10 所示。

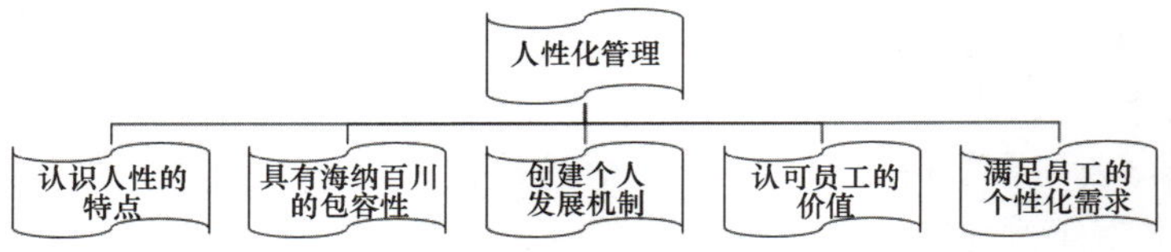

图 1-10　人性化管理认识图

1．认识人性的特点

对利益的追求是人的本能，对群体的追求是人的本性，对成就的追求是人的本源，这是客观存在的自然规律。

管理者从根本上认识不同的人性特点，有助于管理者对这些人性需求进行利用，对员工的行为进行引导。

比如，经常组织团体活动有助于增强员工的归属感；对具有特殊贡献的员工进行奖励，能够提升士气等。

2．具有海纳百川的包容性

每个人都有自己的个性特点，人的个性本无好坏之分。无非是领导者是否把合适的人放到合适的岗位上。

如果让开拓性人才去从事重复性工作，则是领导者的错误，那么就不要拿自己的过错去惩罚无过错的员工。

另外，实践证明越是有超能力的员工，其个性特点越是突出。管理者是否具有海纳百川的包容性，是尊重员工个性、建立开放的企业价值理念的具体表现。

3．创建个人发展机制

以人为本的企业强调员工与组织的同步发展。企业的发展建立在员工进步的基础上，员工的进步得益于企业的良性发展，两者的利益方向应该是高度统一的。

以人为本的企业注重员工的培训与职业开发，将其与企业的近期、长期问题系统地加以考虑，将员工个人的发展与组织目标的发展有机结合，创造出和谐的、动态的个人发展机制。这种机制以完善的培训体制、岗位轮换、接班人计划等具体制度来体现。

4. 认可员工的价值

很多管理者采取的是奖励成功者、处罚失败者的处理策略，这对于未来的发展缺乏直接的帮助。中国的企业管理者更应该学会“认可”，即认可员工的价值。

企业经营的过程是学习与总结的过程。无论员工取得的是成功的经验还是失败的教训，都应该及时进行反思与总结。

需要反思与总结的是“我们成功在哪里”“哪些原因导致了失败，如何弥补或规避失败”，使其成为未来工作的灯塔和指南针。

无论是成功的经验还是失败的教训，都是企业经营中的财富，所以企业要认可员工的价值。

5. 满足员工的个性化需求

不同年龄、不同背景、不同层级的员工需求截然不同。同一个人在特定阶段有多种需求共存，但在各种需求之间存在强度的差异。以人为本的企业注重对员工个性化需求的分析与满足。

倡导以人为本的管理最重要的工作就是发现员工不同阶段的需求，并将这种需求应用于管理策略、制度之中；对员工的需求进行有效的引导，满足员工的个性化需求就是引导员工为实现组织目标而努力。

企业战略目标实现了，员工的个人需求也能够得到满足，这就是现代雇员关系管理所强调的最高境界。

1.2.4 人力资源制度，帮助老板管好人才

【企业实例】 宝洁公司在招聘面试时通常会问应聘者下面 8 个类似的问题。以考察应聘者的综合素质是否符合宝洁文化，是否是宝洁要找的人。

(1) 请你举一个例子，说明你是如何设定一个目标然后达到它(结果导向)。

(2) 请举例说明你在一项团队活动中如何采取主动，并且起到领导者的作用，最终获得你所希望的结果(领导能力)。

(3) 请你描述一种情形，在这种情形中你必须去寻找相关的信息，发现关键问题并且自己决定依照一些步骤来获得期望的结果(问题解决能力)。

(4) 请你举一个例子，说明你是如何通过事实来履行你对他人的承诺的(诚信与责任)。

(5) 请你举一个例子，说明在完成一项重要任务时，你是怎样和他人进行有效合作的(团队合作)。

(6) 请你举一个例子，说明你的一个有创意的建议曾经针对一项计划的成功起到了重要的作用(创新能力)。

(7) 请你举一个例子，说明你是怎样对你所处的环境进行评估，并且能将注意力

集中于最重要的事情上，以便获得你所期望的结果(关键掌握能力)。

(8) 请你举一个例子，说明你是怎样学习一门技术并且怎样将它用于实际工作中(学习能力)。

人才与组织这两个主体各有利益诉求，看似相互对立，实则是一个有机的整体，只有保持两者的和谐方能促进双方的可持续发展。

人力资源部想做好其他部门人员的管理工作，首先需要明确自己部门的工作职能，同时要对各岗位的责任与权力有明确的了解。企业的管理结构和各岗位的职责在实践中需要结合自身的情况来设定。

在一般的情况下，人力资源部主要的职能包括以下内容，如图 1-11 所示。

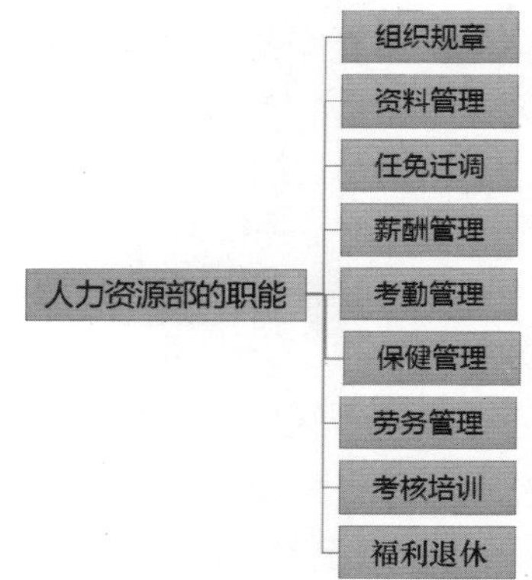

图 1-11　人力资源部的职能

1. 组织规章

组织规章的具体职能如图 1-12 所示。

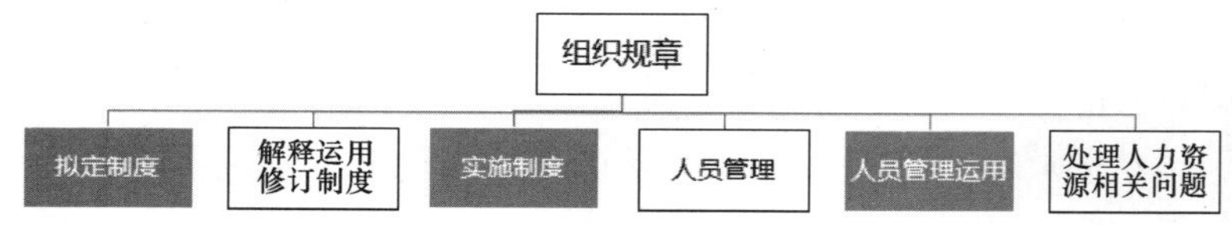

图 1-12　组织规章职能

(1) 拟定、修改公司的规章制度。
(2) 负责规章制度的解释运用、研究分析及修订。
(3) 拟定、修改各部门岗位职责划分的原则及方法，并予以实施。
(4) 拟定新进、临时、兼职、在职人员的管理办法。
(5) 负责人员管理办法的分析研究、修改、实施及解释运用。
(6) 解决、协调、处理人力资源相关问题。

2. 资料管理

资料管理的具体职能如图 1-13 所示。

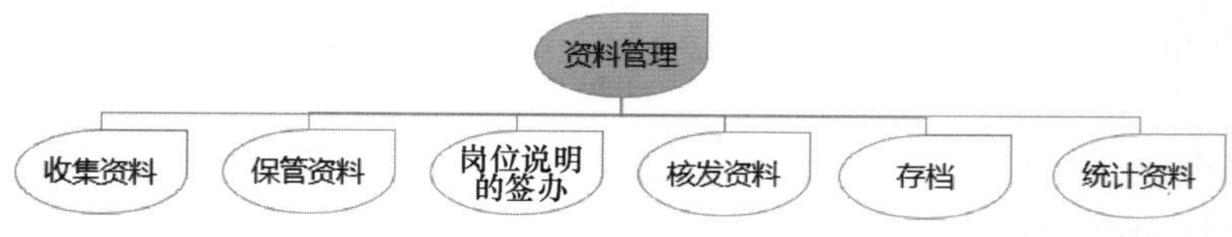

图 1-13　资料管理职能

(1) 收集、调查、分析、研究有关人力资源管理的资料。
(2) 检查、汇编、转呈、保管有关人力资源的资料及报表。
(3) 负责岗位说明书的签办、转呈及核发。
(4) 核发单位外的人力资源资料。
(5) 对异动人员进行调查、分析、研究，并将内容记录、存档。
(6) 管理、汇编人力资源统计资料。

3. 任免迁调

任免迁调的具体职能如图 1-14 所示。

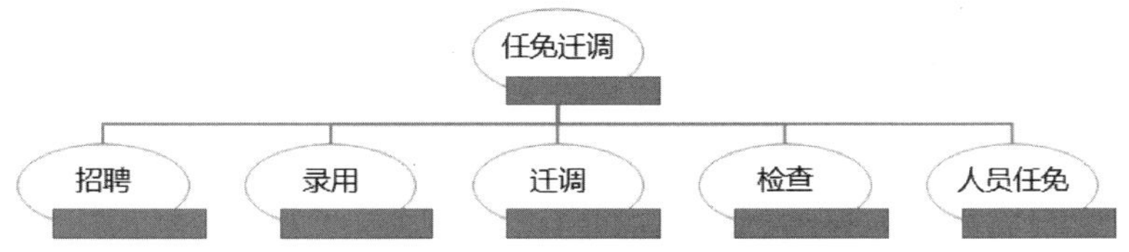

图 1-14　任免迁调职能

(1) 办理新进人员的录用及聘用手续。
(2) 录用、签约、分配临时和兼职人员。
(3) 负责在职人员的迁调工作。
(4) 负责检查核对迁调人员是否赴任工作。
(5) 负责人员的停职、复职、停薪留职以及解雇、解聘工作。

4. 薪酬管理

薪酬管理的具体职能如图 1-15 所示。

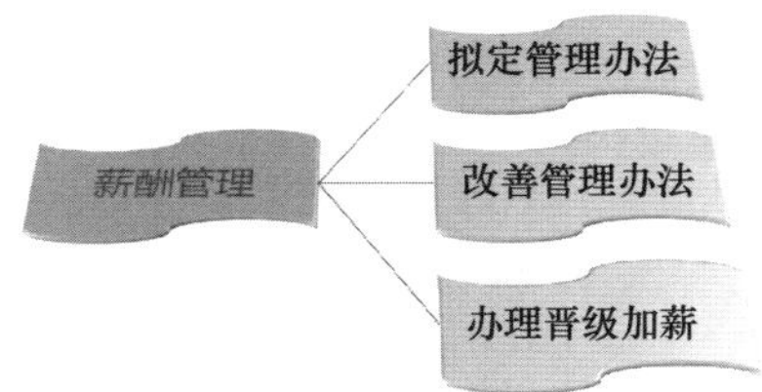

图 1-15　薪酬管理职能

(1) 拟定薪酬标准薪资管理办法。
(2) 分析、研究、改进薪酬管理办法。
(3) 为员工办理晋级加薪。

5. 考勤管理

考勤管理的具体职能如图 1-16 所示。

(1) 负责登记、统计员工考勤。

(2) 负责人员动态管理工作。

(3) 负责各种休假及办公时间拟定与变更工作。

6. 保健管理

保健管理的具体职能如图 1-17 所示。

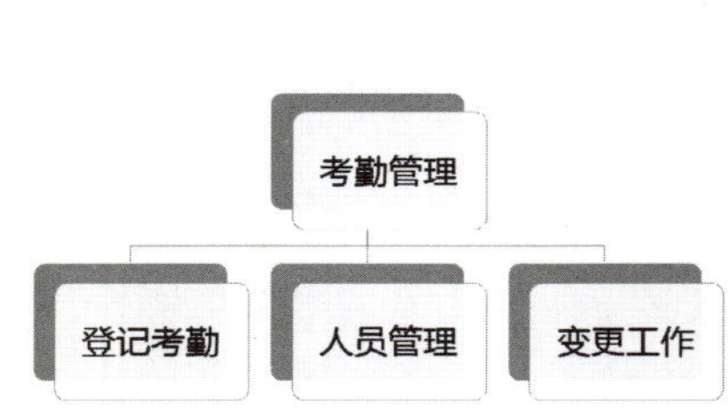

图 1-16　考勤管理职能

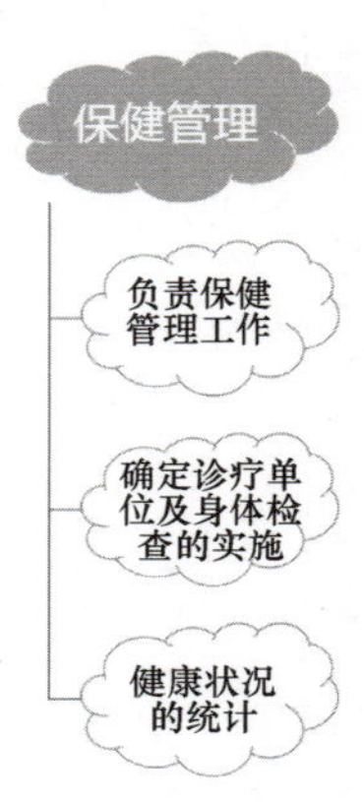

图 1-17　保健管理职能

(1) 负责保健管理工作。

(2) 确定诊疗单位及身体检查的实施。

(3) 调查、分析从业人员的健康状况，并做好统计报告。

7. 劳务管理

劳务管理的具体职能如图 1-18 所示。

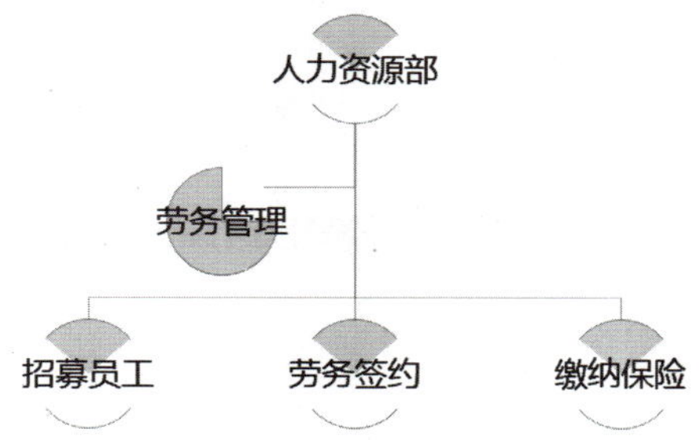

图 1-18　劳务管理职能

(1) 负责招募员工。

(2) 负责劳务签约及协议的解释运用。

(3) 负责为劳务人员缴纳社会保险。

8. 考核培训

考核培训的具体职能如图 1-19 所示。

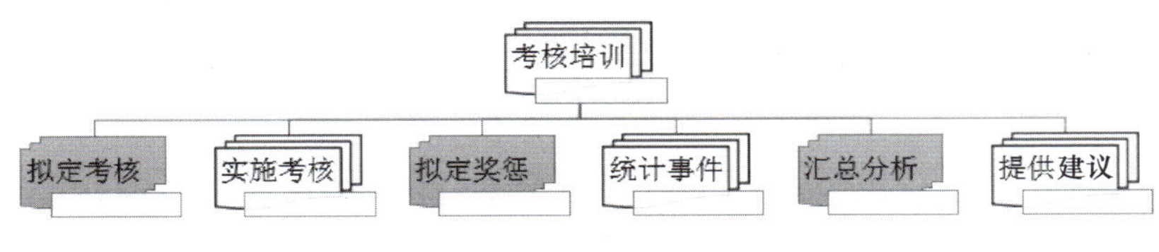

图 1-19 考核培训职能

(1) 拟定考核制度。

(2) 实施绩效考核。

(3) 负责拟定、实施奖惩制度。

(4) 统计、分析奖惩事件。

(5) 拟订实施培训、考核计划，负责对培训、绩效考核的结果进行汇总分析。

(6) 对培训、考核方法提供改进建议。

9. 福利退休

福利退休的具体职能如图 1-20 所示。

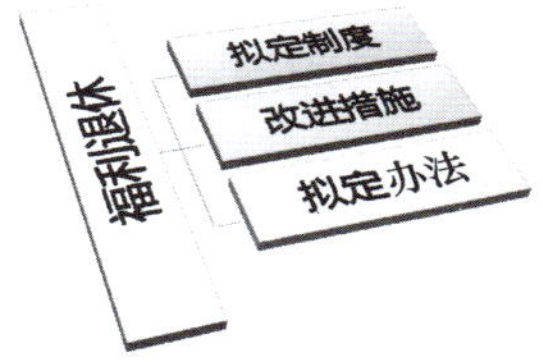

图 1-20 福利退休职能

(1) 负责拟定、完善福利制度。

(2) 负责福利制度的改进以及福利工作的总结、分析工作，并提供改进的措施。

(3) 拟定员工退休、抚恤管理办法。

企业的人力资源管理部门责任重大，肩负着企业人力资源战略的制定、人力资源管理体系的建设、人力资本的增值、战略绩效目标的达成以及帮助员工实现员工的个人价值的使命。

人力资源可通过人力资源战略规划、组织建设、人事政策、人力资源管理等工具、方法及手段，把企业的战略目标切实地转化为全体员工共同奋斗的目标与行动。

1.2.5 财务制度，帮助老板管好财富

【企业实例】 杉杉集团如何进行资本结构调整？企业财务管理最佳资本结构的判断标准主要有以下三点：一是能使企业价值最大化；二是加权平均资金成本最低；三是资本的流动性及结构弹性。

杉杉集团的资本结构调整，主要分为两步：一是在产品经营期间，积极增加负

债，获取财务杠杆利益。

杉杉集团在股份制改造初期，企业的财务策划以增加财务杠杆利益为出发点，采用积极型筹资策略，大幅提高债务比重，同时加强管理，降低资金成本，减少筹资风险，从而提高了权益资本收益率，获取了较大的财务杠杆利益，为企业快速完成资本原始积累发挥了积极的作用。

二是在企业高成长期间，保持适度负债，选择最优资本结构。国家大幅度下调信贷利率，使企业的债务成本趋低。

杉杉集团企业财务策划经广泛而深入的研讨，采用适度负债的中庸型筹资策略，选取综合资金成本最低的方案作为最优资本结构方案，这样，既获取了较大的财务杠杆利益，又不影响所有者对企业的控制权，企业财务信誉大大提高，为稳定发展创造了良好的财务环境。

财务管理是企业活动的命脉，同时也是一个企业管理的核心，直接关系到企业的生存与发展。因此，要想让自己的企业做强做大，就必须建立起良好的管理制度，建立一个良性循环的财务体系，这样才能保证企业在资金方面稳步发展。

随着市场经济的发展，管理信息化早已是当今各行业发展的趋势，同时也是提高企业竞争力、完善企业管理体系的要求，尤其是财务管理，它关系着企业的发展命运，更应该系统化、信息化。

可是，就相关数据调查来看，无论是大中型企业，还是规模较小的企业，在财务管理方面，很多企业都是财务信息零散、不完整，毫无体系可言。这样就给企业的决策层带来了麻烦，他们不能及时而全面地掌握整个企业的财务情况，因此就不可能在经营决策上做到万无一失。

如此看来，为了保证企业的良好发展，建立一个完善而系统的财务管理系统很有必要。这也是理顺财务关系、加强各部门的财务沟通、规范企业管理的一项重要举措，如图 1-21 所示。

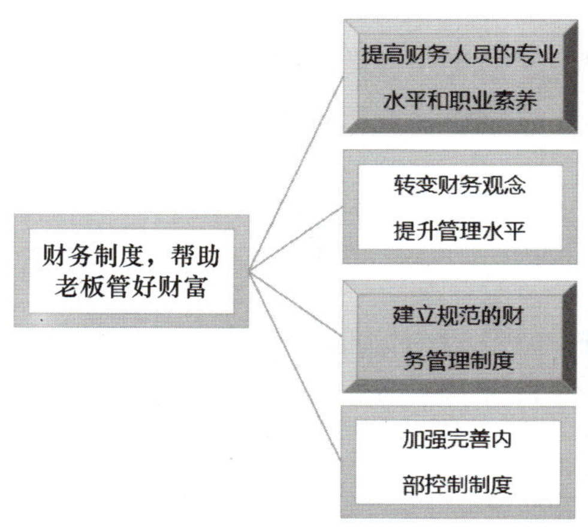

图 1-21　财务制度，帮助老板管好财富

1．要提高财务人员的专业水平和职业素养

对小企业来说，大部分资金管理都是依靠人力来完成的。因此，企业能否建立起完善的财务体系与人员素质高低有密切联系。

基于这个原因，企业应该带领着员工一同学习，提高人员的专业素质，培养能够全面发展的人才，在学习中提高管理效率。

当然，财务关系到整个企业的命脉，而人员又是企业发展的主力，除了对财务人员的专业水平有较高要求外，对人员的职业素养也不能放松。只有财务人员的能力和素养同时提高，才能保障企业建立起良好而完善的财务管理体系。

2．转变财务管理观念，提升管理水平

财务管理观念的创新是企业水平整体提升的前提和基础，同时也是建立市场经济体制下的财务管理体系的核心。

对小企业来说，财务管理混乱，企业的盈亏全凭财务人员一句话，根本就没有切合实际的监督体系，因此才会造成财务管理缺失。

为了改变这样的现象，小企业应该逐步培养财务人员的法治观念，用法律的条文来约束日常行为，真正做到管理至上，调动起财务人员的责任感和创造性。

只有这样，企业才能建立起良好的财务体系，保证企业资金动向明确，提高财务管理效率，为企业的良好发展打下坚实的基础。

3．建立规范的财务管理制度

这一点对小企业来说尤为重要。很多小企业的财务管理不明确，虽然有好几个会计，但分工不明确，每个人都不知道应该做什么，有事的时候大家互相推诿，每天只知道坐在办公室中“混”日子。

这几乎成了小企业财务部门的写照。为什么会出现这样的情况呢？根本原因就是没有规范的管理制度对其进行约束。要知道，规范的财务管理制度可是企业良好发展、规范管理的基础。

一个企业，只有拥有良好规范的财务管理制度，才能真正实现企业财务管理的标准化和规范化，保证企业的财务能得到高效管理，给企业提供一个良好的发展平台。

当然，企业规范化的财务管理制度的建立，首先要解决的问题就是人员分配，要让每一个财务人员都明确自己的责任，做到人尽其责、物尽其用，这样才能保证企业资源的高效利用，给企业建立财务体系提供机会。

4．加强完善内部控制制度

小企业由于规模较小，管理人员一般较少，大多数事务都由企业主亲自管理，这就使内部控制制度显得较为薄弱。

其实，完善的内部制度对于建立财务管理体系是很有帮助的，它能起到督促作用，促使财务人员更加仔细地工作，如核算仓库存货、预算企业流动资金等，都能为保证企业财务明确做出重要贡献。

如此看来，各行业的小企业在财务管理方面还存在很多问题，建立起完善的财务管理制度并不是一朝一夕的事情，需要各自找到自身的实际问题，帮助企业早日实现各项目标。

专家提醒

财务管理是依据企业生产经营过程中资金运动的规律，利用价值、货币形式，通过计划、组织指挥、协调与监管，对企业的资金、销售收入和利润的管理。贯彻执行国家有关的财务、会计的法律规定，按规定及时缴纳税金。

财务管理要遵循的原则有：计划管理原则，经济换算原则，统一管理与归口分组管理的原则，物质利益原则。

1.2.6 机密制度，帮助老板管好企业机密

【企业实例】 韩国东翁设计公司在一项重大广告竞标项目前夜，突然发现竞标文件的计算机硬盘不翼而飞。这不仅会影响到竞标的成败，而且如果文件落入竞争对手手中，那后果会更加严重。

后来查明这件事并非竞争对手刻意所为，而是小偷的无意之作，大家才松了口气。

这件事引起了管理层的高度重视，公司特意召开检讨会，并得出一个结论：保密制度有漏洞，必须建立一套完善的保密制度。于是，公司请了 3 名保安，成立了专门的保安部，后来又把进入办公楼的外门换成科技含量很高的自动识别门。

为此，每位员工都配备特殊的胸卡，里面装有识别芯片，这样才能进入办公大楼。这项制度使单位花费了近 30 万元。

原本以为安装了高科技的自动识别门，单位就太平无事了。没想到，自动识别门安装之后，经常出问题，有时员工没戴胸卡，但只要走近它，它就自动打开；有时员工戴了胸卡，但自动识别系统不识别，员工依然进不去。于是反复找人维修，前前后后又花了近 10 万元。

有一次，一位青年员工忘了戴胸卡，喊人没人应，就把自动识别门叩开了。这件事让单位领导感到很没面子，心想：这套耗资几十万元的自动识别门如此不管用，而待在里面的保安居然不知道这门可以叩开。

于是，领导决定把保安部撤销，辞退保安，把原来传达室的老师傅请回来。

决定刚落实下去没几天，单位就出事了。一天晚上，领导发现一直出现问题的自动识别门是保安部经理做了手脚。因为保安经理认为一旦自动识别门起作用了，单位就不需要保安了，不需要保安，他这个保安部经理自然也就干不成了。

如今，这个单位又恢复了平静。在保安方面，起主要作用的是传达室的老大爷、带大锁的里门以及新制定的员工保密制度。

企业机密制度的目的是保障企业秘密事项的安全，维护企业的利益。其定义是保护秘密不被泄露，称为保密。其实用范围是：本工作标准适用重点部门及涉密员工范围内的管理。

机密制度具有现实的或者潜在的使用价值。

商业机密的实用性和价值性有很密切的联系，但实用性有其自己的特殊内涵，就是说商业机密必须是一种现在或者将来能够应用于生产经营或者对生产经营有用的具体的技术方案和经营策略。

法律并不保护单纯的构想和抽象的理论、概念，抽象的、模糊的原理或观念的覆盖范围极其广泛，尚处于探索阶段而无法具体化，如果给予保护，就会束缚他人手脚，妨碍他人的商业机会，不利于社会进步。

做好企业机密制度，可以从以下几个方面加以考虑，如图 1-22 所示。

图 1-22　机密制度，管好企业机密

1. 职责与权限

(1) 人力资源部。全面负责组织公司保密工作的管理，如保密制度、保密协议的制定、重大保密奖惩事宜的讨论、秘密事项的审核以及相关部门保密工作的指导等。

(2) 全体员工。负责保守机密的义务。

(3) 总经理。负责机密级文件、资料、记录的借用批准。

2. 管理内容与要求

(1) 公司重大决策中的秘密事项。

(2) 公司尚未付诸实施的经营战略、经营方向、经营规划、经营项目以及经营决策等。

(3) 公司内部掌握的合同、协议、意向书及可行性报告、重要会议记录。

(4) 公司财务预决算报告及各类财务报表、统计报表。

(5) 公司所掌握的尚未进入市场或尚未公开的各类信息。

(6) 公司员工人事档案、工资性、劳务性收入及资料。

(7) 其他经公司确定为应保密的事项。

3. 机密类别

企业机密分别为：A 级为“绝密”、B 级为“机密”、C 级为“秘密”3 级。

(1) 绝密。即最重要的秘密，一旦泄露会对公司的权益造成特别严重的损害。

(2) 机密。即主要的秘密，一旦泄露会对公司的权益造成严重的损害。

(3) 秘密。即一般的秘密，一旦泄露会对公司的权益造成损害。

4. 密级确定

A 级：公司经营发展中，直接影响公司权益的重要决策文件资料和正在洽谈的尚未公开的新项目。

B 级：公司的规划、财务报表、统计资料、重要会议记录、公司经营状况。

C 级：公司人事档案、合同、协议、员工工资收入的各类信息。

属于公司秘密的文件、资料，应当依据规定标明密级，并确定保密期限。保密期限届满，自行解密。

5. 机密管理

(1) 凡是涉及本工作标准“重点部门及涉密员工范围”的人员，都须签订《保密协议》。

(2) 严守秘密，不得以任何方式向公司内外无关人员散布、泄露公司机密或涉及公司机密。

(3) 计算机中的秘密文件必须设置口令，并将口令报告公司人力资源部。不准带机密文件到与工作无关的场所；不得在公共场所谈论秘密事项和交接秘密文件。

(4) 秘密文件应按规定标明密级。打印错的秘密文件、资料、档案应及时用碎纸机碎掉。

(5) 秘密文件、资料不准私自翻印、复印、摘录和外传。因工作需要须经总经理批准后办理。不得在公开发表的文章中引用秘密文件和资料。

(6) 会议工作人员不得随意传播会议内容，特别是涉及人事、机构以及有争议的问题。会议记录(或录音)要集中管理，未经总经理批准不得外借。

(7) 如需借用机密文件、资料、档案，须经总经理批准，并按规定办理借用登记手续。

(8) 调职、离职时，必须将自己经管的秘密文件或其他东西，交至公司总经理，

切不可随意移交给其他人员。

(9) 公司员工离开办公室时，必须将文件放入抽屉和文件柜中。

(10) 不向废品收购部门出售秘密文件、资料、笔记本，不得私自销毁秘密文件和资料。

6. 涉密员工范围

(1) 列出重点部门所属员工。

(2) 非重点部门的主管职位以上人员、销售顾问。

(3) 其他对象：企业总经理的专职驾驶员，售后服务部人员，负责秘密事项制作、保管的人员。

7. 保密措施

企业工作人员发现公司秘密已经泄露或者可能泄露时，应当立即采取补救措施并及时报告人力资源部，人力资源部接到报告，应立即做出处理。

8. 保密责任与处罚

出现下列情况之一者，给予总经办书面警告，并扣发工资 500 元以上 10 000 元以下的经济赔偿。

(1) 泄露公司机密，尚未造成严重后果或经济损失的。

(2) 已泄露公司机密但采取补救措施的。

出现下列情况之一的，视情节轻重、损失大小，予以解除劳动关系或移交司法机关，并酌情赔偿经济损失。

(1) 故意或过失泄露公司机密，造成严重后果或重大经济损失的。

(2) 违反本保密制度规定，为他人窃取、刺探、收买或违章提供公司机密的。

(3) 利用职权强制他人违反保密规定的。

第2章

完善制度——才能坐稳江山

学前提示

晒晒企业的制度病

- 理论与工具不能有效结合
- 蒙着眼睛照搬抄
- “拍脑袋”决策比较流行
- 潜规则代替明规则
- 制度的僵化拖企业的后腿

“望闻问切”查病因

- 让制度摸黑走路
- 制度会让执行“降速”吗
- 可以有还是不可以有

完善各项制度

- 保证财物安全，减少内耗
- 保证人力资源做到实务
- 走出决策 5 大陷阱
- 合理设置组织结构
- 适当的权责分配
- 企业文化的塑造
- 企业形象的提升
- 制度需要持续创新

2.1 晒晒企业的制度病

企业制度是一个企业制定的要求企业成员共同遵守的办事规程或行动准则。合理的企业制度对企业的发展起着很大的作用，而不合理的制度不但在企业里造成管理混乱的现象，而且直接影响企业的可持续发展。

本土中小企业的平均寿命不长，很多人认为是品牌力难以与强势品牌抗衡使然。实际上，中小企业内部管理薄弱是中小企业不长久的症结所在。

尽管这些中小企业因为行业背景以及成长阶段、体制性质的不同，其问题也各有不同，但是也存在一些比较共性的问题。

2.1.1 理论与工具不能有效结合

国有企业转制过来的企业，与其经营层探讨管理问题时，在理念上他们谈得头头是道，而且能够与时俱进，积极吸收新的管理思想与理论；而在与民营企业家的交谈时发现他们在谈吐上稍逊一筹，但是在现场参观考察的时候发现，从整体管理效果和结果上看，民营企业的管理要比改制企业的管理更细致、更到位。

究其原因，民营企业家总是在就事论事地、不断思考更有效的管理办法，并开发一些比较“土”但是很实用的管理工具；而改制过来的企业，同样很注重学习管理理论知识，但是对于开发有效的管理工具则有所偏废，以至于管理理念不能应用到实际的管理工作当中，以发挥其经济效益。

在管理上，导致这种问题的根源就是大家对管理理论的运用方法的认识还不够，将管理理论贯彻落实需要科学的管理工具，毕竟管理理论只是抽象性的指导思想。

它的意义在于让大家更加透彻地理解管理工具的运用技巧，或指导管理者如何开发实用有效的管理工具，而由国有企业改制过来的企业缘何难以将管理理论转化为实用的管理工具，大致有 3 方面原因，如图 2-1 所示。

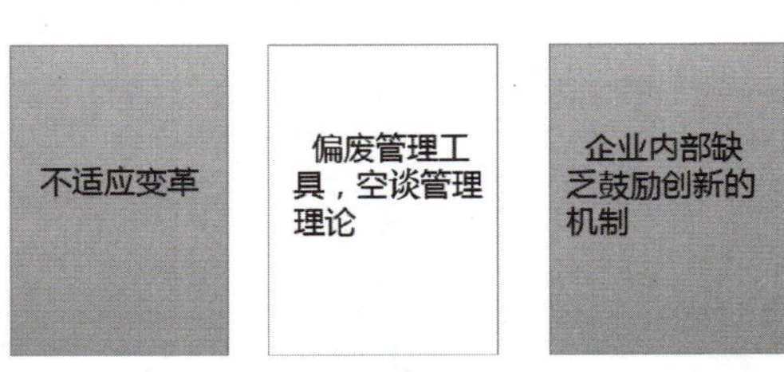

图 2-1 管理理论与管理工具不能有效结合

1. 不适应变革

因为每一个新的管理工具的导入，意味着新的机制，而变革意味着既得利益的

调整甚至丧失，加上原来国企缺乏变革的企业文化，导致管理变革的巨大阻力。

2．偏废管理工具，空谈管理理论

毕竟关于管理工具的介绍性书籍在市面上很少能买到，自身又缺乏动手制作管理工具的能力，以致学习效果不明显。

3．企业内部缺乏鼓励创新的机制

国企缺乏民企所拥有的创新机制。在民营企业内，可以看到一些非常独到和创造性的管理办法和管理思维，甚至让人感觉有几分“挖空心思”的意味。

譬如，某印刷厂在管理中，通过鼓励员工将自己在工作生活中的体悟和感悟，用比较精辟的口号或标语贴在车间的墙面上，与大家共同分享。

一方面，活跃了大家积极学习上进的气氛；另一方面，强化了员工关注工作改进和绩效提升，经过长时间的坚持，这种机制固化下来，形成了有很强的变革型和学习型的企业文化氛围，企业再不断地导入新的管理工具和管理方法，也就显得顺其自然，阻力自然就更小。

尽管在细节上做得非常细致和具体，但是因为缺乏系统的理论体系，以至于企业的管理难以形成体系，最明显的就是组织职能的不均衡，大部分企业在某一方面管理特别出色，但是其他方面有所偏废，尤其是在营销方面，营销能力薄弱和营销意识淡漠，这几乎是中小企业的通病。

营销在企业的价值链上占据龙头地位，这一环不能处理好，是制约企业做大做强的症结所在。简言之，组织职能不均衡的隐患将直接诱发管理短板效应。

另外，企业的管理难以成体系的明显特征就是，在这些企业里，许多规章制度以及管理机制的导入，是因为在问题发生之后才想到的，或才引起重视的，这只是停留在“救火”的层面上，其本质是一种反馈控制，而无法做到系统、全面、动态地进行全盘规划，事先做好各个环节的“防火”工作，减少一些不必要的损失。

2.1.2 蒙着眼睛照搬抄

【企业实例】 A 公司是一家从事计算机软硬件销售和二次开发的电脑公司，公司规模不大，30 人左右。经过多年的打拼，A 公司在当地市场占有一定的份额，市场规模扩大，在本地区逐渐有了名气，员工队伍也有所壮大。

随着市场竞争的加剧，为了急速保持公司的快速发展，提高员工的积极性，该公司总经理借鉴当时业界较为流行的“目标管理法”，并引用了同行业其他公司的管理制度，对员工进行目标管理。

其具体规定是这样的：A 公司根据对第二年销售的预测，即公司希望第二年的销售额是上一年的 2 倍，从而实现销售翻番的目标，将这一目标自上而下分配到每个部门，再由各部门分配到每位员工头上，取消了原来执行的按销售比例提成的制度，改为未完成任务时只有极低的提成，超额完成任务时则有巨额提成。

表面上看，如果业绩真的如 A 公司所愿，能够继续快速增长，优秀员工在超额完成任务，收入将大幅度提高，而对于不能完成任务的“不合格”员工，公司又降低了花在他们身上的成本，似乎是一举两得的“好事”。

但员工在仔细分析后发现，由于该公司所处市场环境竞争加剧，公司产品更新换代慢、渠道有限、市场推广力度不大，原有的产品优势逐渐丧失，公司规模扩大、销售人员增加又导致每位销售人员所拥有的潜在“蛋糕”变小，并且公司在资金实力、内部管理、配套服务等方面跟不上快速增长的要求，几乎无人有信心实现 2 倍于前一年的销售额。

于是，多数员工产生了“被愚弄”的情绪，认为公司以“目标管理”为名，行裁减员工薪资收入为实。一年后，A 公司进行销售提成核算，全公司没有一个人能得到高额提成，核心销售人员也流失殆尽。两年后，A 公司已濒临倒闭。

所谓蒙着眼睛照搬抄，就是拿来主义形式，照搬照抄，没有进行消化、吸收，不符合企业实际，对企业管理不具有可操作性。企业要想成功就得记住，一定不能照搬照抄成功企业的模式。

上面的案例中，A 公司的总经理主观上认为“目标管理”能够激励员工取得更好的业绩，便在公司内部制定相应的规章制度，推行“目标管理”等。

诚然，“目标管理”本身是好的，其提倡员工为自己的工作树立目标，避免工作上的盲目性，但是好的理念需要运用到位，绝不可以生搬硬套；否则不仅难以起到积极作用，还可能起反作用。

A 公司在搬来流行的目标激励机制后，员工的工作积极性不仅没有被调动起来，反而受到了很大伤害，致使大量优秀员工流失，企业运营也陷入了危机。也就是说，企业管理没有最好的模式，只有合适不合适的模式。

由于企业所在的行业不同，所处的市场环境不同，所处的发展阶段不同，管理模式也不同。不能用一个模子来套或照搬照抄，更不能张口可口可乐，闭口 IBM、通用公司。我们只能对好的东西进行借鉴和摸索，选择一条适合自己走的路。

王健林说：“齐白石先生有一句名言，‘学我者生，似我者死’。万达的成功模式也许适合同行业、同样千亿级别的企业，但中小型企业、创业型企业完全不一样，行业也不一样，一定要琢磨、选择、创造最适合自己的发展模式。鞋子舒不舒服只有脚知道。”

一个现代化管理体制的形成，必须经过自下而上、自上而下的几经反复，不可能是一日即成的。要力戒浮躁，要有一个长远或近期的规划，要充分考虑企业适应性的逐步形成，甚至可能是一个很痛苦的形成过程，要逐步落实。

像许继集团、海尔集团的管理文化，都不是短短几年内就沉淀下来的。其实，很多优秀企业先进的人文理念、管理文化都是通过十几年甚至数十年的摸爬滚打而形成的。

每家公司均有各自管理习惯的积淀，不能把许继集团的管理模式今天搬过来，明天我们就像许继集团了；海尔模式搬过来，明天我们就变成海尔了。

所以，我们应该看到，有时有些很现代化的管理，是以一种思想解放程度很高的状况为前提的，企业的思想解放程度未到一定的火候，先进的现代化管理制度的推行就不能水到渠成。

随着社会的进步，各门科学也取得了突飞猛进的发展。其中，管理学的发展也是日新月异的，各种管理理念、管理工具出现了很多。可以说，一个管理者在选择管理制度时，最看重的应该是这种理念和制度如何能完美地嵌入本公司的体系内。

所以，管理者在引用一些公认好的制度时，要做到以下 3 方面的要点，如图 2-2 所示。

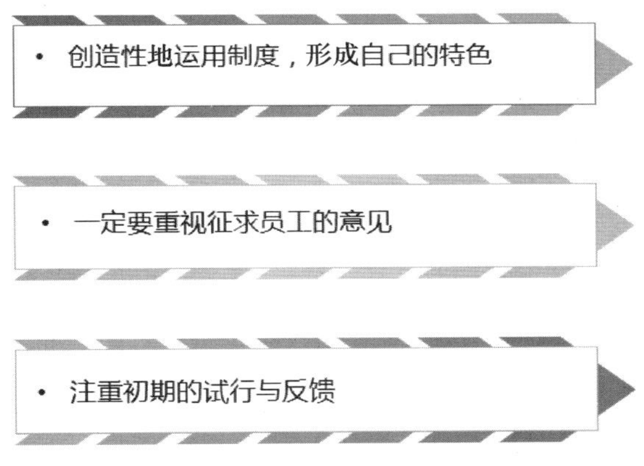

图 2-2　拒绝“照搬抄”模式

1. 创造性地运用制度，形成自己的特色

规律的普遍性，并不意味着我们知道了规律的内容，就万事大吉，我们还需要恰如其分地运用规律。这好比《孙子兵法》道尽了军事的规律，看过《孙子兵法》的将领很多，但并不是读完这本兵法就一定能打胜仗。

规律性的用法很多，用对了，才能有很大的效用。比如，同样都是“置之死地而后生”，项羽采用的是“破釜沉舟”，韩信采取的是“背水一战”，他们都获得了胜利，原因在于他们对规律都进行了创造性地运用。

2. 一定要重视征求员工的意见

企业制度中，不仅需要融入领导者的思想体系，还需要吸收广大员工的声音；否则，就注定是不完美的。著名的《华为公司基本法》不仅包含了总裁任正非的很多思想理念，而且也是经过了广大员工的长期讨论，才最终形成的。

有人会说：这部基本法让华为的无形资产至少增加 10 亿美元。显然，《华为公司基本法》不仅提升了华为的企业形象，还进一步优化和提升了华为的管理水平。

所以制度一定要听取员工的声音，确保员工理解其含义；否则，就容易出现执行不到位，甚至对执行有抵触情绪的现象。

3．注重初期的试行与反馈

再完美的构想和制度，在落到实处时也可能会走样。制度是一个全局性的概念。在一个企业中，颁布一项新的制度时，一定要给制度留出必要的缓冲期，先试行一段时间，再决定是否在全公司内推行。毕竟，企业制度是不是符合实际、是否应该大力推行，要由时间来验证。

因此，我们现在只能选择一种理性化的管理理念，即我们不是追求管理越现代化越好，而关键要考虑企业的适应性。企业如果适应不好，那么推行现代化管理的最后结果，可能反而起不到这种现代化管理应有的目的。

因此，应强调企业的适应性，不能仅仅靠照搬外来的管理方式。

2.1.3 “拍脑袋”决策比较流行

【企业实例】 2008 年，山西有一家以生产低值医用耗材为主的中小企业，本来计划今年推出青霉素空瓶的项目。但是年初，公司老板张某偶然结识了某省级医疗研究所的工作人员李某，两人在交谈过程中，李某向张某推荐一种新产品项目：医用伤口黏合剂。

当时医用伤口黏合剂还属于新产品，科技含量较高。于是张某在李某的鼓吹和怂恿下，一拍脑袋便决定立即“上马”该产品，连市场调查都没有进行。公司内部也有不少反对的声音，他们认为公司尚没有足够的技术力量、生产经验、销售渠道等资源去很好地完成这一项目。

但作为老板的张某根本听不进他人的劝阻，整天幻想着这个项目能给自己带来多大的利润。他对反对者说：“干吧，干不好就算是交了学费，以前不是天天喊着摸着石头过河嘛，这次咱也摸一次石头。”

最终，不出所料，公司生产的新型医用伤口黏合剂在市场上遭遇大冷，一支成品也没有卖出去，企业的资金链受到严重冲击，损失惨重。

该企业在新产品开发计划中全凭老板一人拍脑袋做决定，而这种现象在中国的中小企业中再平常不过了。

有人对中小企业的决策机制进行调查，结果显示，虽然 60%的受访者表示准确的数据是决策中最重要的因素，并将其排列在他人意见、个人直觉或外部咨询等其他因素之上，但同时超过 90%以上的被访者认为目前他们公司的内部决策基本上是非正式或随意的。

企业如此大的决策可能在老板的脑中仅仅几秒钟就拍板定下来了，有时候第二天起床发现问题来个 180 度大转弯。

这种战略决策的随意管理表现在以下 4 个方面，如图 2-3 所示。

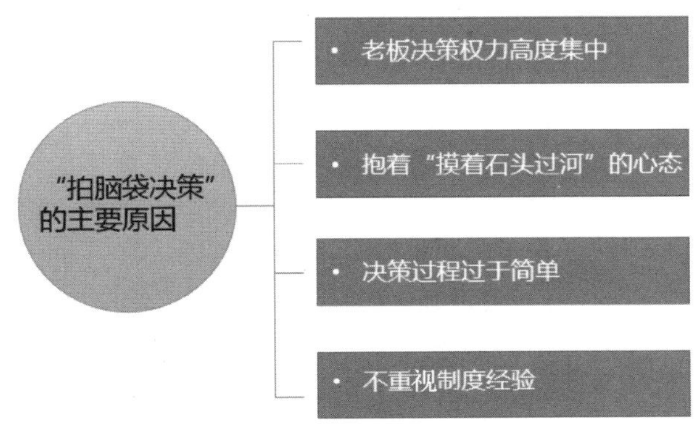

图 2-3 "拍脑袋"决策的主要原因

1. 老板决策权力高度集中

老板对企业的前途过于“负责”，谁也不能插手企业的发展规划，决策权力高度集中。企业虽然制定了长远战略，但企业老板根本不按战略走，常常“跟风”上项目，企业战略形同虚设。

2. 抱着“摸着石头过河”的心态

在这种心态下，老板赌赢了就赚了，但是要是输了就必须“交学费”。然而市场竞争越来越激烈，而中小企业的资金实力往往又比较有限，试问老板能交得起几次高昂的学费呢？高昂的学费往往会把本来就没有多少老底的中小企业折腾得奄奄一息。

3. 决策过程过于简单

在信息收集和论证不充分的情况下，老板就敢贸然出击，对于事关企业长远发展的重大战略缺乏科学的流程管理，也没有任何约束机制。战略决策最后变成了“一言堂”，决策风险非常大。

4. 不重视制度经验

只要上规模的企业，其管理层都会比较复杂。在现代经济环境下，企业所面临的内外环境越来越复杂，所面临的风险也越来越大。企业作为一个聚集各种各样资源的载体，要承担很多功能，包括处理好很多企业有关联主体的关系。

对内，有员工关系管理；对外，有供应商关系管理、客户关系管理等。如果企业没有科学的管理制度来规范其运营，无异于江河失去堤坝的防护，就会导致很多关系处理不到位，从而引发各种问题。

2.1.4 潜规则代替明规则

【企业实例】 某企业是一家经营多年的民营企业。随着企业前进脚步的加大，员工已过百人，在业界也算是小有规模了，而该企业的管理却始终停留在“作坊”式的层面。对此，该企业的李总深感不安，于是下定决心对企业进行全面改革。

说到改革，该企业的那些“元老”中，已无让李总满意之才。这些“元老”在市场上个个能征善战，但要做企业运营管理者可就变得捉襟见肘起来。

于是，李总决定增设总经理办公室，总管公司的人事、行政要务，希望借此来逐步推动整个公司的改革。

经过半年多的精挑细选，胡经理脱颖而出，成为该企业总经理办公室的经理。胡经理来到该企业所接手的第一项要务就是绩效考核。绩效考核是李总长久以来十分关注，同时也是寄予厚望的一项工作，所以从下达任务的那天起，李总便与胡经理三日一小谈，五日一大谈，保持“必要沟通”。

胡经理一方面仔细观察了解公司现存的一些问题，另一方面与各部门经理沟通阐述自己对于绩效的看法与观点，以便制定出更为精准的绩效考核，并使之在企业管理中发挥应有的功效。一时间公司上下议论纷纷，总经理办公室更是成为公司内的焦点区域。

3 个月过去了，胡经理的绩效工作不断遇到阻力。尤其是那些元老们，他们似乎对绩效充满了敌意，而这股敌意又似乎不完全来自绩效本身。胡经理已经感觉到绩效考核在元老那里寻求支持已成奢望。

正所谓天无绝人之路，与其临渊羡鱼，不如退而结网！于是胡经理又开始在公司里的“新生代”寻求力量，并很快达成了“阵线联盟”。

李总为了表示对胡经理的支持，在此后召开的中、高层大会上痛斥那些“绩效落后分子”，以强硬的态度力排众议。而此时“阵线联盟”也随之产生了预想中的推动作用，在胡经理的带动下，“新生代”也纷纷表示对绩效考核的支持与认可，使得绩效考核“行”与“否”的问题明朗化，而且最终决定从销售部开始执行。

于是胡经理开始了下一步的工作，即设定绩效目标。该公司销售部分为 3 个作业组：一组的个人销售实力普遍较弱，认为应该完全以考核团队业绩为主，否则就拒绝考核；二组个个都是销售好手，认为绩效考核应该完全以个人业绩为主，否则就是在打击工作积极性；三组销售实力强弱参半，意见更是不一，已经发展到内部不和。

李总虽积极支持考核团队业绩，但对于考核个人业绩也默不作声。胡经理为了能够平衡各销售之间的矛盾，便制定了几套绩效方案，但最终因为无法让所有人满意而无一得以推行。

与此同时，公司形势也发生了戏剧性的转变。由于绩效方案迟迟不定，元老

们纷纷提出诸多质疑，两位“新生代”负责人——一组经理与二组经理也彼此视如仇敌，而对推行绩效考核制度原本鼎力支持的李总，也在态度上发生了微妙的变化。

半年过去了，面对众多的指责与非议，面对即将无功而果的绩效考核，胡经理一筹莫展。

从上面的案例中，我们不难看出胡经理推行绩效考核制度的工作可谓困难重重，举步维艰。说到这里，我们不禁想问，是什么让胡经理“身陷囹圄”？与其说胡经理是输在工作能力上，不如说是输在企业的潜规则上。

在企业中，总有一些部门或者个人由于存在利益上的关联，而结成某种利益群体，有的公司将此现象称为“小团体”。这种小团体为了自己的私利，虽然表面上“支持”公司的规章制度，但在小团体利益受到损害时，便会结成利益共同体，抵制公司制度的实施。

伴随上文该企业经营规模的扩大，原先的粗放式经营模式亟须改进，而这在某种程度生可能会损害依赖于原先利益模式的“元老”群体。因此，当公司宣布要进行绩效改革时，遭遇了“元老”们不同形式的抵制与破坏。

同时“新生代”中一组与二组在利益上难以调和，使得胡经理原先赖以依靠的“新生代”内部矛盾也凸显出来，最终使得该公司的绩效改革方案被搁浅。

此外，制度的不健全，或者即使有制度，但在强大的潜规则面前，总是处于下风。比如职务升迁时，虽然公司制度框架内提倡“德才兼备”“用人唯贤”，但公司内由于人际关系的作用，一些主管人员还会着力培植自己的亲信，或者基于一些利益关系提拔或贬低一些下属，这些都不利于公司内部人力资源的优化配置。

在一个企业内部，如果任由潜规则盛行，则是一件危险的事情，轻则动摇员工对公司的信心、降低企业的凝聚力，重则危及企业的生存与发展。

企业管理中一定不要忽视潜规则。对于那些产生负能量的潜规则，要追究其产生根源，并将其根除，只有这样，才能进一步消除公司规范化管理的障碍。

针对企业内部存在的潜规则，管理者一定要分析其性质，绝不可姑息纵容。有的企业管理者暂时未看到一些潜规则的危害，便对企业内部的潜规则睁一只眼闭一只眼。中国有句古语“千里之堤，毁于蚁穴”，如果任由潜规则在企业内部滋生蔓延，最终必将对企业产生很大的冲击，甚至有可能使制度形同虚设。

所以，一个企业的领导者或管理者，有必要在企业内树立一股正气，推动公司的健康发展。那么，应该怎样在公司内部抵制潜规则、消除潜规则呢？下面几点建议可供参考，如图 2-4 所示。

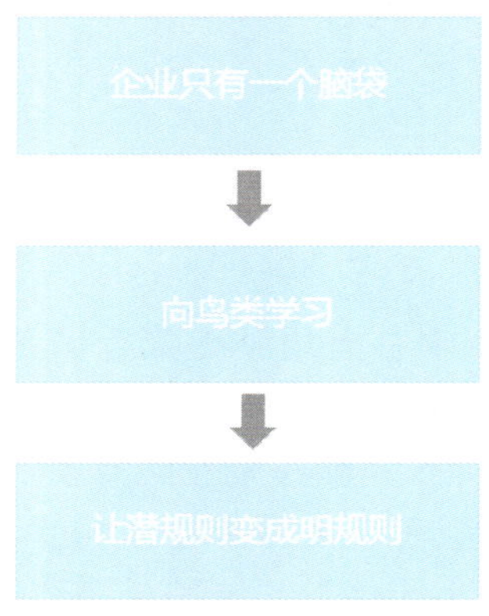

图 2-4　潜规则变成明规则

1．企业只有一个脑袋

潜规则的价值在于：员工对老板的忠诚度以及与老板的创业经历结合在一起，从而形成紧密的“泛家族形式”，以亲情性质的团队形式同舟共济。但随着企业的发展，这种企业不可避免地面临着更大的危险。

1) 企业人才战略管理的混乱

随着企业发展的需要，必须实行人才引入战略，但新引进的职业经理人经常处在“企业老人”的“监督”之下，清洁工赶跑财务总监的事情也时有发生。

2) 企业组织智商降低

在潜规则浓厚的企业里面弥漫着一种做人的思维，而不是做事的思维，上上下下揣摩老板的心理，人员的主动性、积极性很低。数百人的企业只有老板一个人的脑袋在思考，一个没有组织智商的企业怎么能有未来可言呢？

3) 拉帮结派的内部斗争

在这种公司里，一些员工往往拉拢“自己人”，形成自己的势力派别，企业管理成本的增高无形中制约了企业发展。

4) 企业管理者无法对企业行为做出预测

企业内帮派林立的结果就是相互之间难以进行有效的信息沟通。销售部下订单的时候担心生产部无法完成就把时间说得紧一些，而生产部也有意在能力范围内虚报一些时间以便于保持从容。

相互衔接的组织部门成了相互博弈的对手，而给老板的错觉是生产能力不足，需要扩大生产，从而造成盲目的投资。浪费在管理上的利润比例为 10%～15%。遗憾的是，大部分中小企业老板都不愿花费更多的时间和资金对管理进行梳理。

2．向鸟类学习

在生物学领域中，爱伦·威尔森提出一套“世代间学习”模式，认为物种的行

为才是进化的主要驱动力，这种行为有以下 3 种主要特性。

(1) 创新，即有能力利用环境，具有潜力创造新的行为。

(2) 社会传导，即通过传播将个体创新技能传送至群体，成为整体技能。

(3) 流动性，即有能力四处流动，集体行动并传递信息。

企业要想将创业期的潜规则改变成有章可循的显规则，需要的也正是上面的 3 个要素。

20 世纪初期，英国乡村邮递员使用没有盖子的瓶子给顾客配送牛奶，山雀鸟与红知更鸟可以毫不费力地享用那些漂浮在奶瓶上的乳脂。

后来，厂商开始加装铝制封装以防止鸟类的偷食。但是时过不久，所有的山雀鸟学会了刺穿铝制封装，而只有少数红知更鸟学会这种获取食物的新方法。

为什么两种鸟类有如此大的差异？生物学家通过观察这两种鸟类的行为才揭开了这种变化秘密：山雀鸟习惯群体行动，以编队方式在乡间飞行；而红知更鸟是排他性较强的鸟类，自己势力范围内不允许其他鸟类侵入，彼此没有太多的信息交流。

因此，集体行动的山雀鸟比红知更鸟可以更快地进行学习和经验传播，从而拥有更多的生存空间。生物学上的例子也可以说明这样一个现象：一些产业链条成熟的企业，或者是企业集群密度较高的产业较偏远的、个体的企业在修改规则方面更为有利。

3. 让潜规则变成明规则

优秀的企业潜规则少一些。对追求基业长青的企业而言，需要对潜规则持续不断地转化、改良。企业要改变长时间形成的潜规则，就必须如山雀鸟一样进行相应的调适行为，核心就是改变老板的习惯和观念。

但遗憾的是，很多企业的成功是老板的成功，失败也是老板的失败。在组织变革中，老板总是认为“刑不上大夫”，应该改变的是属下、身边的人，而不是自己。

有些企业在导入管理制度的时候，老板总认为自己是企业的所有者，没有必要受制度的约束。但要使制度成为员工行为的自觉，身为老板就必然是“第一受害者”，要打破企业的习惯，首先就要打破老板的习惯。

在制度的导入初期，企业家要对企业效益的暂时下降有思想准备。

譬如，中小企业一般是接到了订单就开工，而规范工作流程后就有一个合同评审程序。但在初期，由于员工的抵触或者不习惯可能费时较长。

这时候，企业家要明白这只是暂时现象，习惯评估程序后效率会大大提高。遗憾的是企业家都喜欢看到忙忙碌碌，老板一来，一团繁忙；老板一走，麻将上马。

管理规则的导入最好有外来的专家参与，“外来的和尚好念经”，因为外来的专家与企业内部人员没有直接利益冲突，在变革管理中具有较高的公信力。

在导入新的规则之前，最好的办法是将原来的潜规则具体化、文本化，这样的变革能更好地获得企业员工的支持，并使新规则成为有源之水。

从长远的角度来看，企业必定要走向制度化，明规则将成为企业发展的主流。当明规则演变成人们潜移默化的行为模式的时候，企业的春天才真正到来。

2.1.5 制度的僵化拖企业的后腿

【企业实例】 某药店的王店长具有多年的管理经验，为了提高团队的执行力，他先后完善了药店的各项规章制度，并且常常抽时间到现场去“盯岗”，监督员工的履职状况。

最初，因为制度缺位，部分员工工作作风散漫，比如上班期间经常说笑，随意接打手机等，王店长便提出了“颁制度、严管理、高要求、狠处罚”的管理方针。这套制度推行一段时间后，在一定程度上制约了员工的行为，但时间久了，这套制度好像不是很管用了，王店长发现，不少店员开始阳奉阴违，消极怠工。

有一次，王店长在现场“监工”，发现有位店员在货架前接听手机。他严厉地批评了该店员，并处以经济处罚。还有一次，他发现另一位员工并没有按照药店《服务规范》要求的那样，先对顾客微笑，然后说“您好”，便又马上批评了这个店员。

但是，严格的管理并没有得到应有的效果，大家反而觉得王店长像一个“监工”，暗地里给他起了一个“王老虎”的绰号。这让王店长哭笑不得，他无论如何也不明白：为什么严格的管理却换不来团队的执行力？

企业制度的本意是为了规范企业内部员工的行为，促进企业的规范化管理，让制度更好地为企业目标服务，并更好地激发出员工的工作自觉性与积极性。

如果企业制度的实施抑制了员工的工作积极性，给员工一种被束缚的感觉，那么这样的制度便没有能够起到应有的效果。

在这个案例中，王店长能够认识到制度在管理中的重要性，并制定了一系列规章制度来改进管理工作，这本身是值得称赞的。但在制度实施的时候，王店长几乎是以“监工”的身份出现，动辄对员工进行批评或者罚款，其做法就有待商榷了。

制度的落实离不开广大员工的主动配合。如果员工对制度持抵制态度，而管理者站在制度的另一个方向推进，那么，制度就可能成为管理者与员工之间的一道鸿沟。这时，对于员工来说，制度更大的作用可能是对自己的一种束缚，而管理者也会做一个制度的“监工”伤神费力。

王店长严格的制度管理，并没有带来员工在执行上的进步，反倒让员工在工作中处于被监督的角色，其工作效果趋于被动。在这种情况下，员工的工作效率肯定是要打折扣的。因为员工只有自发自愿地工作，才能爆发出饱满的工作热情，产生更好的工作效益。

另外，王店长认为制度要狠、管理要严就能提高团队的执行力，这种认识也是有一定问题的。企业制度是为了更好地实现企业的目标，并为这个目标实现提供保障，至于制度的外形应该怎样打造，则需要严防僵化，要根据需要及时地进行调整。

一些企业青睐“人治”，一个重要的原因是觉得透过人的直接管理有助于提升效率，而那些“繁文缛节”的制度可能会降低执行的效率。

在现实中，有些管理者并没有深刻理解制度的内涵。本来好心希望“赢在制度”，最后却受制于制度，结果老板被制度弄得“心烦意乱”，员工在制度面前也叫苦不迭。于是，一些企业开始对制度产生了一个疑问：“制度真的能够拯救自己的企业吗？”

对于这个问题，回答是肯定的。在企业的制度体系中，存在着“真制度”与“伪制度”的区别。所谓“真制度”，是指制度与规律性的东西相吻合，最大可能地贴近规律；所谓“伪制度”，就是披着制度的外衣，实则与规律相距甚远。

在企业管理中，规律就是那些规则性的事务，企业结合自身情况，按照一定规则行事，就可以获得较大的发展。

比如史玉柱二次创业时，针对中国保健品市场发展迅速、人们衷心于电视广告的状况，制定了完美的营销策略、供货方案、售后服务模式等，从而让“脑白金”“黄金搭档”取得了巨大成功。

对有些企业来说，可能也制定了相应的制度，但为什么却没有收到预期的效果呢？这是因为制度的质量千差万别，符合规律的，才可以称得上是真正的制度，不符合规律的只能称为“伪制度”。

所以，为了让制度能够激发出员工生产的积极性，避免制度拖企业的后腿，可以参考以下几点，如图 2-5 所示。

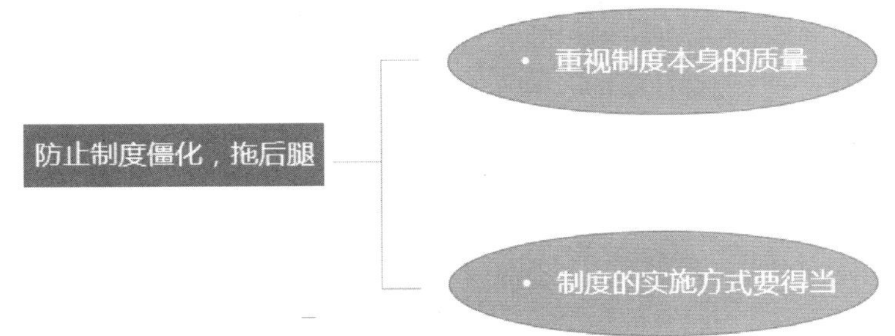

图 2-5　防止制度僵化拖“后腿”

1. 重视制度本身的质量

制定制度有两个出发点：一是整体因素，那就是如何更好地完成企业的业绩目标；二是如何更好地提升员工的积极性，促进人的发展。

我们经常发现一些企业的制度事与愿违，很多时候是因为没有同时做好这两个方面。制度需要“两条腿”走路，这“两条腿”一是整体目标，二是个体目标，缺一不可；否则，制度就会运行不畅。

2. 制度的实施方式要得当

在实施制度的初期，需要企业管理者的推动，而制度真正落到实处，还需要基层员工的普遍配合。如果企业在推行制度时，自居于监督阶层，仅希望对员工的监督、惩处，那么这样的制度往往只会有短期效应。

因为制度的土壤存在于基层，没有基层的配合，制度这朵再好的花也会枯萎。所以，我们在推行制度时，一定要想办法让员工积极参与进来。

比如，在战国期间，商鞅在秦国进行变法改革，希望通过奖励耕作来提升秦国的国力，但老百姓对商鞅的法令持怀疑态度。为了赢得群众的支持，让百姓主动参与到变法实施中来，商鞅采取“南门立木”的方式，取信于民。这样，商鞅的法令在实施中得到了基层群众的积极配合，秦国也由于商鞅在制度方面卓有成效的改革而迅速强大起来。

在企业管理中，同样也是如此。所以，制度是管理的法宝，管理者只有用好这个法宝，才能让制度为企业管理做好服务。

2.2 “望闻问切”查病因

如果制度本身不合理，缺少针对性和可行性，执行起来就会遇到许多困难。企业大多喜欢用一些条文来约束员工的行为，通过多种考核制度达到改善企业管理的目的，但企业制度不合理本身却限制了企业的发展。

2.2.1 让制度摸黑走路

【企业实例】 1997 年 9 月 18 日，日本零售业巨头八佰伴公司向公司所在地的日本静冈县地方法院提出破产重组的申请。这一举动即标志着日本八佰伴公司的破产。

日本八佰伴公司 1930 年创业于日本静冈县热海市，经过 60 多年的苦心经营，从一个家庭经营的卖水果蔬菜的小店，发展成为大型超级市场连锁企业，拥有 236.6 亿日元资本。在破产前夕，日本八佰伴公司负债总额为 1613 亿日元(折合约 13 亿多美元)，公司资不抵债，只好选择破产。

日本八佰伴公司是一家家族企业，在宣布破产前，已是在东京证券交易所第一市场上市的巨型超级市场。它的破产，也是日本百货业界最大的一次破产事件，因而震撼了日本和亚洲。

那么是什么原因让一家拥有 60 多年历史的老牌企业走向了破产呢？正如八佰伴

的一些元老及学者所评论的，由于日本八佰伴公司经营战略不明确，公司制度在运行时缺乏目标，而制度需要目标来照亮，执行制度时缺乏目标，就好比让制度摸黑走路，增加了执行的盲目性。

同时，再加上一些财务方面的原因，日本八佰伴公司在破产前，负债已达到 1600 多亿日元，远远超过了其固有资本，除了破产，已无其他途径。

八佰伴曾是世界著名的超级市场连锁集团，它的破产曾让很多人震惊。然而，企业经营是现实的，如果违背了客观规律，致使企业运营陷入困境，那么任何企业都难逃受挫的命运。

在总结八佰伴破产一系列原因后，发现造成八佰伴失败的一个重要原因就是战略目标不明确，在此基础上形成的制度执行有很大的盲目性，从而造成一连串决策失误与运营失败。

正如一些人评价的那样，八佰伴“没有一个把什么东西卖给什么人的明确的经营战略”。八佰伴原本是日本的一个地方超市集团，但在向海外进军的过程中，一会儿以日侨为对象，一会儿又转向当地人为目标。

八佰伴不仅不断地改变销售对象，而且还不断地改变经营手法。虽然在海外经营的初期得到了侨居海外的日本人的大力支持，有了一个好的开端，但由于在日本国内的积蓄不足，经营能力有限，因而被此后发展起来的其他超市和百货商店抢走了客源。

20 世纪 80 年代以后，八佰伴在海外开设了 40 多家超市，但破产时只剩 27 家。而在实际运营中，八佰伴盲目扩张，没有认真研究其实际状况，铺的摊子过大。八佰伴日本公司总经理和田光正在接受记者采访时表示“公司破产的原因是先行投资过多”。

和田光正说：“当时我认为投资计划是绝对没有错误的。从结果来看，我想是因为公司对日本和海外的经济形势以及对自己企业的能力过于乐观了。”事实上，八佰伴在海外并没有详细周密的投资计划。

20 世纪 80 年代后期和 90 年代初，“八佰伴日本”为了快速扩张国际事业，趁着日本泡沫经济的时机，在债券市场上大量发行可转换的公司债券。

这种筹资方法，虽然摆脱了从银行取得资金的限制，却也失去了有效的财务监督，极易陷入债务膨胀的危机。与此同时，八佰伴日本公司把公司的利润以及通过发行公司债券这种“炼金术”聚集的大量资金投到了海外市场。

然而，这些资金的回收情况却不尽如人意，加上在此期间又出现了泡沫经济，八佰伴业绩欠佳，导致股价下跌，公司面临资金供应危机。

还有一点，就是八佰伴没有良好的管理人才培训机制，使得人才供应跟不上公司发展的需要。在国际化和多元化过程中，八佰伴仍然维持着家族企业的经营形式，高度依赖个人决策的精准性和理智性。

然而，在竞争激烈的市场潮流中，个人力量毕竟是有限的。从根本上来说，这与八佰伴战略目标不明确是分不开的。

企业为什么要制定规章制度？这是管理者在制定制度时首先需要弄清楚的问题。

从根本上来说，制度是为了更好地实现企业目标。制度的一大功用，便是尽可能将全体员工的思想与言行，聚拢到有利于实现企业目标的共同方向上来。所以，制度必须有明确的导向性，借此增强企业的抗风险能力。

相对而言，企业在制定战略规划以及规章制度时，目标导向不明确，就难以有效整合企业资源，甚至会浪费掉企业有限的资源。这样的情况，通常表现为企业的盲目决策，以及执行中对目标频繁更换，从而降低了企业的竞争力。

为了更好地规避这种现象，我们可以采取以下措施，如图 2-6 所示。

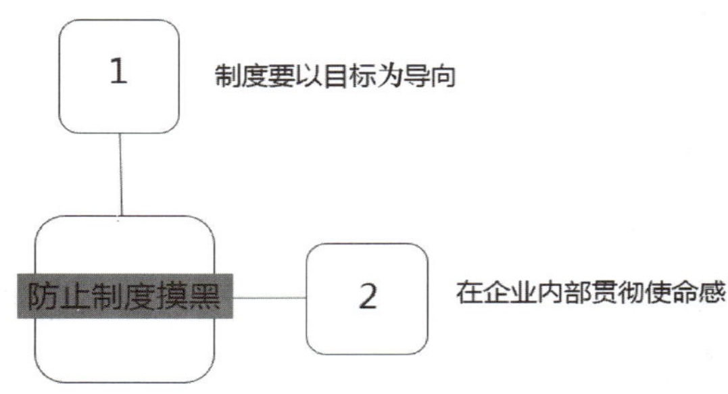

图 2-6　如何防止制度摸黑

1. 制度要以目标为导向

管理者一定要让制度有清晰的目标意识。为此，一定要认真规划企业的长期、中期、近期目标体系，在不同的阶段，使得制度紧紧地围绕目标展开，为实现目标服务，从而尽可能避免盲目性。

2. 在企业内部贯彻使命感

制度很多时候是一种“硬”性的因素，通过某种外在的强化力量保障企业战略目标的实现。除此之外，还可以在企业内部倡导一种自动自发、主动担当的使命感。

2.2.2　制度会让执行“降速”吗

【企业实例】　某公司是一家民营高新技术企业，2008 年以前未对员工实行绩效管理，薪酬中的绩效工资只与公司的经营效益挂钩，而与员工的个人绩效无关。2008 年，为了完成公司的经营目标、提高公司的市场竞争力，该公司希望通过建立绩效管理体系，将组织和个人的目标联系起来。

为此，公司安排人力资源部用 3 个月的时间创建了一个绩效管理系统，并规定从 2008 年 1 月起开始在公司内部实施。

该公司的绩效管理体系主要包括以下几个部分：制订工作计划、开展工作追踪、实施绩效考核、考核解雇反馈、考核结果运用。绩效考核的周期为 1 个月。

该公司首先在 2007 年年底确定公司的下一年度经营目标，并将目标分解到季与月，然后根据上述目标，确定各部门的相应工作目标与工作计划；各部门的部门经理在每月月底，根据工作目标与工作计划对下一属员工提交的个人工作计划进行调整，并由员工确认；每个月由各级主管人员根据工作计划对直属员工进行工作追踪，并在月底对员工的工作表现进行评价考核，向人力资源部提交绩效考核报告；对于绩效考核结果，主要用于调整员工的月度薪酬(绩效工资部分)以及做出相应的雇佣以及解聘决定。

员工受到调整后的月度薪酬(绩效工资部分)在月薪所占比例为 25%。

在实施绩效管理初期，该公司的员工绩效有一定程度的提高，但随着绩效管理工作的持续实施，员工的工作绩效难以达到预期目标，甚至有些岗位的员工绩效还出现了明显的下滑。与此同时，员工的主动离职率也开始有较大幅度的提高。

从中层管理人员到基层员工，对绩效管理的负面反馈不断增多。大家普遍认为绩效管理制度束缚了员工的工作积极性，公司内还多次出现员工对管理人员的投诉。

到 2008 年年底，公司的年度经营目标未能达成。对此，公司领导人认为制度管理不像想象得那么好，不利于发挥员工的积极性，便决定恢复以前的管理状态。

在企业管理中，确实有不少企业担心如果采用制度管理，可能会让一些框框架架束缚了员工的手脚，不利于工作效率的提升，也不利于工作的开展。

实际上，很多企业管理者的担心也不无道理，由于对制度操作不当而受伤的例子并非没有，如上面案例中的公司就经历了这样的事情。

很多管理者都在谈重视制度、重视规则，但真正落实的时候，却总是发现制度不像自己想象得那么好用。于是，一些原本表示要实行“制度化管理”的企业，后来不得不又甩开了制度。

上文中的公司本来希望通过绩效考评来激发员工的工作积极性，从而提升公司的业绩，结果发现，绩效考评制度不但没有按照预期的效果提升业绩，还导致了员工频繁流动，使得绩效考评制度成了烫手的山芋。最后，该公司不得不决定抛弃这个烫手的山芋。

其实，制度本身没有错，如果我们在执行中发现制度出了“问题”，那么通常有以下两个原因。

一是制度是否合理。制度只有与潜在的客观规律相吻合，才有生命力；制度并不是按照公司的程序走个过场、变成书面文件后，就一定是正确的。所以要制定出切合实际、有利于提升生产效率的制度，离不开我们持续、深入的调研。

二是制度是如何实施的。执行的方式不到位，那么制度再完美，也只能被束之高阁，仅供观赏。

企业管理者要带头重视制度建设，并在管理实践中积极发挥制度的力量，强调“法治”，规避“人治”。

诚然，“人治”在企业创建初期，在一定程度上具有效率比较高的特点。但随着企业的逐步壮大，如果企业希望继续发展，那么就要加强制度的作用，因为一个人要想做对事、做好事，离不开对规则的遵守与应用。

为了避免在制度管理中被制度所“束缚”，我们可以参考以下两个方面，如图 2-7 所示。

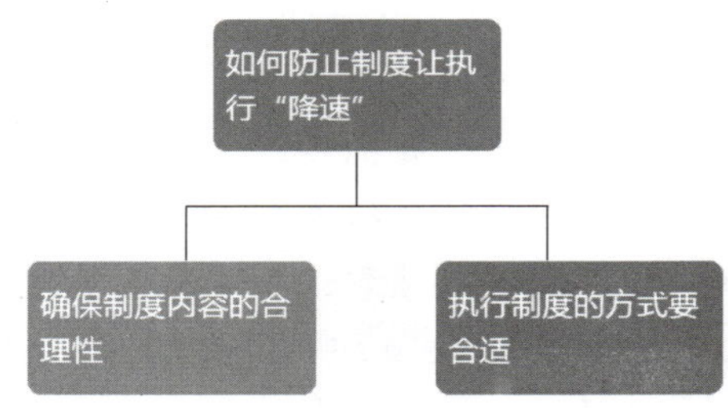

图 2-7　如何防止制度让执行“降速”

1．确保制度内容的合理性

管理者在制定制度的时候，一定不要想当然，不要认为自己受过多么深层次的教育、拥有多么显赫的学历、具备多么丰富的阅历就轻视集体的力量，而且制度的内容要得到广大员工的明确认可。在必要的情况下，管理层可以做出问卷，让员工对制度提出自己的意见。

2．执行制度的方式要合适

在制度出炉后，接下来便是执行。如何保证执行到位？管理者可以在企业内部开展制度学习，解决员工对制度的疑问。

过去，曾经有人提倡企业管理中的“绝对服从”，而现在员工的学历、综合素质普遍提高，我们过去管理员工的方式也就要有所调整。

事实证明，员工理解制度越深入，执行就会越到位。除了从正面激励员工执行公司的制度外，我们还可以采取监督制度，严格把控员工的执行质量，从而使得员工的行为都能够朝向公司期待的目标，同时还能让员工在制度的范围内尽情地发挥自己的才智。

2.2.3　可以有还是不可以有

【企业实例】　某医药科技股份有限公司的前身为某研究所附属药厂，2007 年，该制药厂联合 5 家企业共同发起成立该医药科技股份有限公司。

公司设有人力资源部、财务部、市场营销部、生产管理部、技术质量部 5 个部

门，共有员工 600 余人，65%的员工具有大专以上学历，员工专业结构以医学、药学为主，兼有市场营销、企业管理、财务管理等专业。中层以上的管理人员在大学本科以上的达到 90%。

目前，该公司的人力资源总监的工作过于烦琐，具体的基层工作经常无法在基层人力资源人员那里得到落实，不同层次认识管理者的工作权责不明确等问题突出，导致人力资源人员无法确切地知悉自己的工作范围。

人力资源总监常常被困在基础的人事事务中，正如人力资源总监自己说的那样："刚刚从生产部绩效考核回来，明天还得负责将考核结果汇总报给财务部，当下还得为下属的工作范围指点迷津……"

而处在基层的人事专员却抱怨说："上级布置的绩效考核指标实施起来太困难，我们公司的绩效考核机制真应该彻底改革一下……"

职责划分不明确，员工之间、部门之间推诿扯皮现象时有发生，这是很多企业的现状。在大量管理实践中发现，如果企业在职责内存在职责划分不清晰的状况，那么工作缺位、员工越位的事件就会频发，长期下去的话，将会不利于公司的健康运营。

在上述的案例中，公司的 5 个部门就存在分工不清楚的状况，对于绩效考评的事情，公司在制度上规定由人力资源部来负责，但落实到其他部门时，又可能出现各部门负责自己部门内的考评事项。

于是，一些人力资源专员不禁迷惑：在考评时，某项职能，自己是可以有还是不可以有呢？企业制度要给予对公司业务的全面深刻认知，只有这样，才能让制度具体地反映出公司的状况。

该公司在合并后，面临的新问题与合并前多少会有些出入，这时，最重要的是认真研究自己的状况，理清企业内部的部门关系。如果企业急于求成，忽略了对制度的把控，那么，这样的制度在运行中便会遭遇一系列问题。

在一个公司内，制度性的东西一定要能够深刻体现出公司的真实状况。从某种程度上来说，制度好比一件衣服，公司穿在身上合身，必然运营顺畅；如果不合身，就会使公司的运营不畅。

所以，在制定制度的时候，一定要选出对公司有深刻理解的人来提出相应的建议，对公司的现状进行深入调查与了解。

一个好的制度设计人员，必然给予对企业的宏观把握与深度认知。如果我们在制定制度时，不能做到这一点，就无法让制度确切地反映出企业运行的实际状况。

在现实管理中，经常会看到一些企业虽然制定了不少规章制度，但在落实的时候，总感觉所做的工作在职责上有些不清晰，甚至发生职责扯皮、岗位越位的事情。由此可见，制度的设计与制定一定不能掉以轻心。

为了避免制度在实施的过程中发生职责不清晰的现象，我们在制定制度的时候，一定要充分地进行调查与研究。具体来说，可以通过以下几个方面来做，如图 2-8 所示。

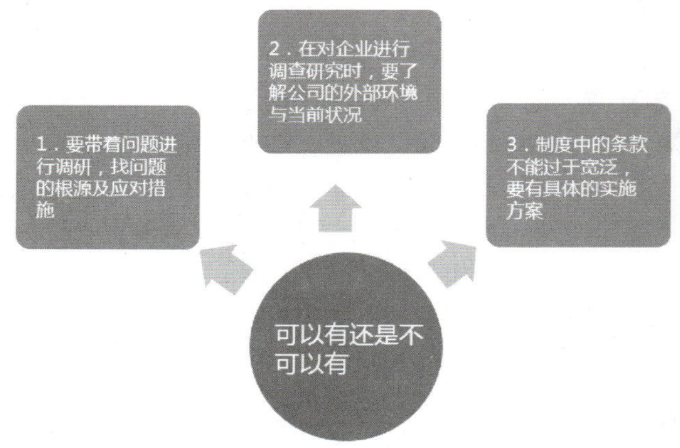

图 2-8　制度可以有还是不可以有

1．要带着问题进行调研，找问题的根源及应对措施

在制定制度前，需要对解决的问题列出一个草案，然后带着这些问题去调查了解实际情况。

在调查了解中，如果遇到需要解决的问题，就要进行深入研究，找到发生类似问题的根源，并给出应对的措施，让制度不仅是为了治理现象层面的问题，而且是为了从根源上杜绝问题。

比如，对于“员工经常迟到”的问题，我们在实际调查中就需要进一步把握引起员工经常迟到的原因到底是什么，是公司规定的上班时间太早，还是员工对公司管理不满的一种情绪宣泄方式，还是交通问题？

弄清楚这些问题后，在制定具体制度时，才能够有的放矢。

2．在对企业进行调查研究时，要了解公司的外部环境与当前状况

制度是为了服务于企业的经营目标，要与企业的现状相适应。比如，对一线流水线的生产工人与对销售团队的制度性要求，通常是有很大区别的；还有，当一个企业已经到达行业的顶峰，或者面临的外部环境比较严峻时，企业在制度上可能就要考虑“严”一些，对自己有更高的要求，否则可能会在竞争中落败；当企业员工学历普遍比较低，或者普遍比较高时，制度也要根据员工的综合状况进行调整。

比如，有的企业可能会规定在办公时不能吃零食，而有的企业对这个现象，没有禁止性的规定等。

3．制度中的条款不能过于宽泛，要有具体的实施方案

在制度中，企业想要表达什么样的愿望，对一个问题想做出怎样的表述与规

定，一定要清晰地表示，不能含含糊糊，要有具体的方案；否则，就会容易形成职责不清的状况。

比如，在制度中这样规定："如果请假 2 天以下(含 2 天)，需要获得本部门经理的批准。"这样规定得比较清楚，也便于在执行中实施。但如果规定为"请假 2 天以上，需要找部门经理或总监批准"，规定比较模糊，就不便于具体实施。

2.3 完善各项制度

完善企业管理制度，需要一个系统的管理模式，而不是几个管理制度。管理模式与管理制度是树根和树叶的关系，没有树根，树叶就是枯叶。这就是导致很多企业出现管理制度执行不下去的根本问题之一。

管理模式是由若干个管理体系构成(根据企业的经营规划而定)，管理体系又是由若干个流程而定(根据要规避的问题而定)，在流程的基础上才能体现制度，这样的制度才能得到顺畅地落实。

2.3.1 保证财物安全，减少内耗

规章制度不完善，不严谨，不成系统，或者规章制度经常打架，就会增大内耗。完善的规章制度同样会减少劳动纠纷的发生。

加强中小企业财务管理的对策建议如图 2-9 所示。

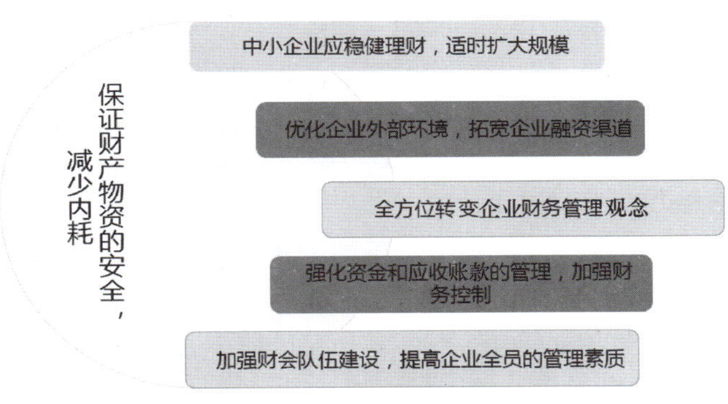

图 2-9 保证财物的安全，减少内耗

1. 中小企业应稳健理财，适时扩大规模

中小企业的成长过程充满风险，中小企业要发展，关键是要稳健理财，科学投资。

对风险程度大的项目、决策面临不确定性的风险方案应主动回避。在实践中，中小企业应尽可能采取中、短期投资模式，加强投资项目的考察和论证，不断优化投资方案。

另外，要抓住有利时机实现发展，扩大规模。其次，要集中优势，专业经营。中小企业实力较弱，往往无法经营多种产品以分散风险，但是可以集中力量通过选择能使企业发挥自身优势的细分市场来进行专业化经营，提高市场占有率，同样可以取得经营的成功。

再次是拾遗补阙，用自己的产品去填补市场空白，充分利用小企业“船小好掉头”的灵活性，按照“人无我有”的原则，寻找市场空白点进行投资，进而可以扩大空间，向专业化方向发展。另一方面，中小企业投资应以对内投资方式为主。

(1) 新产品试制的投资。中小企业的产品，其市场占有份额有限，企业拳头产品也有一定的生命周期，如果不断有适销对路的新产品上市，同时又不断淘汰陈旧的老产品，这样可在市场竞争中始终处于不败之地。

(2) 应当重视对技术设备更新改造的投资，应将其作为企业的一种长期策略。

(3) 人力资源的投资，尤其是管理型人才和技术型人才的拥有，是企业制胜的法宝。可以采用招聘的方式引进人才；也可以通过对内部现有人员的培训来提高他们的技能和素质。

2. 优化企业外部环境，拓宽企业融资渠道

面对竞争激烈复杂多变的市场环境，如何优化企业外部环境，拓宽企业融资渠道已经成为企业必修课题，主要表现在以下几个方面。

1) 政府应尽快完善有利于中小企业发展的法律法规及相关政策

目前，我国已经出台了《关于鼓励和促进中小企业发展的若干政策意见》《中小企业促进法》，可见我国在这方面的工作取得了一定的成果，希望政府能加快进程，不断完善政策法规，给中小企业更多平等竞争的机会。

中小企业可以成立带有金融性质的机构，如成立中小企业基金，这样就拓宽了企业的融资渠道，在一定程度上能解决融资难的困境。

2) 建立中小企业的信用担保体系

中小企业的信用担保是以服务为宗旨的中介组织，担保费的收取不能以增加中小企业的融资成本为代价。在建立信用担保体系的过程中要把信用担保制度和其他形式结合起来，为企业的融资担保提供多样化的服务，以提供更多的融资机会，可以在一定程度上解决企业融资难的问题。

3) 金融部门要成为民营经济发展的推动器

为了更好地发挥金融部门的作用，金融机构要切实转变观念，突破传统观念和制度的障碍，加快信贷管理体制的改革步伐，适应民营经济发展需求。

市场经济的健康发展，为中小企业注入极大的活力，金融部门要突破观念，吸纳推出国际国内先进的金融产品，如专利贷款、品牌质押贷款等业务，更好地促进中小企业健康快速发展，要改进贷款决策程序，建立适合中小企业的信贷审批机制。要建立激励和约束相结合的信贷管理机制，提高信贷人员的信贷营销积极性。

3. 全方位转变企业财务管理观念

财务管理观念是指导财务管理实践的价值观，是思考财务管理问题的出发点。面对新的理财环境，若企业不能全方位转变财务管理观念，就很难在激烈的市场竞争中赢得一席之地的。

1) 树立人本化理财观念

重视人的发展和管理是现代管理的基本趋势。企业的每项财务活动都是由人发起、操作和管理的，其成效如何主要取决于人的知识、经验和努力程度。

因此，在财务管理中要树立“以人为本”的思想，抛弃“以物为中心”的观念，要理解人、尊重人，规范财务人员的行为，建立责、权、利相结合的财务运行机制，强化对人的激励和约束，其目的就是要充分调动人们科学理财的积极性、主动性和创造性。

2) 树立资本多元化理财观念

中国加入世界贸易组织后，资本市场开放，市场准入门槛降低，大批外资银行和外国企业都将进驻中国，大量外国资本将涌入中国市场。中小企业应抓住这一契机，积极寻求与外资合作，提高管理水平，实现投资主体多元化，优化企业法人治理结构。

3) 树立风险理财观念

在现代市场经济中，由于市场机制的作用，任何一个市场主体的利益都具有不确定性，存在蒙受一定经济损失的可能，即不可避免地要承担一定的风险。

而在知识经济时代，企业面临的风险将会更大。在财务管理中，要树立风险观念，善于对环境变化带来的不确定因素进行科学预测，有预见地采取各种防范措施使可能遭受的损失降到最低限度，提高抵御风险的能力。

中小企业防范风险有两个重要途径：一是制订翔实的财务计划，通过计划将不确定因素确定下来，使企业产生应对变化的机制，减少未来风险的影响；二是建立风险预测模型，有预见地、系统地辨认可能出现的风险，变被动为主动，防患于未然。

4. 强化资金和应收账款的管理，加强财务控制

如何做到强化资金和应收款项的管理，加强财务控制，主要表现在以下几个方面。

(1) 提高资金的营运效率，形成合理的资金结构，确定合理的负债比例，使资金应用达到最佳的效果。

在改善资金结构的同时要维持一定的付现能力，以保证日常资金的周转灵活，预防市场波动和贷款困难的制约，确定最佳的现金持有量。

一般来说，流动性强的资产收益低，这就意味着企业应尽可能地减少闲置资

金，即使不将其投资于本企业的资产，也要将其投资于能产生收益的其他资产，避免资金闲置带来的损失。

当企业实际的现金余额大于最佳的现金持有量时，可采用偿还债务、投资有价证券等策略来调节实际现金余额；反之，当实际现金余额小于最佳现金持有量时，可以用短期筹资来调节实际现金余额。

(2) 加强应收账款的管理。

应收账款发生后，企业要采取各种措施，尽量按期收回款项；否则，会因拖欠时间过长而发生坏账，使企业蒙受损失。对应收账款进行账龄分析，编制账龄分析表，看有多少欠款在信用期内，有多少欠款超过了信用期。

对不同时间的欠款，企业应采取不同的收账方法，制定出经济、可行的收账政策，对可能发生的坏账损失，则应提前提取坏账准备，充分估计这一因素对损益的直接影响。

(3) 加强财产控制。

建立健全财产物资管理的内部控制制度，在物资采购、领用及样品管理上建立规范的操作程序，堵住漏洞，维护安全。

对财产的管理与记录必须分开，以期形成内部有力的牵制，绝不能把资产管理、记录、检查核对等交由一个人来做。要定期检查盘点，以揭露问题和促进管理的改善及责任的加强。最后，要不定期地检查，督促管理人员和记录人员保持警戒而不至于疏忽。

5. 加强财会队伍建设，提高企业全员的管理素质

目前，不少中小企业会计账目不清，信息失真，财务管理混乱；企业领导营私舞弊、行贿受贿的现象时有发生；企业设置账外账，弄虚作假，造成虚盈实亏或虚亏实盈的假象等。

究其原因，一是企业财务基础薄弱，会计人员素质不高，又受制于领导，无法行使自己的监督权；二是企业领导的法制观念淡薄，忽视财务制度、财经纪律的严肃性和强制性。

为解决好上述问题，一是中小企业要严格执行从业人员养老、医疗等保障制度，以吸引更多高级财务管理人员到中小企业发挥作用。

二是企业的财会人员，要加强培训和进行思想政治教育，特别要学习《会计法》《会计准则》《会计制度》，增强财会人员的监督意识，要求会计人员持证上岗。

三是企业领导要不断地提高自身的法律意识，增强法制观念。只有通过企业财务人员和领导人员甚至全员的共同努力，才能改善企业管理状况，提高财务管理，提高企业的竞争实力。

2.3.2 保证人力资源做到实务

公司职员的胜任能力和正直性在很大程度上取决于公司有关薪酬、雇佣、培训、福利、业绩考评、晋升等政策的公正性和程序的合理程度。完善的人力资源管理制度应包括以下内容，如图 2-10 所示。

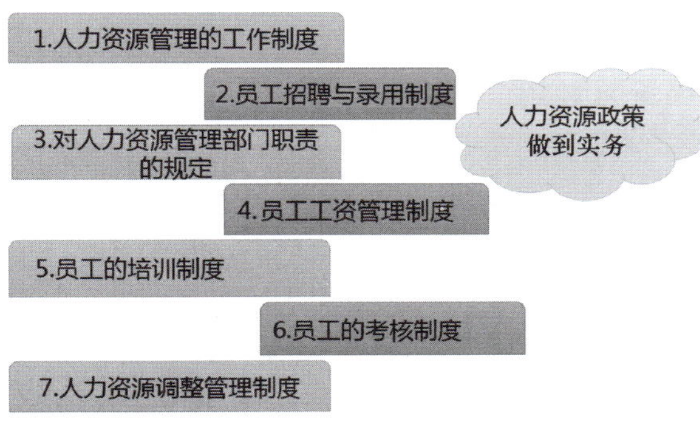

图 2-10　人力资源政策做到实务

1. 人力资源管理的工作制度

为了加强人力资源管理部门工作的规范化和科学性，涉及的工作：一是对人力资源统计及报表的管理；二是对人力资源档案的管理。

2. 员工招聘与录用制度

对员工的招聘与录用是吸引人才的重要环节，员工招聘与录用直接影响人力资源的质量。对此项工作进行强化管理就是为了保证人才引进的质量。

3. 对人力资源管理部门职责的规定

对人力资源管理部门的职责应依据企业的实际需求不同做出不同的规定。一般情况下，人力资源管理制度必须首先规定人力资源部门的职责和权限，并以此为基础开展企业的人事管理工作。

4. 员工工资管理制度

工资管理是人力资源管理制度中极其重要的组成部分。员工的工资关系到每位员工的切身利益，一定要通过严格的制度进行管理。制定合理的工资管理制度，保证其公平性、透明性。

5. 员工的培训制度

对员工进行培训与开发，在人力资源管理中起着重要作用。完善的培训制度是企业组织内部人力资源开发的重要保障，对员工进行培训既是企业发展的需要，也是员工工作发展的需要。因此，员工培训与开发制度是企业与员工的双重需求。

6. 员工的考核制度

所有的工作都是以最大限度地提高工作效率为目的的。对工作的考核是对员工工作结果的评价，涉及员工的薪酬、奖励和晋升调整，以及辞退等工作，这项工作的实施依据是以对工作的考核结果为评价标准，公平的管理取决于对工作业绩效率考核的公平性。

7. 人力资源调整管理制度

内部人员的升降、调动、辞职等工作，均属于人力资源管理调整的范围。人力资源调整管理制度的目的就是使调整后的员工工作能够按照规范化程序运行。

秉承“以人为本，知人善任”的人事政策和实务的宗旨，保证执行公司政策和程序的人员具有正直品行和胜任能力。

公司应当合理配置岗位人员并给予能完成所分配任务的资源，这是建立合适的控制环境的基础。对中小企业而言，良好的人力资源政策对培养员工更好地贯彻和执行内部制度有很大帮助。

2.3.3 走出决策 5 大陷阱

【企业实例】 海尔集团 CEO 张瑞敏这样阐述自己的项目原则：“如果有 50%的把握就上马，有暴利可图；如果有 80%的把握才上马，最多只有平均利润；如果有 100%的把握才上马，一上马就亏损。”

毫无疑问，商业的风险和机会是并存的。匆忙上马，忽略风险是蛮干，而事无巨细的管理风格同样有害，掌握平衡需要良好的分析能力和持续不断的风险意识。

决策是每个管理者最重要的工作，也是最冒风险的部分。

决策存在许多陷阱，管理者要如何避开陷阱，做出正确的决策呢？下面我们来介绍如何走出决策的 5 大陷阱，如图 2-11 所示。

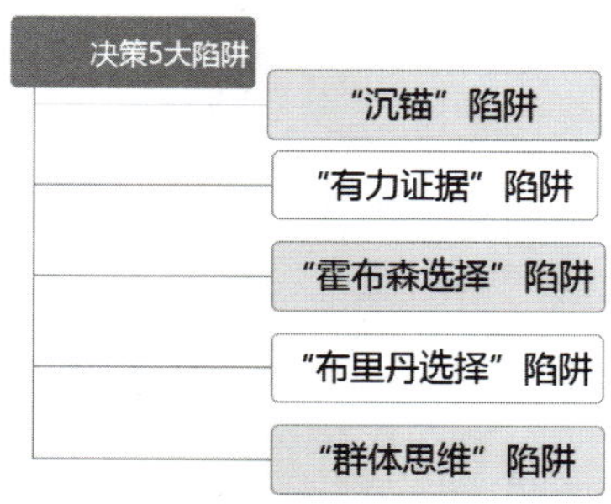

图 2-11 决策 5 大陷阱

1. “沉锚”陷阱

考虑一个决定时，我们的大脑会对最先得到的信息给予特别的重视。第一印象或数据就像沉入海底的锚一样，把我们的思维固定在了某一处。

“沉锚”效应表现方式多种多样，它可能是同事无意中的一句话、报纸上的一个小事件、网络上的一个小数字。不知为什么，这些偶然的东西却像幽灵一样挥之不去，从此深深地印在你的脑海里，甚至左右你的思考和决策。

比如，你参加一个专家论坛，一位专家发表自己对未来 3～5 年市场趋势的预测，结果你不分青红皂白信以为真，无论是分析竞争对手，还是思考市场策略，你都不由自主地想到他的论断。如果是这样，那么该专家的意见和预测对你来说就是“沉锚”陷阱。

如何走出“沉锚”陷阱呢？

(1) 从不同的角度看问题。看看有没有其他选择，不要一味地依赖你的第一个想法。

(2) 在向别人请教前，自己先考虑一下这个问题，有一个基本思考，不要轻易被别人的意见所左右。

(3) 集思广益。寻求不同的意见、方法，以开拓你的思路，打破原有的条条框框和束缚。

(4) 在向顾问征求意见时，要尽量客观公正地介绍情况，不要掺杂你的个人观点和倾向，以免影响他们的思路。

(5) 坚持自己才是最真实的。假如一个类似“沉锚”的问题在影响你的正常思考，要问一问自己：“真的是这样吗？”然后，就这个问题进行更为广泛的资料搜集。论证剖析，直到彻底弄清楚为止。

2. “有力证据”陷阱

有一家公司的产品准备进入上海市场，老板责成销售经理进行决策分析并提供出决策方案。在收集信息的过程中，他的一位从事相似业务的朋友警告他，千万不要贸然进入，理由是他自己刚刚失败而归，并给这位销售经理提供了很多他不该进入的信息。于是，在事先得到“有力证据”的阴影笼罩下，这位销售经理迟迟拿不出令自己信服的市场方案。

“有力证据”陷阱在我们的日常生活中也随处可见，比如别人一次成功和失败的经历都可能成为束缚我们决策的证据。这种“有力证据”陷阱会诱使我们寻找那些支持自己意见的证据，躲避同自己意见相矛盾的信息。

如何走出“有力证据”陷阱呢？

(1) 审查自己对各种信息是否给予了相同的重视，避免只接受“有力证据”的倾向。

(2) 尽量逆向思维，朝与自己意见相反的方向去想，或者找一个你信赖的意见分歧者，进行一次彻底的辩论。

(3) 审视自己的动机。你是在搜集信息做出正确合理的决策呢？还是只为自己的决定找借口？尤其是当你身处企业高层时，千万要注意你的下属是否在用你感到舒服的“有力证据”来讨好你。

(4) 征求别人的意见时，不要找那种随波逐流、唯命是从的人。你也要注意你的顾问或智囊团，有时他们害怕得罪了你会丢掉饭碗或项目订单，不得不拼命地帮你搜集“有利于你”的“证据”，而这恰恰是你给自己设下的陷阱。

3. “霍布森选择”陷阱

1631 年，英国商人霍布森贩马时承诺：以一个相同的低价，无论是买还是租他的马，买家可以随意选。其实这是一个圈套，他的马圈只留一个小门，大马、壮马、好马根本就出不去，能出去的都是小马、瘦马、劣马。霍布森允许人们在马圈里自由挑选，可是大家挑来选去，自以为有了满意的选择，到最后却仍然得到一个最差的结果。可以看出，这种选择是在有限的空间里进行的有限的选择，无论你如何思考、评估与甄别，最终得到的还是一匹劣马。

我们的思维有时也是如此，常常受到自己“一亩三分地”的局限和影响，导致思维的自我僵化，所以这是一个陷阱。

如何走出“霍布森选择”陷阱呢？

(1) 读千卷书，行万里路，开阔视野，丰富阅历，打开思维空间。

(2) 广交“智友”，定期与智者会晤，借脑生智。

(3) 关注相关产业、同行和竞争对手的变化。关注“最好的”，问“他们为什么这么好”；关注最差的，问“他们为什么这么差”。

(4) 尝试几种不同的方式，用“如果，会”的假设思考模式，重新设定问题或机会的框架，从不同方面考察同一问题或机会，预见不同的结果。

(5) 在整个决策过程中，尝试问自己：如果框架改变了，思路会有何变化？

(6) 在变化的世界里，任何事情都没有固定意义，除非你想定义它。

4. “布里丹选择”陷阱

有一个叫布里丹的外国人，听到他的驴子饿得咕咕叫，就牵着驴子到野外去找草吃。看到左边的草很鲜嫩，他便带了驴子去了左边，又觉得右边的草颜色更绿，就带着他的驴子跑到右边，可又觉得远处的草品质更好，便牵着驴子到远处。布里丹带着他的驴子一会儿左一会儿右，一会儿远一会儿近，始终拿不定主意。结果，驴子被饿死在寻找更好草料的途中。

有些决策者总希望得到最佳的方案，这其实已经走入了认知的误区。完美无缺的决策方案是不存在的，因为人是有瑕疵的，而方案是由有瑕疵的人做出来的。

而且，在激烈竞争的现代市场的大潮中，“十年磨一剑”已经太慢，要“一年

磨十剑”才是正好。可以毫不夸张地说，在日新月异的今天，过分地追求决策完美无疑等于追求死亡！在犹豫和彷徨中浪费时间只会错过发展时机。避免犹豫的最好方法就是对各种方案进行优先排序。

如何走出“布里丹选择”陷阱呢？

(1) 既要善于选择，也要学会放弃。当我们选择了 51%的价值，就要毫不犹豫地放弃 49%的机会成本，全力把 51%变成 100%。

(2) 善于决断是良好的思维品质。经理人要学会务实，必要的时候要降低目标，赢得时间。时代在发展，思维要提速，决策要缩短时间，这样才能从容应对复杂多变的局面。

5. “群体思维”陷阱

集体决策是科学决策的基本方式，但不等于科学决策。在集体决策时，即使组成团队的管理者经验非常丰富，也有可能犯下幼稚的错误，共同选择一个失败的方案，并带来灾难性的后果，这就是所谓的“群体思维”陷阱。

群体思维理论的创始人詹尼斯是这样对其进行界定的：群体思维是“这么一种思维方式，当人们深涉于一个内聚的小团体中，而且其成员为追求达成一致而不再尝试现实地评估其他可以替换的行动方案时，他们就坠入这一思维模式”。

通俗地讲，就是集体决策中决策成员因某种原因而追求表面一致，导致决策失败的思维方式。历史上，因为集体决策中的群体思维现象而导致严重后果的事件很多，比如美国人入侵朝鲜、水门事件等。

其实，在集体决策中不难发现，决策过程中的家长制、一言堂、长官意志、一锤定音等，都是群体思维的具体表现。

如何走出“群体思维”陷阱呢？

(1) 参与决策的人员端正态度，树立公正的立场，明确决策原则。特别是组织者和领导者，更要审视自我的局限性，避免先入为主、自以为是、刚愎自用。

(2) 提倡决策过程中合理的冲突，促进思维碰撞。合理冲突是为了激发思想碰撞，为了更好地解决问题，实质是把决策做得更好。

(3) 引入科学的决策方法和工具，如头脑风暴法、6 顶思考帽法等。

(4) 优化决策程序并借用外脑。

2.3.4 合理设置组织结构

组织是把许多人集中起来，发挥团队精神，以达成一个共同的目标。将 3～5 个人组织起来比较简单，把许多人组织起来就比较困难了，因为人的家庭与社会背景不同，修养与见解各异。

只有作为领袖的人指挥灵活，工作的指派肯定而清晰，并且领袖能随时纠正偏差，组织才能发挥最大的功能。大多数单位基本上注意到了组织问题，都拥有一份书面的组织文件，但也有少数企业忽视了这个问题，一切完全由老板一个人发号施令，无所谓组织系统，无所谓单位划分，更无所谓职责规定，甚至连一份书面的组织资料都拿不出来。单位职责不定，老板随心所欲地指派工作，致使人力和时间浪费，也是因不懂组织功能而导致的。

企业经营的目的在于实现其整体目标，而一个企业组织结构的目的则在于提供规划、执行、控制和监督活动的框架。企业组织结构建设直接影响到企业的经营成果及控制效果，如图 2-12 所示。

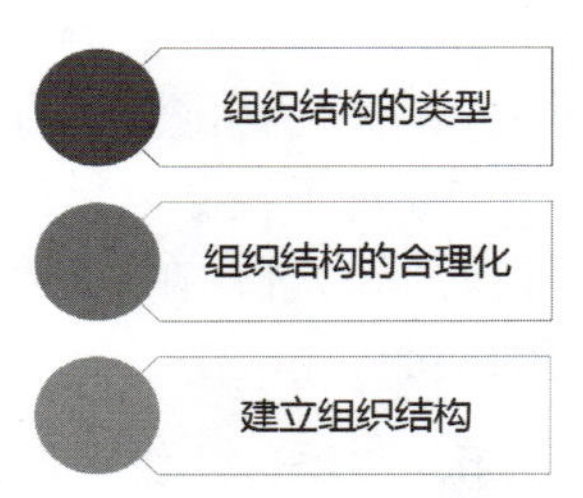

图 2-12　合理设置组织结构

企业要有效地从事各项业务活动，必须设置相应的组织机构，行使管理与控制的职能。中小企业要根据企业目标和自身特点，设置不同的组织机构，充分注意部门之间职能的科学划分，做到高效、协调、简洁，并确保企业目标以最合理的成本实现。

1. 组织结构的类型

组织结构就是表现组织各部分排列顺序、空间位置、联系方式以及各要素之间相互关系的一种模式，它是执行管理和经营任务的体制。组织结构在整个管理系统中起“框架”作用，有了它，系统中的人力、物力、信息才能顺利流通，使组织目标的实现成为可能。

1) 直线型组织结构

直线型组织结构是最早、最简单的一种组织结构形式。它的特点是：组织中的职务按垂直系统直线排列，组织中每一个人只向一个直接上级报告，即“一个人，一个头儿”。其优点是：结构简单，权力集中，责任分明，联系简捷。其缺点是：在组织规模较大的情况下，所有的管理职能都由一人承担，往往难以应付，可能会发生较多失误。

2) 职能型组织结构

组织内除直线主管外，还相应设立一些组织机构，分担某些职能管理的业务，有权在自己的业务范围内，向下级单位下达命令和指示。

它的优点是能够发挥职能机构的专业管理作用，减轻上层主管人员的负担。但其缺点也比较明显，它妨碍了组织必要的集中领导和统一指挥，可能形成多头领导，容易造成管理的混乱。

3) 直线参谋型组织结构

直线参谋型组织结构吸取了以上两种结构形式的优点，并克服其缺点。它的特点是设置了两套系统。一套是按命令统一原则组织的指挥系统；另一套是按专业化原则组织的管理职能系统。

直线部门和人员在自己的职责范围内有决定权，对其所属下级的工作实行指挥和命令，并负全部责任，而职能部门和人员仅是直线主管的参谋。只能对下级机构提供建议和业务指导，没有指挥和命令的权力。

2. 组织结构的合理化

美国著名的管理大师德鲁克说：“所谓组织，是一种工具，用以发挥人的长处，并中和人的缺点，使其成为无害。”那么，什么样的结构才能使一个组织产生放大绩效呢？

1) 职能互补——组织横向结构的合理化

在欧洲有一种诙谐的说法，很富有哲理：什么是天堂，就是英国人当警察，法国人当厨师，意大利人谈情说爱，而由德国人来组织一切；什么是地狱，就是法国人当警察，英国人当厨师，德国人谈情说爱，而由意大利人来组织一切。这说明即使对于同样的要素，如果采取不同的组合方式，也会产生截然不同的整体效果。而好的整体效果，来自要素上的职能互补，各取其长。

2) 素质互补——组织纵向结构的合理化

组织结构中职能互补的要求是指“你会我不会，我会你不会”的横向结构。在现实生活中，人可分为不同的素质类型。而一个好的组织正是实现了善于履行不同职能的不同类型人才的互补组合。

高瞻远瞩，有战略眼光的人可以断；思维敏锐，善于系统分析的人可以谋；能抛头露面，冲锋陷阵的实干家可以行。

管理层次，由于一个管理人员有效管理下属的人数是有限的，因此产生了管理层次，特别是随着企业规模的扩大，管理层次也不断增多。

管理层次起因于管理幅度。管理幅度窄形成高长式组织结构；管理幅度宽形成扁平式组织结构。

高长式组织结构的优点如下。

(1) 可以进行严密的监督和控制。

(2) 上下级之间的联络迅速。

其缺点如下。

(1) 上级往往过多地参与下级的工作。

(2) 管理层次多，管理费用多。

(3) 最高层与最低层的距离长，信息传递慢，且容易失真。

扁平式组织结构的优点如下。

(1) 管理层次少，管理人员也少，可以节约管理费用。

(2) 要求上级授权。

(3) 必须制定明确的目标、政策和计划。

(4) 必须谨慎地选择下属人员。

其缺点如下。

(1) 上级主管负担较重。

(2) 上级有失控的危险。

(3) 要求管理人员有较好的素质。

3. 建立组织结构

要使管理工作尽可能有效，必须设计一个健全合理的组织结构。

1) 建立合理的组织结构的意义

有效的组织设计有利于内部人员之间的合作；有利于及时总结组织活动的经验和教训，从而形成合理的组织结构；有利于保持组织活动的连续性；也有利于正确确定组织活动的范围及劳动的合理分工与协作，全面提高工作和生产绩效。

2) 如何进行组织设计

组织设计一般常遇到 3 种不同情况：一是新建的组织需要设计管理组织系统；二是原有组织结构出现较大问题或整个组织目标发生变化时，需对组织系统重新评估与设计；三是对管理组织系统的局部进行增减或完善。

其一般可分为以下 6 个程序。

(1) 围绕组织目标的完成而进行管理业务流程的总体设计。将总体业务流程达到最优化，这是组织设计的出发点。

(2) 按照优化管理业务流程设计管理岗位。管理岗位是管理业务流程的环节，又是组织结构的基本单位。由岗位组成科室，由科室组成管理系统。

(3) 规定管理岗位的输入、输出与转换。对每个管理岗位进行工作分析，规定输入与输出的业务名称、时间、数量、表格、实物、信息等，并寻找出该岗位最优化的管理操作程序，用工作规范将其固定下来。

(4) 给管理岗位定员定编，尤其要确定岗位所需要人员的素质与特长，因为这直接影响着工作效率。

(5) 规定管理岗位人员的职务工资和奖励级差。

(6) 设置控制优化管理业务流程的组织结构。

2.3.5 适当的权责分配

企业要根据责、权、利相结合的原则，明确规定各职能机构的权限与责任，根据各职能机构的经营任务与特点划分岗位系列，确定需要的岗位，再根据岗位的需要选择合适的人才，并将责任落实到每一个人。

对于企业法定代表人，既要保证其经营决策的独立性和权威性，又要保证其经济行为的效益性和廉洁性。权力和责任是关键一环，对不同的管理环节要有不同的授权，并承担与之相当的责任，使“越权”将付出更高的成本和代价。

理顺企业的权责关系是个系统工程，其涉及企业战略、组织结构、管控模式、绩效激励、流程管理等多个领域，孤立地针对权责而谈权责，不可能真正有效地解决问题。

只有当企业的管理者们就企业未来发展的方向达成共识，形成清晰而明确的愿景，能够真正下定决心，克服各种阻力去改变企业的现状，才算是具备解决权责问题的先决条件。

而作为第三方的咨询顾问，在帮助企业的管理者解决企业权责问题时，除了凭借在专业领域的知识与案例积累，为企业提供适合的解决方案外，更需要格外注意以下 3 个方面的问题。

(1) 企业内的权责问题具有一定的隐蔽性，顾问需要透过一些表面性的问题，发现影响企业运作与发展的深层次原因。

(2) 解决企业权责问题的关键是人。解决方案形成的过程就是企业内部各部门之间就权、责、利进行沟通、博弈、协调的过程。在此过程中，需要顾问组织、推动大量的交流，权衡各方利益，创造性地调和各方矛盾，最终在企业内部达成共识。

(3) 在解决方案之外，顾问更需要协助企业辨识管理变革过程中可能遇到的风险，制定出相应的变革策略，分阶段分步骤地实施变革，并制定相应的长效保障机制，确保企业权责梳理成果的落地。

2.3.6　企业文化的塑造

制度能否解决企业管理存在的问题，关键在于正式制度和非正式制度的融合。中国企业当前更应该着重考虑非正式制度的有效性，即建立一种有效的企业文化。

正如诺斯所说：“看好的制度有效性有多长，关键是该制度的灵活性有多大。”这句话看似矛盾，实际蕴含着这样的道理：人们对于制度的选择，是由人们的理念、道德、文化所决定的，因为在人们长期互动的过程中，逐渐形成了对所有人都有利的行为规范或制度，制度就是人们集体的最佳决策。

文化本身也是一种制度安排，它约束着人们的行为，如古人所说“善有善报，恶有恶报”。在企业管理中，如果只是通过建立许多规章制度来约束人们的行为，哪里有漏洞就增加哪里的规章制度，这种思路很容易产生教条主义思想。

我们知道，制度是要“付费”的，这样做的最终结果只能是使企业管理机制固滞，这种基于人性恶的假设必然会窒息企业的创新精神。

美国是一个法治国家，人们的法律意识很强。而从 20 世纪 90 年代开始，家庭暴力、青少年犯罪率节节攀升，才使人们意识到这种制度安排并不能全部代替家庭教育、社会道德的作用。

所以我们应该知道，没有一种制度安排是包治百病的，只有对制度的内涵有正确的理解，才不会陷入制度的陷阱中。企业管理规章制度作为正式制度之一，是用

“他律”来规范员工的行为，它的作用是显而易见的，是一种显性的制度；但是企业仅仅有规章管理制度还是不够的，在正式制度之外有管理存在的空白，这就需要另一种制度来配合——企业文化，因为企业文化这种非正式制度是通过“自律”来激励和约束员工的。在某些情况下，员工内心对企业的责任感或使命感才可能真正对员工行为发生作用。

这就说明，企业制度能否对企业管理起作用，关键在于“自律”和“他律”相结合，即企业管理制度和企业文化的相融合，这才有可能达到企业的均衡发展。

2.3.7 企业形象的提升

一个企业的规章制度完善象征着企业管理水平较高、管理规范，社会对它的评价也就很高，这也是企业的一种无形资产。

企业形象是企业精神文化的一种外在表现形式，是企业的无形资产，所以企业要建立起良好的形象，同时还要进行维护。企业该如何提升形象呢？应该从企业内部和企业外部两个方面来提升，如图 2-13 所示。

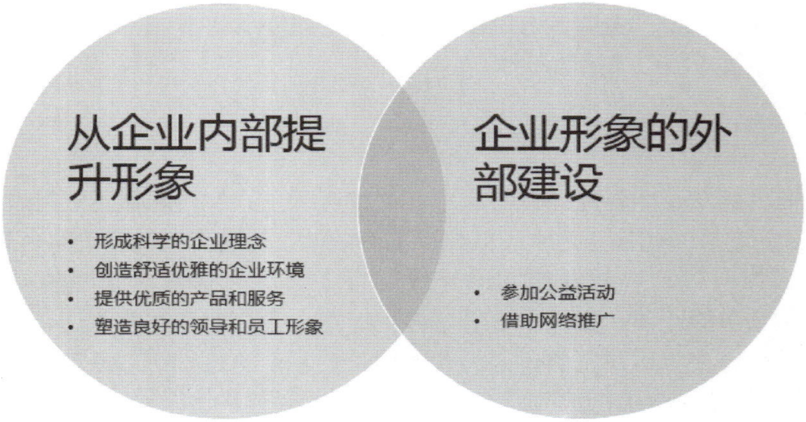

图 2-13 企业形象的提升

1. 从企业内部提升企业形象

从企业内部提升企业形象主要体现在企业文化所传达的观念上，主要有以下几个方面。

1) 形成科学的企业理念

企业理念已经日渐成为知名企业最深入人心的概念。许多企业都制定了企业的口号并培育了企业的文化，来反映企业的理念，显示企业的目标、使命、经营观念和行动准备，并通过企业的口号来鼓励全体员工树立良好的企业形象。同时，企业理念的培育不应该单一化，要与现代企业制度建设、企业的经营管理目标等相结合。

2) 创造舒适优雅的企业环境

企业形象好不好，与企业所在的办公环境有着密不可分的关系。企业环境是企业文化最基本的表达方式，在热闹的市区说明商业气息浓厚，在幽静、文化氛围浓郁的环境中说明典雅，而创造良好的工作氛围更为企业的形象增光添彩。

3) 提供优质的产品和服务

产品和服务形象是企业形象的一个缩影。企业形象的外在表现就是它所提供的产品和服务的形象。所以要提升企业形象，首先就得提升企业的产品和服务的形象，提供高质量的产品和服务。产品和服务的好坏不仅是经济问题，而且是关系到企业声誉、社会发展进步的政治问题，是企业文化最直接的反映。

4) 塑造良好的领导和员工形象

企业的领导和员工，代表着一个企业的形象。要提升整个企业的形象。企业领导在企业中的主导作用和自身示范能力是领导形象的具体体现，也是塑造良好企业形象的关键。领导要清廉，处事必须公正。同时，员工的整体形象是企业内在素质的具体表现，要塑造爱岗敬业、高素质的员工形象。

2. 企业形象的外部建设

企业形象的外部建设主要表现在社会上的影响，可以从以下两个方面得到体现。

1) 参加公益活动

以企业的名义，参加多个公益活动，是提升企业形象的有效途径。通过对公益性事业的捐赠与扶持，显示企业在创造社会财富的同时也在创造社会效益，显示了企业的社会责任心与承担力。

一个有社会责任心的企业更能取得社会公众的信任，从而更容易稳固地建立起在公众面前的形象与品牌。但赞助文化娱乐等方面的事业，如果做得好，也可以达到提升企业形象的作用，这需要有充分的论证与设计。

2) 借助网络推广

借助网络推广来塑造企业形象也是提升企业形象的有效方式。目前网络推广的方式有多种，企业要想有好的效果，就要从多种渠道、多个方面实现覆盖式推广。

企业要实现多方位的网络推广，目前还是有些困难的。营销软件的出现很好地解决了这一方面的难题。像 SKYCC 组合营销软件就是一款将多种有效营销方式优势集合，只需要简单操作就能实现多方位的网络营销效果。将企业的信息进行多方位推广，对提升企业知名度和企业形象都有比较好的效果。

2.3.8 制度需要持续创新

全球问题千头万绪，人类面临的最大问题是怎样开发人的创造力。因为在未来的挑战面前，人类已不能依靠有限的资源，也难以依靠历史经验，只有抓住创新这个关键环节，才能生存和发展。

当前，我国中小企业的制度创新应主要集中在以下几个方面，如图 2-14 所示。

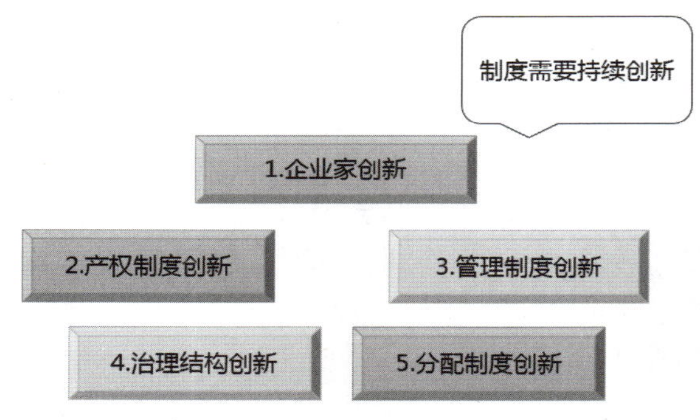

图 2-14　制度需要持续创新

1. 企业家创新

对中小企业而言，企业家精神将极大地影响到它的经营哲学、企业宗旨、思想观念、文化氛围、价值理念等创新发生的“基础设施”和动力机制的形成。

企业战略基础资源的独特性和不可模仿性主要来源于企业家精神的不同所形成的知识经验和能力积累机制，从而支撑着企业竞争优势的形成和持续不断的创新。所以，培育优秀的企业家精神，将是企业制度创新的核心内容。

2. 产权制度创新

有人认为，现代企业制度的主要特征就是两权分离。所以中小企业的企业家应该把企业的经营权交给职业经理人，本人只做所有者，享受资本收益。如此形成的中小企业制度就可以摆脱家庭血缘关系的影响，可以使“货币资本得以选择合适的经营者”。

我们认为，家庭式的中小企业不应被轻易否定。两权分离的现代企业制度主要是从现代大型股份公司中总结出来的，而中小企业则与大型企业有着完全不同的管理特征，如果把这些看似完美的理论硬往民营中小企业身上套，其结果无异于刻舟求剑。

但有一个原则是可以肯定的，那就是中小企业不应该只是为摆脱“家庭帽子”而改制，为现代企业制度而改制，而是应该仔细地研究家庭企业的优势和管理的效率，然后再分析它在哪种情况下需要进行什么样的改造，这样的态度才是客观的、公正的、合理的。

3. 管理制度创新

中小企业也必须培养管理创新能力。管理创新应包括人事管理、营销管理、组

织管理、风险管理等方面的创新。企业可以通过这些方面的创新，提高管理透明度，健全民主管理渠道，创造一个充分发挥职工潜能、调动个人积极性和创造性的工作环境；也可以根据市场的变化，适时调整企业管理方式、经营手段，有效地抵御市场风险，增强企业市场竞争力。

4．治理结构创新

企业进行制度创新，建立规模的公司治理结构，不能照搬国外固有的模式，也不能仅仅局限于现代企业制度的法律框架，而应该因地因时制宜，着力塑造与民营企业自身情况相匹配的治理结构。

要由家庭化管理向专业化管理过渡，实现“企业家庭化”向“家庭企业化”转变；优化自身的融资结构。提高负债意识，走自身积累、直接融资和间接融资相结合的道路；重视组织文化建设；创新经营理念，建立合理科学的企业传承模式。

5．分配制度创新

我国中小企业首先要突破传统的分配模式，建立将企业职工与企业发展前景紧密联系的共担风险、共享收益的新型分配机制，有效地将智力资本作为一种无形资产参与分配。

第 3 章

完美制度——才能打出好牌

学前提示

管理需要制度，掌握制度的制定

- 充分调查问题，拟定制度草案
- 集思广益，广泛了解各方看法
- 明晰法律，不与法律玩碰碰车
- 制度需要抓重点，且明确简洁
- 避免制度过于苛刻，过于精细
- 制度制定要严谨，切忌朝令夕改

制度需要授权，掌握授权的艺术

- 权力需要合理分配
- 发挥授权的作用
- 领导者要学会授权
- 领导者的授权方法
- 领导者的授权步骤
- 领导者授权注意事项
- 尽量避免授权的失误
- 放权但定期检查不可少

3.1 管理需要制度，掌握制度的制定

管理者抱怨员工没有很好地执行制度，虽然这与员工本身有关，但制度本身也可能存在问题。

比如，在制度制定的时候，没有进行客观的调查，没有经过充分的讨论，没有征求员工的意见和看法，导致制度存在不周到的地方，难以服众，这就会影响制度执行的效果。

如果在制定制度时注意这些问题，严格按照流程来制定，争取大家的支持和认同，那么制度制定出来后，就容易得到贯彻和实施，制度对公司的发展才会产生积极的作用。

3.1.1 充分调查问题，拟定制度草案

【企业实例】 吉姆割草公司曾安排员工负责以大片草坪的割草工作，最开始的计酬制度是按工作日结算。在这种情况下，员工每天割草 5000 平方米。

几天之后，公司的总经理发现：如果按这种制度割下去，不能按时完成任务，会耽误后面的工期。于是他到现场观察员工是怎样割草的，一看他就明白了。原来是员工在割草的时候有些懒散，慢慢悠悠地。

于是，总经理和员工商议：从下一个工作日开始，按照每天割草的面积计算报酬。说完他立即回到办公室，要求财务部拟定定价标准，遵循的原则是：拟定出来的标准要保证工人每天赚的钱比之前多一些，以调动工人割草的积极性。

制定定价标准之后，总经理再次到现场观察员工割草，发现他们比之前积极多了。结果新制度制定的第一天员工就割了 8000 平方米的草。第二天员工的积极性更高，一天下来割了 10 000 平方米的草。很快草坪就割好了，后面的工期得以按时进行。

这件事让总经理意识到，按工作完成量计酬是调动人的积极性的重要手段。于是，他召开全体员工会议，将公司的薪酬计算方法定为基本工资加绩效工资，并安排财务拟定绩效工资的标准，最后将这个标准、薪酬计算方式等列入公司的制度，在公司内部开会，让大家遵守。这一改变获得了员工的支持。

吉姆割草公司没有引诱员工们大发善心，也没有设立监督机构，而是非常明智地对原有制度做了一个创新性的修改，问题就迎刃而解了。

为什么吉姆割草公司能制定切实可行的制度呢？因为公司总经理做了实地调查，找到了问题的根源——员工没有积极性，不管工作完成量的多少，而是把时间消耗了。这就为制定新制度找到了依据。

假如公司总经理没有经过实地调查，凭空猜想问题根源在哪里，然后贸然地修改决策，是很难从根源上解决问题的。

这就提醒了企业的管理者们，当公司原有制度出现问题时，管理者首先应该调查问题、研究问题，只有这样才能制定出适合企业现状的制度，也才能“药到病除”地把问题解决掉。

如果公司发现员工工作积极性不强，语言激励又无效，于是派人监督，这也很难从根本上解决问题。因为派人监督也是需要费用开支的，而且监督者也有可能睁一只眼闭一只眼。

也就是说，实地调查，修改制度，才是解决问题的根本办法。

之所以强调实地调查，是为了制定适合企业的制度，避免无的放矢，避免大炮打蚊子，费力不讨好，大材小用。其具体做法如图 3-1 所示。

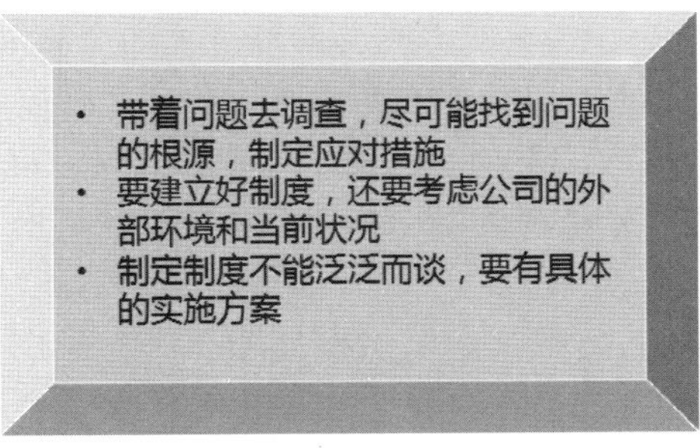

图 3-1　充分调查问题，拟定制度草案

1. 带着问题去调查，尽可能找到问题的根源，制定应对措施

当公司出现问题时，管理者最好亲自去调查，针对问题分析深层次原因，然后制定一套管理制度。

在制定制度的时候，要考虑几个问题：制度的规定是什么？如何做到？要达到什么效果？如果没有按照制度规定按时完成任务，会受到什么样的惩罚？

2. 要建立好制度，还要考虑公司的外部环境和当前状况

要想建立一个适合企业的制度，管理者除了针对具体问题做调查外，还要结合公司的外部环境做研究，不能把公司制度和外部环境割裂开来。

要知道企业不是一个孤立的个体，员工也不是孤立的，公司随时会受到外部环境的影响。所以，结合外部环境来制定是很有必要的。

另外，管理者还需要针对公司目前的状况进行分析，就像幼儿园、小学、初中等机构有不同的管理制度一样，管理者也应该针对企业所处状况的不同，制定不同的管理制度。

3. 制定制度不能泛泛而谈，要有具体的实施方案

制定制度不能泛泛而谈，而要有具体的实施方案。比如，领导者允许员工在家

工作并制定了相关的制度："如果想在家工作，必须提前 3 天告知人事部经理""如果每个月有 5 天以上在家工作，必须得到总经理的同意"。这就是具体的实施方案。

3.1.2 集思广益，广泛了解各方看法

【企业实例】 著名的丰田汽车公司为了了解员工的看法，调动员工参与管理的积极性，在总厂和分厂设立了 130 多个绿色信箱，还准备了提建议的专用纸。每个月，丰田的管理者都会打开箱子 1～3 次。如果员工的建议被管理部门采纳了，就会得到相应的奖励。

实行这种做法后，仅 1980 年一年，丰田员工就提了 859 000 条建议，比前一年增长 50%，建议采纳率高达 93%，由此奖励给员工的金钱数额为 9 亿日元。据统计，丰田公司在实行员工参与制度的 35 年中，共收到 442 万条建议。

丰田员工数为 45 000 人，平均每人提了近百条建议。就算建议没有被采用，丰田也会给员工 500 日元作为精神奖励。如今，丰田设立了合理化建议奖，奖金数额高达 20 万日元。

在技术创新上，丰田也设立了重奖。公司有专门负责收集、整理合理化建议的部门。该部门把收集来的建议进行研究，评级发奖。在员工普遍参与决策和管理的氛围中，丰田公司成了一家一路高速发展的日本汽车制造厂中规模较大的生产厂家。

为什么丰田公司那么重视收集员工的意见和建议呢？原因就是可以充分调动员工参与管理的积极性，同时集思广益，便于管理者更好地制定公司制度。

可以肯定的是，当员工提出的建议被管理层采用，或者即使没有被采用也得到了奖励时，员工一定会认真地执行管理层制定的制度。为什么呢？因为员工也参与其中了，员工的想法得到了尊重。

另外，由于员工参与了管理以及制度的制定，对相关的制度有较深入的了解，更加清楚管理层的意图，因此在执行的时候更容易把握公司的本意，不至于执行走样。这就是美国著名企业家 M.K. 阿什提出的参与定律：参与是支持的前提，每个人都会支持自己参与的事情。

在现实中，很多企业在制定制度、做出决策的时候，通常是由高层的几个人制定，全然不在乎员工的意见和建议，也不管员工是否参与进来，是否理解和认同制度或决策，就在企业内部推行。

这样做很容易造成制度的推行不到位，企业的战略也难以得到贯彻，就容易造成员工与制度相互矛盾，如图 3-2 所示。

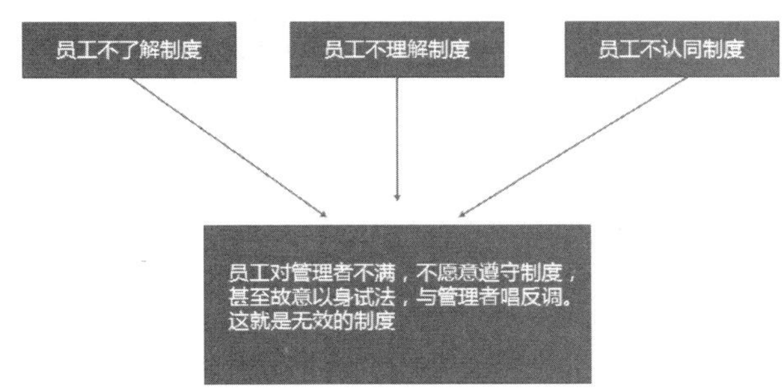

图 3-2　员工与制度的相互矛盾

1) 员工不了解制度

员工不了解制度，是因为员工是被约束的人。试想，几个管理者悄悄地把制度制定好了，然后进行宣传、培训、教育，如果这些工作做得到位，员工还是能够了解制度的。

但如果这些工作没做好，员工很难了解这些工作意图的本质，甚至都不清楚制度的具体规定。在这种情况下，员工不可能把制度落实到位。

2) 员工不理解制度

员工不理解制度，是指员工不清楚为什么要制定这样的制度，制定这样的制度有什么用，制定标准是什么。在这种情况下，员工往往会认为制度是管理者强加在员工身上的。因此，员工不会快乐地执行制度，甚至可能会想尽办法钻空子。

3) 员工不认同制度

员工由于没有参与制度的制定，有想法却没有机会提出来，感到公司没有尊重自己，很容易对制度产生不认同感，就算能了解制度制定的目的，也可能觉得不应该这样制定制度，甚至会觉得有更好的制度方案。

在这种情况下，员工很难配合公司执行制度，相反，有可能想办法挑战管理者制定的制度。这样一来，制度怎么可能贯彻好呢？

由此可见，让员工参与制度的制定过程，也是制度宣传贯彻的过程。员工在议论、探讨、争执的过程中，可以加深对制度的认识和了解。即使最初有人持反对意见，也会在探讨中逐渐接受别人的意见，进而明白公司制定制度的必要性，这样在制度推行时，员工就很容易将其落实到位。

如果员工没有参与制度的制定过程，就会产生以上 3 种严重的后果，会直接影响到制度的贯彻和落实。由此可见，充分调动员工的参与意识，广泛征求员工的意见和看法，是管理者在制定制度时必须重视的一个环节。而具体做法有以下几点，如图 3-3 所示。

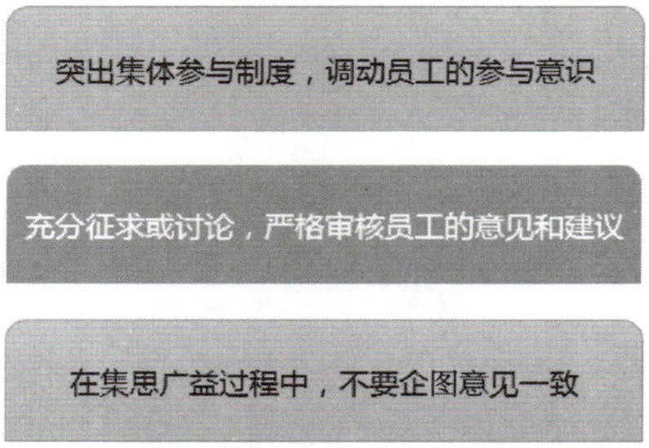

突出集体参与制度，调动员工的参与意识

充分征求或讨论，严格审核员工的意见和建议

在集思广益过程中，不要企图意见一致

图 3-3　集思广益，广泛了解各方看法

1．突出集体参与制度，调动员工的参与意识

在管理中，突出集体参与制度目的是征求大家的意见和改善建议，增强大家的参与意识和主人翁精神。要对员工传达出“你们都是公司的主人，你们要积极想办法、出点子”这样的意识。这样就充分激发了员工的主动意识。

大家一起思考、交流、讨论，通过集思广益，选择出好的建议，这么做比几个管理者作决策更容易令人信服。通过这种方式制定的制度，更容易被员工落实到位。

2．充分征求或讨论，严格审核员工的意见和建议

制度草案提出之后，管理者要广泛征求各部门员工的看法和意见，在充分讨论研究的基础之上，修改不切实际的地方，弥补疏漏，调整制度矛盾的地方，使制度草案更加完善。

怎样集思广益呢？管理者可以召开研讨会，把话题抛出来，经过了预热过程之后，就要及时围绕某一个相对集中的论点进行讨论，要不断地集中意见，最后得出一致的观点。

管理者要做的是引导员工不断调整想法，而不要流露出强制的痕迹。当然，管理者也可以采用意见箱的方式征求大家的意见。

3．在集思广益过程中，不要企图意见完全一致

推行一项新制度，不可避免地要冲击到某一个部门、某一部分人的利益。因此，要想达到意见完全统一几乎是不可能的。管理者要考虑的是，该制度是否会牺牲组织的利益，或是否有其他因素在起作用。

3.1.3　明晰法律，不与法律玩碰碰车

【企业实例】　2009 年 11 月，上海某知名化妆品公司市场部的谢先生被查实泄露公司机密的行为。经过公司董事会讨论，公司解除了与谢先生的劳动合同。10 天之后，谢先生把公司告上了劳动仲裁庭，要求公司支付其在公司工作期间未休的年

假补偿金，共计 2 万元。

仲裁过程中，谢先生承认泄密事情，但坚持认为公司必须按照规定支付谢先生年假补偿金。谢先生的理由是，从 2005 年和公司签订劳动合同期，谢先生在公司的近 4 年时间内，每年 15 天假，当年没休完累积到下一年，到他离职的时候一共累积了 50 天。按照规定，公司应该给他补发 50 天的年假补偿金。

可是，公司经理告诉仲裁员，公司 2008 年出台了《企业职工带薪休年假制度条例》，规定年假没休完的不能累积到第二年，该项制度是经过公司工会协商讨论的决定的。

而且公司还规定，泄露公司秘密属于情节严重的违规，一旦泄露公司秘密，就没有任何机会留在公司，更不能享受相应的福利待遇。经理认为公司的规章制度是公司的“根本大法”，效力应高于劳动合同，所以拒绝补发谢先生 50 天的年假补偿金。

尽管经理列举了很多证据，证明公司修改制度得到了员工的支持，但是劳动仲裁委员会最终还是支持了谢先生的请求。

原本企业规章制度应与法律法规相辅相成，是对劳动合同法的增补和完善。但是，在企业管理中经常发生企业制度与法律相冲突的情况。针对本案的焦点问题，根据《最高人民法院关于审理劳动争议案件适用法律若干问题的解释(二)》第 16 条规定：“用人单位制定的内部规章制度与集体合同或者劳动合同约定的内容不一致，劳动者请优先适用合同约定的，人民法院应该予以支持。”

它表明在企业制度与法律法规产生冲突时，应该优先以法律法规为准则。这样有利于保护劳资关系中的弱势群体，防止管理者滥用用工自主权，单方面任意修改与劳动者之间的劳动契约。在本案例中，公司把休假制度改了，不允许年假累积到下一年，这是违反《劳动法》的，且其效力低于劳动合同。

由此可见，管理者在公司制定公司制度的时候，要在法律法规允许的范围内增补制度细节、完善制度。如果公司制度与法律法规相冲突，不但容易引起员工的不满，在发生负面事件时，公司很容易被起诉至法庭。到那时，公司名利双失。这显然是管理者不想看到的结果。

法律是一切社会行为的准绳，管理在经营公司、制定公司规章制度的过程中，应该在合法的大前提下进行。

如果公司的规章制度与现行法律、政策相抵触，那么无疑是失败的。下面是常见的企业制度与法律相抵触的现象，管理者有必要予以重视，尽可能避免，千万不要触碰法律雷区，如图 3-4 所示。

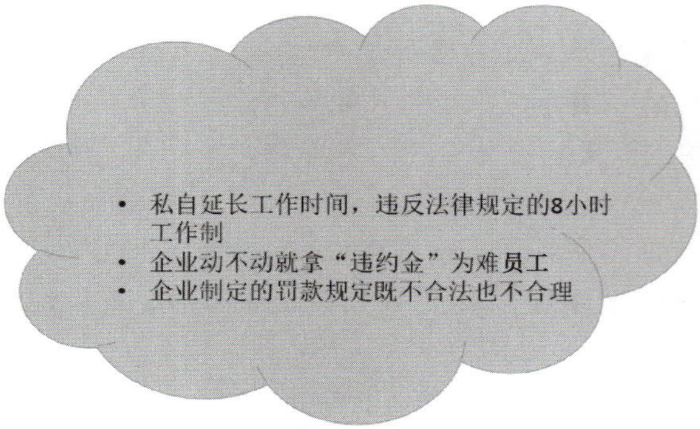

- 私自延长工作时间，违反法律规定的8小时工作制
- 企业动不动就拿“违约金”为难员工
- 企业制定的罚款规定既不合法也不合理

图 3-4　企业制度与法律相抵触的主要表现

1. 私自延长工作时间，违反法律规定的 8 小时工作制

《劳动法》明确规定，劳动者每天工作的时间不得超过 8 小时。但是不少企业私自制定工作制度，要求员工每天工作的时间超过 8 小时，而且超出的部分不算加班，不给报酬。要知道这种做法是违法的，若不想触犯法律，公司一定要依法执行 8 小时工作制。

2. 企业动不动就拿“违约金”为难员工

公司与员工签订劳动合同，规定在合同期内，单方面终止合同要支付违约金。这种规定到底合不合法呢？

首先，要弄清楚违约金是什么。它是指当事人一方不履行合同，依法律规定或合同约定向对方支付一定数额的金钱。由此可见，违约金有两种形式：一种是由法律明确规定的；另一种是由双方事先约定的。

一般而言，承担违约金责任必须同时满足以下 3 个要件。

(1) 当事人存在违约行为。

(2) 当事人存在违约行为与过错，但如果因不可抗力或意外事件所致，则应当免除违约责任。

(3) 有关当事人支付违约金的法律或当事人约定。

如果没有这些条件，违约金就无从谈起。所以，如果员工因为不可抗力因素或意外事件导致合同期内终止合同，企业是不能向其索要违约金的。

3. 企业制定的罚款规定既不合法也不合理

上班迟到罚款、未请假而罚款、上班看体育新闻罚款、上班和网友聊天也罚款等，不少企业推崇罚款制度，动不动就对员工进行罚款。

其实这些制度既不合法也不合理，根本没有法律依据。员工虽然犯了错，但企业不应该用罚款的手段进行惩罚，可以采用批评教育的方式取而代之，比如通报批

评、扣奖金等。

3.1.4 制度需要抓重点，且明确简洁

【企业实例】 德克福图书公司曾制定了一项制度，规定员工上班第一件事必须看报纸，而且还要看 45 分钟，看完之后才能继续工作。在这段时间内，员工如果做别的事，将被视为违反制度，轻则受到领导批评，重则会被领导罚款。

看什么样的报纸呢？公司规定，只要不是娱乐报纸、体育报纸就行，也就是说，要看大型综合性报纸。

公司之所以这么规定，是因为他们是图书公司，通过看报纸，能够了解社会动态、民生民情，有助于开拓员工的写作思路、激发员工的创作灵感。

但是该制度出台后，员工中反对的挺多，大家认为这种了解社会动态的方式太绝对，因为现在是网络时代，上网看新闻比在报纸上看新闻来得更快，了解的信息更多，而且上网看新闻还能省掉订阅报纸的费用，一举两得。

再者，了解社会的动态，还有很多方式，不一定非得要看报纸，而且有些员工可能不喜欢看报纸。一份报纸要看 45 分钟吗？这恐怕不一定，有些员工阅读速度快，可能 10 分钟就看完了，那么剩下的 30 多分钟干什么呢？所以，这会造成时间的浪费。

由于存在不满，制度的落实效果并不好。为此，公司竟然设立专门机构来监督。

读书看报的好处谁也不能否定，尤其是一些领导干部，要及时掌握社会动态。因此，把读报制度化看起来很有必要。

但实际上这是舍本逐末的无聊之举。每个员工都应该有其工作目标，并由相应的考核制度来考核，只要能按时按质完成这些目标，员工何时读书何时读报又有什么关系呢？再说了，员工职位不同，工作目标不一样，不一定每个人都有必要读书 30 分钟、读报 30 分钟。

因此，上面案例中图书公司制定制度要求职员读书读报，对管理来说是舍本逐末的做法，把原因和结果搞反了，倒不如采取绩效评估制，通过评估员工的业绩来决定员工的去留和升降。这样员工不用你强迫，就会认真地去对待工作，把自己的工作目标完成好。

现实中公司在制定制度的时候，出现舍本逐末、表述繁冗的现象是非常普遍的。作为管理者，应该避免什么样的情况出现呢？具体应该怎么做呢？下面提供几点参考建议，如图 3-5 所示。

1. 要抓重点，戒舍本逐末

有些制度条文中列举了大量无关紧要的内容，削弱了制度重点内容的分量，这明显是“喧宾夺主”。

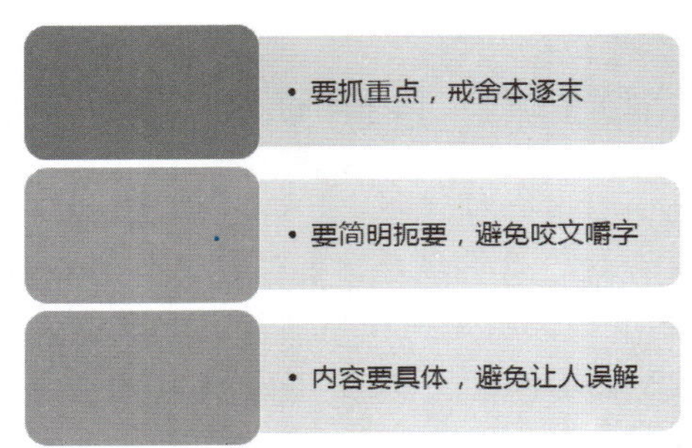

图 3-5 制度抓重点，要明确简洁

再者，细枝末节多了，既不便于记忆，也不便于执行。员工可能糊里糊涂，不知道公司的葫芦里卖的是什么药，执行起来就很容易走样。

想要避免这种错误，管理者就应该搞清楚制度设立的目标，把最重要的目标提炼出来，然后针对这种目标去拟定条文，与这个目标关系不大的条文，绝不写到制度中去。这样就能很好地突出制度设计的重点了。

2. 要简明扼要，避免咬文嚼字

编写制度条文的目的是让员工执行，如果制度条文冗长，语言生硬，语义含混不清，令人无法理解，那么又谈何执行呢？

比如，某公司的《安全守则》中，有这样一条："公司厂区不得燃放可燃性或容易导致燃烧的器具。"这句话就显得繁冗生涩，让人不好理解。其实只要用 7 个字就能概括其意——厂区内严禁烟火。

在制定制度的时候，管理者一定要明确一点：制度是针对全体人员的，制度本身的语言描述应该简明扼要、通俗易懂，让大家知道制度的具体要求是什么，这样，大家才有可能把制度执行好。

3. 内容要具体，避免让人误解

制度是否明确具体，直接体现管理者的水平。

内容具体的制度才不会让人产生错误的理解，才会减少执行过程中的偏差。所谓具体，是指限定允许做的事情和不允许做的事情。一旦违背了限定，就要受到一定的惩罚。一定要在制度中明确体现违背制度所受的惩罚。

现实中，很多企业制度在内容上很模糊。更严重的是，违背了制度应该承担什么责任，没有事先约定。比如，我们经常看到草坪上有"请勿践踏草坪"的标语，但在标语旁边，经常也能看到被人践踏留下的清晰的小道。

标语本身即相当于一个制度，是禁止人们这样做的。但是为什么还是有人明知故犯呢？因为没有约束，没有惩处。践踏草坪应由谁来承担什么责任没有讲清楚，在这种情况下，制度就不能得到很好的落实。

因此，管理者一定要问自己一个问题：制度是用来做什么的？制度是规范人们行为的，让人们按照一定的标准去行事。

如果没有做到要承担什么责任？是扣奖金、扣工资、降级，还是直接走人？当然，这只是一个比方，但无论怎么惩处，都应该有明确的条文。

3.1.5 避免制度过于苛刻，过于精细

【企业实例】 佛山当地某知名集团出台了一项新制度，公司 21 名保安认为制度太严格、近乎苛刻，因此他们拒绝在新出台的管理制度上签字。于是公司一气之下，将这些保安全部辞退。对此，该企业表示，“重罚”只是为了加强管理力度。

该公司的制度苛刻到什么程度呢？有一名保安说：“有一条说的是保安的站姿，站姿不标准，就认为工作散漫，可能被罚掉一个月的工资。”

被辞退的保安莫先生表示，公司突然推行新制度，之前根本没有与他们讨论，之后不签字就把他们辞退了。据莫先生介绍，新制度罚款条款有 53 条，占所有制度条文近一半。保安门的月薪只有 1200 元，但若旷工一天，最高将被罚 1000 元。

对于这么严苛的制度，公司的解释是：“重罚只为加强管理。新制度之所以比较严格，是为了整顿和规范公司的保安队伍。”

公司负责人表示，目前保安队伍比较散漫，如晚上不按时休息，在宿舍里酗酒，甚至有上夜班睡觉的现象，所以采取重罚制度完全有必要。

保安们承认个别保安工作不太认真，多数人也同意公司加强管理力度，但是新制度超过了合理范围，实在难以接受。

公司出台新制度加强管理，规范员工，旨在提高员工的工作效率。这是公司拥有的权力，受法律保护，但是上述案例中的公司在操作上不够规范。

首先，在制定管理制度上，根据《劳动法》规定，企业内部制定管理制度，要与全体员工共同协商，但该企业没有让员工参与进来。其次，《劳动法》规定，企业在管理过程中，对员工的罚款最高不能超过月收入的 20%。

管理者应该明白：企业制度是由企业制定的全体成员共同遵守的办事规则或行动准则，科学合理的企业制度对企业的发展起着重要作用，而不合理、违背人性的企业制度则会造成管理混乱，直接影响企业的可持续发展。

许多公司为了保证工作效率，通过各种考核制度来约束员工，以达到管理企业的目的。但不合理的制度则会造成管理混乱，直接影响企业的可持续发展。制度如果缺少针对性和可行性，在执行的时候经常会遇到两种情况：一种情况是员工钻制度的空子，不认真执行；另一种是员工干脆逃避执行制度。

制度本身是为了更好地规范管理，建立有效的管理机制，但如果制度成了不合理的约束，就很容易激起员工的对抗和逆反情绪。

这样一来，员工在执行中就会故意拖延、敷衍，不认真把制度落到实处，以一种消极的工作态度与公司制度、管理者对抗，结果必然会造成公司执行力下降，公司的发展将会受到影响。

制度过于苛刻、过于精细可能会给员工留下不合理的印象，这会导致员工执行力不够，直接影响到企业的兴衰。因此，企业要严格制定制度，但要避免制度过于苛刻、精细，如图 3-6 所示。

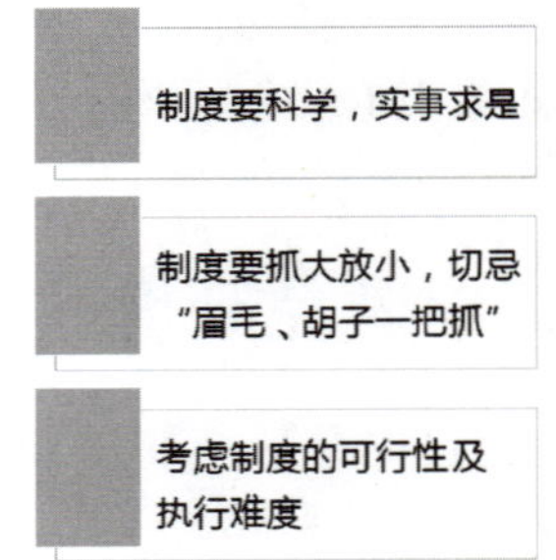

图 3-6　避免制度过于苛刻，过于精细

1. 制度要科学，实事求是

制定制度首先要讲科学，要尊重客观规律，要在理清流程、摸清情况的基础上制定。切不可主观臆断、凭经验或盲目照搬，更不能想当然地制定制度。

很多时候，制度得不到落实，并不完全是执行的问题，而是制度本身有缺陷，或者制度不符合公司的实际情况，内容过于空泛或过于严格。

2. 制度要抓大放小，切忌“眉毛、胡子一把抓”

什么都想抓，往往什么都抓不好，平均用力往往容易忽视重点和关键，这是不少企业在制定制度的时候常犯的错误。很多企业往往想把所有的问题都管好，制定的制度虽面面俱到，但却是重点制度得不到强调。

正确的做法应该是抓大放小，针对关键性问题制定制度，这样往往有利于制度的执行。

3. 考虑制度的可行性及执行难度

制度的可行性关乎制度能否解决实际问题，执行难度关乎制度是否能制定到位。如果制度规定太严格，执行的难度太大，那么执行的效果就会大打折扣。

这种制度即使对解决实际问题很有效，但由于无法执行到位，很难把问题解决好，因此，还不如制定一种比较容易落实的制度，更容易地把问题解决。

3.1.6　制度制定要严谨，切忌朝令夕改

【企业实例】　日本新日奶牛公司运营一段时间后，新上任了一名营销副总。营销副总上任之后，决定建立包含规范的销售政策的公司制度。这没有错，这是企业不断走向正规的必经之路。可问题是，这位营销副总喜欢朝令夕改，频繁修改制度，让员工和零售商怨声载道。

鲜奶制品的重要特点之一是保鲜，保质期只有 3 天，强调时效性。在产品上市初期，依制度公司承诺零售商：如果销售不完可以退货。

在产品销量稳定后，随着销售员对市场的掌控，基本能够了解每个零售商的日销售量，在这种情况下，副总修改了制度，决定取消退货制度，除非奶制品出现了问题，否则销售员必须自己承担责任。

为了减轻自己的责任，销售员每天都要频繁地与零售商打交道，了解他们的销售信息，据此预测第二天的销量，然后上报给生产总部，定量生产减少库存。原本这样做的出发点是好的，但是制度执行了一段时间后，销售员发现了问题：如果预测的销量多了，销售不完，自己承担损失；如果预测的销量少了，又会影响销售任务，影响业绩。因此，销售员很难执行这项制度。

紧接着，零售商也有了意见，因为销售员预测的销量少了，提供的奶制品少了，导致产品不够卖，影响了收入；有时候预测的销量多了，导致卖不完，又不能退货。

制度刚刚实行几天，各方面就怨声载道，于是副总取消了这项制度，取消之后又反复修订了几次，弄得各部门都不满意。营销副总由于在这个问题上没有做好工作，朝令夕改，之后只能黯然离去。

作为管理者，这位副总也不想朝令夕改，只不过因为发现之前的制度不太合理，所以才会不断地修订。但由于在修正的时候没有做到全面地考察和集思广益，导致修订的制度也存在很大缺陷，这样又得再一次修改制度。

通常来说，导致制度朝令夕改的原因，在于管理者的主观方面，下面就介绍几种表现及原因，如图 3-7 所示。

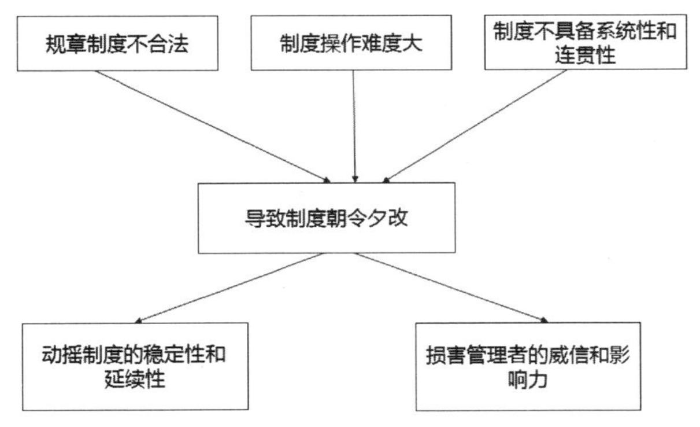

图 3-7　制度朝令夕改的表现和原因

(1) 规章制度不合法。不合法的表现有两种。一种是制度的内容与法律相悖，违反了法律法规的强制性规定。比如，有些企业在规章制度中规定“如果发生工伤事件，单位一律不承担责任”之类的条款，这是违反法律法规的，这样的制度不会产生法律效力。

另一种是制定制度的程序不合法。比如，在制定制度的时候，没有充分征询员工的意见，没有体现员工的意愿，又未公示，就强制推行，其结果就是员工不买账，难以执行。

于是管理者又改掉原制度，重新制定制度。这样就导致了制度的朝令夕改。

(2) 制度操作难度大。有些企业在制定规章制度的时候，没有问政于民，没有对实际工作进行调查，没有充分考虑生产、销售、售后等环节的实际情况，做了闭门造车的蠢事，或把别人的制度生搬硬套过来，结果制度出台之后，才发现制度“水土不服”，可操作性低。这样也会导致制度的朝令夕改。

(3) 制度不具备系统性和连贯性。在现代企业管理中，规章制度是一项较为复杂的系统工程。但在现实中，不少企业在制定制度的时候，抱着“走一步，算一步”的态度，没有注重制度的前后联系，导致制度与制度之间割裂开来，互相拆台。

这样就无法形成一个完整的规章制度体系。比如，有个企业在制定质量考核标准中规定：检查不合格将会扣除部门和个人的绩效分，而在另一个条文中又规定检查不合格给予罚款。

企业规章制度是企业发展的有力保证，但如果朝令夕改，不但会影响整个团队的凝聚力，还会降低制度的公信力，影响领导的威信。具体来说，制度的朝令夕改会产生两下几种危害。

(1) 动摇制度的稳定性和延续性。朝令夕改会动摇制度的稳定性和延续性，从而降低制度执行的效果。好的制度对企业的发展意义巨大，但好的制度起作用需要一个前提，那就是制度要具有稳定性和延续性。

一旦制度失去稳定性，作决策的时候就有更多的不确定性，就很容易导致朝令夕改。这样会使员工无所适从，也会影响企业的发展。

(2) 损害管理者的威信和影响力。由于制度的朝令夕改，员工会对制度产生困惑，难以准确地理解和把握制度，从而导致在执行中出现偏差，导致制度无效甚至起反作用。

另外，制度反复调整、修改，会浪费管理者的时间和精力，在增加管理成本的同时，又没有提升管理效果，管理者的威信和影响力将受到损害。

朝令夕改是管理者制定制度的大忌，想要避免朝令夕改，管理者可以从以下几个方面努力，如图 3-8 所示。

1．制定制度要慎重，强调前瞻性和大局观

很多时候，管理者之所以朝令夕改，是因为制定制度的时候太随意，没有前瞻性和全局性。制定的制度在当时看来可能不错，但由于没有前瞻性，一旦发生变化，制度就失灵了。

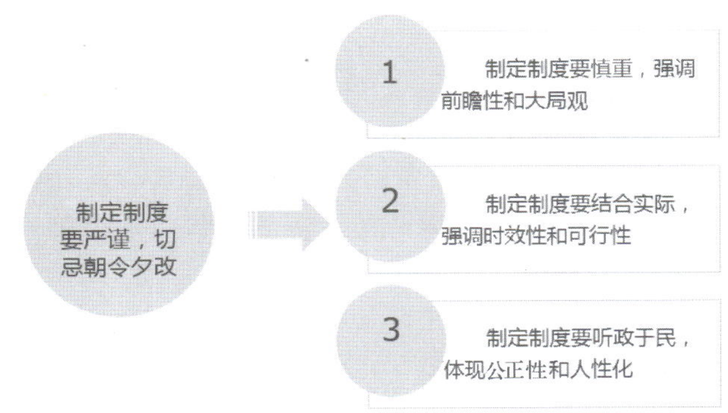

图 3-8 制定制度要严谨，切忌朝令夕改

这时候管理者又要修改制度。要知道激烈竞争下的企业内外部环境变化很快，管理者如果缺乏应付之策，那势必会造成制度的朝令夕改。

所以，管理者在最初制定制度的时候就要慎重一些，要考虑制度的前瞻性和全局性，尽可能在多种方案中选择最受欢迎、最能促进企业可持续发展的制度方案，以保证在遇到一些突发事件时，不至于大幅度地调整制度。

2. 制定制度要结合实际，强调时效性和可行性

制定制度是为了真正能够解决实际工作中的问题，保证各项工作顺利进行，更好地实现企业预定的目标。因此，在制定规章制度的时候，一定要努力做到全面具体，不能空洞无物、过于抽象，让人无所适从。

要从实际出发，结合具体的企业目标，站在全局的高度，把握制度的严松程度。在制度中，要让员工明确不应该怎样做，以及做了会有什么样的效果。

3. 制定制度要听政于民，体现公正性和人性化

为什么有些企业花了很长时间制定了详细的制度却执行不下去？因为制定的制度缺乏公正性和人性化，也没有明确的考核标准和奖惩措施。

正确的做法是，在制定制度前期，多与员工进行交流，听取大家的意见，在制度中明确考核体系和奖惩标准。这样的制度才会兼具约束力和激励性，才容易被员工接受并有效地贯彻执行。

3.2 制度需要授权，掌握授权的艺术

毫无疑问，领导者手中握有权力，但是有了权力并不意味着领导者就一定能够取得事业上的成功，就一定能够赢得大家的认可。如何运用权力才能够不辜负赋予自己权力的人，这依然是一个值得领导者深思熟虑的问题。

3.2.1 权力需要合理分配

【企业实例】 “希尔顿饭店帝国”的创始人唐纳德·希尔顿年轻的时候，父亲任命他做一个旅馆的经理，同时还把旅馆的一部分股权转让给了他。

然而，令唐纳德·希尔顿十分不满的是，虽然他担任了经理的职位，父亲却经常对他的工作进行干预。

一方面是因为父亲总觉得儿子太年轻了，缺乏经验，担心他犯错误；另一方面是因为当时的事业还没有稳固，经不起儿子可能出现的失误所带来的重大打击。

然而，这却令唐纳德·希尔顿备感郁闷，总是觉得在开展工作的时候束手束脚。正是因为尝到了有职无权、处处受制约的苦头，当唐纳德·希尔顿日后有权任命他人的时候，总是慎重地选拔人才，而且一旦做出了决定，就必定会给予其全权，绝不加以干预。

在希尔顿，很多高层的管理人员都是从企业的最底层一步步地被擢升上来的。由于他们在长期的实践过程中积累了丰富的经验，因此在提升之后也表现得十分出色。

最重要的是，唐纳德·希尔顿对任命的每个人都给予了充分的信任，并且放手让他们在工作中充分发挥自己的聪明才智，大胆负责地工作。

由于唐纳德·希尔顿对员工的充分信任、尊重及宽容，为希尔顿公司营造了一种和谐的气氛和一种愉快的工作环境，希尔顿也获得了经营管理的两大法宝——团队精神和微笑，并最终铸就了希尔顿事业的辉煌。

授权其实不仅是管理的一项职责，也是一门艺术。授权得当与否体现了一个领导者的领导统驭才能，正如韩非子所说“下君尽己之能，中君尽人之力，上君尽人之智”。敢于授权并善于授权，既是一个领导者成熟的表现，又是一个领导者取得成绩的基础和条件。

授权的过程必如星星之火，经由实现而燎原，最后靠信任而得以维持。有效率的授权者不但相信他的下属就像相信他自己一样，而且了解信任不仅来自成就，更是源自成长。

领导者的权力分配艺术，是融用权、用人于一体的艺术，是领导者灵活有效地运用各种权力分配方法的艺术。由于领导者权力分配方式的多样性和发展的完善性，领导者权力分配的艺术也不是一成不变的。下面将介绍领导活动过程中有关领导者权力分配方面的集中常见的艺术，如图 3-9 所示。

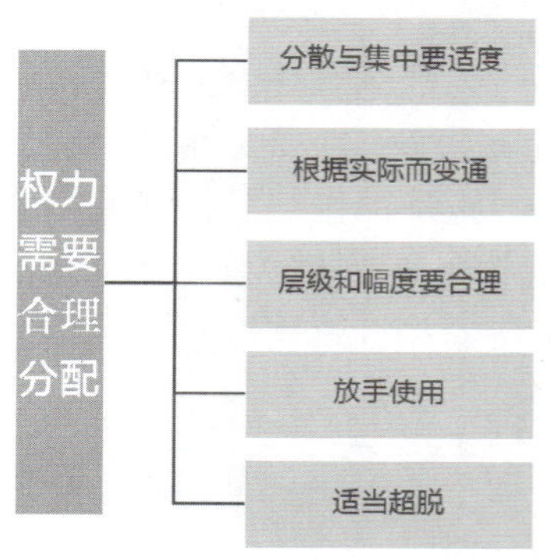

图 3-9 权力需要合理分配

1. 分散与集中要适度

兵法云："兵之胜负，不在众寡，而在分合。"即应分散用兵而不分散，部队就会陷入累赘，作战受牵制，成为疲军；应集中用兵而不集中，会成为孤军。这就是用兵的奥妙所在。

总之，领导者既不能全权独揽、事必躬亲，又不能大权旁落、无所用心。如何才能不走这两个极端呢？那就是分散与集中要适度。即领导者在权力分配时，既要保证下级能有充分的权力，尽职尽责，做好工作，又要保证自己在整体上的把握和宏观上的调控。

要做到这一点是很难的，没有定规和公式可以套用。随着社会事业的发展和变化，领导活动也日趋复杂多变，领导者只有充分发挥自己的聪明才智，总结以往的经验和教训，才能针对各种情况，采取适度的分散和集中。

2. 根据实际而变通

兵法云："兵无常势，水无恒形，能因敌变化而取胜者，谓之神。"指挥者能因敌变化而取胜，才是用兵如神。军事上是这样，管理和领导也是这样。

事实上，不论在哪个时期、哪个领域，自古就是：法无定规变则通，不变则死法矣。所以领导者在进行权力分配时，一定不要拘于定规、困于死法，要善于灵活运用各种原则，善于创造性地运用各种分配方法与艺术。

3. 层级和幅度要合理

对一定的组织和集体来说，领导者的管理幅度大，在进行权力分配时就可以减少领导层次而同样能实现有效的领导；管理幅度若小，领导者在进行权力分配时就要增加领导层次来实现有效的领导。

领导层次的增加必然会给领导管理带来难度，而层次太少，幅度就增大，会使管理者无暇顾及。

所以，作为一个现代的领导者，一方面，要通过改变影响管理幅度的因素来提高自己的有效管理幅度；另一方面，在权力分配时能正视自己，面对现实，确立适度的层级、合理的幅度。

4. 放手使用

管仲认为，事无巨细，人君都要亲自过问，这就是人君自恃其贤。可管理的幅度理论又告诉我们，任何一个人的管理容量都是有限的，领导者必须选择一些人以分其所辖之人、所管之事，贤者就必须如此。而且，越是贤者，越是善于放手授权。

作为一个领导者，特别是高层的领导者，应该懂得"放手授权""将在外君命有所不受"的道理，应该清楚哪些事应该自己管，哪些事应该交给下属去管。对于自己应管的事要努力管好，对于应由下属管的事就要选贤任能，大胆放手。

5. 适当超脱

领导者的权利分配是领导者的一种重要的超脱艺术。一个领导者如果长期深陷日常琐事，势必疏于领导职守。头痛医头，脚痛医脚，顾东而西乱，顾西而东扰，事倍功半。领导者必须披荆斩棘，拨冗去繁，择人授权。

只有“会当凌绝顶”，方能“一览众山小”；只有“更上一层楼”，方能“欲穷千里目”。领导者只有通过对琐事的超脱，才能做到干本职工作游刃有余，取得较佳的领导效果。

汉高祖刘邦在分析自己为什么得天下而项羽失天下时说：“运筹于帷幄之中，决胜于千里之外，我不如张良；治理国家，安抚百姓，调集军粮，使运输军粮的道路畅通无阻，我不如萧何；联络百万大军，战必胜，攻必取，我不如韩信。此三人皆人杰也，我能用之，这就是我能得天下的原因。而项羽只有一个谋士范增，还极不信任他，不能任用，把他气跑了，这就是项羽失天下的原因。”

领导者若善于发现贤能之士而授以权柄，使之各负其责、各尽其职，就会成就事业，如刘邦之得天下，反之，若不能识才任能，不信任，不重用人才而且对其束手束脚，势必要严重影响事业，如项羽之失天下。

因此，领导活动之成败，往往不在于一己之贤能，而在于他是否善于分配权力和集中权力。能否善于发现贤能而授之以权柄，往往是事业成败的关键。

3.2.2 发挥授权的作用

【企业实例】 被认为世界第一 CEO 的美国通用电气前总裁杰克·韦尔奇认为，企业领导必须“忙碌”一些有意义的工作。

韦尔奇说：“有人告诉我，他一周工作 90 小时以上。我对他说：‘你完全错了！请写下 20 项每周让你忙碌 90 小时的工作，进行仔细审视。你将会发现，其中至少有 10 项工作是没有意义或可以请人代劳的。’开诚布公地说，我特别反感形式主义。有的企业领导赞美‘勤奋’而漠视‘效率’，追求‘数量’而不问‘收益’。‘勤奋’对于成功是必要的，但它只有在‘做正确的事’与‘必须亲自操作’时才有正面意义。我们不妨在‘勤奋’之前先问问自己：这件事是必须要做的吗？是必须由我来做的吗？”

韦尔奇把授权看成是领导者的需要。他认为：“掐着员工的脖子，你是无法将工作热情和自信注入员工心中的。必须松手放开员工，给员工赢得胜利的机会，让他们从自己所扮演的角色中获得自信。”

当一个员工知道自己想要什么的时候，整个世界都将给他让路。领导者的任务就是寻找合适的人员并激发他们的工作动机，一手拿着水罐，一手拿着肥料，让所有的人都变得生机勃勃、枝繁叶茂。

所以，有人甚至主张领导者适当“懒惰”“简单”些。“懒惰”是指领导者遇事不必婆婆妈妈、事必躬亲，要给下属一定的空间和自主权。

领导如果过于“勤快”，极有可能养成下属的懒惰恶习。“简单”是指领导者要注意调动下属自我管理、自我实现的积极性，对一些有能力、有潜力、态度积极端正的下属，只需要对他们交代任务就可以了，至于怎么做则应该完全交给下属自己决定。

所谓授权，就是领导者将自己一定的职权授予下属去行使，使下属在其所承担的职责范围内有权处理问题、做出决定，为领导者承担相应的责任。一句话，就是领导者将不必事必躬亲，下属可以完成的事情交给下属去完成。这样才能成为一个有效的领导者。授权有以下几个重要的作用，如图 3-10 所示。

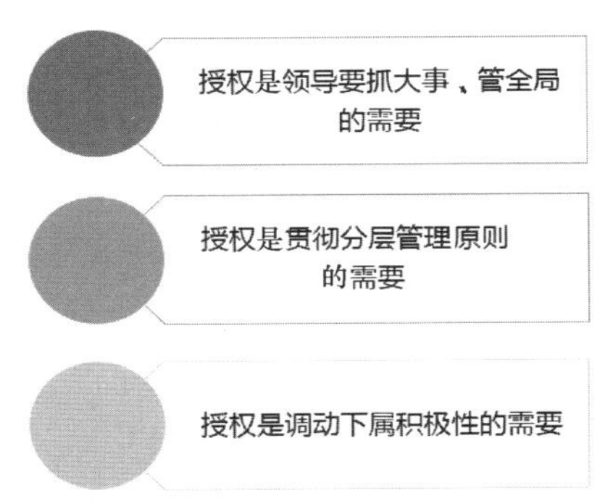

图 3-10 发挥授权的作用

1. 授权是领导要抓大事、管全局的需要

领导者之所以必须授权，是由人的体力、精力所决定的。人在成年之后随着年龄的增长，体力会逐渐减弱，精力、智力和能力也会逐渐衰退。

管理学家研究的结果表明，一个人的体力和精力是有限的，多数人在限度之内工作能出速度、出成绩，能够胜任；当任务超出了能够承受的能力范围后，工作起来往往有力不从心之感，经常会顾此失彼。

所以管理学家主张在同一时间内只做一件事。而事实上，需要领导处理的事情很多很杂，常见一些单位的领导者“两眼一睁，忙到熄灯”，结果成了忙忙碌碌的事务主义者。

如何解决领导工作事务很多、工作时间少的矛盾呢？行之有效的办法就是授权。领导者只对直接下属行使一定的权力，不包办、代替和越级处理问题。

这样领导者就能够节约一定的时间，用于了解情况，进行学习，联系群众，静心思考一些大事。

2. 授权是贯彻分层管理原则的需要

只有授权才能贯彻分层管理的原则，实行科学管理。

现代化建设事业是纷繁复杂的事业，头绪多，范围广。在任何单位的工作中，不仅有着各项重大任务，而且有许多具体事务工作。有些事情非常紧急，迫在眉睫，必须当机立断，及时去办；有些事情突然到来，不办不行，必须妥善安排；有些事情必须上下结合，共同去办。

作为领导者不可能也没有能力去总揽一切事务，必须把许多工作交由下属办理。领导者交给下属任务时，必须授予下属一定的权力，做到明责授权、事权分清。

这就必须建立起合理的管理层次，并正确处理层次之间的关系，精心设计职位，再根据职位任职授权，实行分层领导。否则，有些人就会遇到矛盾绕着走，出现相互扯皮、相互推诿等不正常现象，致使任务很难完成。

授权是由现代化建设事业所决定的，是管理工作的客观要求。

事实上，一个领导要做到大事小事都办得很好，很不容易，也不可能。重要是领导者要有全局观念的战略和眼光，任何时候在大事面前都不糊涂。“议大事，懂全局、管本行”，这是所有领导者在工作中应该遵循的一条原则。

古罗马法典中规定：“行政长官不宜过问琐事。”一个有成效的领导者应该是一位善于有效授权的领导者。领导者能不能分清和正确处理大事与小事，有无勇气大胆授权，是管理工作有无成效或成效大小的关键所在。

3. 授权是调动下属积极性的需要

随着现代化建设事业的发展，被领导者已不是小生产式的体力劳动者，而是具有现代化科学文化知识的劳动者了。就是直接从事生产的工人中，也有许多人的劳动带有脑力劳动的因素。

体力劳动可以按照简单命令行事，劳动效果也容易考核。脑力劳动者就不同了，他们主要是运用知识和智力，这些人的积极性不是靠简单的命令就可以调动的。如何调动他们的积极性，使他们自觉地为共同目标而奋斗，是现代领导者提高工作成效的一个关键。

当然调动下属积极性的方法很多，如良好的思想工作、民主的领导作风等。而授权就是一种有效的方法。

现代管理工作非常强调职、责、权、利相统一的原则。有责无权同有权无责一样，都会导致管理与领导工作的混乱，会影响管理与领导工作的效果。

在现实生活中，善于授权、发挥下属积极性的领导者越来越多了。但是，也有个别领导人缺乏用人的气度，他们奉行的是“武大郎开店”的哲学——凡是我的部下，才能都不能比我高；否则，就想方设法地加以排斥，或借机给“小鞋”穿。

这些领导者应该借鉴历史教训，因为凡是排斥才能高的人，自己只能成为孤家寡人，最终蒙受损失的还是自己。

3.2.3 领导者要学会授权

【企业实例】 在中国家电业内，何享健被看作是最潇洒的企业家。他甚至从不用手机，也没有手机。“很多事，他们不用请示我。我要找人，几分钟就能找到。每天我一下班就回家，一步都不再离开，晚上从来不干活。”何享健笑着说。

在业界，他对高尔夫的钟爱很出名，除了周六、周日要打球，周一至周五也总

有一两天在绿茵场上度过。而同在顺德，同为家族企业的格兰仕，两位创始人老板据说现在每天工作超过 10 个小时。

一位非常熟悉美的内部运作的同业人士指出，何享健的本事是指导领导者，“能把职业领导者放得很远，又能收得很紧”。

领导者在享受充分授权的同时，也接受着严峻的业绩考验。长久以来，何享健十分认可一些跨国企业的做法，经营单位两个季度未完成指标尚可原谅，第三个季度还没完成，领导者就要下课。

在美的，每个人证明自己的时间很短，基层的业务员一般只有 3 至 6 个月，事业部总经理也是一年一聘。美的人习惯于接受这样一种文化：业绩指标达不到，即刻换人，如果达到了，上至领导者下到一个普通的销售员所获得的奖金激励也是行业内最为可观的，甚至有知情人士用“多得吓人”来形容。

让别人替自己操心正是何享健最让同行艳羡的地方。美的领导者对企业未来 3 至 5 年的危机感显而易见，他们中一些人的忧虑感甚至更强于企业真正的老板。“办企业靠的是人才，在行业里我认为我的领导者是最优秀的。”在企业里，我什么都不想干，不想管。我也告诉我的部下，不要整天想自己怎么把所有的事情做好，而是要想如何把事情让别人去干，找谁干，怎样为别人创造一个环境，你要做的是掌控住这个体系。”何享健笑着说。

掌控体系，说得多好——但在培训和咨询的过程中，见到一些部门经理的管理方式是典型的“指令”型授权，其特点是领导者坚持一人独挑大梁，对下属的工作不信任，不放心，为了取得良好的结果，特别注重过程管理。

这种授权方式给下属巨大的心理压力，同时也培养了下属的依赖性。放不开手脚的属下只有唯命是从，不作任何决策，不负任何责任。具体而言，企业领导如何授权，如图 3-11 所示。

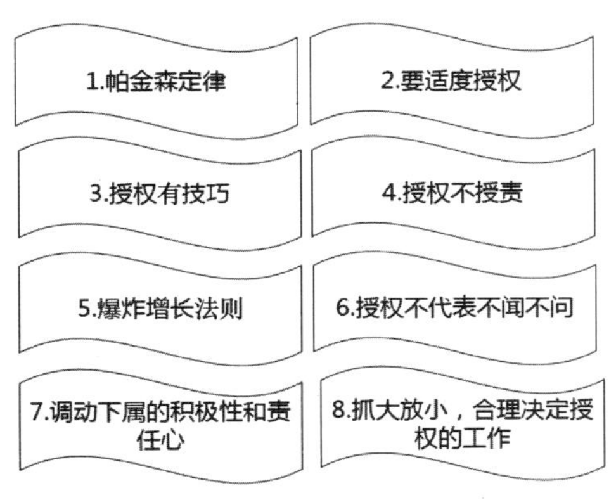

图 3-11　领导者要学会授权

1. 帕金森定律

害怕授权心理。即使是诸葛亮这么聪明的领导人也会害怕授权？一是领导往往自以为高明，低估了下属的能力，不信任别人，生怕别人把工作搞砸了。诸葛亮恐怕就是因为自己才智过人，和为了不辜负刘备知遇之恩的心态而缺乏授权的勇气。

另一个原因则是怕下属能力比自己强，将来会夺自己的权，因而处处压制下属的首创精神，导致形成“武大郎开店”的格局，这也是西方著名行政管理定律——“帕金森定律”之一。因此，领导首先必须克服害怕授权的心理。

2. 要适度授权

授权，应该是逐步授权，而不能一下子将所有权限全部“授出去”。如果授权过大，被授权的员工无法一下子全盘接收这些“权限”，也无法迅速厘清头绪，必然导致很多工作脱节，影响企业正常经营。

同时，授权过大，下面普通员工一时之间也反应不过来，对新领导的熟悉和适应也需要一个过程，在此期间很容易产生一系列恶果。授权，必须把握好一个“度”。

不能太小地授权，太小地授权就代表没有授权；更不能太大地授权，太大地授权就代表害人害己害企业；适中、适度地授权永远是我们最佳的选择。

3. 授权有技巧

领导授权还要讲究技巧。领导者在授权时必须因时、因事、因人、因地、因境、因条件不同，而确定授权的方法、权限大小、内容等。如采用目标管理方法，有利于下属实现目标的成就感。如果工作重要性较低或较为简单，可充分授权；若工作重要或较为复杂，可采用弹性授权的方法。也可根据工作不同，采用实时授权、制约授权等方法。

4. 授权不授责

权力授出去了并不代表当没有好的结果时领导人不需承担责任，当战略目标没有达成时，领导人都具有不可推卸的全部责任，也就是授权不授责。

在执行过程中，领导人不应威胁下属，也不应该摆出恩赐的姿态，而应给予下属充分的尊重。

“90 后”逐渐成为职场的主流，他们不仅仅看重物质报酬，更看重平等的沟通与足够的尊重，领导人应根据被管理对象特点的差异点调整自身的管理行为。

5. 爆炸增长法则

“爆炸增长法则”：领导力的扩展是有几何递增效果的，培养一个追随者，可以得到相加的效果；培养一个领导者，将得到相乘倍增的效果。

领导能力并非与生俱来，连最原始的领导素质都可以通过一些基本原则后天习

得。只要你肯培训人才，领袖就会浮现出来。你所培养的领袖越优秀，他所带进来的追随者素质就越优秀，而且数量越多。

6. 授权不代表不闻不问

授权不代表不闻不问，授权以后不要完全相信下属的报告，要实行走动管理，到一线去走走。走动管理能够及时发现问题所在，及时发现下属在执行过程中的偏差，并作出适当的引导。

有好的结果，就要不时地表扬；有坏的结果，要及时地引导。及时恰当地表扬对于下属的积极性将起到至关重要的作用。

领导不要吝啬自己的表扬，这种表扬并不一定是物质的，一个信任的眼神、一个拥抱、一封感谢信、一次公开的表扬等，可以说这些方式是低成本的甚至是零成本的。

当领导人发现错误的时候，进行批评是无可厚非的，适当的批评对于下属错误的改正能起到警示作用。

7. 调动下属的积极性和责任心

一般来说，下属缺乏责任心的根源在于：管理者不能调动员工的责任心；管理者懈怠或疏于管理监控；源于人的懒惰天性。

这需要上司做这几项工作：把握员工需求，愿景勾画，让个人愿景与企业愿景尽可能靠近；明确对员工期望的成果以及行为标准，通过绩效考核和事后评估评价他们的劳动，对取得成绩的给予奖励；最后就是领导适度的跟进，在不致引起下属不适的距离上关注下属，并给予适时的指导，让他知道你在关注他，帮助他成长。

8. 抓大放小，合理决定授权的工作

领导者首先要明确哪些工作需要授权，哪些工作不能授权。

一般而言，确立工作目标、制定工作规划、下达重要指示、人事奖惩、工作成果的检查、发展和培养部属等，属于领导者的工作范畴，但是一些日常事务性工作、具体业务工作、专业技术性工作、可以代表其身份出席的工作、一般客户接待等，可视为小事、琐事，则应授权给员工去做。

3.2.4 领导者的授权方法

【企业实例】 1995 年 2 月 27 日，世界上有着 233 年历史的巴林银行垮了。拥有 40 000 名员工、下属 4 个集团，全球几乎所有的地区都有分支机构的巴林银行怎么会垮呢？因为一个人——李森——巴林银行曾经最优秀的交易员之一。

李森当年才 28 岁，是巴林银行新加坡分行的经理。他是 25 岁进入巴林银行的，主要做期货买卖。之前李森的工作非常出色，业绩也很突出。据说他一个人挣

的钱一度达到整个银行其他人的总和。

为了表示巴林银行对人才的重视，董事会决定采取一个政策，让李森拥有先斩后奏的权力。可巴林银行没有料到，正是这一决定，使巴林银行走上了毁灭的道路。

从 1994 年年底开始，李森认为日本股市将上扬，未经批准就套汇衍生金融商品交易，期望利用不同地区交易市场上的差价获利。

这一举动如果放在别人身上，早就引起上面的审查了，可是李森有先斩后奏的权力，没有人对此表示异议。

后来，在已购进价值 70 亿美元的日本日经股票指数期货后，李森又在日本债券和短期利率合同期货市场上做价值约 200 亿美元的空头交易。这等于把整个巴林银行都压在了日经指数会升值上。

但不幸的是，日经指数并未按照李森的预期走。在 1995 年 1 月降到了 18 500 点以下。在此点位下，每下降一点，巴林银行就损失 200 万美元。

李森又试图通过大量买进的方法促使日经指数上升，但都失败了。随着日经指数的进一步下跌，李森越亏越多，眼睁睁地看着 10 亿美元化为乌有，而整个巴林银行的资本和储备金只有 8.6 亿美元。

尽管英格兰银行采取了一系列拯救措施，但都没能救活这家拥有 233 年历史的银行。

如果一个管理者意识不到授权的重要性，不明白为公司培养人的责任，那就很可能成为公司的瓶颈，并且管理者的能力越强，对公司造成的负担越大。

至于如何授权、怎样授权，管理者首先要把自己承担的责任分解给各个部门的经理去做，其次要做好公司的组织建设，最后要引导这些部门设计出合理的制度和流程，建立良好的公司文化，以便让这些部门间的合作畅通无阻，不再事事找老板。

而领导者的授权方法有以下 7 种，如图 3-12 所示。

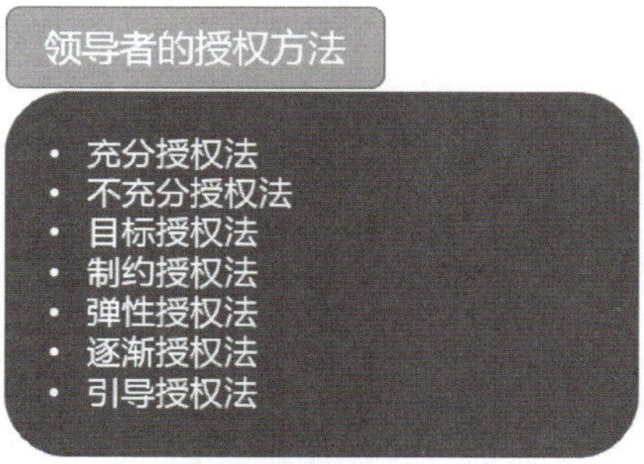

领导者的授权方法

- 充分授权法
- 不充分授权法
- 目标授权法
- 制约授权法
- 弹性授权法
- 逐渐授权法
- 引导授权法

图 3-12　领导者的授权方法

1．充分授权法

充分授权法适用于工作重要性比较低，而且工作完成与否不会导致全盘工作失败的组织，也适用于系统管理水平较高，各子系统协调配合等诸种情况较好的组织。

领导者在充分授权时，应允许下属自行决定的方案，并将完成任务所必需的支配人、财、物等的权力完全交给下属，并且允许他们自己创造条件，克服困难，完成任务。

充分授权能极大地调动下属的积极性、主动性和创造性，并能减轻主管领导者不必要的工作负担。因此，凡能充分授权的领导者应尽量采用这种方法。

2．不充分授权法

凡是在具体工作不符合充分授权的条件下，领导者应采用不充分授权的方法。

在实行不充分授权时，领导者应当要求下属就重要性程度较高的工作，在进行深入细致的调查研究的基础上，提出解决问题的全部可能的方案，或者提出一整套完整的行动计划，经过领导者的选择、审核后，批准执行这种方案，并将执行中的部分权力授予下属。

采用不充分授权时，领导者和下属双方应当在方案执行之前，就有关事项达成明确一致的要求，并以此统一认识，保证授权的有效性。

3．目标授权法

所谓目标授权法，是指领导者根据下属所要达到的目标而授予下属权力的一种方法。领导者授权的目的是通过授权激励下属去实现组织的目标。

这是因为任何组织都有自己的发展目标，这些目标的实现绝不是领导者个人所能完成的。领导者只有将组织的总目标进行必要的分解，由组织内部的各个管理层及部门的所属成员都分担一部分任务，并相应地赋予一定的责任和权力，才能使下属齐心协力，共同奋斗，努力实现组织的总目标。

领导者如果按照组织目标进行授权，那就可以避免授权的盲目性和授权失当的现象发生。

4．制约授权法

如果当工作性质极为重要，或某项工极易出现疏漏时，领导者不应采用充分授权法；或管理者负担大，任务繁重，无足够的精力实施充分授权时，可采用制约授权法。

制约授权是在领导授权之后，在下属之间形成相互制约的一种授权方式。它是领导者将某项任务的职权，分解成两个或若干部分并分别授权，使它们之间产生相互制约、相互牵制的作用，以有效地防止工作中出现疏漏。

5. 弹性授权法

弹性授权法是领导者面对复杂的工作任务或对下属的能力、水平无充分把握，或环境条件多变时采用的。

在运用这种方法时，领导者要掌握授权的范围和时间，并依据实际需要对授给下属的权力予以变动。

比如，实行单项授权，即把解决某一特定问题的权力授予某人，随着问题的解决，权力即予以收回，这种授权方法有很大的灵活性。为避免引起下属的误解，实行弹性授权或改变授权方式时，领导者应当对下属做出合理的解释，以此来取得下属的理解。

6. 逐渐授权法

领导者要做到视能授权，在授权前就要对下属进行严格考核，全面了解下属成员的德才情况。

但是领导者对下属的领导能力、特点等不完全了解，或者对完成某项工作所需权力无先例可参考，就应采取见机行事、逐步授权的方法。

比如，先用“助理”“代理”职务等非授权形式，试用一段时间，以便对下级继续深入考察。当下属达到授权的条件时，领导者才能授予他们必要的权力。

领导者这种稳妥的授权方法，并非是要权责脱节，而是最终要使两者吻合。

7. 引导授权法

领导者在给下属授权时，不仅要充分肯定下属行使权力的优点或长处，以充分激发其积极性，而且也要指出他的缺点或问题，希望下属在工作中能够克服和避免。

同时还要进行适当的引导，防止偏离组织的工作目标。但这不是横加干涉，而是支持下属工作，帮忙解决问题，特别是在下属发生工作失误时，领导者更应该善于领导，帮助下属纠正失误，绝不施加压力，或恶意苛求。

当然，领导者发现下属确实不能履行权力时，就应采取果断措施，或收回权力，或派人接管，以避免组织遭受更大的损失。

3.2.5 领导者的授权步骤

【企业实例】 在航空公司，一般将机长的角色定位在技术岗位上，而且是一个被管理者。而南航股份海南分公司重新定位了机长的角色和职能：每一位机长都是一航班“总经理”，他们不仅对飞行安全负责，还对每个航班的服务和效益负责。

而这一角色定位的改变，在充分信任和肯定机长地位的同时，也赋予了公司 44 名机长更多、更重、更大的企业责任感和使命感，并且这一做法也带来了立竿见影的效果。

前不久，该公司一位年轻机长在驾驶 2922 号飞机 CZ3433 三亚到成都航班任务时，遇到了自动驾驶仪(配平)故障，在这种情况下，机组面临着以下两种选择。

其一，如果认为有把握的话，就可以继续执行任务，但需要人工操纵飞机，这需要机组人员克服长时间飞行的身体疲劳与夜间飞行困难。

其二，可以选择备降海口，但这样公司就会蒙受巨大经济损失——飞机起飞时大量的油料消耗，还有机上 143 名旅客的吃住费用。

机长经过慎重考虑，在确保飞行安全的前提下，凭着高超的飞行技术和对工作、对旅客、对公司高度负责的态度选择了人工操纵飞机，在副驾驶的密切配合下，经过 4 小时 40 分钟的飞行，终于安全降落在成都双流国际机场。

授权使机长在拥有果断决策权的同时，也肩负了重大的安全、服务、效益等各项责任，既锻炼培养了一支具有领导才能的机长骨干团队，也为公司赢得了前所未有的绩效。

随着当前企业管理模式的国际化、现代化、科学化发展，企业管理中如何把握好对“人”的控制成为众多企业管理者热议的话题。

尤其是在当今重视以人为本、坚持科学发展的中国，领导者如何实现有效授权，从而实现对“人”的合理制约和利用，成为每个管理者不得不深入思考、不断探索的核心问题之一。

有效授权给企业带来的好处是众所周知的，但并非所有的企业管理者都能做到有效授权。领导者要想实现有效授权须做到以下几点，如图 3-13 所示。

图 3-13　领导者的授权步骤

1．确定授权对象和授权方法

在准备授权时，我们首先要确定给什么样的人授权，应当采取什么样的方法授权，授权的范围又是什么。

通过分析，我们一般可以将企业的人分为以下几种：元帅型员工、大将型员工、士兵型员工、阑尾型员工，对他们进行委派工作任务和授权时，我们应当采取不同的授权方法。

企业领导者在授权时必须因时、因事、因人、因地、因条件不同，而确定授权的方法、权限大小、内容等。同时要求被授权的员工敢于付出、敢于承担责任，且应具有积极热情的态度和真才实学。

2．确定目标是有效授权的灵魂

亚里士多德说：“要想成功，首先要有一个明确的、现实的目标——一个奋斗的目标。”

有效授权方式，第一种："小张，你负责本年度 A 产品的推销工作，加油干吧，公司将给你丰厚的奖励。"第二种："小李，你负责本年度 A 产品在 C 地区的推广，公司希望达到 40%的市场占有率，如果成功，公司将给你 5 万元的奖励。"

结果怎么样？小张被授权后，茫然四顾，不知道自己的努力方向。小李呢？他接受的是明确的、富有挑战性的目标，此项任务立即引起了他的兴趣，小李主动调动自己的潜在能力，积极向目标奋进，授权的成效也浮出水面，业绩很好。

当一个人不知道他驶向哪个港口时，所有的风向都是无助的。

要想通过授权取得巅峰业绩，一定要使员工能够看远处的最终目标，只有清晰的目标导向才能把成功的欲望深深根植于员工的意识中，使员工更快、更好、更有动力地完成自己的工作，到达目的地。

目标不明确，不但起不到激励作用，还会使被授权者茫然、无所适从。授权时，我们一开始就应清晰地告诉员工，公司试图达到什么目标，让员工对授权目标有个明确的、具体的认识，这样员工才能根据这个了然于胸的目标，依据自己的能力，迈出第一步、第二步、第三步，直到成功。

3. 不得重复授权

授权必须明确到具体的个人，不能含糊其辞，不能重复授权。现实工作中却经常出现这样的现象，上午，张经理对小李说："请你今天做一个市场调查，统计一下我市几家大型超市饮料的定价范围！"下午，见到小王后张经理却又把同样的任务交给了小王。

结果造成小李、小王之间的猜疑，怀疑自己的能力不行，甚至认为张经理在无事生非，在制造同事之间的矛盾，小李、小王的工作积极性也因此下降，工作成绩黯然失色。

企业管理者在授权时出现重复授权可能是无意的，可能只是在口头上的随便讲讲，但是下级员工就会在领导语意不明确的情况下，都以为这是领导交给自己的任务而开始工作。

这样就会出现双头马车，造成公司资源的浪费，甚至造成公司员工的不团结，所以企业领导者授权时一定要清楚明白，千万不要出现重复授权的现象。

4. 授权要信任下属

"用人不疑，疑人不用"，作为企业领导者，如果你将某一项任务交给你的下属去办，那么你要充分信任你的下属能办好，因为信任具有无比的激励威力，是授权的精髓和支柱。

在信任中授权对任何员工来说，都是一件非常快乐而富有吸引力的事，它极大地满足了员工内心的成功欲望，因信任而自信无比，灵感迸发，工作积极性骤增。

不被信任会让员工感到不自信，不自信就会使他们感觉自己不会成功，进而感

到自己被轻视或抛弃，从而产生愤怒、厌烦等不良的抵触情绪，甚至把自己的本职工作也“晾在一旁”。

打个比方，你陪新手去开车，如果你担心他开不好车，担心他方向盘掌握得不好或者油门踩得不好，不给他充分授权，不让他上路开车，这样他怎么能开好车呢？经营之神松下幸之助说：“最成功的统御管理是让人乐于拼命而无怨无悔，实现这一切靠的就是信任。”

所以，当企业管理者给下级授权时应当充分信任下级员工能担当此任。

5. 授权时要将责任和权力一起交给下属

授权有个误区，就是在授权时只给下属相应的责任而没有给下属充分的权力，这种授责不授权的做法是大错特错的。

例如，供应部经理让采购员去采购一批纸张，但相关的价格范围决定权、供应商的选择权、质量标准界定权谁负责都没跟他说清楚，然后采购员做什么，事事都需要向供应部经理汇报，他不汇报，就批评他，出错了又让采购员承担责任。

这种授权方式不叫授权，而叫推卸责任。下属履行其职责，必须要有相应的权力。只有责任而没有权力，不利于激发下属的工作热情，即使处理职责范围内的问题也需要不断地请示管理者，这势必造成下属的压抑。

只有权力而没有责任，又可能使下属不恰当地滥用权力，最终会增加企业管理者的过程控制难度。

6. 进行反馈与控制

作为企业管理者，在授权的过程中，为保证下属能及时完成任务，管理者必须对被授权者的工作不断地进行检查，掌握工作进展程度，或要求被授权者及时反馈工作进展情况，对偏离目标的行为要及时进行引导和纠正。

同时管理者必须及时进行调控。

(1) 当被授权者由于主观不努力，没有很好地完成工作任务，必须给予纠正；对不能胜任工作的下属要及时更换。

(2) 对滥用职权，严重违法乱纪者，要及时收回权力，并予以严厉惩处；对由于客观原因造成工作无法按时进展的，必须进行适当协助。

诸葛亮分配关云长守荆州，最后关云长大意失荆州。这都是由于诸葛亮对荆州的信息了解不够，对关云长的工作开展情况了解不够，进而失去了必要的调控造成的。

授权不是不加监控的授权，在授权的同时应附以有效的控制措施，这样才能使授权发挥更好的作用。

综上所述，“授权”可以用踢足球来做个形象的比喻。教练必须根据每位球员的特点安排其合适的位置，明确每位球员在球场上的职责，在比赛过程中教练又要根据球员的场上表现及时地换人、换位，同时又要提醒场上队员应注意的事项，做到对全场比赛的有效控制。

企业管理者也同教练一样，要懂得根据每个员工的特点，通过有效授权，发挥每个人的作用，这样被授权者才能有优异的工作绩效。

所以，作为企业管理者，要建好团队，就必须更好地掌握选人、用人的艺术，合理分配权利和利益，这样公司才能在我们的管理下越做越好，取得更好的效益，做出更佳的成绩，迈向更高的层级。

3.2.6 领导者授权注意事项

【企业实例】 日本松下电器公司的集中统一领导下的分权管理，曾被美国人认为是“东洋魔术”。松下电器公司从1932年起实行“产品分类事业部体制”，以后又不断地完善这种体制。

在这种体制下，各事业部有极大的经营管理自主权，在规定的资金使用范围和获得利润额的条件下，对所管产品的开发和人、财、物与产、供、销有权自主经营，全面管理。

总公司不干涉事业部部长，这样就大大激发了事业部的积极性。当松下电器开始制造电热锅时，东芝公司的电热锅早已独占鳌头，雄踞市场。

此时，按常规办法，松下电器公司就会利用别的产品的利润来补偿电热锅的生产，以促进它的发展。

可是松下电器公司却与众不同地把它从原来的电热器事业部中分离出来，成立了一个独立的事业部，使得电热锅事业部不得不绞尽脑汁，苦心经营，以图生存和发展，这样分离出来的结果终于使得松下电器公司的电热锅占有了50%的市场份额。

随着当前企业管理模式的国际化、现代化、科学化发展，企业管理中如何把握好对“人”的控制成为众多企业管理者热议的话题。

尤其是在当今重视以人为本、坚持科学发展的中国，领导者如何实现有效授权，从而实现对“人”的合理制约和利用，成为每个管理者不得不深入思考、不断探索的核心问题之一。

领导者在授权时要做到以下3点，如图3-14所示。

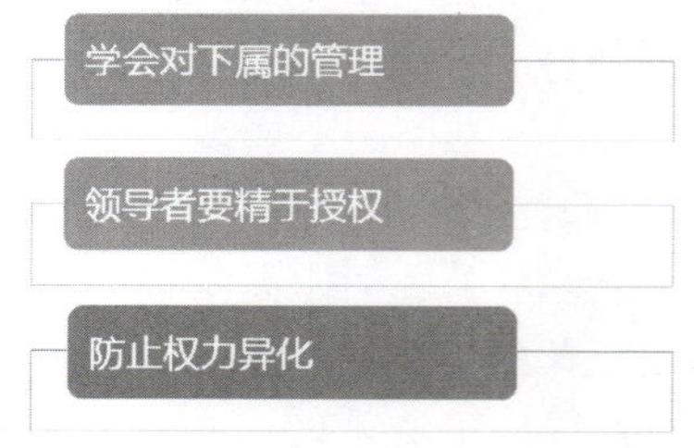

图3-14 领导者授权要注意三点

1. 学会对下属的管理

在一个单位或部门里，总有一些喜欢做“墙头草”、顺风倒的下属。虽然当今社会中许多人都在忙于追求名利，但这种人并不是那种“向上爬”的类型。

他们只想平平安安工作，不愿耗费精力，也不愿承担责任，这种思想比较传统和保守，不会给部门的发展带来麻烦，对于这种下属，作为领导者大可以放心，这种下属对领导来说，是安全的、合格的。

对这类下属，只要按照正常的上下级关系与其相处就足够了，但一些重大的工作最好不要安排给这样的下属。

还有一些下属，工作效率高，才能出众，但同时这些人自身又存在一些小毛病、小缺点，如忽视工作纪律，常做一些违反工作纪律的错误事情。之所以犯一些小错误，是因为他对本单位的贡献很大，想摆一些资格给大家看。

遇到这种下属，容忍显然不是一个周全的办法，也不是长久之计。凡事只有做得公平合理，才能得到大家的信服。对于这种下属，处理事情的办法是耐心地开导、说服，讲明利害关系，说清道理，让他知道，这样做于己于人都不是一件好事，然后用协商的语气，确定一下解决问题的办法，并征求意见。

但如果在谈话之后，他的缺点并没有改正，毛病照犯，领导者就需要以一定的形式向其施加一些压力了。如果冥顽不灵，领导者大可不必顾虑重重，应当按照规定予以处罚，以保证本部门、本单位的健康发展。

但是当领导者对其施加压力或进行处罚时，必须让他知道，这种压力是对事而不是对人的。

如果领导者与下属间发生了矛盾，不管错误在谁，为了缓解紧张的管理，领导者不妨首先道歉。总之不管对待什么样的下属，领导者都要掌握一定的方法和原则，不能感情用事，凭感觉去做事。做个有心人，你会发现控制你的下属并不难。

2. 领导者要精于授权

领导者是部门的行政长官，处于部门中心地位，在权力的运用上，应做到大权独揽、小权分散。

任何领导者对那些全局性的、重要的、关键的、意外的问题必须亲自处理，而对那些局部的、一般的、次要的、正常的工作则尽可能让下属去处理。

如果领导者工作不讲科学，一味地蛮干，虽然忙忙碌碌，但到头来很可能“捡了芝麻，丢了西瓜”。古今中外领导者在集权和分权问题的处理上，留下了许多经验和教训。

所以领导者要腾出精力、时间抓大事、想全局，就必须使用分权术，要想调动下属的积极性，就必须坚决授权。

授权，用一句通俗易懂的话来说，就是领导者将应属于下属的权力授给下属。对领导者来说，授权是应该掌握的一项基本的领导技能。

3. 防止权力异化

领导者在运用其权力过程中，一方面要自我约束，不要把权力商品化，造成自己越权现象；另一方面，又要对被授权的下属进行适当控制，防止其放任自流，尾大不掉，发生越权现象。

1) 学会自我约束

任何一个领导者都有一定的权力。但是无论什么权力，毕竟上下有限、左右有度，不可越权。领导者能行使多大的权力，应该有一种权力约束机制，以免丧失行使权力的有效途径。

2) 防止下属越权

领导者在授权的同时，必须进行有效指导和控制，防止下属越权。当然对下属的越权现象，要根据不同的情况区别对待。

(1) 先表扬后批评。有的下级越权，是做了应由上级领导者决定的事，这和他较强的事业心、责任心有关。这种越权精神倒显得可贵，对这种出于正当的动机而越权的下属，应该既表扬又批评，先表扬后批评，这样下属才能被领导者的公正、体贴、实事求是所感动。

(2) 下不为例。有时下属越权决定而处理的事情，可能是正确的，甚至干得很好，即使这样可以维持现状，领导者也一定要指出下不为例。

(3) 因势利导，纠正错误。有时下属越权，对事情的处理是错误的，这时领导者要根据实际情况进行及时补救、纠正，“亡羊补牢”，力争把损失减到最小，并教育下属吸取教训，警戒其越权行为。

3.2.7 尽量避免授权的失误

【企业实例】 某公司某车间岗位设置如下：车间主任一名；工人若干名。车间主任，大学本科学历，29 岁，正规院校相关专业的毕业生，工作态度端正，尽职尽责，管理有思路，外围员工也认为这个车间的工作尚可。

但是，本车间人员却始终不能认可这位主任，甚至与他格格不入，对他一肚子意见，车间整体工作受到阻碍。通过调查了解，虽然这位主任吃苦耐劳，工作尽心尽力，但是员工最不满意的地方，即他的管理方法上存在的一些问题——授权问题。

这位主任在日常工作中大事小事都事必躬亲，有什么工作不知道安排布置，而是自己干，唯恐出现差错，过分强调了基层管理人员“身体力行”作用，弄得工人手足无措。不知道授权，导致形成了“领导干，工人看”的局面，造成了员工一致的抵触情绪。

从以上案例中，可以看出一个简单的问题，作为管理人员，要给自己一个合理的定位，根据自己的管理需要，恰当地授权可以促进工作进步，如果不懂得授权，反而会影响工作。

管理是一门学问，而授权是管理中的艺术，是通过别人来实现自己目标的艺术。作为一名管理者，尤其是高层管理者，若想真正通过下属实现你的预期目标，唯一要做的就是学会授权。

领导者授权容易犯“牧羊式”授权、“截留式”授权、“空头支票式”授权、“完美式”授权、“遥控式”的授权以及“无反馈式”授权等几种毛病，如图 3-15 所示。

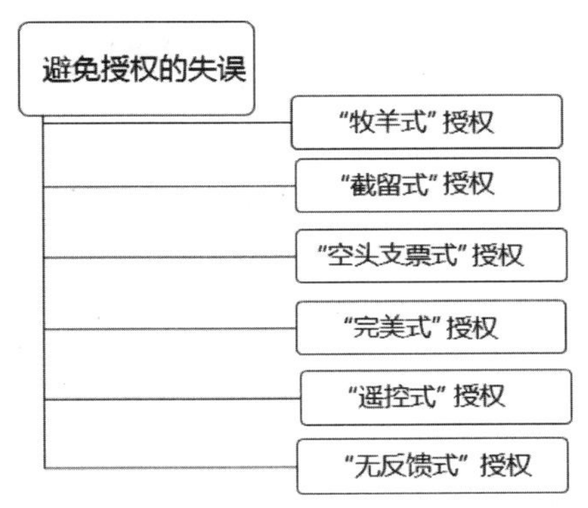

图 3-15 避免授权的失误

1. “牧羊式”授权

“牧羊式”授权是指在授给下属权力后，像牧羊人放羊一样，一切听其自然。这种看似给下属完全自由的做法，实则滑入了放任不管的泥坑。

2. “截留式”授权

“截留式”授权是指领导者在授权时总是不适当地担心下属会滥用职权，或者认为完成那项任务不需要那么多权力，因此在授权时，往往不授给完成任务所需要的全部权力。

3. “空头支票式”授权

“空头支票式”授权是指领导者名义上将权力授与下属，但实际上却千方百计地阻挠下属运用已被授予的权力。这类授权不过是有名无实的空头支票。

4. “完美式”授权

“完美式”授权是指领导者在奢求十全十美心态的支配下，总是为防止下属失误而找借口过多地限制下属的行为，要求下属不能有任何的工作失误。

5. “遥控式”授权

“遥控式”授权是指领导者混淆了对下属开展工作实施建设性的、积极的监控与放手让下属展开工作之间的界限。

6. “无反馈式”授权

“无反馈式”授权是指领导者无意于亲自建立和实行有效的对下属开展工作的反馈控制。这种“无反馈式”的授权使领导者既不能及时获得各方面的最新信息以便修订本部门的发展战略、策略，也不能使领导者根据各种变化，积极地、有效地指导下属的工作。

3.2.8 放权但定期检查不可少

【企业实例】 1989 年 4 月，宏碁公司总裁施振荣任命刘英武为宏碁执行总裁。刘英武，美国普林斯顿大学计算机专业博士，曾任 IBM 公司软件开发实验室电脑部主管达 20 年之久，他是美国电脑界较有声望、职务较高的华人。

施振荣很器重他，高兴地称他为宏碁全球拓展的“秘密武器”，并且不假思索地把经营决策权毫无保留地交给了他。

刘英武走马上任之后，就风风火火地把 IBM 的企业文化精髓——“中央集权”文化与领导风格灌输给宏碁。

他总是召开马拉松式的会议，而且基本不倾听下属的建议，下级必须无条件地服从决定。一位经理回忆道：“强迫大家同意总裁的观点与以前宏碁的风格大相径庭，施振荣从不会强迫你做任何事，除非你同意或愿意去做，所以，很多人不久后便离开了公司。”

之后，刘英武又独断地进行了一系列失败的收购，空降了 9 个高级管理人员。企业损失巨大，员工人心浮动。施振荣的妻子叶紫华因为埋怨施振荣看不到事实与真相而与他不停地争吵。

施振荣逐渐意识到对刘英武的任命是一个错误。他说道：“我认为 IBM 是世界上管理相当好的电脑公司，刘英武理所当然比我更有能力和经验。但刘英武不是企业家，我对他授权太多、太早了。”

在无奈的情况下，1992 年施振荣重掌帅旗，停止了对 IBM 公司的效仿，决定按照自己的方式重塑宏碁。

授权，通俗地说，就是在工作中“放风筝”。授权的成功与否，大而化之，决定企业的兴衰成败；小而言之，影响工作的顺利开展。因此，授权必不可少，授权势在必行。那么，如何才能成真正做到有效授权呢？

风筝必须要舍得放才能飞得高，只有舍得放出去，风筝才飞得高、飞得远。授权亦然，好比诸葛亮，总是事必躬亲，总是把权力攥在手里不肯下放，下属又如何为其分担工作、承担责任呢？所以，权力虽然好，必须下放，才能真正地起到尽可能大的作用。

在有限的范围内，风筝自然是放得越高越妙趣横生，权力是下放得越大越能起到大的作用，只要不是超越了自己能控制的范围，就大胆地放。

这样，既可以让下属有足够的权力可用，便于展开工作，又可以最大限度地减轻自己的工作量，让自己抽时间做更有价值的事情。

1. 放权固然有利，但是授权并不等于放权

放权意味着激励下属承担更多责任，拥有更多自行决策的权力。首先，授权必

须要有适宜的对象，即成熟而热情的下属。他有足够的能力和意愿去担当责任，所以授权也是授能，是培养激励员工的过程。

懂得用有效的态度和方式去激励别人，在经理生涯中起着双重作用，你激励别人，别人也在激励你，是互动的成长。

我们可以从托马斯·爱迪生和他母亲那里认识到这一点：当孩子感觉到他完全沉浸在可靠的信任中时，他会干得很出色。

员工也是这样，处于信任的氛围中，他不会费尽心机地去保护自己免遭失败的伤害；相反，他将全力地探索成功的可能性。

在这一阶段，经理人扮演着领导者的角色，需要给员工具体的目标并加以引导和指引，协助他一起完成任务，很显然，这时的效率低下，因为员工不能独自工作。

2. 授权的关键——反馈有效

授权只是下放用于完成某项工作的权力，而不是无限或永久的权力。如果仅有授权而不实施反馈控制，在工作中就会出现诸如下属超越权限等问题。

反馈的对象可以是任务的最终结果，也可以是任务的关键点。在监督时应将两者结合起来，尽早发现问题，进行改正，防止错误进一步扩大。授权不代表不闻不问。

走动管理能够及时发现问题所在，及时发现下属在执行过程中的偏差，并做出适当的引导。有好的结果，就要及时地表扬；有坏的结果，要及时地引导。

及时恰当的表扬对于下属的积极性将起到至关重要的作用。领导人不要吝惜自己的表扬，这种表扬并不一定是物质的，一个信任的眼神，一个拥抱，一封感谢信，一次公开的表扬等，可以说这些方式是低成本的甚至是零成本的。

当领导人发现错误的时候，进行批评是无可厚非的，适当的批评对于下属错误的改正能起到警示作用。

这里强调两点。

(1) 领导人不要当众批评下属，下属做错事情批评是应该的，但应适当地考虑到其在其下属及同事前的面子。

(2) 实现走动管理是必要的，但不代表无休止地检查。无休止地检查会让下属意识到自己不被充分的信任。在领导者看来，只要授权，就应该充分的信任，哪怕在这过程中听到很多流言蜚语。

授权是必不可少的，但是在放权后要监督控制，有效地放权、合理地监督是企业授权成功的保障。

第4章

建立各项制度——排兵布阵

学前提示

建立各项制度——排兵布阵

行政管理制度

财务管理制度

采购管理制度

生产管理制度

质量管理制度

仓储管理制度

销售管理制度

客服管理制度

4.1 行政管理制度

管理者应该明白，行政管理制度事关公司最基本的因素——日常工作。只有把员工视为企业最宝贵的、可以增值的资源，用合理的制度约束员工，才有可能调动员工的工作积极性，从而实现企业的目标。

4.1.1 行政部组织结构、责任与权力

如表 4-1 所示为行政部组织结构、责任与权力表。

表 4-1 行政部组织结构、责任与权力

所属部门	行政部	部门负责人	行政部经理	直接上级	行政总监
部门人员	经理级 1 人		主管级 7 人	其他人员依照企业情况编制	

如图 4-1 所示为行政部门组织结构图。

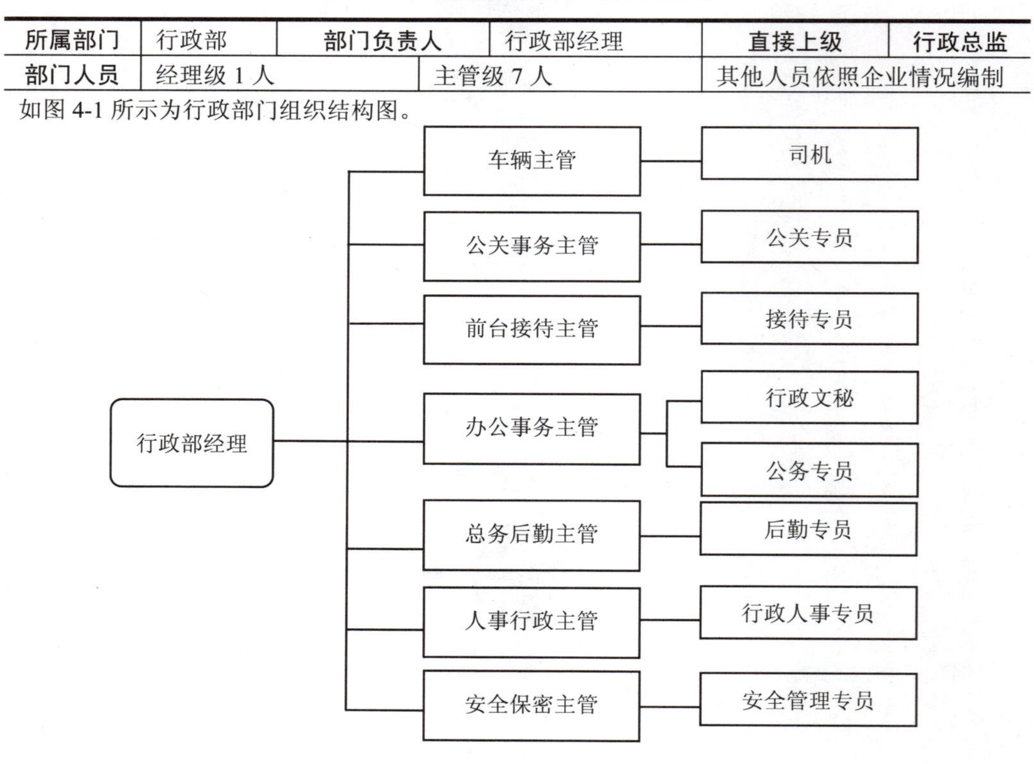

图 4-1 行政部组织结构

责任	1. 根据上级主管意图和公司实际情况，负责起草公司重要文稿。 2. 负责公司资料、信息整理以及宣传报道等日常行政事务管理工作。 3. 负责公司日常安全卫生以及消防管理工作。 4. 负责前台接待、对外宣传以及公关联系等工作。 5. 负责后勤以及车辆管理等工作。 6. 负责公司公章及相关印章的管理和使用

续表

权力	1. 对制订公司经营计划的建议权。 2. 对行政检查中发现的问题，有实施处理的权力。 3. 对公司员工违反行政制度的处罚建议权。 4. 对公司行政管理资源(包括后勤管理和办公设备管理等)合理调动的权力。 5. 对企业内部员工聘用、解聘的建议权				
相关说明					
编制人员		审核人员		批准人员	
编制日期		审核日期		批准日期	

4.1.2 行政管理制度之行政专员

如表 4-2 所示为行政部专员岗位说明。

表 4-2 行政部专员岗位说明

职位名称	行政部专员	所属部门	行政部
直接上级	行政部主管	直接下级	
职位概要	全面负责公司的行政、外联、协调和组织工作		
任职资格	1. 学历专业 大专及以上学历，人力资源管理、行政管理以及企业管理等相关专业，受过管理学、公共关系、文书写作、档案管理以及财务会计基本知识等方面的培训。 2. 工作经验 两年以上相关职位工作经验		
职责	____%文件、印信的规范及管理。 ____%员工福利、劳保、健保、庆典、聚会及年度旅游等。 ____%办公设备、办公用品的购买、维修、账务建立及管安排事项。 ____%会议组织、安排以及访客接待等事项管理。 ____%车辆的购买、租赁、维护、维修、保养、办证、保险等事宜。 ____%公司布置、安全、卫生等的维护、保持、管理。 ____%员工服饰、工牌、名片等的购买、发放、更换及管理。 ____%公司水、电、暖气、房租的购买、交付管理。 ____%协助高级管理人员进行财产、内务、安全管理，为其他部门提供及时有效的行政服务。 ____%考核、指导行政部工作人员的工作并给予业务指导。 ____%协助承办公司相关法律事务。 ____%参与公司经营事务的管理和执行工作。 ____%其他交办事宜之办理		
技能技巧	具有较强的时间管理及控制能力。 优秀的外联和公关能力，具备解决突发事件的能力。 良好的中英文写作、口语、阅读能力。 熟练使用办公软件		

续表

能力素质	工作细致认真，谨慎细心，责任心强； 具有很强的人际沟通、协调能力； 工作敬业，思想积极，善于组织； 具有高度的工作热情，很强的团队意识
考核指标	日常行政办公事务的检查执行情况； 行政费用的控制情况； 行政性固定资产的完好、使用情况，以及行政财产物资的管理使用情况； 车辆的完好、使用情况，交通安全事故发生率以及交通费用额度； 公司基本建设项目的落实情况，领导与员工的满意程度
工作条件	工作场所：办公室； 环境状况：舒适； 危险性：基本无危险，无职业病危险

4.1.3　行政管理制度之行政部主管

如表 4-3 所示为行政部主管岗位说明。

表 4-3　行政部主管岗位说明

职位名称	行政部主管	所属部门	行政部
直接上级	行政部经理	直接下级	行政部专员
职位概要	营造良好的行政办公环境，为公司各项工作正常开展提供后勤保障，协助经理安排、落实行政服务支持工作		
任职资格	1．学历专业 本科及以上学历，秘书、中文、公关以及行政管理等相关专业，受过管理学、管理技能开发、档案管理、会务组织以及财务会计基本知识等方面的培训。 2．工作经验 4 年以上行政管理工作经验		
职责	____%组织办好会议接待、娱乐等各项活动。 ____%协助制定、监督、执行公司行政规章制度。 ____%组织公司办公费用的计划、办公用品的购买、管理和发放工作。 ____%管理公司非技术资料、计算机磁盘以及光盘等资料。 ____%做好办公室人员考勤以及处理各种假期。 ____%管理公司的公共卫生、食堂就餐工作。 ____%发放日常福利、节日福利。 ____%购买、管理和维修公司固定资产。 ____%负责公司印信管理。 ____%负责公司工商证书(件)和行(专)业协会的审验或费用缴纳。 ____%负责公司后勤服务保障管理工作。 ____%控制行政费用预算，降低费用成本。 ____%按照上级领导的安排，负责公司物业管理工作。 ____%完成直属上司交办的临时性工作		

续表

技能技巧	较强的管理能力； 良好的中英文写作、口语、阅读能力； 熟练使用办公软件； 良好的文字写作及办公自动化操作水平
能力素质	工作细致认真，谨慎细心、责任心强； 具有很强的人际沟通协调能力，团队意识强； 做事客观、严谨负责、踏实、敬业； 具有高度的工作热情
考核指标	规章制度的完善程度与执行程度； 日常行政支持服务效率； 行政性固定资产的完好、使用情况，以及行政财产物资的管理使用情况； 行政费用的控制情况； 其他部门对行政部工作的满意度
工作条件	工作场所：办公室； 环境状况：舒适； 危险性：基本无危险，无职业病危险

4.1.4　行政管理制度之行政部经理

如表 4-4 所示为行政部经理岗位说明。

表 4-4　行政部经理岗位说明

职位名称	行政部经理	**所属部门**	行政部
直接上级	行政总监	**直接下级**	行政部主管
职位概要	规划、指导以及协调公司行政服务支持等各项工作，组织管理下属人员完成本职工作		
任职资格	1．学历专业 本科及以上学历，秘书、中文、公关以及行政管理等相关专业，受过管理学、战略管理、管理技能开发、公共关系以及财务知识等方面的培训。 2．工作经验 5 年以上行政管理工作经验		
职责	____%组织制定行政部工作发展规划、计划与预算方案； ____%组织制定行政管理规章制度及督促、检查制度的贯彻执行； ____%组织、协调公司年会、员工活动、市场类活动及各类会议，负责外联工作及办理公司所需各项证照； ____%起草及归档公司相关文件； ____%搜集、整理公司内部信息，及时组织编写公司大事记； ____%管理公司重要资质证件		

续表

职责	____%组织好来客接待和相关的外联工作； ____%组织部门技能培训，对本部门员工进行选拔、考评； ____%主持部门内部的建设工作，建设及维护内部网络； ____%协调公司内部行政人事等工作； ____%负责公司法律事务的管理； ____%对控制成本的方法提出建议； ____%统筹管理公司后勤服务与保障工作； ____%控制部门预算，降低费用成本
技能技巧	熟练的中英文写作、口语、阅读能力； 优秀的外联与公关能力，具备解决突发事件的能力； 较强的分析、解决问题能力，思路清晰，考虑问题细致； 熟练使用办公软件、办公自动化设备
能力素质	高度的团队精神，良好的社会公共关系； 具有很强的人际沟通、协调、组织能力； 做事客观、严谨负责、踏实、敬业； 具有高度的工作热情和责任感
考核指标	日常行政支持服务效率； 企业信息化系统建设，以及各类公文的规范程度； 负责本部门关键岗位人员的流失率和人才梯队的建设； 部门各项制度的完善以及执行情况； 其他部门对行政部门工作的满意程度
工作条件	工作场所：办公室； 环境状况：舒适； 危险性：基本无危险，无职业病危险

4.2 财务管理制度

财务管理制度的目的是科学、高效地管理公司财务。它是根据《中华人民共和国会计法》《企业会计准则》《企业财务通则》《企业会计制度》等特别制定的制度。其适应范围是全体公司成员、各部门、各股东及财务部门。

4.2.1 财务部组织结构、责任与权力

如表 4-5 所示为财务部组织结构、责任与权力。

表 4-5 财务部组织结构、责任与权力

所属部门	财务部	部门负责人	财务部经理	直接上级	财务总监
部门人员	经理级 1 人，主管级 7 人，其他人员依照企业情况编制				

如图 4-2 所示为财务部门组织结构。

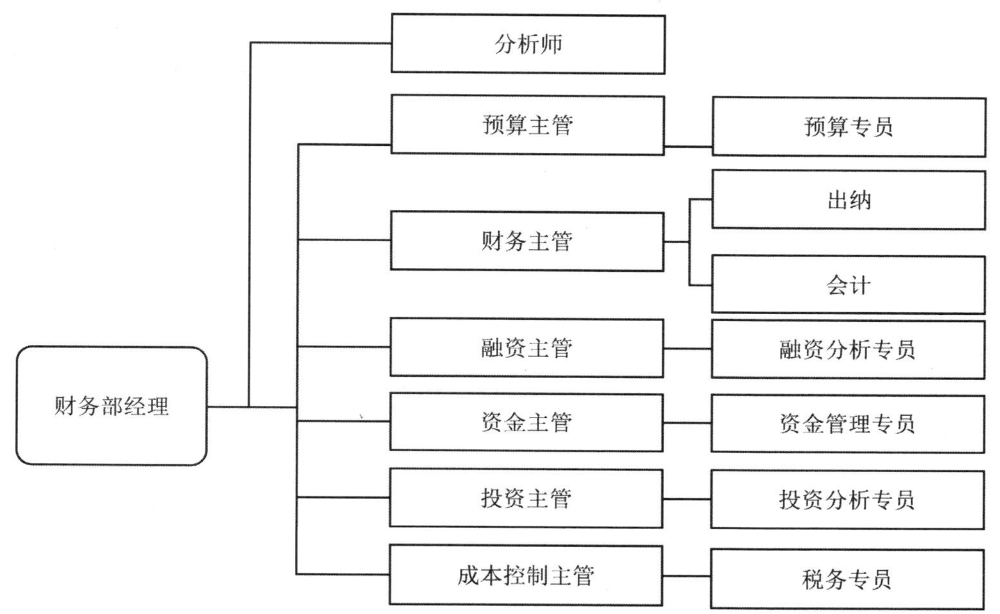

图 4-2 财务部门组织结构

责任	1．健全公司财务管理体系，确保资金正常流转。 2．办理公司对外融资以及投资等事宜。 3．公司资金以及账务等的日常管理工作，保证会计核算真实，会计资料完整。 4．开展公司财务预算控制与管理工作。 5．公司总体税收的筹划与管理，合理控制公司的资金成本。 6．指导下属员工制定财务部现阶段工作计划，并督促执行				
权力	1．对公司对外支付款项的审核权。 2．对公司财物账目的审核权。 3．对公司对外投资项目的评价权。 4．对公司所有购销合同有审核权。 5．对部门内部员工聘用、解聘的建议权。				
相关说明					
编制人员		审核人员		批准人员	
编制日期		审核日期		批准日期	

4.2.2 财务管理制度之造价部主管

如表 4-6 所示为造价部主管岗位说明。

表 4-6 造价部主管岗位说明

职位名称	造价部主管	所属部门	造价部
直接上级	造价部经理	直接下级	造价部专员
职位概要	承担工程造价，成本费用预算、核算工作，实现工程成本相关费用目标计划，协助造价部经理完成项目造价的日常事务工作		
任职资格	1．学历专业 大专以上学历，工程预算、金融管理、财务等相关专业。 2．工作经验 4 年以上大中型公司工作经验，其中两年以上担任造价主管职务的工作经验		
职责	____%执行公司制定的工程造价管理制度和办法，正确执行和运用定额标准，并能够及时反映有关情况。 ____%承担工程成本定期分析工作，并提出相应的改进措施和意见。 ____%确立工程造价原则，上报批准后实施。 ____%参与工程招标评标、合同谈判、承担预算和审查、验工计价、结算与决算工作。 ____%依据公司会审后的施工图纸，组织对人工费、原料价格以及设备价格等相关事项进行市场调查工作。 ____%组织本部门员工编制工程项目预算，再上交工程部经理审批确认。 ____%协助造价部经理对工程质量进行验收。 ____%协助造价部经理对本部门的员工进行日常事务的管理工作。 ____%完成上级领导交办的其他与项目工程造价的相关工作		
技能技巧	熟悉国家定额、工程造价市场情况以及材料设备的市场价格。 熟悉现行工程造价规范及操作规程。 具备熟练运用主要的工程项目造价软件的能力。 具备较好的口头及书面表达能力。 对国家金融政策较有一定了解，善于关注金融发展趋势。 具有较强的人际关系与协作能力		
能力素质	具备较强的洞察力，思维清晰，善于独立思考并做出综合分析。 勤奋踏实，吃苦耐劳。 分析能力、逻辑思维能力强。 有较强的组织协调、沟通能力		
考核指标	规章制度的完善程度与执行程度。 项目工程成本的控制程度。 领导的满意度。 本部门各项工作的及时完成程度。 分管部门年度计划的完成情况，员工考核结果		
工作条件	工作场所：办公室、工作场所及施工现场。 环境状况：基本舒适。 危险性：基本无危险，无职业病危险		

4.2.3 财务管理制度之造价部经理

如表 4-7 所示为造价部岗位说明。

表 4-7 造价部经理岗位说明

职位名称	造价部经理	**所属部门**	造价部
直接上级	工程总监	**直接下级**	造价部主管
职位概要	拟定工程造价部相关业务的规章制度；协助征地、拆迁、规划设计、建安、市政、监理等工程合同的审定；招投标管理；工程项目预、结算的审定工作		
任职资格	1. 学历专业 大学专科以上学历，企业管理、项目管理、工程管理、金融管理、成本控制以及其他相关专业。 2. 工作经验 4 年以上本行业相关工作经验，有造价工作经历者优先考虑		
职责	____%为公司项目投资估算提供可以参考的经济指标。 ____%熟悉由规划设计部提供的施工图纸、方案和工程部提供的施工方案。 ____%根据有关标准规定测算有代表性的单位工程的建安成本和项目的建安成本。 ____%负责指导、监督、审定工程造价部的各项业务工作。 ____%依据工程现场进度，对每月上报的工程量统计表进行审核。 ____%负责编制合理准确的标底，根据不同的计价方法，计算标底。 ____%确认此项目的使用工程劳务定额、材料使用定额、设备台班定额，对其中数量与价格进行控制以及检查。 ____%负责征地、拆迁、规划及非招标工程(包括建安工程、市政工程、材料设备采购)的价格审定。 ____%参与开标、评标工作。 ____%参与项目可行性研究、投资人会议，为其他相关部门提供数据		
技能技巧	较强的计算能力。 英语水平好。 具有很强的计划能力、沟通能力。 好的口头及书面表达能力，学习能力强		
能力素质	工作细致、严谨。 优秀的职业道德、极强的敬业精神、身体健康、有团队精神。 能承受一定的工作压力。 具有高度的工作热情和责任感		
考核指标	规章制度的完善程度与执行程度。 工程项目预算以及工程投资额基本持平。 工程进度节点以及结算节点的相符程度。 工程项目的成本控制有效度。 最终决算与预算的成本差异程度		
工作条件	工作场所：办公室及相关工作场所。 环境状况：舒适，根据工作进行加班。 危险性：无危险，无职业病危险		

4.3 采购管理制度

采购管理制度是为了加强采购业务工作管理，确保采购的产品符合规定的要求而特别制定的制度。它适用于公司所有物品，如物料、设备、固定资产、劳保用品、办公用品或劳务，如技术、服务等的采购。

4.3.1 采购部组织结构、责任与权力

如表 4-8 所示为采购部组织结构、责任与权力。

表 4-8 采购部组织结构、责任与权力

所属部门	采购部	**部门负责人**	采购部经理	**直接上级**	总经理
部门人员	经理级 1 人，主管级 6 人，其他人员依照企业情况编制				

如图 4-3 所示为采购部门组织结构。

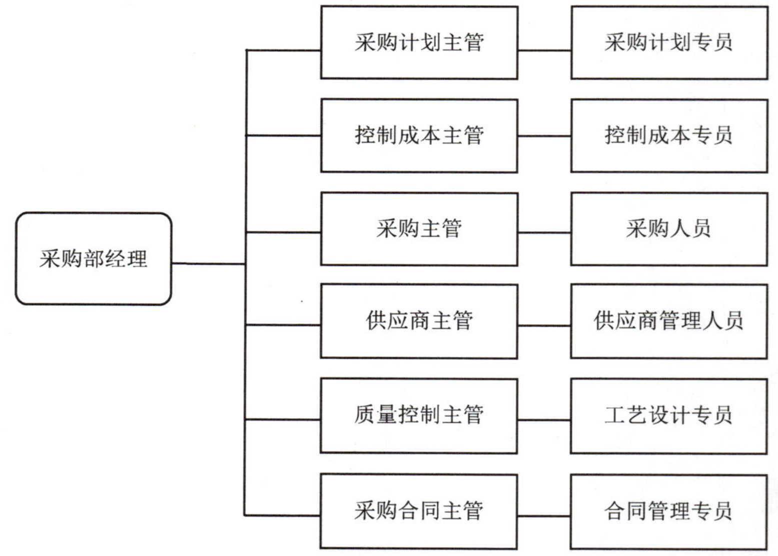

图 4-3 采购部门组织结构

责任	1．负责公司采购计划的编制与执行工作。 2．负责公司采购供应商的管理工作、建档工作。 3．负责公司采购物资的质量与成本控制工作。 4．负责采购合同的登记与存档管理工作。 5．负责对采购执行过程进行控制管理，确保采购进度能够满足生产的需要。 6．负责大宗物资招标采购工作

续表

权力	1. 有对采购计划的执行权。 2. 有对采购质量的控制及审核权。 3. 有开展采购工作的自主权。 4. 有对部门内部员工的考核评价权。 5. 有对部门内部员工聘用、解聘的建议权				
相关说明					
编制人员		审核人员		批准人员	
编制日期		审核日期		批准日期	

4.3.2 采购管理制度之采购部专员

如表 4-9 所示采购部专员岗位说明。

表 4-9 采购部专员岗位说明

职位名称	采购部专员	所属部门	采购部
直接上级	采购部主管	直接下级	
职位概要	配合相关人员制定、落实材料采购、使用、保管计划，对项目运行各个环节的用料实施监控管理		
任职资格	1. 学历专业 大专及以上学历，物流、储运专业，受过仓储管理、财务会计知识以及产品知识等方面的培训。 2. 工作经验 两年以上仓储或材料管理工作经验		
职责	____%配合技术工程师、商务专员制订项目材料采购计划。 ____%监督技术工程师及时制订项目现场的用料计划并按计划控制现场用料。 ____%严格按照有关物资管理制度进行现场出入库管理。 ____%管理项目现场剩料、废料、退料，保证物资安全。 ____%配合项目经理及公司管理会计的成本控制工作。 ____%配合商务专员搜集、整理项目现场各类物资材料的报验文件。 ____%管理记录项目实施过程中的各项物资及汇总、存档相关资料。 ____%对采购项目的材料办理出入库、验收、盘点、搬运以及维护等相关手续。 ____%向造价部等相关部门提供材料的厂商、规格型号以及价格等相关资料。 ____%对固定资产、低值易损耗以及物料用品的明细账的组织建立。 ____%通过沟通、激励以及奖励惩罚等一些手段，提高公司员工素质，挖掘员工潜能，从而达到开发人才的目的。 ____%完成上级临时下达的任务		
技能技巧	熟悉仓储物流流程。 熟练操作办公机具。 良好的口头及书面表达能力。 具有较强的计划与执行能力		

续表

能力素质	良好的团队合作精神。 积极进取，责任心强。 具有高度的工作热情和责任感。 责任心强，吃苦耐劳，能承受一定的工作压力。 工作细心认真
考核指标	采购计划制订及时性、可行度高，采购供应到位，公司领导的满意程度。 采购物资的合格率，物资采购总成本要在预算内。 信息准确、及时，公司相关部门的满意程度。 领导的满意度
工作条件	工作场所：办公室及生产场所。 环境状况：基本舒适。 危险性：基本无危险，无职业病危险(如果属于易燃易爆有毒物品的仓库，则具有有一定的危险性)

4.3.3 采购管理制度之采购部主管

如表 4-10 所示为采购部主管岗位说明。

表 4-10　采购部主管岗位说明

职位名称	采购部主管	**所属部门**	采购部
直接上级	采购部经理	**直接下级**	采购部专员
职位概要	负责组织、建立与完善营销网络与采购渠道，领导公司实现销售目标、采购目标，建立公司品牌形象，制定并推进实施全面的销售战略、销售方案，有效地管理客户		
任职资格	1. 学历专业 大学本科及以上学历，物资管理、物流管理、市场营销、企业管理、金融管理等相关专业。 2. 工作经验 3 年以上采购供应管理相关工作经验		
职责	____%组织制订公司采购计划。 ____%依据采购计划组织制订采购预算与采购资金的计划。 ____%依据公司采购制度，对大型采购实行招标采购。 ____%采购中重大事项须请工程总监或总经理提出意见。 ____%依据公司材料采购项目进行审批，逐步向上级进行审批，保证材料的及时供应。 ____%组织采购专员进行业务洽谈，对重大采购项目直接能与业务洽谈。 ____%对所采购物资，需要配合公司相应部门完成验收、清点、交接手续，保证质量。 ____%保证采购物资的安全性。 ____%对采购物资的市场调查工作进行组织，建立材料的信息库。		

续表

职责	____%对采购台账进行组织建立，根据台账适当调整采购计划。 ____%对采购合同的管理及本部门员工进行相应的专业技能培训与指导。 ____%及时与生产部和市场部沟通，保证生产用原材料的库存供给和市场部发送产品所需的库存供给。 ____%完成上级领导交代的其他任务
技能技巧	熟悉现代管理模式，熟练运用各种激励措施。 有丰富的采购经验，能够识别、确定潜在的商业合作伙伴，熟悉行业市场发展现状。 熟悉 Office 以及 Project 等办公软件。 具有较好的口头及书面表达能力
能力素质	具有良好的敬业精神和团队合作精神。 具有较强的管理能力、判断和决策能力、计划与执行能力。 责任心强，吃苦耐劳，能承受一定的工作压力。 具有高度的工作热情和责任感
考核指标	采购计划制订及时性、可行度高，采购供应到位，公司领导的满意程度。 采购招标的公平、公正性，控制招标采购总体价位，中标厂商合同的履行率。 采购物资的合格率，物资采购总成本要在预算内。 信息准确、及时，公司相关部门的满意程度。 领导的满意度及领导对员工工作的满意程度
工作条件	工作场所：办公室及其他工作场所。 环境状况：舒适。 危险性：基本无危险，无职业病危险

4.3.4 采购管理制度之采购部经理

如表 4-11 所示为采购部经理岗位说明。

表 4-11 采购部经理岗位说明

职位名称	采购部经理	所属部门	采购部
直接上级	工程总监	直接下级	采购部主管
职位概要	根据企业的投资拓展意向，具体负责工程项目材料的采购与计划，并对公司工程材料、设备采购制度进行编制		
任职资格	1．学历专业 大学本科及以上学历，物流管理、市场营销、质量管理、企业管理、金融及相关专业。 2．工作经验 4 年以上相关工作经验，两年大型建筑施工公司相关职位工作经验，受过生产作业管理、管理学以及管理技能开发等方面的培训		
职责	____%认真执行公司及本部门的各项管理制度，完成本岗位工作任务。 ____%全面负责本部门的日常工作。 ____%制订本部门阶段工作计划，提前安排好下一步工作任务。		

续表

职责	____%做好与其他部门之间的协作关系。 ____%负责向上级领导汇报本部门的工作情况，遇到问题及时向领导请示。 ____%检查指导本部门员工工作，及时纠正缺点、错误。 ____%依据公司物资、设备采购审批程序，逐步向上级进行审批，保证材料、设备的及时供应。 ____%对主要供应商的资信调查进行组织，实施等级评估，并根据市场情况进行调整。 ____%组织编制材料、设备采购的招标文件工作。 ____%组织采购业务洽谈，对重大采购项目直接参与洽谈。 ____%坚持原则，维护公司利益。 ____%完成上级领导交待的其他任务
技能技巧	组织、表达、沟通、洽商与协调能力强。 知识面广、能在较大的压力下工作。 较强的市场运作能力。 良好的口头及书面表达能力
能力素质	工作细致、严谨。 具有较强的管理能力、判断和决策能力、计划与执行能力。 有较强应变能力，有责任心。 具有高度的工作热情和责任感
考核指标	规章制度的完善程度与执行程度。 采购计划的有效实施率。 采购材料物资的及时、质量及成本控制程序。 招标采购总价须比预算低。 材料物资信息的全面程度、完善程度及合同的执行率
工作条件	工作场所：办公室。 环境状况：舒适。 危险性：基本无危险，无职业病危险

4.4 生产管理制度

生产管理制度是为了使公司的产能安排有据可依，满足客户对产品品质及交货期的要求，以保证本公司有履行合约的能力，同时降低库存、成本，提高生产效率而制定的制度。它适用于公司所有产品的生产及控制、跟踪。

4.4.1 生产部组织结构、责任与权力

如表 4-12 所示为生产部组织结构、责任与权力。

表 4-12　生产部组织结构、责任与权力

所属部门	生产部	部门负责人	生产部经理	直接上级	生产总监
部门人员	经理级 1 人，主管级 6 人，其他人员依照企业情况编制				

如图 4-4 所示为生产部门组织结构。

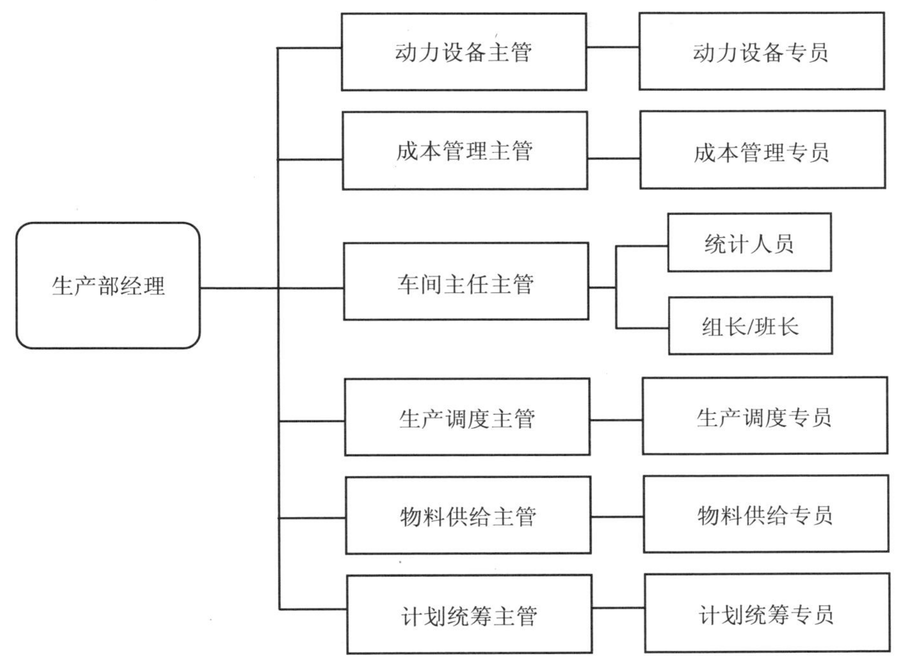

图 4-4　生产部门组织结构

责任	1．负责生产计划的制订与组织执行工作。 2．全面负责公司生产系统的安全、平稳运行。 3．负责生产的调度管理，保证生产任务得到执行。 4．负责生产的成本控制，提高公司经济效益。 5．负责统计、汇总公司各项生产数据，定期向公司高层提供生产信息。 6．负责建立、健全设备维修保养制度				
权力	1．有对生产计划的执行权。 2．有对生产过程进行监督与指挥的权力。 3．有对生产资源的调度权。 4．有对部门内部员工的考核评价权。 5．有对部门内部员工聘用、解聘的建议权				
相关说明					
编制人员		审核人员		批准人员	
编制日期		审核日期		批准日期	

4.4.2 生产管理制度之生产部专员

如表 4-13 所示为生产部专员岗位说明。

表 4-13 生产部专员岗位说明

岗位名称	生产部专员	所属部门	生产部
直接上级	生产部主管	直接下级	
岗位概要	解决与生产工艺与设备相关问题，以降低各种生产成本和费用		
任职资格	1. 学历专业 专科以上学历，运作管理、计划管理、统计学以及工业工程相关专业。 2. 工作经验 两年以上相关行业工作经验		
职责	____%制订公司年度计划。 ____%确定各产品年度生产任务以及各季度、月度生产指标。 ____%制定合格产品的生产周期、在制品定额以及生产批量等标准。 ____%生产车间的日常生产检查工作，发现问题及时上报，并提出改进方案。 ____%对生产车间的进度进行跟踪，及时掌握生产进度情况，根据实际需要，经上级认可，调整生产计划。 ____%原材料、辅料、成品的库存报表的跟踪管理，及时对库存情况进行统计分析。 ____%定期向上级提交统计报告。 ____%依据生产实际情况，合理调配各下属单位人员、水、电、生产用车以及其他相关资源。 ____%定期组织开展各生产部门与下属单位参加生产调度会，检查上期调度会布置的任务完成情况，对本期生产活动情况进行分析，解决生产过程中的问题。 ____%拟定调度会议纪要，及时下发到与会单位。 ____%对生产过程中的突发事故，及时上报上级领导，并组织、指挥一些协助工作。 ____%对各生产、统计资料的归档管理。 ____%完成上级领导交代的其他与生产相关的工作		
技能技巧	熟悉生产规程以及质量标准。 具有良好的机械和工艺知识。 具有较强的团队协作能力。 良好的口头及书面表达能力		
能力素质	有较强的责任心，能吃苦耐劳，富有团队精神。 认真负责、敬业，学习能力强。 良好的英语读写水平。 具有高度的工作热情和责任感		
考核指标	生产计划的协调与实施，指标的达标情况。 本年度生产计划的完成情况。 上级领导对工作的满意程度，以及领导、员工满意度。 各种生产、统计资料的完整情况。 本年度突发事件的处理情况		
工作条件	工作场所：办公室以及生产场所。 环境状况：舒适。 危险性：基本无危险，无职业病危险		

4.4.3 生产管理制度之生产部主管

如表 4-14 所示为生产部主管岗位说明。

表 4-14 生产部主管岗位说明

岗位名称	生产部主管	所属部门	生产部
直接上级	生产部经理	直接下级	生产部专员
岗位概要	组织下属并指导其完成企业生产计划，实现企业生产目标		
任职资格	1. 学历专业 本科及以上学历，理工类、企业管理、机械设计以及工艺技术管理等相关专业，受过产品设计、产品制造、企业管理以及产品知识等方面的培训。 2. 工作经验 4 年以上生产制造相关工作经验，有本行业技术管理工作者优先		
职责	____%协助生产部经理规划并完成组织生产目标，协调生产管理团队的工作。 ____%指导完成生产线组装工艺，并进行产品调试。 ____%对公司生产成本、质量要求、产品数量以及相关事项进行有效的控制。 ____%主持编写工艺文件，制定产品使用说明文档。 ____%对生产制造、质量控件以及设备维护等相关工作报告的参与工作，及时发现并解决问题。 ____%制订生产时间计划，并监督实施。 ____%负责生产报表的制订与填写以及呈报工作。 ____%负责生产现场、生产用料、产品质量的管理与控制工作，并进行质量自检。 ____%负责对生产过程中的安全管理工作。 ____%负责公司规划并完成生产目标。 ____%与其他部门协作共同满足现有及潜在的客户需求。 ____%完成上级领导交代的其他事项		
技能技巧	熟悉所在产业、行业的生产过程，熟悉原材料的供应渠道。 熟悉生产规程以及质量标准。 熟练使用办公软件，良好的英文基础。 熟悉公司的各项规章制度		
能力素质	具有较强的计划、控制、组织与协调能力。 有敏锐的观察力及综合分析能力。 有一定的团队协作能力，善于表达自我以及团队的想法。 较强的执行能力。 有相当的领导能力与技巧		
考核指标	规章制度的完善程度与执行程度。 良好的生产秩序，各项生产与质量作业标准。 生产成本控制在预算之内。 领导、员工的满意度。 本部门年度计划的完成情况，员工考核结果		
工作条件	工作场所：办公室及工作场所。 环境状况：舒适。 危险性：基本无危险，无职业病危险		

4.4.4 生产管理制度之生产部经理

如表 4-15 所示为生产部经理岗位说明。

表 4-15 生产部经理岗位说明

岗位名称	生产部经理	所属部门	生产部
直接上级	生产总监	直接下级	生产部主管
岗位概要	根据订单情况，组织协调公司的生产活动，有效地进行生产成本的控制；对公司的设备和生产活动进行有效监督管理；对生产活动进行必要的协调与调度，保证生产顺利进行		
任职资格	1. 学历专业 大学本科及以上学历，企业管理、生产管理、产品管理以及质量管理等相关专业。 2. 工作经验 4 年以上现场生产管理相关工作经验		
职责	____%组织制定与生产管理相关的各项规章制度并监督实施，根据企业发展实际，补充、修改、完善各项规章制度。 ____%定期或不定期组织召开生产计划会议，审核生产订单并纳入生产计划。 ____%组织编制公司的年度、季度、月度生产计划，及时向生产车间下达生产任务单。 ____%合理安排生产作业时间，节约产品的制造成本。 ____%定期举行生产调度会议，协调生产过程中的各项工作，处理突发事件。 ____%组织对公司生产设备的管理并合理调拨、分配工作任务。 ____%组织建立生产设备档案，安排办理生产设备的折旧、报损、报废事宜。 ____%编制年度安全生产计划，严格执行安全生产管理制度，确保设备安全运行。 ____%组织开展安全生产教育，及时组织人员处理生产中出现的安全事故和安全隐患。 ____%负责部门日常工作的安排、任务的分配和监督。 ____%协调本部门人员完成本部门的各项工作。 ____%组织本部门员工的培训考核工作		
技能技巧	熟悉自动化控制设备的操作，熟悉生产制造流程、生产规程与质量标准。 具有生产任务的准确计划、生产日期的合理安排的能力。 具有生产管理、安全管理的能力，具有对产品、费用、成本的统计分析能力。 具有亲和力与号召力，有较强的沟通能力。 具有对生产过程中突发事件的应急处理能力		
能力素质	有很强的动手能力和独立工作能力。 性格平和稳重，细致严谨。 优秀的项目协调、谈判能力。 敬业，有奉献精神和创新思维，意志坚强		

续表

考核指标	规章制度的完善程度与执行程度。 计划的按时完成情况，安全事故的发生率。 本年度生产指标的完成情况。 年度设备正常工作情况以及使用情况。 部门年度计划的完成情况，员工考核结果
工作条件	工作场所：办公室与生产场地。 环境状况：舒适，节假日根据工作情况来定。 危险性：基本无危险，无职业病危险

4.5　质量管理制度

质量管理制度是为保证公司质量管理体系的推行，确保产品符合质量要求，特别制定的制度，其适用于质量检测、质量异常反应及处理、样品确认及质量检查与改善。

4.5.1　质量管理部组织结构、责任与权力

如表 4-16 所示为质量管理部组织结构、责任与权力。

表 4-16　质量管理部组织结构、责任与权力

所属部门	质量管理部	**部门负责人**	质量管理部经理	**直接上级**	生产总监
部门人员	经理级 1 人，主管级 5 人，其他人员依照企业情况编制				
如图 4-5 所示为质量管理部组织结构。					

质量管理部经理
- 质量体系主管 — 质量体系专员
- 成本控制主管 — 成本控制专员
- 质量检验主管 — 成品质检人员、质程质检人员、原材料质检员
- 质量改进主管 — 质量改进专员
- 质量控制主管 — 质量控制专员

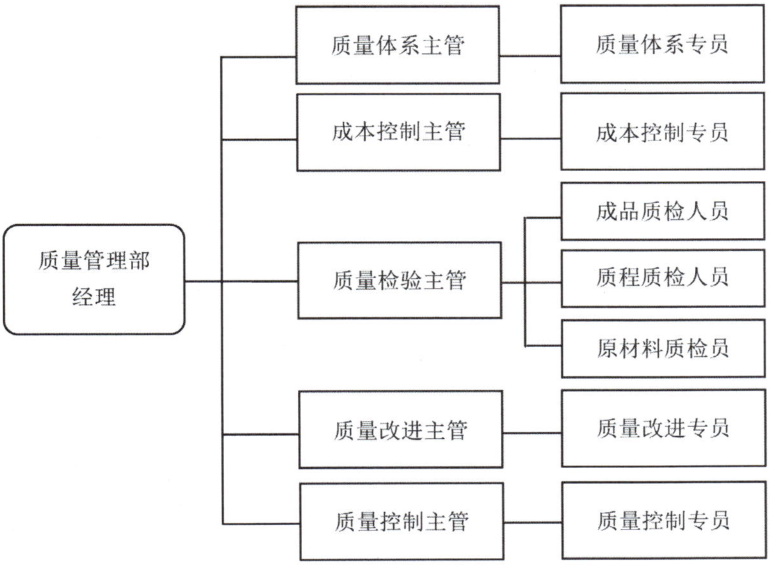

图 4-5　质量管理部组织结构

续表

责任	1．负责来料、质程以及成品的检验管理工作。 2．负责产品质量、产品成本的控制工作。 3．负责产品质量改进的加强工作。 4．负责公司质量管理体系的推进与维护工作。 5．负责与产品质量其他相关的工作。 6．研究制订并执行质量管理教育训练计划工作				
权力	1．对产品质量的监督管理权。 2．对违反质量管理制度相关行为的，有提出处罚的权力。 3．有对质量计划、质量改进方案的审核权。 4．有对部门内部员工的考核评价权。 5．有对部门内部员工聘用、解聘的建议权				
相关说明					
编制人员		审核人员		批准人员	
编制日期		审核日期		批准日期	

4.5.2 质量管理制度之质量管理部专员

如表 4-17 所示为质量管理部专员岗位说明。

表 4-17　质量管理部专员岗位说明

岗位名称	质量管理部专员	所属部门	质量管理部
直接上级	质量管理部主管	直接下级	
岗位概要	在质量部主管的领导下，完成部门日常质量检验、质量监制以及结果上报等相关工作		
任职资格	1．学历专业 专科以上学历，质量管理、电气以及机械等相关专业，受过 ISO 9000C 以及 ISO 14000 等相关方面的培训。 2．工作经验 从事 1 年以上质量专员工作		
职责	____%实施公司质量管理体系，并提出改善方案。 ____%协助部门主管进行 ISO 体系的推行、实施以及持续改进，包括负责第二、三方审核或者认证机构的计划以及组织等相关工作。 ____%负责质量体系认证、检验标准相关信息的收集与整理工作，上报上级领导。 ____%参与、实施各种质量管理工作。 ____%做好客户总体满意度的调查，收集、整理相关资料上报部门主管。 ____%负责质量体系认证的具体办理工作。 ____%负责指导产品质量管理、验收、养护、保管、运输中的质量工作。 ____%贯彻执行有关药品经营的法律、法规和各种规章制度。 ____%负责产品质量查询、质量事故、质量投诉的调查、处理及报告，配合产品监管部门针对公司产品质量的调查工作。 ____%监控公司质量管理体系的日常运行。 ____%协助部门领导开展对员工产品质量管理方面的培训。 ____%质量管理相关的文档管理、资料归档工作		

续表

技能技巧	熟悉 ISO 9000/14000 管理体系，了解 ISO 9000/14000 体系在公司的运作方式。 良好的团体协作能力。 熟练操作办公软件
能力素质	工作细致严谨、富有原则性、责任心强。 高度的工作热情与责任感。 正直、务实、敬业，良好的职业道德
考核指标	部门规章制度的完善程度与执行程度。 产品质量控制情况。 培训情况，以及上级领导的满意程度。 合作关系的稳定程度，客户流失情况。 资料、档案的完整情况
工作条件	工作场所：办公室及生产场所。 环境状况：基本舒适。 危险性：基本无危险，无职业病危险

4.5.3 质量管理制度之质量管理部主管

如表 4-18 所示为质量管理部主管岗位说明。

表 4-18 质量管理部主管岗位说明

岗位名称	质量管理部主管	所属部门	质量管理部
直接上级	质量管理部经理	直接下级	质量管理部专员
岗位概要	确保质量管理体系的有效运行，并不断优化；协助质量管理部经理进行其他相关工作		
任职资格	1. 学历专业 本科及以上学历，工程监视、ISO 9000 认证、质量管理、电气以及机械等相关专业。 2. 工作经验 4 年以上从事质量管理工作经验，国家注册质量工程师及以上技术职称		
职责	____%协助经理做好日常的各项管理工作。 ____%做好分管部门的工作。 ____%公司质量标准的制定。 ____%公司设计研发、生产、营销、人力资源、采购、检验和试验各环节的质量检查、监督。 ____%研究推广先进的质量管理技术、测量技术与质量控制方法。 ____%重大质量事故的鉴定和处理。 ____%质量管理业务技能培训。 ____%负责内审实施工作；按管理评审计划准备评审资料。 ____%对各部门过程运行中出现的质量管理问题随时进行指导。 ____%对公司质量管理体系的运行情况进行定期检查与维护。 ____%组织质量手册等体系文件的编制、修订工作，确保体系文件的充分性、适宜性和有效性。		

续表

职责	____%及时了解同行业先进质量检验的技术与手段、管理方法，并结合本企业实际进行消化、吸收和推广。 ____%完成领导交代的其他工作
技能技巧	掌握基本的企业管理知识及质量管理技术。 熟悉国家有关产品质量的方针、政策、法规、条例。 熟悉企业运作模式及产品相关知识。 较强的语言文字表达能力
能力素质	工作细致、严谨。 具备较强的组织协调能力、应变能力、计划能力、判断和处置能力。 有较强分析、判断能力，善于发现问题、解决问题。 具有高度的工作热情和责任感
考核指标	质量管理体系运行情况。 各部门质量执行情况，质量培训情况。 产品质量控制状况，质量事故发生率。 部门内关键岗位人员的流失率和人才队伍的建设。 其他相关部门对质量管理部的满意度
工作条件	工作场所：办公室以及生产场地。 环境状况：基本舒适。 危险性：基本无危险，无职业病危险

4.5.4 质量管理制度之质量管理部经理

如表 4-19 所示为质量管理部经理岗位说明。

表 4-19　质量管理部经理岗位说明

岗位名称	质量管理部经理	所属部门	质量管理部
直接上级	质量总监	直接下级	质量管理部主管
岗位概要	保证公司质量管理体系的有效运行，确保生产过程中的质量控制，维护公司质量管理体系的正常运行，并保证产品质量能满足公司和客户对产品质量的要求		
任职资格	1. 学历专业 本科及以上学历，企业管理、质量管理、电气等相关专业。 2. 工作经验 5 年以上从事本职业相关工作，具有工程师及以上专业技术职务任职资格		
职责	____%依照 ISO 9001 体系文件来建立、执行、维护公司的质量管理体系。 ____%按照质量体系文件的要求，执行内部审核并完成汇总报告及跟踪改善措施。 ____%按照公司及客户提供产品规范，及时审核、批准、签发相关质量文件，(图纸，工艺文件，检验规范)确保有效支持日常生产任务。		

续表

职责	____%根据公司生产过程控制程序，监督控制原材料，过程和成品的日常检验，确保程序得以完全执行。 ____%建立质量管理部内部工作制度，并监督实施。 ____%负责部门员工选拔、配备、评价，组织部门技能培训。 ____%指导下属员工制订阶段工作计划，并督促执行。 ____%控制本部门预算，降低费用成本。 ____%及时发现生产过程中的质量问题，并进行处理。 ____%负责本部门员工的调配、绩效考核与业务等管理工作。 ____%完成上级交代的其他事项
技能技巧	熟悉国家有关产品质量的方针、政策、法规、条例以及产品质量检验的各项标准。 有较强分析、判断和决策能力。 善于发现问题、解决问题。 有较强的人际交往能力和团队协作精神。 执行力强，有良好的执行技巧
能力素质	工作细致、严谨，可以吃苦。 具有较强的管理能力、计划与执行能力。 有较强分析、判断和决策能力
考核指标	质量管理体系运行情况。 各部门质量执行情况，质量培训情况。 产品质量控制状况，质量事故发生率。 部门内关键岗位人员的流失率和人才梯队的建设。 其他部门对质量部的满意度
工作条件	工作场所：办公室以及生产场所。 环境状况：基本舒适。 危险性：基本无危险，无职业病危险

4.6 仓储管理制度

仓储管理制度是为确保仓储作业规范化，特别制定的制度，其适用于公司内部的原材料、半成品、制成品、相关配件、组件及工具、耗材、办公用品等物品。

如表 4-20 所示为仓储部组织结构、责任与权力。

表 4-20　仓储部组织结构、责任与权力

所属部门	仓储部	部门负责人	仓储部经理	直接上级	总经理
部门人员	经理级 1 人，主管级 5 人，其他人员依照企业情况编制				

如图 4-6 所示为仓储部组织结构。

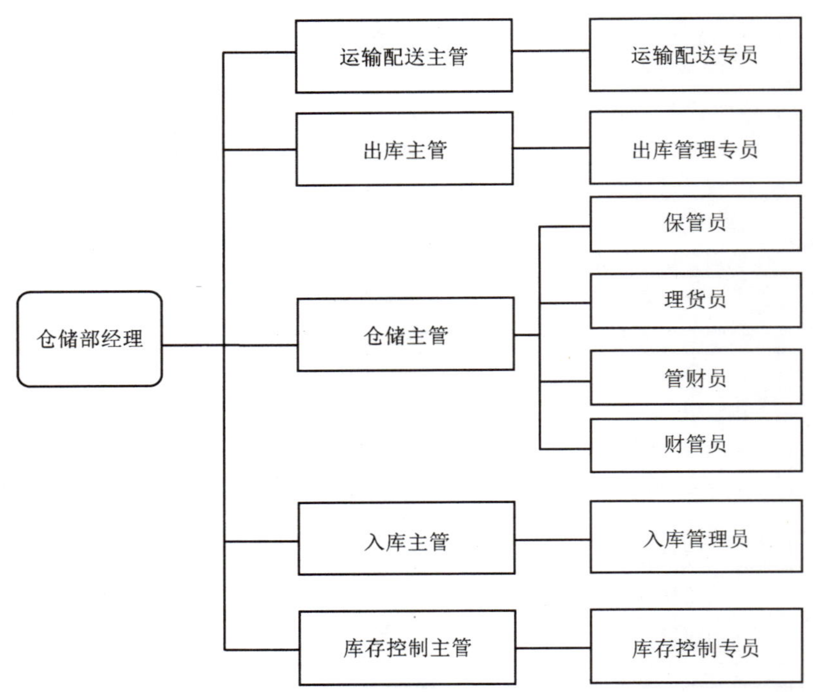

图 4-6　仓储部组织结构

责任	1. 负责货物出库入库的管理工作。 2. 负责仓储货物的账务运算工作。 3. 负责控制仓储库存量，降低库存成本。 4. 负责仓储货物的运输配送管理工作。 5. 负责仓储物资的保管、理货等工作。 6. 完善仓储部运作流程和岗位职责，工作策划与控制，持续不断改进				
权力	1. 对出入库货物质量的审核权。 2. 对物资库存量的控制权。 3. 开展仓储工作的自主权。 4. 对部门内部员工的考核评价权。 5. 对部门内部员工聘用、解聘的建议权				
相关说明					
编制人员		审核人员		批准人员	
编制日期		审核日期		批准日期	

4.7 销售管理制度

销售管理制度是为规范销售行为，确保销售指标的达成，根据公司相关管理规定制定的制度，其适用于公司所有的销售人员。

4.7.1 销售部组织结构、责任与权力

如表 4-21 所示为销售部组织结构、责任与权力。

表 4-21 销售部组织结构、责任与权力

所属部门	销售部	部门负责人	销售部经理	直接上级	营销总监
部门人员	经理级 1 人，主管级 6 人，其他人员依照企业情况编制				

如图 4-7 所示为销售部组织结构。

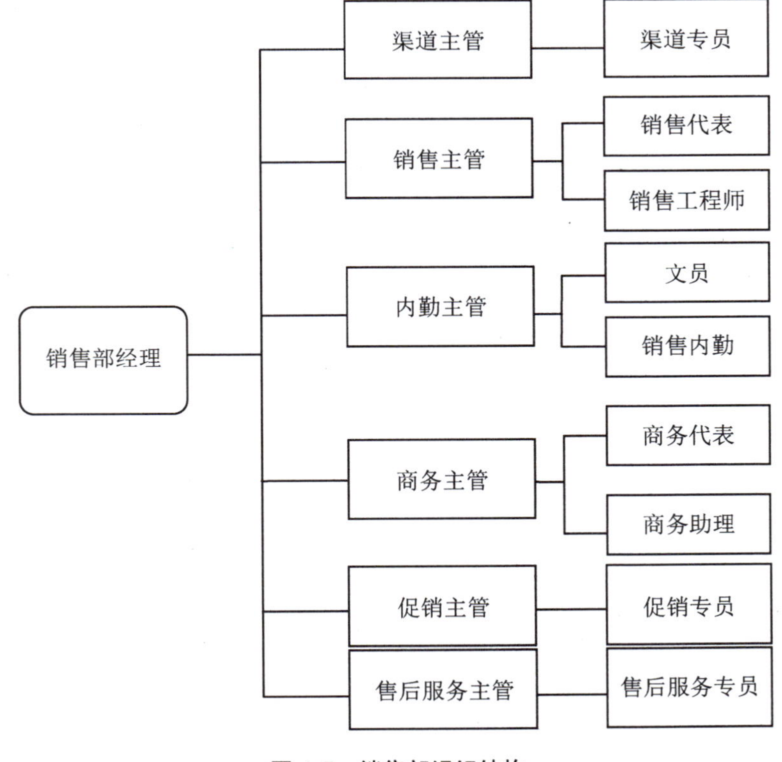

图 4-7 销售部组织结构

责任	1. 负责公司销售目标的达成及销售计划的实施工作。 2. 负责销售渠道的拓展与管理工作。

续表

责任	3．负责商务活动的管理工作。 4．负责具体组织促销活动。 5．负责部门内部内勤事务的处理工作。 6．负责本部门的业务培训工作，收集顾客反馈信息及时上报。				
权力	1．有对销售方案的审核权。 2．有制订销售政策的参与权。 3．有对销售计划的执行权。 4．有对部门内部员工的考核评价权。 5．有对部门内部员工聘用、解聘的建议权				
相关说明					
编制人员		审核人员		批准人员	
编制日期		审核日期		批准日期	

4.7.2 销售管理制度之销售部专员

如表 4-22 所示为销售部专员岗位说明。

表 4-22 销售部专员岗位说明

岗位名称	销售部专员	所属部门	销售部
直接上级	销售部主管	直接下级	
岗位概要	负责产品推广和具体销售工作，以及与代理商和客户的联络，本销售区域内售后服务联络工作		
任职资格	1．学历专业 大学专科及以上学历，营销、机械、汽车工程等相关专业，受过市场营销、财务知识、合同管理等方面的培训。 2．工作经验 2 年以上营销相关工作经验		
职责	____%协助上级完善公司产品销售渠道，对市场需求进行分析、销售预测，制订销售计划和指标。 ____%协助收集市场销售相关信息，参与制订公司渠道产品价格体系和产品促销计划。 ____%熟悉公司理念及产品，了解客户需求，能够为客户提出个性化的解决方案。 ____%发展并维护客户关系，达成销售目标。 ____%根据销售项目督促检查，按照公司销售工作流程，积极协调售前、售中及售后的相关问题。 ____%参与产品销售推广及策划工作。 ____%协助对客户关系的维护、联络和跟踪管理。 ____%协助销售部主管和销售人员输入、维护、汇总销售数据。 ____%进行成本核算，提供商务报表及部门销售业绩的统计、查询、管理。 ____%依据统计整理的数据资料，向主管提交参考建议与方案，用于改善经营活动。		

续表

职责	____%整理公司订单，合同的执行并归档管理。 ____%协助公司做好售后服务工作。 ____%完成上级安排的其他工作
技能技巧	对市场营销工作有较深刻了解。 了解统计软件的使用。 熟练使用一般办公软件操作系统。 良好的口头及书面表达能力
能力素质	较强的观察力和应变能力，良好的判断力和沟通能力。 坦诚、自信，高度的工作热情。 有良好的团队合作精神，有敬业精神
考核指标	销售项目计划执行情况。 文档整理规范性、被客户投诉和索赔的次数。 销售收入、利润率。 部门合作满意度。 销售指标完成情况
工作条件	工作场所：办公室。 环境状况：舒适。 危险性：基本无危险，无职业病危险

4.7.3 销售管理制度之销售部主管

如表 4-23 所示为销售部主管岗位说明。

表 4-23 销售部主管岗位说明

岗位名称	销售部主管	所属部门	销售部
直接上级	销售部经理	直接下级	销售部专员
岗位概要	领导公司项目的市场开发与管理工作，完成销售任务目标，领导销售专员完成公司的销售任务		
任职资格	1. 学历专业 大学本科及以上学历，市场营销相关专业。 2. 工作经验 3 年以上相关岗位工作经验		
职责	____%负责把客户要求传递到公司相关部门。 ____%负责与客户沟通双方在合作中出现的问题，寻找最佳解决方案。 ____%负责价格沟通，负责交货期沟通。 ____%访问客户，听取客户意见。 ____%负责客户反馈问题的内部传递以及跟踪问题的解决过程。 ____%评价问题解决的满意程度，将问题的解决结果回复客户。 ____%负责对下属工作指导，并进行绩效考核。 ____%负责对新上岗销售主管进行业务培训		

续表

职责	____%把公司的销售任务下达给下属，并监督和指导下属完成工作。 ____%完成自己的销售任务。 ____%负责公司产品的月度、季度及年度的汇总、计算。 ____%负责做好项目销售记录、盘点以及账目核对等工作。 ____%完成上级指派的其他任务
技能技巧	熟悉公司工艺工序和公司产品，了解产品动态及行业方面的知识。 熟悉公司产品及生产工艺技术应用方面的知识。 了解经济合同知识以及市场营销知识。 熟悉计算机应用及常用软件。 较好的英语水平
能力素质	工作细致、严谨，对市场有敏锐的观察力。 具备良好的人际交往能力、沟通能力。 较强的口语表达能力。 具有高度的工作热情和责任感
考核指标	本年度销售目标的达成率以及无效营销成本的控制情况。 文档整理规范性、被客户投诉和索赔的次数。 关键人员流失率，部门合作满意度。 公司品牌与形象策划的计划与执行情况。 部门年度计划的完成情况，员工考核结果
工作条件	工作场所：卖场。 环境状况：基本舒适，正常工作时间。 危险性：基本无危险，无职业病危险

4.7.4 销售管理制度之销售部经理

如表 4-24 所示为销售部经理岗位说明。

表 4-24 销售部经理岗位说明

岗位名称	销售部经理	所属部门	销售部
直接上级	销售总监	直接下级	销售部主管
岗位概要	管理公司的销售运作，带领销售队伍完成公司的销售计划和销售目标，深入了解市场状况，建立客户关系，树立公司品牌形象		
任职资格	1．学历专业 本科及以上学历，市场营销专业、经济以及管理相关专业，受过市场营销、产品知识、产业经济、公共关系、管理技能开发等方面的培训。 2．工作经验 5 年以上企业销售管理工作经验		

续表

职责	____%根据全国区域市场发展和公司的战略规划，协助销售总监制定总体销售战略、销售计划及量化销售目标。 ____%制定全年销售费用预算，完成公司下达的销售任务。 ____%制定销售额、市场覆盖率以及市场占有率等各项评价指标。 ____%分解销售任务指标，制定责任、费用评价办法。 ____%制定、调整销售运营政策。 ____%组织、领导销售队伍完成销售目标，协调处理各类市场问题。 ____%汇总、协调货源需求计划以及制订货源调配计划。 ____%协调销售关系。 ____%调整销售区域布局及业务评价。 ____%组织客户需求预测，协调客户服务等售后服务工作。 ____%监督本部门的工作目标和经费预算的执行情况，及时给予指导。 ____%负责本部门员工队伍建设，提出对员工的调配、培训以及考核意见。 ____%完成营销副总经理交代的其他任务
技能技巧	对市场营销工作有较深刻认知。 有良好的市场判断能力和开拓能力，有极强的组织管理能力。 熟练操作办公软件。 优秀的英语听、说、读、写能力。 良好的口头及书面表达能力
能力素质	工作细致、严谨，并具有战略前瞻性思维。 正直、坦诚、成熟、豁达、自信。 较强的观察力和应变能力。 高度的工作热情，良好的团队合作精神
考核指标	销售收入、利润率、市场占有率、应收账款拖欠天数以及坏账率。 促销活动的效果、信息搜集分析的有效性、文档整理规范性、被客户投诉和索赔的次数。 客户满意度、客户需求预测准确性
工作条件	工作场所：办公室以及各市场区域。 环境状况：基本舒适。 危险性：基本无危险，无职业病危险

4.8 客服管理制度

客服管理制度是为规范公司的客服制度管理所制定的制度，适用于公司所有的客服部人员。

4.8.1 客服部组织结构、责任与权力

如表 4-25 所示为客服部组织部结构、责任与权力。

表 4-25　客服部组织结构、责任与权力

所属部门	客服部	部门负责人	客服部经理	直接上级	总经理
部门人员	经理级 1 人，主管级 8 人，其他人员依照企业情况编制				

如图 4-8 所示为客服部组织结构。

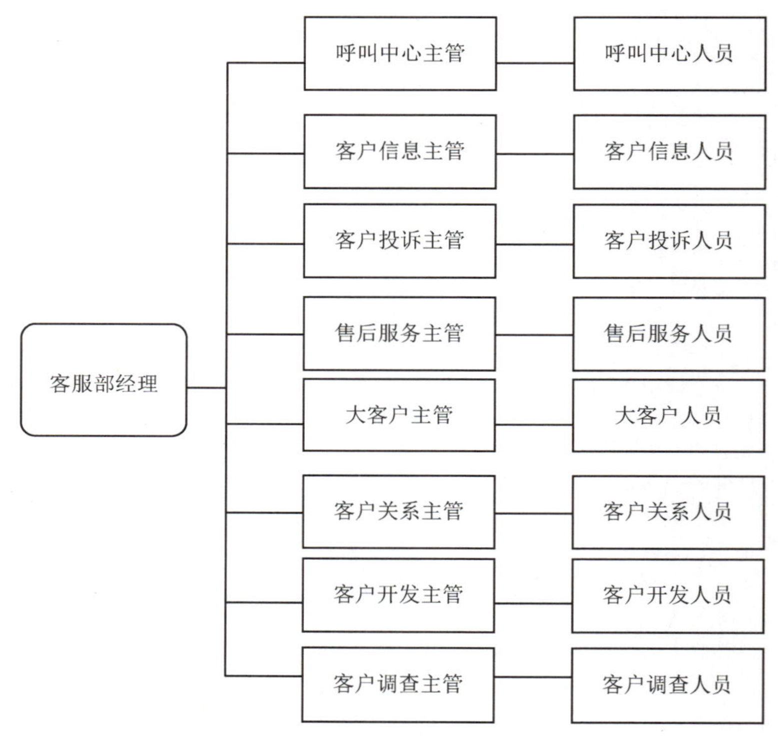

图 4-8　客服部组织结构

责任	1．负责客户服务标准、业务标准和流程标准的制定，规范客户服务行为。 2．制订开发客户的计划，负责客户关系的维护与管理工作。 3．负责客户投诉处理及监督检查工作，发现问题及时改正。 4．负责客户行为分析与调查工作。 5．负责重大客户关系的重点维护与管理工作。 6．完成领导交代的其他工作				
权力	1．对制订公司营销计划的参与权。 2．对破坏客户关系的行为和差错，有提出处罚的权力。 3．有处理部门内部事务的自主权。 4．有对部门内部员工的考核评价权。 5．有对部门内部员工聘用、解聘的建议权				
相关说明					
编制人员		审核人员		批准人员	
编制日期		审核日期		批准日期	

4.8.2　客服管理制度之客服部专员

如表 4-26 所示为客服部专员岗位说明。

表 4-26　客服部专员岗位说明

岗位名称	客服部专员	所属部门	客服部
直接上级	客服部经理	直接下级	
岗位概要	配合协助客服部经理完成所有工作计划；遵守公司各项规章制度；热情为客户服务；处理好客户关系；有团队精神		
任职资格	1. 学历专业 大学专科及以上学历，市场营销、外贸以及企业管理等相关专业，受过客户服务、法律知识、公关关系等方面的培训。 2. 工作经验 客服管理相关工作经验 2 年以上		
职责	____%协助部门经理制订本部门年度工作计划。 ____%基础服务内容的开通，网站建设的跟进。 ____%与客户建立良好的关系，增加客户回头率与再次购买率。 ____%客户咨询和投诉的处理。 ____%客户回访，根据客户购买服务询问客户有何建议和意见，是否需要一些技术支持，并了解客户是否有其他内容的需求。 ____%及时解答客户提出的问题，主动与客户打招呼。 ____%了解客户心理，对不同的客户采取不同的措施，打消客户疑虑。 ____%为客户选取与介绍最适合客户的商品，站在客户的角度思考问题，让客户得到超值的服务。 ____%整齐摆放各类库存货品。 ____%随时以公司形象代言人的思维模式出现在一切公众场合。 ____%公司广告、促销政策的贯彻落实。 ____%时刻保持对滞销品和畅销品的敏感度		
技能技巧	服务态度、产品知识、业务知识的熟练。 熟悉产品知识，控货知识，了解公司运作。 熟练使用自动化办公软件，具备基本的网络知识。 技能、沟通、服务意识强，具备良好的销售经验和技巧		

4.8.3　客服管理制度之客服部经理

如表 4-27 所示为客服部经理岗位说明。

表 4-27　客服部经理岗位说明

岗位名称	客服部经理	所属部门	客服部
直接上级	总经理	直接下级	客服部专员
岗位概要	在公司质量方针的指导下，全面负责协调公司的客服跟单和客服运营工作；认真贯彻公司的相关规定，提高公司的服务质量，树立公司在客户心目中的信誉，为销售工作做好服务的铺垫		
任职资格	1．学历专业 大学本科及以上学历，企业管理、公共关系、市场营销、经济等相关专业。 2．工作经验 5 年以上销售、市场营销管理工作经验，3 年以上相关岗位工作经验		
职责	____%服务跟单和客服运营工作的统一安排和协调。 ____%指导、调控、考核部门内部员工的工作；并对服务项目实施的进度进行跟踪。 ____%定期组织老客户的回访、参与筹划会员沙龙，维护客户关系。 ____%调查、处理重大客户投诉。 ____%对客户投诉的问题及时回应并向客户反馈。 ____%全面负责公司客户服务管理工作，保证解决问题。 ____%每月提交绩效考核表单。 ____%控制与提升客户端技术设备安装、维修、维护工作质量。 ____%负责本部门各项工作的安排、协调，与销售部门等相关部门进行协调沟通。 ____%协助组织对公司客服部的相关培训工作。 ____%每月向上级上报工作总结。 ____%完成公司临时下达的紧急任务和临时性任务		
技能技巧	对市场营销工作有较深刻认知。 有丰富的市场营销策划经验，能够识别、确定潜在的商业合作伙伴，熟悉行业市场发展现状。 具有优秀的营销技巧，较强的市场策划能力和运作能力。 良好的口头及书面表达能力		
能力素质	工作细致、严谨。 有很强的组织管理能力。 积极热情、善于与人交往和沟通、协调能力强。 形象气质好，有强烈的责任心		
考核指标	部门运营服务工作的完成情况。 每月接到的网站制作单的跟进情况。 客户投诉的解决情况。 对客户回访工作的完成情况。 部门年度计划的完成情况，员工考核结果		
工作条件	工作场所：办公室。 环境状况：舒适。 危险性：基本无危险，无职业病危险		

第5章

执行制度——胜在制度赢在执行

学前提示

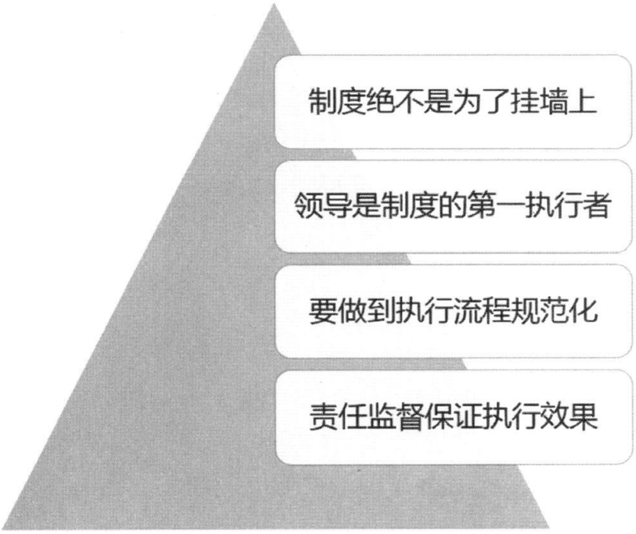

制度绝不是为了挂墙上

领导是制度的第一执行者

要做到执行流程规范化

责任监督保证执行效果

5.1 制度绝不是为了挂墙上

天下之事，不难于立法，而难于法之必行。同样，企业之事，不难于立制，而难于制之必行。“行”就是执行。执行力的强弱直接关系到企业的安全、健康以及和谐发展。

企业管理其实就是制度的建立与执行的过程。制度的建立、修订、完善是阶段性工作，也是与时俱进的，是企业管理的重点；而制度的贯彻、执行、落实是长期的，艰巨的，是企业管理的难点。

制度的制定原本是为了规范工作人员的行为；让各种规章制度“挂在墙上”，是为了使工作人员熟知制度的内容，更好地执行制度。应该说制度“挂在墙上”的目的是好的，但是问题在于，有些制度“挂在墙上”就成了摆设。

制度“挂在墙上”并不能确保制度得到良好的执行，因此，制度绝不是为了挂在墙上。

5.1.1 落实具体指标

现在企业已经越来越重视管理制度的建设，而且各项制度的文档都做得很漂亮，乍一看似乎管理已经做得很到位，但是实际上很多企业光有一个管理形式，实际执行力度却很差。因此，制度往往无法得到很好的贯彻，其结果是管理徒有其表，没有什么实际意义。

造成执行差的原因主要有两个：一是制度的制定过程中没有考虑到实际情况，致使管理制度根本无法贯彻；二是虽然制度可行，但是各管理部门人员不重视执行情况，人员在素质上、思想上都跟不上制度的脚步，又不注意培训，所以最终的执行还是以失败告终。应该从以下几个方面避免这些问题。

1. 要根据实际情况制定稍有超前的管理制度

制度与实际一样，没有超前性，往往不能适应新的变化，但是如果不切合实际又很难贯彻，因此，需要进行权衡。

我们不能过于幼稚和理想化，不立足于实际，制定过于超前的制度，同时也不能不考虑一段时间内将要发生的新变化，所以适当超前是有必要的，只有这样，才能在现实基础上进步。

不过对现实中的弊端也要根据轻重缓急逐步通过相应的制度来进行改进，不可以搞突变，突变往往会发生变异，触发矛盾。所以要求有耐心和韧性，要能够坚持不懈，并得到高层的大力支持。

2. 要重视员工的培训

要从思想上让他们明白制度建设的重要性，并从行动上切实自觉地贯彻新的制度。培训的目的，一是要让员工理解流程；二是要统一思想与行动。如果不能理解制度，当然无法贯彻。

所以制度的编制需要涉及部门的认真参与，同时文字要简练、思路要明确，要让人一看便知道意思，易于理解。不然，新员工流动会很难适应制度，时间长了就会逐渐丧失执行力度。

3. 合并同类或相似制度，便于员工学习

尽可能地合并相似或同类制度条文，减少制度条文，要便于员工学习。不然，制度混乱和繁复容易导致员工无所适从，也不容易记住。对于专业性强、涉及面广的制度，可以根据情况给各部门配备秘书，专门负责制度的宣传、理解与执行，以便提高效率。

4. 尽量利用 ERP 系统对制度进行标准化与规范化，并信息化于系统之中

这样也会降低因为个人原因而引起的错误概率。有些内容繁复、同类业务数据量大的制度，如财务部的费用报销制度，人为控制往往容易造成失误，可以应用信息系统来进行控制，以提高效率和准确率。

总之，制度的订立与执行要注重与实际的结合，同时员工思想上的重视和行动上的认真也是很关键的因素。人是最容易出问题，也是最容易把事情办好的因素，因此人员管理非常重要。要建立严格的人事招聘、考核以及淘汰制度，坚决奖励优秀的、淘汰落后的，在这个问题上一定不能犯错，否则其他制度订立得再好也无法得到良好贯彻。

5.1.2 坚持制度第一的管理理念

【企业实例】 康佳是我国著名的企业，其内部有一条规定：在工作场合不准吸烟。这条规定针对的是一件小事，但真正执行起来却不那么容易。然而，不管执行难度有多大，既然定了这个规定，就必须落实到位。

康佳公司有个 20 多岁的员工，兼具学历和技术。该员工进入公司时，领导班子对他非常器重，他凭借自己的能力很快晋升为一个车间的副主任。在走向领导岗位之后，他工作更加积极，表现更加优秀。

但是他有一个毛病，那就是烟瘾极重。可是公司明文规定不许在工作场合吸烟，于是他只好每天早上、中午上班前猛吸几口，然后强忍烟瘾之苦到下班。

一次偶然，这位员工发现楼梯的拐角处比较隐蔽，而且他个人觉得此处不算工作场合。于是，他在上班间隙来到这个地方点着了香烟。不幸的是，这一幕刚好被

公司的副总经理看到。

当时副总经理什么也没说，但这个员工很快就从人力资源部收到了 3 条通告：第一，免去车间副主任的职务；第二，罚款；第三，全厂通报批评。

这一事件公告之后，在整个车间引起了很大反响，不少员工认为公司的管理方式太过强硬，惩罚的力度太大。但是，自从这件事之后，再也没有员工在公司的工作场所吸烟了。

从上述案例中可以看出：小的制度在执行的时候也不能有丝毫的放松。管理者不能因为制度关系的是小事，即认为可以放松执行，降低执行力度。

否则，建立再好的制度，也是一纸空文，制度本身的威信也会丧失殆尽。如果你希望公司具备强大的竞争力，首先就应该带领全体员工尊重制度，从根本上重视制度的执行。

众所周知，制度一旦建立，关键在于执行，只有严格落实到实处的制度，才具有真正的生命力。任何一项制度，如果离开了执行力，无论它的构架多么科学合理，多么完善，都将无法发挥本身的效力。

所以，管理者必须在企业内树立一种执行力理念。为此，管理者需要做到下面几点，如图 5-1 所示。

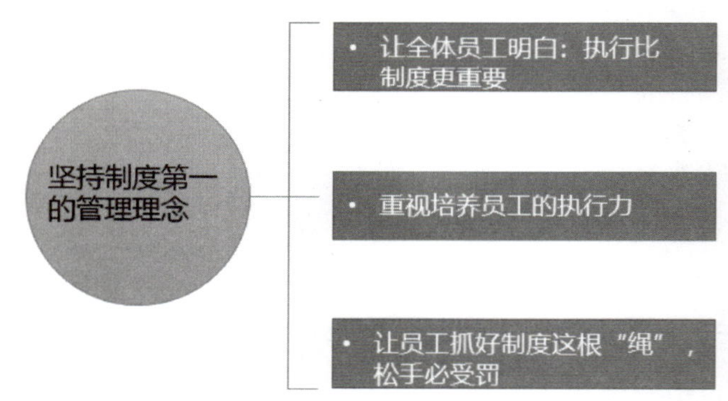

图 5-1　坚持制度第一的管理理念

1. 让全体员工明白：执行比制度更重要

日本软银公司的董事长曾经说过：“三流的点子加一流的执行力，永远比一流的点子加三流的执行力更好。”同样，管理企业也是这个道理，关键就是把制度执行落到实处。执行力，对个人而言，就是把想干的事情干成的能力；对企业而言，执行力就是把战略计划一步步落实的能力。

我们知道，每个公司都有自己的制度、管理规则，但这些都是纸面上的东西，如果没有得到很好的落实，再完善也是没用的。相反，即使是一些简单的制度和规定，如果能真正落实到位，也能产生巨大力量。

管理者应该努力灌输制度执行的理念给员工，以引起员工的高度重视。

2. 重视培养员工的执行力

管理者是战略执行的重要主体，在重视自身执行力的同时，还必须重视培养员工的执行力。培养员工的执行力是企业总体执行力提升的关键。

在这方面 IBM 公司做得非常出色。IBM 拥有世界上最强大的销售团队，还有最完美的售后服务。之所以做到了这些，就是因为 IBM 公司重视对每位员工进行详细的培训指导。

在 IBM，公司规定：每位表现优异的员工都要带领一名新员工或表现不佳的员工，对他们进行一对一的培训指导。正是有了这样的制度规定，才使得 IBM 公司的整个团队具有强大的执行力，能够保证制度的落实和公司总体战略的实现。

3. 让员工抓好制度这根“绳”，松手必受罚

两位幼儿园老师带着一群孩子过马路。只见孩子们排成一队，每个人都紧紧握着一根长绳子。绳子的两头是两位年轻的老师拉着，有位小朋友过马路的时候，鞋子掉了，但他没有停下来穿鞋子，而是继续向前走，直到过完马路，才从老师的手中接过鞋子穿上。

孩子为什么整齐地列队前进，即使鞋子掉了也不停下来呢？老师的回答是：“道理很简单，因为孩子如果松手，就当不成好孩子，这对他们是最大的惩罚。”

企业制度为什么得不到落实呢？很重要的原因是没有具体的惩罚措施。员工没执行也没关系，反正不会受到惩罚。这件小事启示管理者们，要想让员工坚定不移地执行制度，就要在员工心中扎下制度的“根”，制造制度的“绳”，并明确告诉员工：如果你松手了，将受到惩罚。

5.1.3 制度在每一个人身边

制度建立后，关键在于执行。被严格执行的制度才有生命力。但在执行制度的过程中，总会有些人只看到了规章制度对自身的约束性，而没有看到规章制度对员工的保护性。

这些人利用种种手段，想方设法去逃避制度，或者根本视制度为无物，我行我素。更为严重的是，在违反制度的同时，因为违纪者的职位，或者与其他相关人员的关系，使得违纪的行为不仅难以制止，而且难以得到应有的处罚。

制度面前人人平等。企业内不允许有不受制度约束的特殊人、关系人。如要在企业内超越工作关系，超越规章制度办事，只能让其选择离开。

我们经常可以看到这样的情况：企业的管理者有很好的悟性，一些好的规章制度定得非常科学严密，但在执行过程中却像是一拳打在棉花上，不能落地生根。

执行力不是一个表象问题，要达到“提高执行力”的目标，我们首先要找出执行体系中的关键要素——那些起到特别作用的要素，其次要制定相应的法则，这样才能保证执行力的健康发展。

5.2 领导是制度的第一执行者

领导者或领导人才的优秀程度取决于一些基本素质的优秀程度，以及这些素质融合在一起的综合质量和综合效果。要造就优秀的领导者或领导人才，就要确保这些基本素质都是优秀的，而且还要这些优秀素质都能够用最佳的方式融合在一起。只有这样，领导者才能最终取得事业上的成功。

5.2.1 领导要尊重制度

企业执行力是指企业及其组织成员贯彻战略部署、推进决策实施、实现组织目标和完成工作任务的实践活动和行为能力。

在现代市场经济条件下，一流的企业必然具有一流的行为能力。在现代市场经济条件下，战略结果化、企业管理精细化、企业运营科学化、企业发展持续化具有重大意义。

对企业来说，领导者是最重要的执行主体，是企业执行力的第一推动者。执行是否到位，既反映一个企业的整体素质，也反映企业领导者的综合素养。

领导者以身作则，企业执行力必然就强，否则将大打折扣。提升企业执行力，首先要提升领导执行力。要求领导者要有敬业精神、重战略思维、具专业素质、讲工作方法。

但是，一个企业的领导者不管多么优秀，都不能取代制度。

1. 制度是管理的基础

提升企业执行力，最根本的是提升制度执行力。成功的企业一定是制度化的企业，是靠制度管出来的。建立完善合理的制度，不断规范执行力标准，对于企业持续有效的发展至关重要。制度越健全，执行越充分；制度越合理，执行越有力。

2. 强化制度的绝对权威性

制度至高无上，任何组织和个人都不能游离于制度之外，更不能凌驾于制度之上，这是企业制度化管理的本质要求。为此，必须树立制度面前人人平等，员工以执行制度为己任的意识，坚决杜绝“好人主义”，令出必行，绝不搞“下不为例”。

3. 变“手动挡”为“自动挡”，推进制度的自动运行

提升企业执行力的核心就在于推进制度的自动运行，实现制度化管理。为此，

要建立健全科学完善的企业制度，使之覆盖企业全员、全过程、全方位，努力形成靠制度管人、管企业的长效机制。

要切实维护和保持制度的稳定性、一贯性和连续性，不能因人而异，更不能因人而废。要大力增强全体员工的规则意识，让员工养成按制度、按规范、按程序办事的行为惯例。要严格进行制度的监督与考核，让制度落实到位。

5.2.2 领导要带头遵守制度

【企业实例】 联想公司的总裁柳传志曾经说过："不管企业做什么事，就怕含含糊糊，制度定了却不严格执行，最害人。"他认为，企业制定了制度、立下了规矩就要执行。

领导者既是一个组织的发号施令者，更是组织的排头兵。因为领导者的行为表现大家都看在眼里，记在心上，有样学样。所以，领导者应该身先士卒，积极执行制度，以便给员工积极的影响。

在联想，由于开会的机会多，如果总有人迟到，就会影响会议的进展，很多事情及没法顺利讨论。所以，联想制定了一项制度：谁迟到了谁就要罚站，罚站一定要站一分钟。迟到者罚站的时候，会议就会停下来，而大家看迟到者罚站。这让迟到者很难受。

联想刚制定这项制度时，第一个迟到的人是柳传志的老领导——原计算机处的老处长。柳传志说："当时他罚站的时候，站了一身汗，我坐一边，也是一身汗。后来我跟他说，老吴，晚上我到你家去，给你站一分钟。但是今天，你必须罚站一分钟。当时真的很尴尬，但我还是硬着头皮撑了下来。"

之后，联想的创始人之一张祖祥也因开会迟到被罚站。此人是联想最早的副总经理、副总裁，虽然位高权重，但是违反了公司的制度规定，同样没有面子可讲。

同样，就算柳传志迟到了，也绝不搞特殊化。柳传志就曾迟到过三次，也罚站过三次。他说："我被罚三次其实也不算多，因为我开会最多。有一次，我被困在电梯里，电梯坏了，我不停地敲电梯门，想叫人帮我去请假，最后没人。在这种情况下，我也要罚站。"

在制度面前，没有特例、特权，这体现的是一种平等理念。在执行制度时，领导者不仅要自己带头遵守制度，还必须坚持原则、按制度办事、敢抓敢管，从根本上维护制度的严肃性和权威性，坚决处理违反制度的现象。

在任何一个公司，领导者的行为都是员工的榜样。制度作为大家共同遵守的准则，对领导者的要求远甚于普通员工。领导者只有在制度下身体力行、带头遵守，才能维护制度在员工心目中的权威性，才能让下属自觉地遵守制度。

管理者要想在制度方面做好表率，给员工做好榜样，带动大家提升执行力，就必须做到下面几点，如图 5-2 所示。

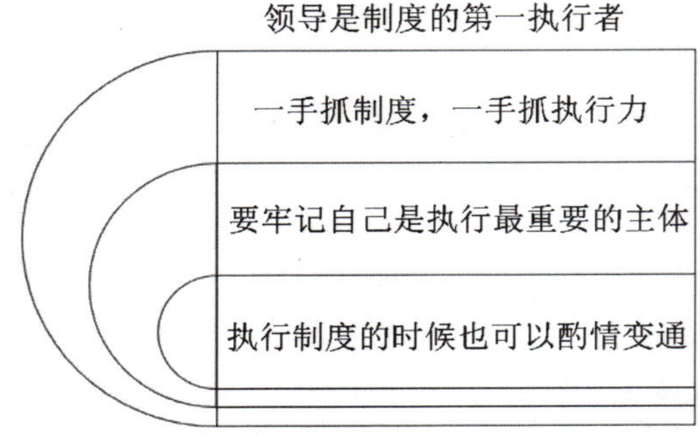

图 5-2　领导是制度的第一执行者

1．一手抓制度，一手抓执行力

在制定制度的时候，要考虑到可操作性，保证全体员工能有效地执行制度。因为再好的制度，也只有成功执行之后，才能显示出其价值。

因此，管理者必须既重视制度的制定，又重视制度的执行，做到一手抓制度一手抓执行，两手都要硬。这对企业的成功是缺一不可的，是企业未来发展的指南。

2．要牢记自己是执行最重要的主体

许多管理者把制度和执行割裂开来，认为自己只是负责制定制度的，至于执行那是下属的事情。

因此，细节性的制度，他们不执行、不遵守。这种做法是绝对错误的。相反，执行制度应该是管理者最重要的任务。

真正优秀的管理者，总是善于脚踏实地地遵守制度。同时，只有当领导积极参与制度的执行，才能准确并及时发现制度和策略是否能够实现，才能根据执行经验不断调整制度或策略。

3．执行制度的时候也可以酌情变通

有时候，凭借主观经验和已有知识制定出来的制度，可能不那么完善。加之事物处于不断发展变化之中，在实施管理的过程中，会出现许多新情况、新问题。

因此，如何克服制度本身存在的缺陷，不断调整和完善制度，需要管理者学会“变通”。值得强调的是，这里的变通绝对不是借口，而是管理企业必要的智慧。

5.2.3　执行制度绝不能有例外

在平时工作中，为何总有这样的感觉：制度非常严密，规章也非常细致，然而，在一些领导身上还是存在不正之风，还是会产生一些违反企业制度的行为，让员工不满意。

为什么呢？这主要是指执行制度时有了例外。因此，要阻止违纪，使领导作风建设能够开展得实实在在，让员工对干部队伍的作风建设感到满意，真正做到以人为本，就必须做到执行制度时不能有例外。

1. 在制度面前人人平等

领导应该是执行制度的模范。领导是决策者，更应该有执行制度的严肃性和主动意识，而不应该超越制度、凌驾于制度之上。那样，既破坏了民主，也亵渎了制度。

制度如果成为某些人随意搓揉的面团，员工便会丧失对领导的信任。因为领导执行制度时有了例外，也就会有人进行模仿，出现一批在执行制度时出现的例外。

为何我们在办事时，不是凭制度、凭规章，而首先想到找熟人、托关系，这实际上也昭示了制度可以放在一边，通过托关系或找熟人把不能办成的事情办成的不正常现象的存在。

这种领导者在执行制度时的例外，具有极大破坏性的示范和教唆作用。

2. 执行制度时，不能有任何借口

领导者不能抛开制度打招呼、批条子，更不能找借口，因有特殊贡献、或为招商引资而为某些违规行为开“绿灯”。领导者嘴上要求严格执行制度，但一旦碰到特殊情况，就找借口说某某对企业的贡献、某某是上级领导，以后在资金、项目上能够多多关照我们。

那么上级又凭什么在执行制度时随意而“自由”？难道奖金的下拨和项目的确定，就是个别人说了算？还不是在执行制度时有了例外，让个别人享有特权。

制度执行一旦有了例外，在执行制度时有了空隙可钻，就如大堤，一旦有了突破点或缺口，那就非常危险了。

3. 有了小例外，就会有大借口

一些领导常常从小处开始，先是为熟人开后门，办些小事，再到为亲朋好友提拔任用拍板；从为他人介绍点小业务，到直接插手工程，收受贿赂，无不是从执行制度有例外开始。

也正是因为某些领导的“带头”精神，社会上才形成了凡事要托关系、找后门的不良风气，在企业内部也就有许许多多违法乱纪的行为发生而不能及时被发觉。

况且，执行制度时的例外，也不是普通人能“例外”得起来的。即使想例外，也得找领导者或权力部门才能例外得起来，这当中必然会产生违纪行为。

因此，应该倡导在制度面前人人平等的精神，执行制度时，无论谁都不应该有特权和例外。领导者不仅要在执行制度上做表率，还要营造严格执行制度的氛围，让大家做执行制度的模范，做执行制度的监督者。破除例外，尽显公平，这才是我们享有尊严和体面的基础。

5.2.4 领导遵纪守法很重要

【企业实例】 N公司与Z公司由各自的代表谈判后签订了合作协议。协议由Z公司拟定，N公司与Z公司共同修改。Z公司在起草协议的时候并没有充分考虑到相关的法律，而在协议中出现了一些不合法的条款。N公司也没有注意到这个问题。所以，实际上这份协议是无效的。

协议执行的过程中Z公司出现了没有想到的困难。公司中懂法律的员工仔细研究了协议之后提出了该协议实际上是无效的，如果不执行可以减少公司的损失的提议，Z公司领导权衡了利弊之后采纳了这个建议。

由于Z公司为减少自己的损失而单方面停止执行双方的协议，给N公司造成了巨大经济损失，双方立刻由合作伙伴变成了法庭上的原告和被告。长期打官司的过程，严重影响了两个公司正常的经济活动，无意间，双方的损失都不小。

在上述案例中，看似N公司的损失是由于Z公司的失误和毁约造成的，实际上N公司对这件事负有一定的责任。协议签订的时候，如果N公司的代表对法律的了解比较透彻，能发现其中不符合法律的地方，及时要求修改协议，然后再签订。那么，之后Z公司再违约就是违法行为，双方即使对簿公堂，有理的也是N公司。

作为代表公司的谈判人员，需要懂得与自己公司从事的行业相关的法律，而且要不断地更新自己在这方面的知识，这样才能用法律保护自己，也防止由于自己的法律知识不够全面而出现违反法律的情况。

国有国法，家有家规。只有大家都按照既定的规矩办事，才能创造一个公平的竞争环境。要在所进行的经济活动中完全符合国家的法律，并不是件容易的事情。因为随着我国进一步的发展和与国际接轨，很多法律、法规都在不断地完善中，在这些完善的过程中，有许多从前是合法的活动，现在做就变得有违法律了，而且还有一些从前的不可以做的事情，现在就有些许的放宽了。

所以，要做到在经济活动中不违法，就要时刻关注国家对于相关法律、法规的修改与修正。以此来作为规范自己行为的准则。

法律是一把双刃剑，用好了可以保护自己，不够了解也会把自己伤到。所以，懂得法律并为自己所用是企业经理人必备的能力之一。

如果公司一时没有懂得法律的人才，可以雇用一个法律顾问，让他来帮助公司解决一切有关法律的问题。这样做不但能减轻公司其他员工的负担，而且能达到更好的效果。

懂得法律，并不意味着就会遵守它。总有一部分人钻法律的空子，用自己懂得的法律知识来从事非法的经济活动。这一部分人属于有才无德的人，不管多有能力，公司也不能让其做代表，尤其是不能委以重任。

有长远战略眼光，希望自己的公司能够长期发展的领导，都不会雇用这样的员

工。所以，懂得法律只是遵纪守法的基础，有较高的道德标准才能够真正地做到遵纪守法。

5.2.5 领导要有正直的品质

美国成功心理学大师拿破仑·希尔博士说："真正的领导能力来自让人钦佩的人格。"公道、正直、诚实、善良、博爱等是每一个成功的领导者已经融入血液中的品性，只有品质高尚的领导者才能成就卓越优秀的企业。

《领导力》的作者库泽斯和波斯纳在过去 20 年中，在三个不同阶段对 7500 人调查后发现"真诚待人"是得票率最高的领导品质。对一个领导者来讲，真诚是一项最基本的原则，也是最基本的道德底线，更是获得追随者的一种能力。

【企业实例】 周先生做销售已经有几年时间了，由于他能吃苦，对待任何客户无论大小都热情、认真、负责。所以，周先生的业绩一直不错。这一年，公司招聘来了新的经理，据同事们说，这个经理在从前的公司业绩很好，没有一个员工能超过他，之所以辞职是因为他想换个工作环境。

周先生对新经理的事没有在意，他觉得只要做好本职工作就可以了，上司是谁并不重要。新经理上任的第一天，周先生和同事们一起与经理见了个面就各忙各的去了。起初，大家都相安无事，经理并没有过多地干涉员工的工作，只是定期进行检查而已。

几周之后，经理发现了周先生优秀的业绩，情况发生了一些变化。周先生发现经理总是有事没事地找他说话，而且提出了他工作中的很多缺点和问题。可这些所谓的问题对销售工作并没有什么影响，而且有时更像是"鸡蛋里挑骨头"。

这样的找碴儿行为严重影响了周先生的工作，使得他每天拜访客户的数量没有办法得到保证，业绩自然也大不如前了。同事们对这件事敢怒不敢言。由于销售人员的薪水是根据业绩的多少来发放的，周先生自然每个月拿到的钱很少。几个月之后，由于忍受不了经理的无理挑剔，周先生提出了辞职，离开了公司。

领导者要有正直的品质。领导者是否正直最大的体现就是他怎样对待员工的问题。上面例子中刚刚上任的经理是个嫉贤妒能的人。他自己在销售行业很出色是不可否认的事实，可他不能容忍自己的下属比自己强。

当然，每个渴望成功的人都希望自己是最棒的。但是，用什么样的方法使得自己成为最棒的则能看出一个人的人品如何。正直、光明磊落的人选择努力工作，用实际工作表现来达到目的，而上例中的新经理却选择了做小人的做法，通过影响别人的工作表现来达到目的。品质不正直的人不适宜从事任何工作，尤其不适合成为领导。

领导者的一举一动直接关系到员工工作的心情、态度，最终也就影响了公司和部门的效益。正直的品质，这是一个道德范畴。如果说一个领导者品质有问题，尽管他没有违反法律、没有违反公司的规章制度，他也不能算是一个合格的领导。

那么，从各种硬性规定来看，他仿佛是合格的。不过，在他手下任职的人员可不这样认为，而且十有八九都打心眼儿里看不起这个不正直的上司。

想想看，一个由这种形象的人领导的团队能做出什么样的成绩呢？因此，领导者的品质是否正直，直接关系到员工的工作表现，更加关系到整个部门的利益。

一个健康的组织必须强调正直的品格，而最应该拥有这种品格的就是领导层。领导者的品格如何，最有发言权的人是每天与他一起工作的员工。只要工作一段时间之后，大家就心知肚明了。

当然，领导者不可能做到任何事情都正确，他也是人，只要是人就会犯错，员工会理解这一点。但是如果经理人的人品有问题，不正直，那么，员工是不会原谅他的。虽然这种不满意不会立刻显现出来，但是，它会渗透到工作的方方面面。

德才兼备、有德无才、有才无德，这三种人中的哪一种更适合做领导者呢？大家都会选择第一种。有些人可能认为，才能才是最重要的，聘用有才无德的人作为领导者，可能在前期会看到不错的成绩，但是，这样的人给公司带来的损失可能也是不可挽回的。

作为领导者，对“德”的要求应该大于对“才”的要求。因为不正直的人给公司带来最大的损失是他破坏了公司最宝贵的资源结构——人才群体。

一个领导者要做到正直，首先要在道德上对自己有较高的要求。其次，再从下属对自己的评价上看看是否做到了。最了解你行为和言谈是否正直的人是员工，他们怎么看待你呢？你和他们之间是否能够相互理解呢？可以用各种方法来收集员工对你的看法和评价，如设置一个意见箱，或者定期征求一些员工的意见等。

不过要切记这些方法都是为了监督你在员工心中是否正直，而不是用此来打击那些对你有意见的人。所以，在实际操作时一定要让你的员工感受到你的诚意。

5.2.6 爱岗敬业是领导执行制度的体现

【企业实例】 日本索尼公司的产品在刚打入国际市场时销量很不理想。当时，索尼的产品在日本国内卖得很火，但在美国却无人问津。虽然国外部部长一而再、再而三地宣布降价，却并没有任何起色，反而形象越来越差，市场反应更加冷淡。

1974 年，卯木肇在索尼公司美国市场最困难的时候被任命为国外部的新部长。他并没有像上一任部长那样继续降价，而是先开始调查工作，找到索尼不能被美国人接受的原因。

通过调查，卯木肇发现了两个问题。第一个问题，索尼彩电大多被摆放在廉价出售的旧商品小店里，上面落满了灰尘。第二个问题，索尼没有和一个美国的电器销售商取得联系，尽管美国从事这方面工作的人有成千上万。

卯木肇对问题进行分析之后认为，索尼之所以在美国不能成功的原因是没有征

服销售商，自然就不能征服消费者。

找到了问题的关键，也知道了如何解决，下一步就是行动了。卯木肇选择了芝加哥最大的电器销售商——马西里尔公司，一次次地进行拜访，直到第四次他才见到了对方的经理。

虽然终于可以和对方面对面交谈了，但是那位经理的态度十分冷淡，甚至还嘲讽、挖苦卯木肇。卯木肇没有和他计较，更没有放弃。他按照经理的要求将小店里的彩电全部收回，再重新刊登广告，以此来塑造索尼在美国人心中的形象。

再次拜访对方经理时，又出现了新的问题，对方以索尼售后服务太差而拒绝了为其销售。卯木肇立刻开始筹建特约售后服务部，为此登广告，并向消费者保证维修人员会随叫随到。

第三次与对方经理见面，责难再次出现，对方说索尼没有知名度。忍了很久的卯木肇被惹火了，他要求自己手下的每一个员工每天给马西里尔公司至少打一个电话，电话内容就是要求购买索尼彩电。

由于马西里尔公司职员并不知道这是索尼公司员工打来的，所以将索尼列入了“等货名单”。经理知道后十分生气，将卯木肇找来并责问他。卯木肇没有示弱，而是据理力争。经理终于答应为索尼代销 2 台彩电，并说如果一周内卖不出去，今后就再也不会销售索尼的产品。

卯木肇明白，第一步已经取得成功，他立刻派公司 2 名优秀的销售员与马西里尔公司一起推销，并要求他们只许成功不许失败。当天下午，2 台索尼彩电全部卖出去，为下一步打开局面，索尼又送来了 2 台。

当年 12 月，索尼创造了一个月售出 700 多台彩电的记录。看到如此骄人的成绩，马西里尔公司的经理主动要求加强合作。在卯木肇的努力下索尼成功地占据了美国市场，成为彩电业的一大王牌。

卯木肇在索尼的国外市场最失败的时候接受任命，如果他不认真分析公司产品在国外不成功的原因，而是继续上一任部长的方式工作，或者将在日本国内使用的销售方式搬到美国，他会比较轻松，不用看美国销售商的脸色，也没有人会责怪他，因为在他之前的人都没有成功。

但是爱岗敬业的卯木肇并没有选择轻松的工作方式，而是将工作重点放在了怎样解决问题上。不管解决问题的途中有多么艰难，他依然按照自己预定的方式进行着。

爱岗敬业在什么时候最能体现？看看卯木肇的工作，堂堂一个大公司的部长，要不停地拜访其他公司的经理，还要看对方的脸色。其实，卯木肇完全可以将这个工作派给其他人去做，他做总指挥就可以了，这样可以给自己避免那些不必要的尴尬。然而，卯木肇深知自己岗位的重要性，也知道公司在这个时候让自己来担任这一职务的用意在哪里。于是，一心要将工作做好的卯木肇把索尼成功地打造成为美国家喻户晓的名牌。

爱岗敬业是每一个企业、公司对于每一个员工的要求。可是，又有几个人能真正做到呢？干一行，爱一行，对大多数人来说只是个口号而已。

我们在孩提时代就有了自己的理想，这个美丽的理想中最重要的组成部分就是自己将来从事的工作。然而，当我们真正走入社会时，很多人在生存的压力下选择了一份自己并不喜欢、有时甚至还有些厌恶的工作，不良的心态自然被带入工作中，工作出色一定谈不上，而且很有可能都无法将基本的工作完成。

现实就是现实，它往往都站在理想的对立面，凭一个人的力量很难在短时间内将现实改变得与自己的理想一致。也就是说我们很难改变周围的大环境，可以改变的只有自己，而改变自己就要从改变心态开始。

不管你正在从事的是什么工作，也不管你处于哪个岗位，抛弃对它的不满，开始试着喜欢上它，才会有机会将工作做好，也就有机会将现实与梦想的距离拉近。

“爱岗”之后自然会“敬业”，任何人都会不自觉地把自己喜欢做的事情做得非常棒，都会总想着还有什么没有做好的地方，怎样将这些完善。所以，首先爱上你的工作吧，从心里真正地喜欢它，这样不管遇到任何困难你都会有勇气和毅力去战胜它们。

爱岗敬业并不意味着埋头苦干，最辛苦的工作者并不一定是创造价值最多的人。在现代社会中，大部分工作都不是简单、机械地重复，而是需要手脑并用的。

如果你今天只是没有任何提高、没有任何成果地重复昨天，那么不管你在这个岗位上工作是多么辛苦，你都不能算是个爱岗敬业的人，尤其对于公司的领导者来说，更是这样。

所以，在工作中努力找到最合适的方法，并运用它，随着外界情况的变化，不断改变自己的工作方式，使得工作更加有效，这样的爱岗敬业才更值得提倡。

工作中要做到爱岗敬业最重要的是调整好心态，尤其是对本职工作有排斥情绪的人，更加需要先调整好心态再开始工作。如果你经过比较长时间的心态调整还是无法消除对于工作的排斥情绪，那么，建议你重新选择工作，重新选择职业。因为带着排斥的心态工作永远无法做到爱岗敬业，更不用说能在工作中取得成就了。

调整心态的第二步是要让自己对工作有责任心，也就是说从心底里认为自己是这份工作的成败负责人。这样，才能为爱岗敬业打下良好的基础。

最后一步就是要真心爱上自己的工作，把工作当作乐趣。

5.3 要做到执行流程规范化

想要执行到位，责任意识是基础。强烈的责任感和事业心是提高执行力的内在动力。只有拥有“在其位、谋其政、尽其责”的责任意识，才能尽心尽职地做好每

一件工作。

企业要在日益激烈的竞争中取胜，要想基业长青，归根结底要依赖于企业自身的能力，而企业的能力来自组织流程。

通过组织流程，企业将各种资源，如人力资源、财务资源等，转换成企业的能力。因此，组织流程就成了企业竞争力的决定因素。

5.3.1 执行流程，不是孤军奋战

【企业实例】 某公司老板把流程梳理好了，也通过流程软件进行了固化，但是却感觉不到效率的明显提升。人员照旧那么多，工作也照旧那么多。

后来，公司进入营业旺季，分销商老是抱怨该公司的发货速度太慢，也不知道该公司内部的问题在哪里。流程部发现原来在发货审批的过程中有一个环节老是出现被退回的情况。通过软件的分析发现，这一节点的审批表有一半都被重新打回去。原来一天可以批 200 份左右的单子，但是有一半被打回了，如今只能做 100 多份了。

调查结果是该部门按照领导要求重新对发货进行了分类，但是制定的表单只是在原来的表单上面改动一个字段，而没有进行具体地说明。许多销售人员根本没有注意到这一细节的转变，都是随意填写，导致申请常常被打回，不得不重新走流程。

再进一步分析，发现有个部门一天审核 600 份左右的单子，但是实际上只有不到 200 份的单子，分摊下来基本上只有原工作量的三分之一。一边是人员忙不过来，也是抱怨连连，另一方面却是一些人在偷懒。

营业规则发生了转变，不一定会导致营业模式发生转变，但是会导致流程的表单发生转变，同时也会导致流程的执行人员发生转变。流程梳理完了之后，固化在体系中并不意味着流程要僵化在体系中。

流程在运行过程中，需要经常对流程的节点工作量进行分析，判定流程是否合理，流程的表单和文档是否需要调整，最后来实现营业的稳固运行和人力资源的合理配置。

在组织流程的过程中，绝对不是领导的孤军奋战，而关键在于员工的配合。人员流程无疑是最为重要和关键的。

如果一个组织不具备一种科学和完善的人员流程体系，将永远不可能充分发挥其潜力。抓好人员流程要从以下几点做起，如图 5-3 所示。

执行流程，不是孤军奋战

- 要挑选有执行力的员工
- 领导者要相信员工
- 注重开发组织成员的价值
- 人员流程要与战略流程、业务流程相连接

图 5-3 执行流程，不是孤军奋战

1. 要挑选有执行力的员工

一般具有执行力的人的主要特点是：自动、自发，注意细节，为人诚信、负责，善于分析、判断和应变，乐于学习，具有创意，对工作有韧性，人际关系(团队关系)良好。领导要具备挑选人才的能力，挑选与培养优秀骨干的任务不能授权他人。

2. 领导者要相信员工

领导者要信任下属的品质，不束缚他们的手脚，让他们创造性地开展工作。既要委以重任，又要授予权力，令其能承担责任，忠于职守。

当他们的工作中出了问题时，用人者要勇于承担责任，帮助他们总结经验，给予有力的支持。同时，要认可下属的工作态度，明白下属的工作方法，理解下属的内在需求，信赖下属的工作责任感。

3. 注重开发组织成员的价值

如果用冰山来比喻人的价值，那么，每个人都有沉在水面下尚未被开发的巨大潜在价值，而漂浮在水面上的就是展现出来的各种能力。

领导者应善于进行现有人员价值的开发，有效地提高员工的工作绩效，增进组织的创新能力，造就良好的组织文化氛围。

4. 人员流程要与战略流程、业务流程相连接

人员的选用、配备与战略的制定和执行，与运营计划的目标连接起来，保证三者协调发展。尽量防止人员流失，构建人才储备库，对现有人才进行评估，判断他们该进行哪些培训，以便能承担更重大的责任，并适应组织的长久发展。

5.3.2 执行怎么样，看细节是否给力

【企业实例】 在德国，提起无限的爱(组织)日用品和化妆品连锁超市 DM，无人不知，无人不晓。30 多年前，格茨·维尔纳创建了第一家 DM 连锁超市。在经营管理过程中，他有自己的一套理念。有时候，他在执行细节的时候，还会做一些“古怪”的行为。这些都是人们津津乐道的话题。

有一次，维尔纳在巡视一家 DM 分店时，突然叫分店经理把扫把拿过来。分店经理赶忙找来扫把，递给维尔纳，一脸疑惑地看着维尔纳：“维尔纳先生，你这是要干什么啊？”维尔纳经理示意分店经理看灯光，说：“你看，灯光亮点聚集在地上，不是浪费了吗？”说完他用扫把把灯管拨一下，让灯光照在货架上。

也许有人会问：连这么小的事情，老板也要过问，并且亲自动手，岂不是要把他累死吗？可就是这样一个大老板，他如今拥有 1370 家连锁店，两万名员工，年销售额高达百亿欧元。在同行业中，维尔纳是做得最出色的，也是最富有的。2003 年

年初，他的个人资产达到了 905 亿欧元。

当别人问维尔纳是怎样把企业做大、做强的时候，他的回答是：“以身作则地注重细节。”他解释道：“这样做永远比下达批示给员工留下的印象深刻得多。”当然，他也解释道：“我不可能每天都到所有的分店跑一圈，不可能每个细节都不放过，所以，这就是我在全公司打造细节执行力的原因所在。我不但要注重细节中的执行制度，更要让全体员工都重视细节。”

作为一名管理者，可以不必事必躬亲，也没必要、不可能事必躬亲，但一定要学会明察秋毫，能够比他人观察得更仔细，做得更认真。

管理者要像维尔纳一样，在某一细节的操作上做出榜样，使员工有一个效仿的标本，并对员工形成一种感染力和影响力，使得大家都不敢马虎。只有这样，企业制度的执行才能做到完美，企业的工作才能真正落实到位。

制度关系企业的成长，在执行制度的时候，如果不注重细节，随便敷衍了事，就很可能导致企业这艘船撞上暗礁、沉入深海。因此，管理者不得不重视从细节下手把公司制度落实到位。下面有几点建议，值得管理者们去参考和借鉴，如图 5-4 所示。

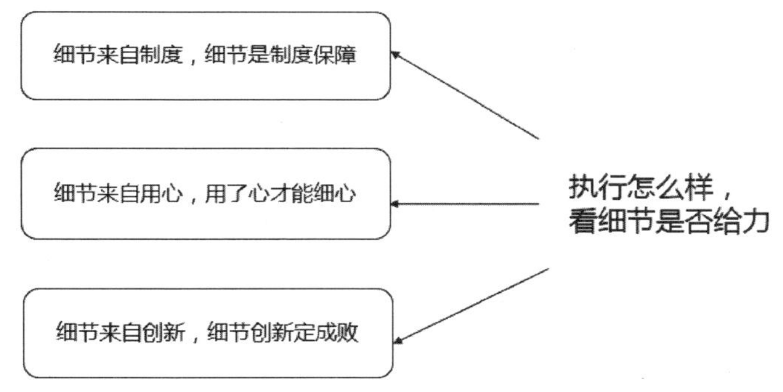

图 5-4　执行怎么样，看细节是否给力

1．细节来自制度，细节是制度保障

没有制度就没有管理。因此，制度是最好的老板，只有制度才能把企业管理得长盛不衰。看看肯德基、麦当劳等国际大企业，它们的产品之所以能几十年在世界各地畅销不衰，其核心竞争力就是流程管理。

要知道，这两家公司的管理条例多达数千条。比如，为了保证食物新鲜、可口，麦当劳的管理制度规定：汉堡在 7 分钟内没有卖掉，就直接扔掉，绝不能卖给顾客。这种量化、细化的制度是中国食品企业所欠缺的。可见，要想有好的细节管理，首先要有好的制度来保障。

2．细节来自用心，用了心才能细心

为什么很多人在落实制度的时候，不是这儿犯了错，就是那儿犯了错？因为他们没有用心地去执行制度，而是用应付的态度去对待。这样差错怎么避免得了呢？

反之，如果我们在执行制度的时候用心留意每个细节，那么很多差错、漏洞都是可以避免的。不管做什么事，只有当你真正用了心时，才能做到细心。你用心服务客户，才能了解顾客想要什么；你用心与客户合作，才能理解客户的想法和要求；你用心地落实制度，才能保证制度执行到位。

3．细节来自创新，细节创新定成败

著名管理学家彼得·德鲁克认为，创新是现代管理的一项基本技能。在细节上创新，应该纳入企业制度之中，这是企业持续发展的灵魂。

比如，某市有 4 种报纸，日报、商报、时报和晚报。在以往的竞争中，各报纸只是在版面上做文章，比如增版，再不然在价钱上做文章、搞优惠。然而，一家晚报在细节上做了创新，他们打出的广告词是：卖报，卖报，新闻早知道。言外之意是，如果今天你想知道明天的新闻，你就应该买晚报。这一细节上的创新使该报销量大增，在竞争中遥遥领先对手。

5.3.3　领导者要适时扩大下属的职责

每个领导者都喜欢有责任性的工作，在座谈会中，大部分人都有如此的想法“让我从事责任更大的事吧！”或“责任感越重之事做起来越有价值。”

为什么人们想负这么多的责任？最大的原因在于越有重责表示此人越有能力。不过给了某人责任之后，相对的要赋予其相当的权限，在此权限内，可以依照自己的方法做事。

底层工作人员或从事单纯、辅助性工作的人员，即使能圆满完成任务，也不觉得有什么自豪感，这是因为他们不能按照自己的理想做事。

每个人都有强烈的表现欲望，希望别人看中他，故想多负担一些责任。因为负担了责任，自己就有责任感。换句话说，给了某人责任与权限，他就可以在此权限范围内有自主性，以自己的个性从事新观念的工作，因此他就拥有了可自己处事的满足感与成就感。

1．不要做个啰唆的主管

主管若过于啰唆，无论大小细节都要说明、吩咐，只会徒增下属的烦腻，同时下属也会觉得自己根本无须负责，于是欠缺责任感，工作热情也随之降低。

在啰唆的主管吩咐下的工作人员，其责任感较公司给予的只是框架，然后一切细节由工作人员自行负责者来得低。

【企业实例】 某公司里一位 A 部长调职，继任者是 B 部长。不到一年的时间，该部门生产量增加了 16%，在此我们研究了 A、B 部长的作风。A 部长一天到晚从楼梯爬上爬下，不厌其烦地指示下属；B 部长的作风却迥然不同，任何事仅指示大纲，一切细节则由下属自行负责，他也不限制下属的自由，完全尊重他们。下属因为依照自己的想法做事，越做兴趣越浓，也希望将该事做到完美的境界，因此达到了良好的效果。因两人作风不同，工作成效也大不相同。

照以上例子来看，不仅要让工作人员负责任，而且要赋予他们相当的权限，使其可以依照自己的意志做事，如此才能提高工作效率。

2. 权责必须均衡

责任与权限必须均衡。我们所说的赋予工作人员权限就是让他们在自己意识下工作。很多主管对下属只强调责任，而极少赋予权限，只是一次次地指示员工，以致很多下属根本没机会依照自己的办法去做。在此状态下，无论如何强调责任都无法收到预期的效果。

在许多企业、机关中，责任与权限无法合二为一。权限都集中于上级，下属仅负责任而已。须知无论何事，一旦欠缺权限则产生不出责任，因此责任与权限必须始终一致。

那么责任到底是什么呢？工作人员有完成工作的义务，假若无法完成或工作成果不好时，就非要负责任不可了。但所谓的责任并非要提出辞呈，或要等待受罚，而是在失败之外加以弥补，使其不良影响降至最低限度，而且要找出失败的原因，绝不再重犯。

另外，下属做错了事，领导也不能逃避责任。当自己的下属失误时，在处罚部属之前必须自己先反省一番，看看自己的做法是否妥当，导致失败的原因何在，并且要改正缺点，这才是主管人员的职责所在。

在与年轻人的交谈中，大家大都认为："任何一件事，上司若信任我们，可放手让我们单独去做，我们必定会更加卖力。"新来的员工在经过一段时间的锻炼之后，逐渐积累了工作经验，新鲜感再加上适当的经验，使其越做越有味道。

反之，若成年累月地做同样的工作，时间一久就会觉得枯燥无味、单调无比，原先的工作热忱也就消失了。故领导应依照员工工作熟练度，由最基本的 D 级晋升到 C 级工作，再由 C 级跳到 B 级，如此一级级地赋予较高级的工作，他们做起事来也不致有厌倦感。

但是工作编排并不只限于纵的方面赋予高级工作，有时也可能在横的方面赋予范围更广的工作，其中的道理都是一样的。

5.3.4 指定负责人，授权他全权执行

【企业实例】 20 世纪 60 年代初，杜邦公司遭遇了一次生死危机，为了度过这次危机，公司不得不把价值 10 亿多美元的股票卖出去，致使家族多年积累的优良资产流失了。

公司在经营管理上出了问题，说明旧有的经营模式和管理制度已经不适应公司的发展。为了走出这场困境，科普兰·杜邦临危受命，担任杜邦公司的总经理兼董事长，他一上任就提出了新的经营方针。

1967 年年底，科普兰开始采用授权制度管理杜邦公司，他首先把总经理的职位让出来，让非杜邦家族的马可担任，授予他管理公司大小事务的权力。接着，他又把财务委员的职位让给了非杜邦家族的人担任。而他自己只担任董事长一职。这样一来，杜邦公司形成“三驾马车”似的管理体制。到了 1971 年，科普兰又让出了董事长的职务，让公司有才能的下属担当。

在这之前，杜邦家族以外的人根本没有机会担任最高管理职务。因为杜邦家族对外人不太信任，担心他们不能忠于杜邦家族。因此，很多重要职务都由杜邦家族的人占据着。

但不可否认的是，有些杜邦家族的人做得并不好，所以，科普兰的做法可以称得上是任人唯贤，不计对方的出身和家庭背景。这一做法掀起了一场跨时代的变革，彻底抛弃了故步自封的家族管理体制。

从此，杜邦公司正式成为一个由专业管理层接管的公司，员工在得到信任和重用之后，责任心、积极性高涨，公司的制度执行力也很好，因此，逐渐走出了困境。

如今，杜邦公司中，杜邦家族的成员只有 5～6 列席公司的董事会，1 人进入最高管理层。虽然杜邦公司中杜邦家族人员的比例越来越小，而且也基本上不参与重要的决策和管理，但是杜邦公司的所有者仍然是杜邦家族。

从第 11 任总裁科普兰至今，已经更换了 8 位总裁兼董事长，但杜邦公司一直沿袭着同样的企业制度；那就是充分信任下属，指定负责人，授权其全权执行公司制度和做决策。

任何一个有一定规模的企业，如果想把企业管理好，管理者都应该明白一个道理：一个企业，如果没有制度，没有通过制度来实施管理，那么这个企业的老板和高层管理人员一定会很累，而且管理效果还不会好。

这是典型的吃力不讨好。所以，当企业发展到一定阶段之后，制度的建设与执行就会是一项关键的管理工作。

不少企业管理者发现这样一个问题：制度制定出来之后，执行时出了问题，甚至制度制定了很多，但是执行效果并不好。对于这个问题，杜邦公司的做法或许能

给我们一些启示。

杜邦公司聘任家族外的人担任公司的高层管理者，这体现了对员工的一种信任；杜邦公司授权给那些管理者，让他们尽情发挥自己的能力，这体现的是一种授权；杜邦公司指定非家族成员担任公司总经理，这体现了一种责任划分。由此可见，要想执行好制度，企业老板应该做到信任员工、指定专人负责执行，让其承担相应的执行责任，行使相应的执行权力。这就叫指定负责人，授权给他人执行。

如果每家公司对员工都信任到这种程度，同时也清楚明白地讲清权责事宜，相信大多数员工都会不辱使命，把制度落实到位。

1. 制度制定之后，明确由谁来负责落实

当公司制定某项制度之后，管理者应指定某个员工，授权给他，让他负责监督这项制度的执行。只有明确了由谁负责某项制度的执行，制度的落实才有初步的保障。不少企业制定了制度、决策，但在实施过程中没有指定专人负责，往往导致制度、决策执行不了了之。

2. 向制度的负责人和有关员工说明制度的内容

当管理者宣布某项制度或决策之后，不能简单地臆断员工领会了决策和制度的内容，因而就不再向特定的负责人详细说明。

因为在很多情况下，如果管理者不花时间向特定的员工或负责人说明决策或制度为什么要这样制定，该怎么样落实到位，员工可能永远无法明白其中的道理。如果一个员工不理解，就可能导致整个制度执行的不协调，从而影响决策或制度的效果。

5.3.5 谢绝讨价还价，执行不打折扣

【企业实例】 神户炼钢厂在日本钢铁行业知名度很高，在国外也有分公司。其制度文化是：制度贵在 100%执行。也就是说，执行制度不打任何折扣。一次神户炼钢厂的 3 号机长松盛田一接班后，像往常一样打开电脑，检查当天的生产计划。

看完生产计划，松盛田一对职员说："第一炉马上就要浇中厚板，我们先去看看铸机情况，然后再浇中厚板。"说完，他就戴上了安全帽，跨出了操作室。

这时，一名职员说："这段时间 3 号铸机经常浇中厚板，都没什么问题，不用每炉都检查吧？"另一名员工附和道："检查起来挺麻烦的，光冷却水都要喷嘴十几个，反正也没什么问题，干脆就省了这个环节吧？"

"你们的想法不对啊，厂里的制度有明确要求，每炉开浇之前，都必须检查设备，确保正常才能开浇，不能因为怕麻烦就省略检查。"松盛田一一边说，一边向铸机走去。

铸机扇形段空间很小，水汽弥漫，松盛田一让员工先看看喷嘴情况。因为喷嘴虽小，但它运行是否正常关系到铸坯的质量。如果喷嘴喷不出水，铸坯就会冷却不均匀，继而出现内部断裂，导致轧钢铁质量缺陷。

所以，工厂特别规定：在开始浇中厚板之前，必须严格检查喷嘴，杜绝喷嘴堵塞现象。为了确保检查准确，松盛田一每次都要带着射灯检查。

突然，松盛田一发现一个喷嘴的水量偏小，没过一会儿，他又发现两个喷嘴有类似的情况。当他检查完所有喷嘴后，他发现了三个喷嘴的出水量偏小。此时他身上已经被水汽浸湿，但他不顾这些，一面联系维修人员处理，一面向调度中心反映情况，请求调整开浇时间，等问题处理好之后，再开始浇中厚板。

维修人员来到现场，把喷嘴里的杂物清除掉，还更换了破损的外弧水管，使喷嘴冷却水的流量恢复正常。维修完毕后，松盛田一趁机把组员叫到一起，说："厂里的规章制度是要100%执行的，千万不能打折扣，否则出了事故大家都担不起，到时候后悔都来不及。"

企业管理者要明白，制度、规则、任务等，都是交织串联、相互影响的。如果每项工作、每条制度仅仅满足于90%的质量，那么连续执行下去，最后的成绩会越来越糟糕。所以，在企业管理过程中，管理者要树立100%执行任务、落实制度的态度和作风，也要引导员工树立这种工作态度。

制度要执行到位，落实时就不能打折扣，这就要求管理者用高标准来要求自己和员工。具体怎样保证执行不打折扣呢？下面有几点建议，如图5-5所示。

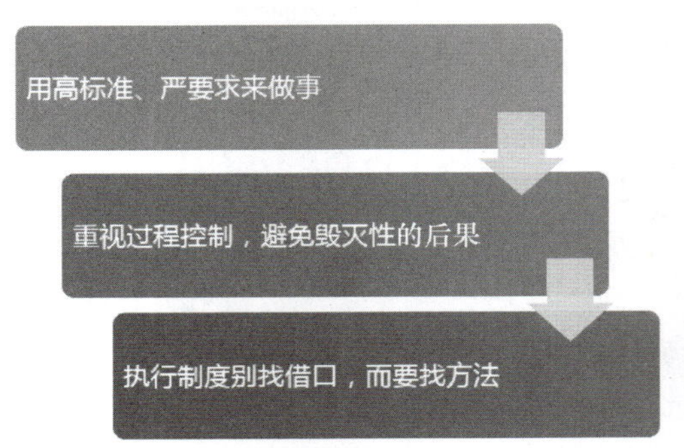

图5-5 谢绝讨价还价，执行不打折扣

1. 用高标准、严要求来做事

在激烈的市场竞争中，凡事都要有严格的标准和要求。以麦当劳公司为例，他们高标准的表现为：土豆不能炸煳了；牛肉饼变质或不够分量不能卖；店堂里、桌椅上要保持清洁，音乐要优美，板凳要舒适等。

麦当劳有一个"QSCV 战略"，即营养、美味(Quality)、周到的服务(Service)、

整洁的环境(Cleanness)、合理的价格(Value)。如果达不到这 4 点要求，经理将会被开除，分店要被关闭。

2. 重视过程控制，避免毁灭性的后果

过程控制是对事物发生、发展、演变的全过程进行全方位的评估、监督、检查和改进。这是一门学问，作用是及时发现不合格、有瑕疵的地方，避免造成毁灭性的后果。正如人们所说的“100 减 1 等于 0”，如果没有过程控制，一旦疏漏了“1”，就可能导致满盘皆输。

在很多时候，由于某个环节的薄弱、某个项目的失误、某制度执行得不到位，导致整个企业困难重重，甚至濒临破产。所以，管理者要重视过程控制，从而做到防微杜渐。

3. 执行制度别找借口，而要找方法

有时候，制度执行不到位，很重要的原因是员工或管理者爱找借口。例如，公司制定了严格的考勤制度，而有一天，一位员工迟到了，这位员工与领导的关系很好，领导不忍心拿他开刀，就卖给他一个面子，“饶恕”了他；没过几天，又有一个员工早退了，该员工在公司业绩突出，领导不想因为惩罚他打消他的工作积极性，于是“宽容”了他。这样下去，制度没办法落实，到头来领导却说制度这不好、那不好。

在这种情况下，正确的做法应该是找原因、找方法，找出一个既不驳人面子又不影响员工积极性的处理办法。

当然，如果制度上明文规定怎么处理迟到问题，那么应该毫不犹豫地按照制度办事，绝不姑息纵容种种违反制度的事情。这样才能维护制度的严肃性，才能维护领导的诚信，才能保证企业的正常发展。

5.3.6 排除障碍，为执行提速

【企业实例】 1992 年秋，温州乐清五金机械厂朱厂长住在上海大方饭店。一天晚上，他吃完晚饭就到外面逛街去了。他把逛街这种休闲称为“跑信息”，或者说是“捡钞票”。

当时上海的街头到处是糖炒板栗的香味，朱厂长拐出延安路，来到热闹的“大世界”，看到一家食品店门口排起了长长的队伍。仔细一看，才发现大家都在买板栗。

这一场景引起了朱厂长职业性的条件反射。他相信一条发财真理：凡是人群密集的地方，就一定有“财神爷在微笑”。

朱厂长再次观察买板栗的人，发现他们买到板栗后，急于尝鲜，猴急似的剥、咬，结果把板栗弄得支离破碎，有时候还弄得他们满脸都是，那真叫一个狼狈。

朱厂长的大脑高速转动，心想：能不能搞个剥栗器呢？信息搜索在他的大脑里启动了，他迅速画出剥栗器的草图，制作材料——镀锌铁皮；成本——每个 1 角 5 分；出厂价——每个 3 角。

过了 10 分钟，朱厂长推开了那家食品店管理者的大门。食品店的管理者认为，这项发明一定会受到顾客欢迎，不过上市要越早越好，他希望朱厂长在两个月内搞定。朱厂长笑着说："两个月？不用，不用，一个星期后，我就能给你送过来。"对方有些不相信，说："这审批、核价什么的，最少也要两个月。"

当天晚上，朱厂长给温州老家的工厂传真了一个剥栗器的草图。两个小时后，一副模具出来了，冲床开始运转。3 天后，朱厂长叫人运了一车剥栗器到上海。之后，大大小小的炒栗贩子都成了朱厂长的经销商。

以前人们总是说，这是一个"大鱼吃小鱼"的时代。可如今是信息技术和互联网技术高速发展的时代，也是一个"快鱼吃慢鱼"的时代。速度在竞争中的重要性进一步提高，这就是企业决策的速度要更快，要求执行力能尽快跟上决策的速度。

衡量一个企业、一个员工的执行力，关键是速度、效果。如果在取得相同的执行效果的时候，企业或个人的执行速度能最大化地提高，远远高出同行、同人，那么这个企业或员工就是具有竞争力的。

其实，执行力说到底还是一个速度的问题，执行速度快才叫有执行力，速度慢就是一种拖延，会贻误战机。这样再好的决策和计划也会失去其价值，这就不叫有执行力了。

然而执行力不是想提高就提高的，想加快速度就加快速度的。想要为执行提速，必须有一套完善的控制制度。这套制度要为执行排除不必要的障碍，比如繁杂的程序、严重的等级、官僚主义、推脱责任、拖延等不良的工作毛病。

这套制度应该要求每个部门、每个员工都要积极落实，而且还要互相协作，只有这样才能为执行提速。

在快速变化的市场环境下，企业要想在竞争中高奏凯歌，就要想办法提高执行力，而这需要制定严格的控制制度，为提高决策的执行速度保驾护航。具体该怎么做呢？下面有几点宝贵的建议。

1．精简办公流程，减少不必要环节

公司的制度中最好要有这样的条文：精简办公流程，减少不必要的环节，节省办公时间，高效完成任务。所谓办公流程，是针对有些企业过于官僚主义的做法。比如，员工 A 有好的想法、好的发现，想要提供给公司，而公司在这方面却设置了重重关卡。

A 先跟直接上司 B 说明，他提交书面说明，然后由直接上司向上面 C(甚至 D、E)反映，最后再由 C 向 B 反馈，B 再向 A 反馈，如图 5-6 所示。这样一套程序走下

来，少说也要几天的时间。

如果管理者很忙，员工 A 的想法和发现就会被搁置在那里。这样不仅会影响企业执行力的提高，还会打击员工向企业提建议的积极性。

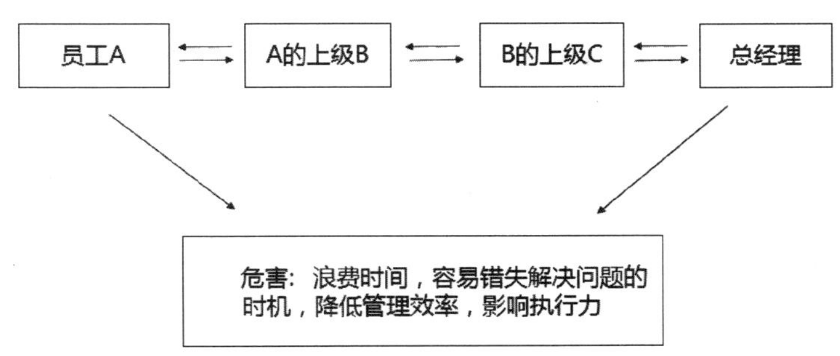

图 5-6　企业重重关卡导致低效率

在这方面，IBM 公司的做法值得我们借鉴。IBM 公司的制度规定：员工如果有想法和不满，可以直接向最高领导提。这样中间省掉了很多不必要的、浪费时间的环节，能有效地提高办事的速度和效率。

2．优化内部机制，调动员工的主动性

公司有必要考虑一下自己的计酬制度是否能充分调动员工的积极性，是否给员工创造了偷懒却不损失利益的机会。

比如，按天计酬就很容易让人偷懒，因为干多干少都一样，这种制度容易滋生“当一天和尚撞一天钟”的不良思想。相反，按工作量来计酬则能充分调动员工的主动性，主动性提高了，执行速度自然就快了。

3．将大目标分解成小任务，让每个人都负责

很多时候，一项任务的执行不是一个人能够完成的。这就需要分配任务的责任，需要相互监督和配合。在配合中，各个员工之间的关系就像一只木桶的所有木板，任何“一块木板”拖延、懒惰、敷衍工作，都会导致整个任务的完成速度降低。

因此，公司制度应该针对此类问题制定严格的处理标准。比如，把大目标分成小任务、小环节，分配到每个员工手上，大家都要对自己的任务负责。哪个环节出了问题相关的人要负责。这样每个员工都不敢怠慢，不敢松懈了。如此一来，团队的执行效率就大大提高了。

5.4　责任监督保证执行效果

一个成功的企业，离不开科学的决策、严格的管理和有效的监督。实践证明，在现代企业中，再严谨的制度也需要有效的监督。

现实中，有些管理者把制度当作企业的最后一道“关卡”。这是一种非常消极的管理态度。因为制度虽好，但还须执行到位，才能发挥作用。倘若制度没有执行，而且没有人监督，那么再好的制度也是摆设，再小的问题也不会得到有效的解决。所以说，制度能够执行，建立有效的监督机制是非常有必要的。

5.4.1　没有监督，就没有执行力

【企业实例】　纽豪斯电器公司是德国一家大型公司，重视工作监督。总经理纽豪斯认为，监督是保证执行效果的重要手段。小到一张票据，大到百万欧元的项目研究，他都要求相关部门做好监督工作。

有一次，后勤部的某员工去采购电风扇、凉席，为员工宿舍增加生活用品。由于小商店没有正规商业发票，因此给了该员工一张等额的餐饮票代替。没想到这张面值500欧元的餐饮票在最后关头没有逃过财务部的“火眼金睛”。

在搞清楚事情的来龙去脉之后，财务部坚持让该员工马上找商店老板补办合格发票。没办法，该员工只好按照公司制度办事，老老实实地去找那家店老板，把情况一五一十地向对方说明，要求对方无论如何也要补办合格的发票。

由于该员工的坚持，店老板也毫无办法，只好从朋友商店弄来正规发票，补开给该员工。最终，这件事情得到了圆满解决。

类似的事件在纽豪斯公司并不少见。有时候员工抱怨相关部门太较真。每当这时，总经理都会站出来，严肃地对大家说：“较真不是坏事，尤其是在严肃的问题上，较真是为了督促大家把工作落实好，这种监督是我们需要的，是我们公司发展的重要保障。”

IBM 前总裁郭士纳说过：“员工不会做你希望的，只会做你监督和检查的。”这句话道出了管理的精髓，即检查和监督是促使员工把制度落实到位的关键一环。

因为制度再好，也要靠人来实践。否则，好制度无法发挥积极的作用。要把制度变成自觉的行为准则，检查监督是关键、是保障。

管理者若懂得定期或不定期地检查和监督，那将非常有利于员工严格地执行和落实制度，使员工的头脑中时刻有一种制度的约束感。不过，作为监督者，应该是公正的人，不能和稀泥，不能徇私舞弊，只有这样才能确保监督的公正性和严肃性。

在这里，有一种情况不得不提：有些企业为了监督员工的一举一动，不惜破费金钱，大动干戈，期望通过一些现代化的定位系统，达到完全监督员工的目的。

比如，给每个员工配一部手机，通过手机定位，实现随时了解员工动态的目的。这种做法已经违背了监督的本意，而变成了跟踪和窥探，并且势必会遭到员工的反感和抵触。

与其在监督技巧、监督工具上下功夫，不如花点儿心思，建立有效的监督执行体系。那么管理者怎样建立这个监督体系呢？下面有两点建议可供参考。

1. 不要想监督太多，只需要监督和控制最重要的环节

汽车上的表盘、仪表，是给司机做监控用的。在汽车的表盘上，没有对应的仪表仪器。为什么呢？因为开车只需要控制速度和路线，而至于其他没用的东西，不需要去控制。管理企业也是一样，不用想着监督太多的东西；否则，很可能会把最应该监督的东西丢掉。

有个企业只在制度里规定，为顾客服务的时候，要露出 8 颗牙来微笑。这个规定看似非常细致、具体，但与“热情地为顾客服务”相比，后者就显得更为重要。因为不管员工有没有露出 8 颗牙微笑，只要员工热情地对待顾客，就足以表达对顾客的重视。

至于是否露出了 8 颗牙，这实际上并不重要。因为露出 8 颗牙微笑，不一定代表员工对顾客真的热情服务了，有可能是笑里藏刀、皮笑肉不笑。这样的笑即使露出了 8 颗牙，又有什么意义呢？

这也是提醒管理者，没必要把制度规定得过于细化，过于细化不但执行起来麻烦，监督起来更麻烦，因为不可能有人在旁边看着员工是否对顾客露出 8 颗牙微笑。

2. 选用正直、有责任心的员工成立一个监督小组

企业成立专门的监督小组，是提升执行力的重要手段。企业的执行力提高了，企业的制度落实情况、产品质量、生产安全等都会获得保障。

既然监督小组对企业关系大，那么在选择组员的时候，管理者一定要经过深思熟虑和详细考察。只有那些办事公正、有责任心的人，才能坚定地落实监督制度，才能发挥监督作用。

由于责任心强烈，他们在做事的时候才会细心，从而为企业建立非常有效的监督体系。

5.4.2 执行监督，需要常抓不懈

【企业实例】 希尔顿酒店是美国的“旅馆大王”，它的服务理念是对顾客保持微笑。老板希尔顿要求员工不论多么辛苦，都要坚持落实这一制度理念。他本人的座右铭就是：“今天你对顾客微笑了吗？”

为了把制度微笑执行好，希尔顿不但从自身做起，给员工树立好榜样，还在多年的管理中，积极地监督员工关于微笑制度的落实情况。

在 50 多年的经营管理过程中，希尔顿每天都在分店之中走动。这样做一方面是

亲临执行现场，监督员工的执行情况；另一方面，可以拉近与员工的距离，积极倾听员工的意见和建议，给员工带去激励。

每次巡视分店的时候，希尔顿说得最多的一句话就是："今天你对顾客微笑了吗？"他用这句话来提醒员工保持微笑的服务风格。即便在1930年美国经济大萧条时期，希尔顿依然对微笑制度的落实情况常抓不懈。

当时美国30%的旅馆濒临倒闭，希尔顿酒店也遭受同样的噩运，但希尔顿坚定信念，鼓励员工振作起来。他向员工呼吁："千万不要把愁苦挂在脸上，无论遇到任何困难，都要保持微笑。"

在希尔顿的严抓下，公司的微笑理念得到了贯彻落实。员工以真诚的微笑感动着顾客，给希尔顿酒店树立了良好的形象。很快，希尔顿酒店走出了低谷，进入利润发展的黄金时期。

在添加了一流设备之后，希尔顿问员工："你们认为希尔顿酒店还要添加什么？"员工回答不上来，希尔顿说："如果我是一位顾客，单有一流的设备，却没有一流的服务，那么我宁愿去设备差一点儿但是能见到微笑的旅馆。"

真诚的微笑不仅帮希尔顿渡过了难关，还给公司带来了巨大成功。如今希尔顿酒店在全球5大洲有70多家分店，是全球最具规模的旅馆业公司之一。

制度执行是一项必须严抓不懈的工作，不能一曝十寒，不能等出了问题才来抓。正确的做法应该是及时跟进执行的过程，不断发现原计划中考虑不周、执行不到位的情况，做到发现问题、解决问题、完善制度、提升执行力。这样做是为了从根本上把制度执行到位、落到实处。

希尔顿的成功告诉我们：管理者应该长期监督员工的执行情况，绝不允许虎头蛇尾、前紧后松的情况发生。在履行监督工作的同时，管理者需要意识到自己是员工的榜样。

正所谓"上梁不正下梁歪"，如果管理者自己不遵守公司的制度条文，却对员工的行为指手画脚，就很难让员工心服口服。要想做好监督工作，提高企业的执行力，管理者必须做到以下3点，如图5-7所示。

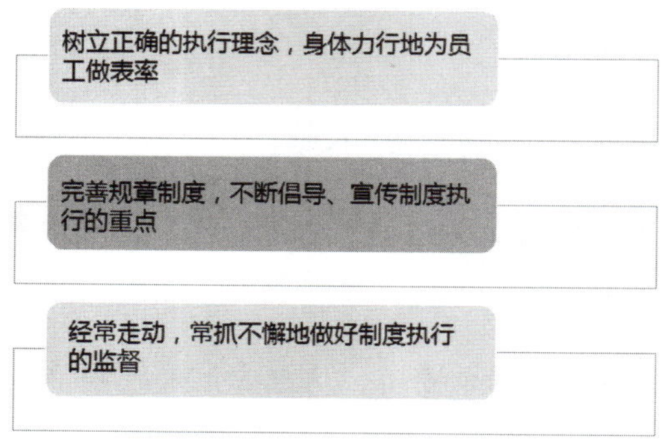

图5-7 执行监督，需要常抓不懈

1．树立正确的执行理念，身体力行地为员工做表率

要想提高企业的执行力，管理者在履行监督职责的时候，就必须明确执行理念，然后身体力行地为员工做执行的榜样。

如果管理者表率作用差、执行不够深入，安排的任务多，身体力行少，不愿意面对棘手的问题，做事不踏实，那么只会使企业的凝聚力和执行力大打折扣，难以取得好的成效。

2．完善规章制度，不断倡导、宣传制度执行的重点

在监督的时候，管理者应该扮演一个宣传员，不断向员工强调制度的重要性，把制度执行的重点反复地告诉员工，使员工牢记于心。这样坚持下去，会使大家在不知不觉间深刻地领会制度的重要性。

希尔顿就是这样做的。他每次巡视分店时，都会问员工是否对顾客微笑了，强调微笑的重要性，引起员工的重视。

与此同时，管理者还应该建立有效的激励制度，根据员工的执行业绩来考核员工，确定员工的薪酬和奖金。这样能够充分调动和保护每一位员工的积极性，使员工由内而外产生一种执行的意识。

3．经常走动，常抓不懈地做好制度执行的监督

关于制度执行的监督工作，或许很多管理者都能在短期内做得很好，但是时间长了，慢慢就放松了对监督的要求。真正能像希尔顿那样坚持 50 年如一日的管理者并不多，如果能像希尔顿那样，那么何愁不能把企业做大、做强？

在监督的时候，管理者要“勤于动腿”，即管理者不能总是坐在办公室里，而应该到员工工作的现场去观察和了解执行情况，要像希尔顿那样经常走动。这远比坐在办公室里获得的信息多，这些信息也是做决策的重要依据。

5.4.3　盯紧每件事，关注“回报”

【企业实例】　摩托罗拉前任 CEO 高尔文非常重视授权，认为授权就应该全权放手，即让下级管理者自由发挥自己的才能。

然而，在授权之后，他忽视了监督，没有关注“回报”，导致员工的执行力失去了保障，使得摩托罗拉公司的市场占有率逐步下降，股票市值、盈利也连连下跌。到了 2001 年，摩托罗拉出现了亏损。

对于摩托罗拉这样的大公司，出现这样的严重后果，确实是少有的。问题的关键在于高尔文在放权的同时，没有做好监督工作，没有关注“回报”。这样一来，他就无法及时了解员工的工作进展情况，无法及时发现问题，做出决策。

最典型的一个事例是，营销总经理福洛斯特向高尔文建议，把业绩不好的广告代理商——麦肯广告撤换掉。但高尔文没有接受这个建议，他非常相信麦肯广告的负责人，表示要给对方一个机会。

结果一年之后，他才发现麦肯的表现非常糟糕，于是赶忙统一撤换。在这一年间，他并没有问及麦肯的情况，下属也没有向他汇报麦肯的情况，这才导致在一年之后才知道实情。

还有一次，摩托罗拉重磅推出一款"鲨鱼"手机，高尔文原本知道欧洲人喜欢简单、轻巧的机型，但"鲨鱼"手机厚重、价格昂贵，欧洲人怎么会喜欢这样的手机呢？对此高尔文只是在决策之前随意地问了问下属市场调查的情况，然后就同意出这款手机。结果，"鲨鱼"手机在欧洲市场上吃了败仗。

事实上，就算决策不对，在决策之后如果高尔文和下属注重双向的回报和沟通，及时发现问题，改变决策，也不至于让摩托罗拉的"鲨鱼"手机在市场上陷得那么深、亏得那么惨。

无论是下属落实制度，还是执行任务，管理和下属之间都应该重视"回报"。在这里，"回报"不是报答和收益，而是指"回去报告"。通常我们习惯用"汇报"这个词，但"汇报"与"回报"是不同的。

汇报一般是下属向上级报告情况、汇总说明。"回报"则强调上级和下属之间的双向沟通和反馈。通过这种沟通和反馈，上级可以全面地了解任务的执行情况，了解制度的落实情况。当下属在执行过程中遇到问题时，上级可以给下属一些指导和帮助，从而保证下属的执行力。

没有沟通和反馈的习惯，结果执行不到位，出了大问题时，管理者大吃一惊，下属诚惶诚恐。到那时，管理者责怪下属不及时汇报，下属心里埋怨管理者不向他了解情况。这就是因为没有主动询问和反馈工作进度，吃亏的是整个公司。想要避免这种问题，管理者就应该盯紧每件事，关注"回报"。

如果不养成双向沟通、及时反馈的习惯，管理者就不清楚员工是否真的明白了自己所交代的工作，不清楚员工工作的进展情况，不清楚员工在执行过程中有没有出现问题，也就无法给员工提供必要的指导和帮助。为了避免这种情况，管理者有必要做到以下几点。

1. 指定负责人，直接授权

有些管理者搞不明白，为什么他向下属交代工作的时候说得那么清楚，下属执行出来的结果却不是他想要的。这种情况其实叫执行走样，原因是理解走样。

为什么会这样呢？这里面原因很多。比如，下属的理解能力有限，管理者交代时过于模糊、笼统。但最常见的问题是管理者向一级下属交代工作，一级下属不直接执行，而是让二级下属来执行，这中间多了一次命令的转达。这样就容易造成信息的衰减和歪曲变形，如图 5-8 所示。

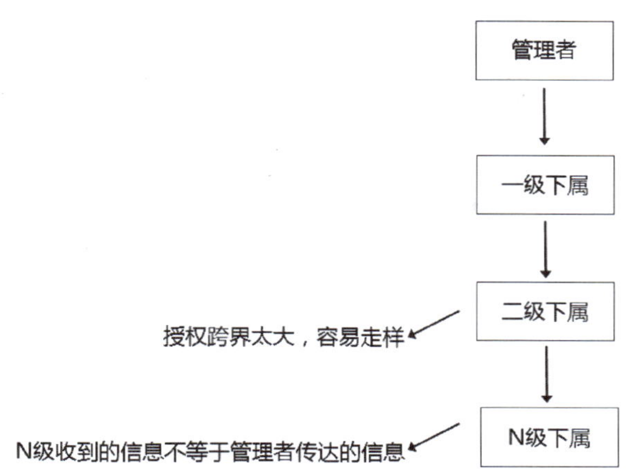

图 5-8 信息在转达过程中出现的问题

这个图告诉管理者，在下达命令的时候，尽量直接指定负责人，向他当面讲清楚要完成什么任务，需要注意什么问题，多长时间完成，等等。这样可以避免信息在多次转达中扭曲而导致下属领会意图走样，避免执行走样。

2．交代任务之后，要求员工做好汇报工作

有位老总在营销大会上说，一个分公司的总经理上任几个月，都不曾给他打电话。这句话表明，老板是需要员工经常向他汇报工作情况的。

但为什么很多员工不向上级汇报？因为员工并不知道上级希望他们汇报。所以，如果你的员工没有向你汇报，你是有责任的。因为你没要求他们向你汇报，没有提醒和督促。因此，你需要在交代任务完成之后，提醒员工记得做汇报。

汇报有口头形式和书面形式两种：口头形式有电话汇报和面对面汇报两种；书面形式包括网络聊天、邮件和纸面汇报。具体采用哪一种，可以结合具体情况来定。

3．任务执行过程中，定期或不定期追问进展情况

当员工执行某一任务时，管理者有必要主动问询其进展情况，问员工有没有碰到难题。管理者的主动追问是一种监督。

如果员工忙得忽视了你交代的工作，如果员工正在偷懒，如果员工准备敷衍了事，那你的冷不丁追问，对员工是一种很好的监督。因为追问代表你重视这件事，说明这件事很重要，那员工也不会轻易怠慢和应付。这样也对提升执行力有帮助。

5.4.4 杜绝下属只报喜不报忧

【企业实例】 德国摩登公司的员工在一线发现了重大问题——公司的大客户撕毁了合同，马上给主管打电话报告：“主管，不好了，公司的大客户丢掉了，这直

接影响我们的效益啊！”

主管说：“慌什么啊？镇定一点儿！”说完他马上给上司打电话：“经理，市场部出了点儿问题，一个客户流失了。”

经理说：“有什么大惊小怪的，流失了一个客户怕什么，我们还有很多客户，继续努力开拓市场，要争取更多的合作。”

正在这时，总裁打来电话，询问经理职场开拓的情况，经理笑着说：“总裁，你放心，市场开拓得很好，一切尽在预料之中，很多客户都有和我们合作的意向。”

总裁挂了电话，做在老板椅上跷着二郎腿喝茶，心里美滋滋的。直到一个月后，公司召开月销售会议的时候，总裁才得知公司的市场开拓工作一塌糊涂。

很多人在向上级做汇报的时候，喜欢浓墨重彩地讲成绩、讲好的方面，对于问题和缺点则轻描淡写，长话短说，讳莫如深。有些员工对报忧的同事施加压力、横加指责，甚至打击报复。

这些行为不仅妨碍了上级了解真实的情况，影响上司做正确的决策，还会错失解决问题的时机，使小问题、小矛盾演变成大矛盾、大灾难，给企业造成严重的影响。

如果管理者不及时杜绝这种行为，长此以往很容易诱发员工的投机心理，助长企业的虚假之风，败坏企业的风气，玷污企业的文化。因此，管理者必须想办法杜绝报喜不报忧的行为。针对这个问题，下面有几点建议。

1. 管理者要愿意听坏消息，鼓励员工报忧

为什么员工对上级报喜不报忧呢？因为上级不爱听坏消息。听到好消息时眉飞色舞，听到坏消息时，马上就会“红脸”。有些领导听赞歌听多了，习惯了听赞歌，谁要说不好听的，他们对谁就有看法。

下属们不是傻子，他们见领导不爱听坏消息，自然不会大肆汇报坏消息，免得自己撞在枪口上。

所以，如果想让员工说真话，报喜更报忧，管理者就要愿意听坏消息，鼓励员工报忧，甚至可以对报忧予以奖励。比如，员工指出公司的问题，根据这个问题的重要性、危害性来定奖励标准。通过奖励措施，在公司营造说真话、敢报忧的风气。

2. 管理者不但要敞开办公室的门，还要积极走下去

英特尔的总裁格鲁夫为了避免直接下属报喜不报忧，每天不管有多忙，都会打开电子邮箱，查收来自世界各地的一线员工的心声。他说：“不要与他们争论，即使很费时，也要侧耳倾听，了解员工的担忧。”

格鲁夫表示：“从那些与我远隔重洋或地位低于我的人那里听取汇报，可以根据他们的看法准确地了解业务问题，从他们不同的看法中，我能提升自己的洞察力。”他打破了“不准越级汇报”的职场潜规则，随时敞开大门，等待下属来汇报。同时，他还经常走出办公室，主动询问员工的工作情况，了解员工的意见和想法。

5.4.5 敢于问责，严于问责

【企业实例】 美国甲骨文有限公司(Oracle)是世界知名的软件公司，也是第一家进入中国的世界软件巨头。公司的创始人 Larry Ellison 谈到内部管理时，频频提到授权机制。他认为这样有利于调动员工的自主权，让员工对自己的岗位承担责任。

甲骨文有限公司对任何一位员工都不会偏袒，公司给大家提供了很大的施展才华的空间。在这个空间里，员工要自己去设计、建立良好的运行机制的方法，并且对自己的行为负责。

这种管理制度既可以充分调动员工的积极性、开发员工的创造性思维，又能提高员工的责任感，确保员工不会有越权行为。

进入甲骨文有限公司的新员工一开始都是从基层做起，但他们不用看管理者的眼色行事。他们有很强的自主性，但必须对自己的工作负责。

虽然如此，但上级的权力还是比新员工高。这样在必要的时候，公司可以通过改变流程来改变工作进度，以保证整个过程的一体化。

在甲骨文有限公司的管理机制中，突出了放权、责任的重要性。作为管理者，以前都是自己做决定，现在让员工做决定，难免会有一种担心。

所以，管理者需要充分信任员工的能力。同时，为了避免员工胡乱决策给公司造成损失，甲骨文有限公司有严格的问责制度。这是非常明智的举措。

问责，必然涉及一定的责任。不得不承认的是，每次事故的发生、工作的疏忽，在不同程度上都是因为不尽责、不作为、乱作为引发的。

说到责任，我们会很自然地想到权力，没有不用负责的权力，否则那会是低效率甚至是无效率的。责任与权力是相匹配的，把责任和权力连接起来尤为必要。

这样才能让每一名管理者对权力有敬畏之心，时刻想着问责，促进员工对工作尽职尽责。对员工起表率作用的管理者，不但要学会承担责任，还要表现出应有的魄力。在实际问责过程中，对于员工所犯的错，要做到公事公办地追究责任，不能像踢皮球一样。下面几点可供参考，如图 5-9 所示。

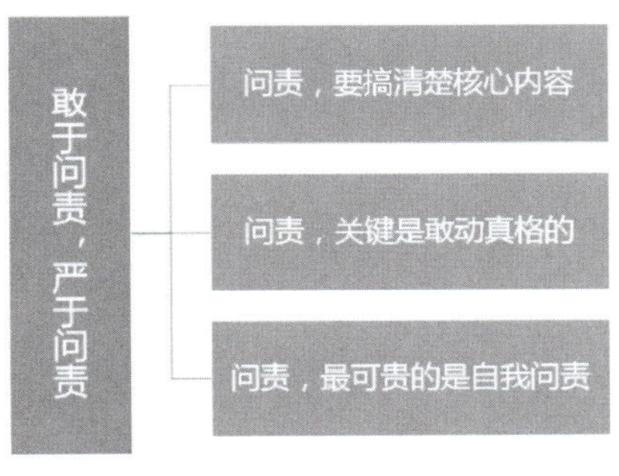

图 5-9 敢于问责，严于问责

1. 问责，要搞清楚核心内容

问责，核心是“问”。这里的问有多层含义，但从本质上来看，它是一种监督。问责时，要打破砂锅问到底，要把责任弄明白。问责时，要考虑权责对象，多大的权担多大的责。

问责对应的是责罚，责罚要落实到位，不能“光打雷不下雨”。问责不仅要追究当事人的责任，还要进一步探究管理规律，解决根源问题，避免以后犯同样的错误。

2. 问责，关键是敢动真格的

问责不是走过场，不能搞“花拳绣腿”，而要真正追究到底，把责任找出来，进行相应的处罚。

现实中，有些管理者在监督和问责的时候，怕得罪人，不敢追问到底，这是对本质工作不负责的表现，也是对企业不忠的表现。不敢问责就是不尽责，不尽责就要被问责，就应当免职。

3. 问责，最可贵的是自我问责

作为监督者、问责者，在追问别人责任的同时，也要有强烈的自我问责意识。

古人云“吾日三省吾身”，强调的就是自我警醒。时至今日，每一位管理者都应该保持自我反省、自我问责的精神。

当员工接二连三地犯错时，当员工不把制度放在眼里时，监督者、问责者也应该问自己：为什么我不能让公司里的问题少一点儿？我哪些方面还做得不够？是不是我只是追究责任，忘了给员工贴心的引导？如果监督者、问责者能经常反问自己，那么监督、问责工作会做得更出色。

5.4.6 采用双层委员会制度来监督

【企业实例】 赛斯特有限责任公司是德国有名的企业，创立于20世纪80年代末。在短短20多年的时间里，公司的总资产实现了200倍的增长。在德国企业中，它创造了奇迹般的成绩。它的成功得益于采用了双层委员会制度。

赛斯特公司的管理层由股东会、监事会、董事会组成，三者为上下级关系，即监事会对股东会负责并报告工作，董事会对监事会负责并汇报工作。

公司建立在“共同决策”原则的基础上，以监督职能为中心构建公司的委员会，由股东代表和职工代表组成第一层委员会——监事会，负责制定公司的政策和制度，拟订执行计划和目标，监督执行过程，评价执行结果。然后挑选执行力强的员工组成第二层委员会——董事会，专门负责公司大型任务的执行。

公司的总裁赛斯特说，之所以使用监事会和董事会的双层委员会制度来管理公

司，是因为它可以强化股东对经营管理者的监督与控制。同时，它还能提升董事会的执行力和监事会的监督力度，保证公司的制度和战略目标得到执行。

双层委员会制度也叫二元委员会制度，还叫复线型制度，即监事会与董事会之间有一层上下级隶属关系。这种制度源于荷兰东印度公司：公司机关由股东会、监事会和董事会组成。

关于股东会、监事会、董事会的职责和权限，可以归纳如下(图 5-10)。

	地位、重要性	职责权限
股东会	股东会是公司的最高权力机关	任命监事会成员；批准年度预算报告；审核董事会工作报告；决定结算盈余的使用和股息的分配；减免监事会和董事会成员的责任；任命结算审计员；修改公司章程；决定解散公司等
监事会	监事会是公司的监督控制主体	负责任命董事会的成员，监督董事会的经营，向董事提供咨询，拥有董事任免权、董事报酬决策权以及重大业务的批准权，但不履行具体的管理职责
董事会	董事会主要负责公司的经营和管理	执行监事会的会议，向监事会负责，向董事会报告公司的重大经营方针和公司绩效

图 5-10　股东会、监事会、董事会的职责和权限

关于双层委员会制度，在具体实行的时候，各个机构需要注意以下几个问题。

1．股东会要信任监事会和董事会，不要干预其行使职能

股东会是由股东组成的，是公司的最高权力机关。作为股东，要监督监事会和董事会。比如，召开年度股东大会或临时股东大会(在特殊情形下临时召开)。

除此之外，股东会最好不要插手监事会的监督工作和董事会的具体经营管理过程；否则，会给监事们及董事们以不信任感，打击他们的积极性，影响公司的执行力。

2．监事会要公事公办，按公司的制度来处理不良问题

监事会相对于公司的其他机构，具有信息优势，又有实际的影响力。监事会在发现公司的问题后，要有勇气追问责任，找出责任人之后要公正地处理，以维护监事会的威信和影响力。

同时，还要找到根源问题，监督董事会去修正和完善。另外，为了更好地履行职责，监事会有必要每季度或每半年召开一次全体会议，把这段时间内发现的问题进行通报，督促员工避免今后重犯。

监事会责任重大，在监督方面具体要做好以下几项工作。

1) 任免董事会成员(董事)权

当董事或董事长严重违反义务，不能有效执行业务，或丧失了股东会的信任

时，监事会要果断地撤换董事会成员(董事)。

2) 决定董事的报酬

监事会有权决定董事的报酬，即董事的总薪酬，包括工资、分红、费用补助、保险补助等。

3) 履行业务监督权

监事会有权决定董事会报告关于公司的各种业务情况，以及有可能对公司状况具有重大影响的业务进展情况。每个监事都可以提出这样的要求，但是报告只能交给监事会。

如果董事拒绝提交报告，当第二位监事要求提交报告时，董事会不可拒绝。而且董事会的报告必须符合认真与忠实的报告原则。

4) 履行好财务监督权

监事会有权监督公司的财务状况，即监事会有权查阅公司的账簿、表册、文件、财产物品等项目。监事会也可以另行委托个别监事或个别专家履行这一职能。

3. 董事会要保持与监事会的密切关系，相互间保持沟通

为了让监事会更全面地了解董事会日常经营管理的情况以及战略执行状况，董事会有必要与监事会保持沟通，积极汇报情况，主动接受监督。

现实中，有些公司的董事会与监事会经常玩“躲猫猫”的游戏，生怕监事会知晓自己的全面情况。这种做法是应该避免的，否则容易造成两大机构之间的不了解，形成隔阂，不利于共同配合把公司经营好。

5.4.7 运用外派监事会制度保证执行

【企业实例】 广州万奇通公司是一家经营机电、家电、服装、钢材和医药 5 大板块的综合性企业，规模虽然很大，但是效益并不令人满意。

公司董事会经研究决定，邀请专业性的监事会进驻公司的 5 大分公司，负责监督公司的日常经营工作，维护公司制度的权威，提高企业的运营效益。

据介绍，监事会的主要职责是以财务监督为核心，对企业的资产保值增值、财务活动以及董事会、经营班子成员的经营管理行为进行监督，确保公司的资产不受侵犯。5 大分公司的监事会由一位主席和几名监事组成，监事分别负责监督各分公司的经营状况。

为了保证监事会的独立性，监事会不从所驻的分公司领取工资，与各分公司没有经济利益上的联系。每年监事会对分公司定期进行 3～4 次全面检查，也可以不定期进行专项检查，监督的方式多种多样。

在具体监督过程中，监事会可以听取公司董事、经营班子对有关财务、资产状况和经营管理的汇报，必要的时候还会参加公司的高层会议，查阅公司的财务会议

报告、会计凭证等资料。如果监事会在检查中发现公司经营有违制度，会立即向公司董事会报告，然后由董事会商议处理。

外派监事会是指企业委托专业的监督机构进驻公司，对公司的日常运营和管理进行监督。这种监督机制有一个非常明显的好处是外派监事会由于与单位的人员不熟悉，不牵扯利益瓜葛，在执行监督职责的时候会更容易做到秉公办理、不徇私情。

而监事会最需要的就是秉公办事、不徇私情，因此从这个角度来讲，外派监事会具有很大优势。所以，外派监事会制度特别适合那种官僚主义形式主义严重的企业。

外派监事员虽然在理论上对制度的落实有很好的作用，但在实际操作上，对于外派监事会如何定位、怎样进行定期监督、如何保证监督的时效性等问题还缺乏一些具体的指导。

下面就从组织结构、业务流程、绩效激励 3 个方面来论述如何更好地发挥外派监事会在企业监督方面的作用，如图 5-11 所示。

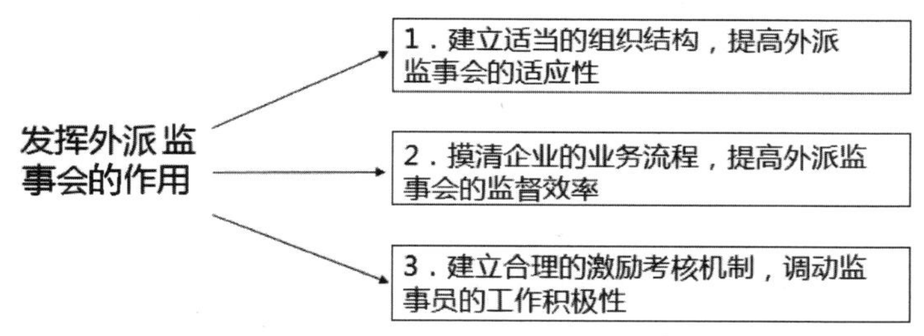

图 5-11　发挥外派监事会的作用

1．建立适当的组织结构，提高外派监事会的适应性

在实行外派监督的制度下，以单一的组织结构去运作，是难以适应监督检查要求的。因此，外派监事会应在有限的人员和编制结构下，做到日常监督快速反应，实现集中检查的专业化和全面化。

所以，外派监事会应深入企业内部了解情况，对重大事项提前介入，全程监督，监事会的主席应对企业的各部门进行巡回监督，重点处置大事件，强化日常监督的时效性。

2．摸清企业的业务流程，提高外派监事会的监督效率

外派监事会作为“空降兵”，初来乍到，对企业的业务流程不那么清楚。因此，摸清企业业务流程是非常有必要的。在摸清业务流程的同时，还应搞清楚企业的组织结构是单一型，还是多元型，继而有针对性地采取监督措施。

在日常监督或检查之前，外派监事会的负责人应制订监督计划，确定监督手段和方法，对关键的业务流程应重新进行梳理和设计，明确流程中的关键岗位，把握

关键控制点，使监督工作进展顺利。

3. 建立合理的激励考核机制，调动监事员的工作积极性

长期以来，外派监事员有一个毛病，那就是积极性不太高。他们认为干好干坏都一样，干好了又没有奖励，何必去得罪人呢？

因此，想要提高外派监事员的积极性，管理者就必须建立合理的考核激励制度，对监事员工作业绩进行标准化的考核，然后给予相应的奖励。

激励的方式有很多种，比如自我约束激励、技能培训、奖金激励、晋升激励等，都可以提高监事员的工作积极性。

5.4.8 鼓励员工参与到监督中来

【企业实例】 “大家都把右手举起来，一起宣誓：遵守规章制度，恪守操作流程，努力杜绝事故、次品和隐患。”

每天早上，中铁一局项目部都会在晨曲播放完毕后，进行安全监督义务的宣誓，动员全体员工做好安全监督工作。在工班长点评完安全工作，全体员工列队进入车间后，才开始一天的工作。

一次，员工王仁则发现公司新安装的锅炉有问题，于是立即向上司反映这一情况。上司非常重视这个问题，马上对王仁则说：“你现在立刻去检查，发现问题要及时汇报。”于是王仁则和公司检查部门的3位同事立即着手检查锅炉情况。

锅炉的检查是一项责任大、技术含量高的工作，一个细小的缺陷，都可能引发一次爆炸事故。在对新安装的锅炉进行检查时，王仁则要求从基础划线、钢架测量、钢筒就位等小问题着手，这让检查的同事不由得竖起了大拇指。

在检查中，最难缠的问题是2台尿素塔。它的塔内径分别为1.8米和1.2米，高度为15米。塔内的温度高达60℃，气味刺鼻，空气稀薄，作业难度非常大。

在采取了一系列安全措施之后，王仁则和同事们开始了工作，从上午9点开始，一直干到下午2点多，最终发现并解决了问题，圆满地完成了任务。

当上司问王仁则是怎样发现锅炉有问题时，王仁则说：“我是一名普通的工人，没有什么技术，我只是凭借多年浇灌柏油的经验，发现柏油的气味与往常不同，我断定锅炉有问题，致使柏油没有熔到合格的标准。”

这就是中铁一局一名普通员工对工作的监督，发现了问题，立即报告上司，然后深入实践排除问题。

人们常说“群众的眼睛是雪亮的”，如果在企业监督过程中调动全体员工的积极性，鼓励大家积极参与进来，那么安全生产问题、制度落实问题、执行问题等，都会失去藏身之地。

鼓励员工参与到监督工作中来，管理者就应转变自己的观念，为员工监督创造条件，同时在具体监督的时候要求员工注意几个问题。下面先论述管理者对自己的

要求，然后论述其对员工的要求。

1．运用活动载体，带动员工参与到监督中去

时间证明，企业有针对性地开展活动，有利于调动员工的积极性，有利于减少人为的矛盾，还有利于营造一个正当监督的和谐环境。

比如，企业开展“爱企业、献计策”“做主人、去监督”等活动，可以营造浓厚的监督氛围。

2．畅通言路，欢迎员工提意见、反映情况

在重大事务的决策过程中，管理者要胸怀坦荡、虚怀若谷，反对故步自封的经验主义，抛弃好面子、怕丢人的错误想法，主动走到员工中去，鼓励员工提意见。

对于员工的意见，管理者要虚心地倾听，从中吸取经验和教训，使自己更加聪明起来。这样可以在企业中营造一种全民参与的风气，员工在参与监督的时候才能放下思想包袱，全心全意地为企业的发展出主意。

3．及时对员工的汇报进行反馈，落实好整改工作

对于员工反映的情况和提出的意见，管理者要认真分析，吸纳其中正确的东西，及时给员工回馈，并将正确的意见落实到企业管理中去，让员工看到管理者充分尊重员工的具体行动，进一步增强员工的主人翁意识。

4．引导员工站在全局的高度观察问题

员工参与到企业监督中来是一件好事，但员工一定要高瞻远瞩，要从事物发展的客观规律入手，真正找到问题的根源，在分析问题的时候要客观公正，提出整改意见时要着眼于企业的长远发展。

5．要求员工出于公心，不谋私利

员工在监督企业日常经营活动时，一定要出于公心，不能被小事情遮挡了视线，更不能带着感情色彩去落实监督制度；在发表意见、提出问题的时候，尽量不夹杂私心杂念；在大是大非面前，要有明确的观点，勇于承担责任，敢于创新。

6．让员工处理好本职工作和监督工作之间的关系

员工都有本职工作，参与监督不过是“兼职”，因此孰重孰轻，一定要让员工有所认识。

管理者鼓励员工积极参与监督的同时，还应引导员工处理好本职工作与监督工作之间的关系：首先把自己的本职工作落实好，再去参与企业的监督工作。这才是值得提倡的做法。

第6章

赏罚有度——企业奖惩制度与绩效制度

学前提示

让奖惩不是“空穴来风”

- 公平考核，让员工放心
- 违章必究，处罚有度
- 奖励的规则：功劳大于苦劳
- 职务的升降要靠制度说了算
- 奖励个人和奖励团队相结合
- 不要忘了奖励非明星员工
- 把精神奖励做成营养大餐
- 绝不把褒奖留到第二天

如何推行绩效考核

- 绩效管理的原则
- 绩效管理的基本步骤
- 绩效考核的内容
- 绩效考核的方法
- 考核面谈与反馈

6.1 让奖惩不是“空穴来风”

管理的重点是控制，领导的重点是激励与授权。减少控制，增加激励与授权，即“少管理、多领导”，这符合新世纪简约管理的大道与趋势。通过有效授权与激励，优秀的领导者得以用简约、低成本的方法让员工自发地、创造性地工作。

奖惩制度是企业发展所不可缺乏的，是调动员工积极性的重要举措。管理者应该最大限度地利用奖惩制度达到激励员工的目的。

想要做到这一点，管理者就要制定科学合理的奖惩制度，按照奖惩制度对员工进行公平的考核，并以此为依据确定员工的薪酬。这样才能最大限度地调动员工的积极性，才能在企业中营造一种“力争上游、力争优秀”的工作氛围。

6.1.1 公平考核，让员工放心

【企业实例】 格兰仕创立于 1978 年，前身是一家制作羽绒制品的乡镇企业，如今已成为总产值几百亿的微波炉生产商。格兰仕之所以能快速地成长起来，除了创立之初的激情之外，完善的管理机制和公平的绩效考核制度是其取得辉煌成绩的重要原因之一。

在格兰仕的发展历程中，随着产品种类的增多和员工队伍的壮大，格兰仕不断完善内部管理。在内部激励制度的基础上，格兰仕针对不同的员工，采取了不同的激励方法和策略。基层员工的收入与他们的劳动成果和班组考核成绩直接挂钩，这样既能激励个人，又能激励团队。

值得一提的是，格兰仕在绩效考核方面一直秉承公平、公正的原则。格兰仕的每个车间都有一个公告牌，各个生产班组和员工的工作业绩以及考核结果都记录在公告牌上面。

考核的指标有很多，包括整个团队的产品质量、成本降低、安全生产、工作纪律等，同时，工件数、加班时间、奖罚项目等也会呈现在公告牌上。

员工看了这个考核结果后，都能清楚地算出自己能拿多少钱，也能看到别人拿多少钱，看到别人哪些方面比自己做得好，进而知道在哪些方面进行改进。

正是靠着如此公平的考核制度，格兰仕让员工感到非常放心。对格兰仕来说，尽管它有 10 个车间和数以万计的员工，但其绩效考核依然有条不紊地进行，而且还在不断完善当中。

绩效考核也叫结果趋向评估，即考核员工为公司做了些什么。在考核的时候，通过确认员工的成绩和不足给员工打分，并由此确定员工的薪酬。从理论上看，绩效考核有助于调动员工的积极性，激励员工不断地提高工作效率。

然而，现实情况并非如此，有些企业的考核制度不公平、不公开、不公正，员

工甚至产生了一种“如果和领导关系不好，干得再好也没用”的心理，导致员工的积极性不升反降。

由于员工对公平有不同的理解，而最终的考核制度，只能是一个标准。因此，在制定考核制度时应该最大化地听取大家的意见，争取尽可能地综合各种考核因素。

比如，以业绩、工作时间、工作质量为主要标准，同时综合考察其他因素如职位、职称、忠诚度等，这样制定的考核制度才有可能让更多的人认可。

在制定考核制度时，管理者应注意下面两个问题。

第一，岗位分析要全面。

每个岗位对员工都有不同的要求，承担的风险和责任也不同。岗位分析就是分析不同的岗位对员工的素质要求、环境艰苦程度、责任和风险的大小等，然后分出高低等级，为确定薪酬打下基础。

第二，要制定薪酬的等级定位。

岗位分析之后，应按岗位的等级进行分配，这就出现了很多等级标准，随着岗位重要程度的提高，薪酬的等级差别也会增加，从而出现这种情况：在什么样的岗位，拿什么样的工资。

也就是说以岗计酬。当然，这只是一个基础，最终还要根据工作业绩的考核结果来确定最终的薪酬。

总而言之，通过岗位分析和薪酬定位，可以使考核制度更加标准化、科学化和制度化，有利于鼓舞团队中的每个成员去努力，多劳多得。同时，也有助于促进低岗低薪的员工向更高的岗位和薪酬等级奋斗，最终形成一种积极向上的良好风气。

考核制度再怎么公平合理，也需要管理者去执行，而只有在执行的时候坚持公平原则，才能真正地让员工感到满意和放心。为此管理者需要做到以下几点，如图 6-1 所示。

公平考核的具体做法	目的和作用
出台考核制度	提升考核的透明度
严守考核纪律	确保考核公正客观
完善考核标准	保证考核的科学性
扩大考核范围	保证考核的全面性

图 6-1　公平考核的具体做法

1. 出台考核制度，提升考核的透明度

每次考核前一星期，管理者要先下发书面通知，告知全体员工考核的时间、程序、内容等。同时，还应该提前制定考核细则和考核方案，给考核工作人员进行培

训，保证公平、公正。

2．严守考核纪律，确保考核公正客观

在执行考核制度时，一定要严守纪律，这是保证考核工作顺利进行的前提。在考核中，考核人员应对组织中的员工高度负责，还应实行考核责任制，并要求监督到位。如果考核有不公正的地方，考核人员要承担相应的责任。

3．完善考核标准，保证考核的科学性

在考核的过程中，考核人员比较容易发现考核制度不合理的地方，员工也可以向考核人员反映意见。这样便于考核人员向领导者反映，从而有利于不断完善考核制度，最终能让考核制度变得更加科学。

4．扩大考核范围，保证考核的全面性

要想保证考核的公平性，就有必要扩大考核范围，广泛地征求大家的意见，建立完善的考核体系，并将考核结果公布在单位显眼的位置，增强员工的参与程度，提高考核结果的认可度，使员工满意放心。

6.1.2　违章必究，处罚有度

【企业实例】　柯达公司是世界上极具规模的影像产品生产商，其灵魂人物叶莺曾经说：“如果你到日本人家里去，你就必须脱鞋，不管你脚上的鞋多么贵重，即使你连地都没有沾，你都要脱鞋。这就是一个入乡随俗的规矩。”

在叶莺的游戏规则中，有一种惩罚是罚款。就像价格手段永远是促销产品的最佳法宝，罚款是对员工最好的制裁。因为罚款会直接触及员工的经济利益，故它是仅次于辞退、降职、降薪的严厉处罚。

叶莺认为，当员工违反了公司的制度，违反了它的游戏规则时，必须予以恰当的处罚。由于人们对经济利益非常敏感，因此当惩罚的内容包含了有损于员工经济利益的内容时，会引起员工非常大的警醒。

同样的道理，当员工有出色表现时，柯达公司也会用钱奖励的策略激励员工，这对提高员工的工作积极性有非常大的帮助。

很多人呼吁人性化的管理，要求给员工高工资、高福利，要让员工成为企业的主人翁，激发员工的积极性。这种管理方式确实是员工乐意接受的，但是如果过于推崇人性化管理，过于抬高员工的地位，刚开始员工尚且会带着感激心理去工作，但时间稍微一长，员工极有可能自以为是，真把自己当成“主人翁”，进而消极怠工，违规乱纪。

在企业管理的过程中，惩罚是管理者们常用的、最直接的管理手段。值得注意的是，最无能的管理者往往轻易对犯错的下属实行经济处罚。其实，惩罚只是一种

管理约束手段，是为了鞭策后进，惩罚懒恶，是为了维护企业良好形象和声誉。

如果管理者想从根本上解决问题，避免与下属发生冲突，在实施处罚前应该解决以下几个问题，如图 6-2 所示。

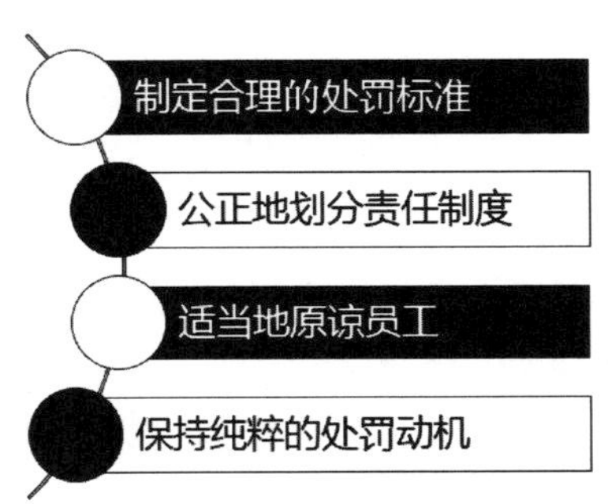

图 6-2　违章必究，处罚有度

1．制定合理的处罚标准

处罚的目的是预防和控制，绝不是为了处罚而处罚，不是为了向员工发泄怨气。因此，在处罚的时候，一定要让员工明白，什么样的错要负多大的责任、承担多大的代价，到底是值 100 元，还是值 500 元。

这样，员工犯错后无话可说，只能认罚，而且还会心服口服地去改正。这就要求处罚标准一定要合理，千万不能随意处罚下属，随口开价，那样会让员工没有安全感，最终会使企业不安全。

2．公正地划分责任制度

在团队中，任何责任都不是独立的，而是一个链条、一个流程。因此，表面上某个员工犯错了，要承担责任，但实际上其他人也要为此负责。只不过有主要责任、次要责任之分或直接责任、间接责任之分。

一般来说，主要责任人是错误的直接引发者，应承担 50%～60%的责任额度；次要责任即协助责任，主要是因为没有及时提醒或制止而应承担的责任。次要责任人一般要承担 20%～30%的责任额度。

或许你就会觉得奇怪，还有一些责任谁来承担呢？答案是管理者，管理者即犯错者的直接上司负有监督责任，监管不力，当然要承担责任。

一般来说，他的责任额度为 10%～20%。要记住，公正地划分责任额度，并不是为犯错者寻找庇护，而是为了让大家都对这种错误引以为戒。更重要的是，让犯错者明白自己的行为与整个团队的关系，从而积极地改正错误，避免今后犯同样的错误。

3. 适当地原谅员工

管理者们都知道，处罚是手段而不是目的。在这种指导思想下，有些影响不大、破坏性不强的错误，或初次犯错等，其实是可以原谅的。

真正需要重罚的是故意犯错、重复犯错的人，对这种人绝不能姑息迁就，要重点处罚这种人。因为但凡有点儿觉悟的人都知道要对公司负责，要对自己的行为负责，不能重复犯错。

4. 保持纯粹的处罚动机

有些管理者把处罚当成敛财的手段，而不是为了纠正员工的缺点，帮助员工纠正不良的工作习惯和作风。其实，这是非常错误的处罚观念，这样只会把员工逼走，把管理者置于员工的对立面。

处罚的目的是纠正员工的错误，让员工不断改正、不断进步，处罚是手段而不是目的。

为此，管理者要做好以下两个方面的工作。

(1) 设立内部基金，保证从员工那里获得的每笔罚款都能存入这笔基金，然后专款专用，比如留作公司的活动经费。

(2) 有罚款就应该有奖励，而且一定要保证奖励额度比惩罚额度大，而奖励的钱一定是老板或公司掏，这样员工才会心服口服。

6.1.3 奖励的规则：功劳大于苦劳

【企业实例】 1993 年，IBM 面临严重亏损，郭士纳临危受命，担任 IBM 的董事长兼任 CEO。为了扭亏为盈，他采取的第一项措施就是裁员，至少辞退了 3500 名员工。

然而，这一举措与 IBM 公司一直奉行的“不解雇政策”相违背。“不解雇政策”是公司创始人托马斯·沃森提出来的，他把这项政策当作 IBM 企业文化的主要支柱，让员工觉得公司安全可靠。可这也有不利的一面，那就是员工失去了危机感，工作积极性和执行力没有完全发挥出来。

郭士纳之所以公然废掉这项制度，执意进行大规模裁员，也是着眼于此。他在一份备忘录里写道：“被裁员工当中，很多人为公司效忠了很多年，到头来却被当成‘冗员’裁掉，公司的报刊上，也登载了你们的业绩评分，这些会让你们伤心愤怒。这样对你们是很残忍的，但大家必须明白，这一举措势在必行。”

裁员结束后，郭士纳对留下来的员工们说：“有些人总是说自己为了公司工作了很多年，没有功劳也没有苦劳，但薪水却不见涨，职位也没什么升迁。我想说的是，爱抱怨的人啊，如果你想多拿些薪水，想升迁得快点儿，就应该多拿点儿业绩出来，给公司创造最大的效益。现在，你是否能继续留在 IBM，就要看你的表现，

业绩是你唯一的证明。”

通过一系列改革，郭士纳在短短 6 年的时间里，把 IBM 这个具有传奇经历的企业拯救于水深火热之中。如今，IBM 又走上了复兴之路，而且走得越来越稳。

很多人没有得到奖金、没有获得提升、没有被评上优秀员工时，会不会自觉地抱怨：“太不公平了，为什么没有我？我辛辛苦苦地为公司工作，就算是没有功劳也有苦劳！”

不错，很多人在工作中都有苦劳。他们可能在工作岗位上干了几十年，可能经常加班加点地完成任务，可能在某项工作上投入了大量精力。但是，有苦劳又能怎么样呢？

如果一个人在工作岗位上混了十几年，成绩平平，建树甚微，这样的苦劳有意义吗？如果一个人工作效率低下，不加班加点就无法完成本职工作，这样的苦劳值得提倡吗？如果一个人在某项工作上花费了很多精力，但是却把这个项目搞砸了，影响了企业的效益，这样的苦劳还值得嘉奖吗？

毫无疑问，答案是很明显的。苦劳虽不是贬义词，但很多时候却不是什么好东西，口口声声说自己有苦劳，并不见得自己多么有能耐。

所以，任何时候都不能把苦劳当作功劳。相反苦劳太多、功劳太少，很可能是对公司和个人资源的浪费。

怎样才能让员工表现出你想要的执行力，取得你想要的结果呢？很简单，这里有一个 PDCA 循环系统，有助于提高执行力，创造更好的业绩，为企业创造更多的利润，如图 6-3 所示。

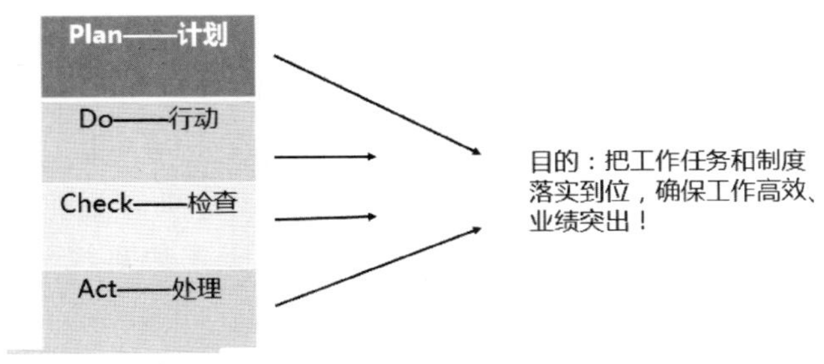

图 6-3　PDCA 循环系统

1．Plan——计划

“计划”有很多含义，首先是指管理者根据员工的优势和能力，为其安排一定的目标任务；其次，员工结合自己的实际情况和能力，向公司许诺一个类似于“军令状”一样的承诺计划；最后，计划还包含了对目标进行周密的安排，制定具体的落实步骤。

2．Do——行动

计划书制订好了，接着就是行动、执行。计划再好，如果没有实际行动，一个人的命运也不会因此而改变，其业绩也不会有任何提升。只有按照计划积极地去执行，才有可能不断接近承诺的目标。而且做得好与不好，不是自己说了算，而是直属经理说了算。

3．Check——检查

作为员工，在执行业务承诺计划的过程中，应该不断检查自己过去所做的工作，从中发现问题、检查漏洞，积极地进行自我反省。作为直属上司，也应该在这个过程中监督员工的表现。

比如，管理者发现员工过于放松，不把业绩承诺放在眼里。要给他提醒甚至是警告，让他意识到自己的执行力直接关系到业绩，关系到自己的薪水和晋升。如果发现员工某些地方做得不够好，应及时指出来，让员工修正，以免对全局工作造成不良影响。

4．Act——处理

到了年终，管理者给员工一年的表现打分，如果员工完成了业绩承诺计划，应该给他们奖励并鼓励他们继续保持高效的执行力。

至于怎么奖励，每个公司都有不同的做法。比如，加薪、晋升、增加福利等，都是不错的奖励策略。如果员工没有完成业务计划承诺，那么就应按制度的规定，给予惩罚，并督促员工在新一年提升自己的执行力。

6.1.4　职务的升降要靠制度说了算

【企业实例】　川岛是日本田川公司的情报科长，由于他提供了错误的市场信息，致使公司高层领导做出了错误的决策，并使公司蒙受了重大损失。

这是非常严重的错误。总经理召开例会时，要求大家协商挽救的方法，努力把公司的损失降到最低的限度。

在制定了挽救方案之后，经理们对川岛提供的错误信息仍旧耿耿于怀。有的经理表示应该撤换情报科长，以免今后再出现类似的情况；有的经理建议改组情报科，使其真正发挥决策的助手作用；有的经理认为川岛应该好好反省，公司要帮他找出犯错的原因，给他一个戴罪立功的机会。因为他在这个职位上一直表现不错，以前也是有成绩的。

经理们议论纷纷，总经理田川却一言不发，他心里在想：或许情报科长川岛根本不称职，不宜再担任这个职务；或许川岛是好马失蹄，一时大意而犯错。况且情报工作根本不可能做到绝对正确，一般90%靠信息，10%靠判断。

因此，如果撤销川岛的职务，很可能毁掉一个人才。再说了，公司目前也没有适合担任情报科长职务的人，职务也无济于事，反而会给工作造成更不利的影响。

会后，田川把川岛找来，只是告诉他应该怎样处理错误，对怎样处理他的失职只字未提。在此后的一段时间里，川岛一直兢兢业业工作，并适当调整了情报科的工作人员。在一番努力后，川岛干出了不错的成绩，多次给高层管理则提供了有价值的信息，为公司的正确决策立下汗马功劳。

最值得一提的是，川岛通过实地信息调查和研究建议总经理改变直接向中国出口 A 产品的方案，与中国企业合资生产 A 产品。

这样可以充分利用中国的廉价劳动力和原材料，既能满足中国部分需要，还能外销到欧美市场和东南亚市场。

田川采纳了川岛的建议，川岛提出的“与中国当地企业合资生产 A 产品”的建议得到了实施，结果果然为公司节省了很多场地费、劳务费、原材料费，给公司创造了很大利润。

鉴于此，总经理田川对川岛说：“这次你给公司做了很大贡献，原本应该嘉奖你、提拔你的，但由于你上次的失误还未处理，那次本来要降你的职，因此现在两次一起算，功过抵消，不升你职，也不降你职。”对于总经理的决定，川岛心服口服。

在这里，田川将晋升和降职纳入利润奖惩制度，实现了有功必赏、有过必罚的奖惩目标。在赏罚的同时，表现出对下属的信任和理解，表现出对人才的宽容和器重，既维护了公司制度，又约束了下属的不良行为。

由此可见，把晋升和降职巧妙地纳入奖惩制度，是实现奖惩制度标准化的重要手段，是管理者激励员工、鞭策后进的不二之选。

晋升是激励下属的重要方式，降职是处罚下属的重要手段。在奖罚下属的时候，晋升和降职是常见的，但何时晋升、何时降职里面却有不少奥妙。

如果管理者没有理解其内涵，见下属犯错，就降下属的职，见下属有成绩，就晋升下属，那么是很难取得预想中的激励和鞭策效果的。那么，到底该怎样把晋升和降职运用到奖惩制度中来呢？下面提出几点建议，如图 6-4 所示。

1．晋升要及时，降职可推后

上文田川的做法告诉我们，奖励员工应该及时，处罚员工可适当推后。之所以这样做，是因为“人非圣贤，孰能无过”。

推后处罚不等于不处罚，而是给员工一个证明自己的机会，可以说是一个赎罪的机会。推后处罚对员工表现的是一种信任，一种期待。员工会怀着感激之情去弥补自己的过错，为公司做出更大的贡献。

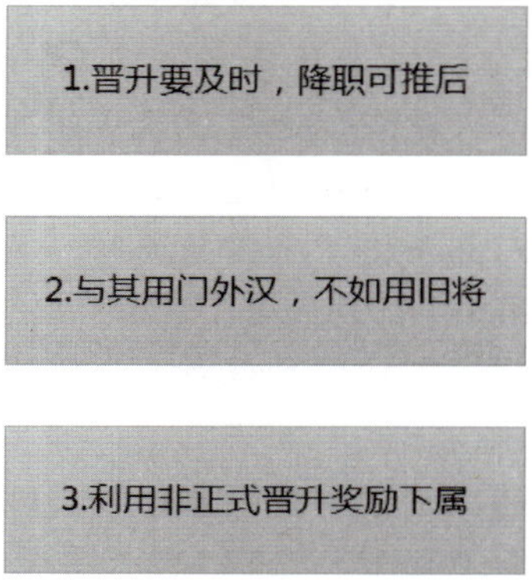

1.晋升要及时，降职可推后

2.与其用门外汉，不如用旧将

3.利用非正式晋升奖励下属

图 6-4 职位升降的原则性建议

2．与其用门外汉，不如用旧将

有时候，当下属犯错后，即使把犯错的下属降职了，一时间也难以找到合适的人顶替犯错下属的位置。与其找个门外汉来顶替，不如用旧将，让其戴罪立功。如果下属果真立了功，那证明其还是有价值的；如果还是错误不断，那再降职也不晚。

3．利用非正式晋升奖励下属

用人是有风险的，管理者不能因为员工有出色的成绩，就轻易地晋升。为了有效地规避晋升的风险，管理者可以采用非正式晋升的方式。所谓非正式晋升，指的是不是正式授予职务，而让下属担负起某项职务的实际责任。

比如，张三近期表现不错，为公司做了很大贡献，管理者想提拔他，但一时间无法确定张三是否有能力胜任该职位，于是可以先不正式宣布任命，而是授权给他临时负责。经过一段时间的观察和考核，再决定是否提拔张三，这样就能避免晋升风险。

6.1.5 奖励个人和奖励团队相结合

【企业实例】 1912 年为了聘请查理·斯瓦伯担任公司的总裁，钢铁大王安德鲁·卡内基向他开出了 100 万的年薪。这件事当时引起了美国企业界的一番轰动，因为这个年薪当时在美国是最高的，而且斯瓦伯没有钢铁方面的工作经历和学历，对钢铁业完全是个外行。

接任总裁一职后，有一次，斯瓦伯去公司下属的一家钢铁厂视察。当他发现该厂的产品质量和产量上不去时，马上责问厂长。厂长一脸无奈地说："我对工人们好话也说了，歹话也说了，可是他们软硬不吃，照样散漫怠工。"

这是斯瓦伯发现白班快要下班，夜班即将接班，于是让厂长拿来一支粉笔，并

问白班的领班："今天你们炼了几吨钢？"领班回答说："6 吨。"斯瓦伯马上在地上写了一个大大的"6"字，然后什么也没说就走了。

过了一会儿，夜班工人来接班时，发现地上有个大大的"6"字，都感到非常奇怪。经过一番询问，他们知道今天总裁来厂里视察，还问明了白班炼了多少钢，于是在地上写了一个大大的"6"字。

第二天早上，斯瓦伯再次来到这个厂，发现昨天他在地上写的"6"字被改写成了"7"。白班工人看见"7"时，知道在产量上输给了夜班工人，心里不服气。结果那一天，他们炼出了 10 吨钢。

就这样，白班工人和夜班工人相互之间不断竞争，不断提升厂里的炼钢产量，不久便跃居公司所有钢铁厂之冠。斯瓦伯在地上写的"6"字，激发了工人们奋发向上的热情。同时，公司的制度高度认可团队的功劳、设有团队奖励。这是一个不可忽视的重点。正是因为公司高度认可团队的成绩，白班工人和夜班工人才会各自团结起来，为实现更高的目标不断努力。

在上文案例中，厂里的炼钢产量之所以能节节攀升，成为公司所有钢铁厂之最，就是公司把团队奖励纳入制度之中，所以白班工人和夜班工人才能拧成一股绳，注重团队协作和相互竞争，才能取得惊人的成绩。这就是斯瓦伯——一个钢铁业门外汉设置的奖励制度和策略。

在公司设置团队奖项，鼓励大家保持团队协作的工作习惯，有利于全体人员实现更高的目标，创造更好的成绩。

管理者在制定团队奖励制度后，要想调动各个团队成员的积极性，还应该掌握有效的激励方法。在这些激励方法中，既有无形的精神激励，也有有形的物质奖励。具体怎么激励员工为实现团队目标而努力，为获得更多奖励而努力，如图 6-5 所示。

激励方式	具体详情
目标激励	设置大、中、小目标，使他们把自己的行为与这些目标紧紧联系在一起，为了实现这些目标而努力。实现目标之后，给员工一定的奖励，鼓舞员工
数据激励	通过定量考核，然后公布出来，这样可以使个团队明确自己的差距，从而让人有紧迫感，从而提高整个团队的竞争力，最终获得团队奖励
榜样激励	在恰当的场合表扬团队里的好人好事，营造榜样示范效应，使全体成员向榜样看齐，并明白什么是团队和公司提倡的，什么是团队和公司反对的
荣誉激励	经常向成员灌输"我们是最棒的"的意识，使大家为荣誉而战。作为企业管理者，有必要给予积极配合，在奖励制度方面对优秀团队进行奖励
奖励激励	在奖励激励中，最让人心动的莫过于物质奖励，让员工实实在在受到鼓舞，积极性自然就被调动起来

图 6-5　团队激励方式

1. 目标激励

目标激励是指激励者设置大、中、小目标，使他们把自己的行为与这些目标紧紧联系在一起，为了实现这些目标而努力。目标激励包括 3 个阶段，分别是目标的设置、实施和检查。

上文的斯瓦伯在地上写了大大的“6”字，就是设置目标，夜班员工看到数字后，经过一番努力炼出了 7 吨钢，就是实施目标、达到目标。

2. 数据激励

或许有些管理者没有想到，数据也有激励的作用。把两个或两个以上的数据放在一起，它们之间的比较和说服力能有效地激励人的进取心。

数据要通过定量考核，然后公布出来，这样可以使各团队明确自己的差距，从而让人有紧迫感。

团队管理者有必要在团队内开展业务竞赛活动，让各团队成员互相竞争，从而提高整个团队的竞争力，最终获得团队奖励，让每个员工受益。

3. 榜样激励

在每个团队中，总有典型的任务和实例，如果管理者在恰当的场合表扬团队里的好人好事，营造榜样示范效应，使全体成员向榜样看齐，并明白什么是团队和公司提倡的，什么是团队和公司反对的，那就能起到鼓励大家学先进、帮后进、手拉手、互相促进的作用。

4. 荣誉激励

每个团队都有集体荣誉，管理者应该努力培养员工的集体荣誉感，激励大家为创建优秀的团队而努力，从而形成一种自觉维护团队荣誉的风气。

团队领导人应该经常向成员灌输“我们是最棒的”的意识，使大家为荣誉而战。作为企业管理者，有必要给予积极配合，在奖励制度方面对优秀团队进行奖励。

5. 奖励激励

激励有很多种形式，但最实在的莫过于奖励激励。在奖励激励中，最让人心动的莫过于物质奖励。有一项研究数据显示，人在没有奖励的状态下，自身能力只能发挥 10%～30%，在物质奖励的状态下，自身能力可以发挥 50%～80%。

值得注意的是，虽然最让人心动的奖励是物质奖励，但是精神奖励的作用有时候会超过物质奖励。研究显示，适当的精神奖励会让人发挥 80%～100%的能力，甚至超过 100%。

因为物质奖励到了一定程度之后，会出现边际作用递减的现象，而精神激励的作用相对更持久、更强大。所以，在奖励团队的时候，管理者要把精神奖励和物质

奖励结合起来。这样更有利于鼓舞先进，调动团队成员的积极性。

6.1.6 不要忘了奖励非明星员工

【企业实例】 2011 年 8 月 11 日，百度 CEO 李彦宏创建了一道特殊的奖项，旨在奖励公司总监级别以下的基层员工。奖励的对象是 10 名基层员工的小团队，奖金数额高达 100 万美元。设置这个奖项是为了鼓励“小团队做出大事业”，以发扬互联网精神。

这项制度一经对外宣布，立即引起了强烈的反响。网络上“求奖励”“求百度 HR”“老板你看到了吗”等评论、帖子不断出现。在短短的 6 小时内，这条消息的转发量突破 2 万条，评论突破 2000 条。业内名人也在微博上调侃：“这不行，我也要去百度上班。”

航美传媒的首席运营官说，员工用做老板的心态去工作，老板能把员工当成合伙人，这样的企业不成功都难。

业内知名分析人刘兴亮表示，大多数人看到这个新闻，估计是羡慕嫉妒恨，五味俱全。对企业员工而言，这是非常好的激励手段。而且这一奖励事件还释放出一个信号：在企业里，不管你的职位的高低，只要你做出贡献，就可能获得重奖。

很多企业管理者对高层人士、优秀员工等特别“宠爱”，但凡有荣誉、奖励、晋升机会等，都是优先留给他们。这些人在企业里就是“明星员工”，老板器重他们，员工羡慕他们。

在公司里，他们理所当然地享受各种特别的待遇。难道公司的发展靠的就是几个明星员工吗？绝对不是。李彦宏针对普通员工制定数额巨大的奖励制度，恰好说明了公司的发展不能只是依赖明星员工，更要依赖于每一位普通员工的努力。

木桶原理告诉我们，一只木桶的盛水量不取决于那块最长的木板，而是那块最短的木板。明星员工就像那块最长的木板，普通员工就像那块最短的木板。

明星员工的光环很容易看得见，可是不能因此忘了非明星员工的努力，他们也需要认可和奖励。为此，管理者有必要制定针对普通员工的奖惩制度，以员工的业绩为奖励依据，这样才能让员工感到公平。下面有几点建议值得深思，如图 6-6 所示。

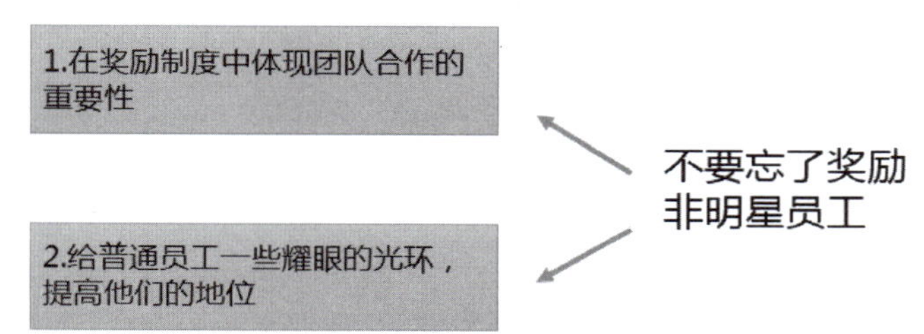

图 6-6 不要忘了奖励非明星员工

1. 在奖励制度中体现团队合作的重要性

如果公司的奖励金额是相对固定的数字，那么一旦公司奖励明星员工多了，普通员工获得的奖励就少了。这会造成一个什么样的后果呢？

后果就是大多数员工气愤了，他们会觉得公司待他们不公，于是他们的工作积极性就会大大降低。最后公司的整体工作氛围、团队合作度都会严重受到影响。

要想在奖励制度中体现团队合作的重要性，管理者就应该扩大奖励对象的范围、人数。这就要求不能过分看重明星员工，同时相对重视普通员工，加大对普通员工的奖励力度。

这种激励效果可以大大地胜过对明星员工的激励，因为大多数普通员工会因为公司重视他们而感到欢欣鼓舞，斗志昂扬，进而有助于团队合作。

常言道：“三个臭皮匠，赛过诸葛亮。”这说明集体的智慧并不输给一个“能人”。公司里有像“诸葛亮”一样的能人，的确是一件幸事。但努力挖掘“臭皮匠”的潜能，公司的发展后劲或许更足，发展前景也许会更好。

2. 给普通员工一些耀眼的光环，提高他们的地位

长期以来，“首席”是一项令人羡慕的帽子，一般只戴在关键人物、明星员工头上，如首席大法官、首席执行官、首席信息官等。如果管理者适当地把这些耀眼的光环戴在非明星员工的头上，一定能极大地激励大多数普通员工。

上海电力市区供电公司就这么做了。该公司聘请了 59 名工人为首席员工。这不仅仅是个名号：这些员工的岗位工资也增加了两个等级，在培训和使用等方面具有优先权。

有位员工叫李斌，5 年时间里为公司累计节省了开支 3000 元，公司重奖了他。这对普通员工来说是一个令人振奋的消息。此举不但提高了技术工人在公司里的地位，使技术骨干们充分发挥带头的作用，而且提高了大家学习科学技术的积极性，让青年员工看到了成长的前景。可见，公司奖励非明星员工具有非常重要的意义。

6.1.7 把精神奖励做成营养大餐

【企业实例】 新兴大药房是国内有名的药店，在全国各地有很多分店。石先生是新兴大药房驻石家庄的分店总经理，管理石家庄当地的十几家分店。凭借多年积累的管理经验，他采取了考核奖励、绩效奖励、考勤奖励等激励措施，激发团队的工作积极性。

奖励力度不可谓不大，奖励种类不可谓不多。但是，石经理发现这些奖励措施实施后，激励的时间并不长。

每次实施一项新的奖励制度，店员最开始都有一定的新鲜感，但是过了几个月，店员的懒惰性便暴露出来了，比如 2011 年 5 月份发生的一件事让石经理颇为不

解：由于物价持续上涨，在全体员工的联名建议下，石经理决定给大家涨工资。规定每个员工都可获得基本工资的 15%的涨幅工资，以消除物价上涨对生活的影响。

消息公布之后，员工无不拍手叫好，工作积极性也大大提高。可是好景不长，大家的积极性持续了 3 个月后，便出现了回落，几乎和涨薪之前的状态没有什么区别，有的员工甚至一点儿激情也没有。

对于这种状况，石经理感到非常疑惑。他主动联系新兴大药房的总部，希望得到专业的指导和建议。对方听了石经理的讲述之后，说："单纯给员工涨工资、改善工作环境，对提高员工积极性是有限的。相反，如果注重精神奖励和肯定，员工的积极性反而会更容易被激发出来。"

得到指导和建议之后，石经理增加了对员工的关注和与员工的沟通，经常利用工作闲暇时间，与员工交流管理中的问题，交流生活中的烦恼。在公司里，石经理还组织羽毛球、乒乓球比赛，充分调动大家的参与意识和合作意识。

另外，石经理还搭建了员工"多通道"的成长平台，开辟了管理人才、技术人才和服务人才的培训体系，建立起公平合理的人才培养体系和价值评价标准。

通过一系列尊重、认可、参与、关怀、晋升、培训活动，不断地完善公司的精神奖励机制，极大地丰富员工的工作生活，调动员工的积极性和合作精神，从而促进公司业绩的提升。

哈佛大学的心理学家威廉·詹姆士在研究中发现，如果员工缺少激励，实际工作能力只能发挥 20%～30%，而如果员工获得充分激励，其潜能可以发挥出 80%～90%。很多企业，管理者虽然重视激励员工，但大多数集中在薪酬等物质激励上，对员工的精神奖励却没有写进奖励制度，这会影响员工积极性和创造性的发挥。

上文石经理的奖励措施，充分说明了员工需要的不仅仅是物质奖励，还需要精神奖励。如果少了精神奖励，只有物质奖励，其激励性是不能持久的。所以，管理者有必要把精神奖励写进奖励制度中去，并在日常管理中做到如下几点，如图 6-7 所示。

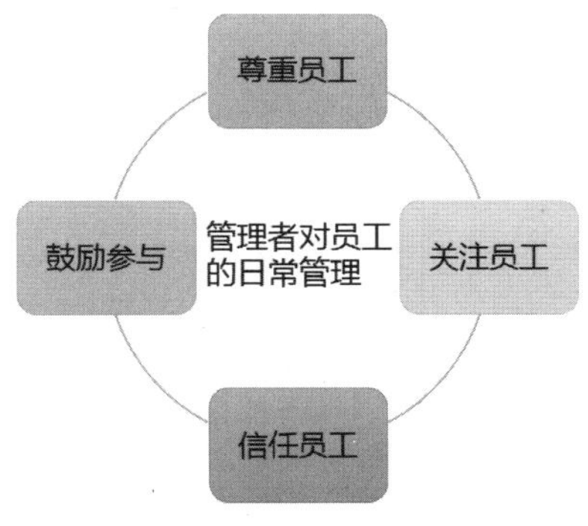

图 6-7　管理者对员工的日常管理

1) 尊重员工

人与人是平等的，平等的最好表现就是尊重别人。在公司中，管理者不能因为职位高，就表现得颐指气使、高高在上、发号施令，而应该多用协商的口气与员工说话，多向员工技术指导性的建议，使双方形成自由和愉快的合作关系。尊重员工还包括尊重员工的观点、想法、建议，重视员工的意见，耐心地倾听员工的不满等。

2) 关注员工

人最无法忍受的就是被忽视，当员工及其需求和不满被领导忽视时，员工要么敷衍工作，要么选择离开。这两种情况对公司都是不利的。所以，管理者要多关注员工的需求。

当员工提出不满时，请双目注视他，面带微笑；当员工工作时，请站在一旁默默欣赏；当员工表情不佳时，请走上前温和地询问。这些细微的举动都是关注员工的表现，能很好地赢得员工的好感，有助于激发员工的积极性。

3) 信任员工

信任之下必有勇夫，信任对员工而言，是一种最好的激励。而对管理者而言，代表了一种能力。信任员工首先表现在敢于授权给员工。

很多老板事无巨细、亲力亲为，不敢授权给员工。结果不仅自己忙得团团转，还极大地挫伤了员工的积极性：既然你无所不能，什么事都插一手，那我还乐得一个清闲。于是忙者更忙，闲者更闲，公司里就形成了一个“人不能尽其事”的怪圈。

相反，管理者如果信任员工，等于告诉员工“你能胜任，你可以做好”，因而员工会自动自发、不懈努力，以证明自己是可以胜任的，是不负重托的。这样一来，员工的积极性就会自发地表现出来。

4) 鼓励参与

管理者鼓励员工参与各种事务，等于在告诉员工：“你很棒，没你不行，没你我们做的没那么好。”这是重视员工的表现，员工很容易感觉到。比如，公司制定某项制度，举办某项活动时，鼓励员工参与并发表意见，有时候可以让员工行使否决权。这都非常有助于增强员工的自主性和积极性。

只有把精神奖励写进奖励制度当中去，加大精神奖励的力度，才能极大地调动员工的积极性，为企业的发展注入源源不断的动力。为此，管理者可以从以下几个方面努力。

1. 创新激励措施，创建立体精神激励法

公司可以开展“每月一星”评选活动，对每月绩效最好的员工进行物质奖励和精神奖励。在执行这项激励制度时，应秉承科学、公平、人性化的原则，既对员工进行口头表扬，还和员工进行嘉奖谈话，甚至进行公开宣传和书面表扬等。这种奖励制度避免了单一的物质奖励的局限性，能最大限度地调动员工的积极性。

2．建立员工参与机制，鼓励员工提建议

鼓励员工参与公司的管理，是对员工的一种认可，有助于激励员工。因此，管理者可以广泛地征求员工意见，设置意见箱、建议栏，鼓励员工畅所欲言，对于好的意见、建议，管理者不但要采纳，还要给予奖励。

这样就能打消大家的顾虑，使大家敢讲真话、实话、从而活跃公司的舆论氛围，使大家为企业发展献计献策。这对公司来说是一笔宝贵的财富。

3．建立沟通慰问机制，加强人性化关怀

良好的沟通是增强管理者和员工关系的重要手段，公司应落实好沟通慰问的机制，经常走访员工、慰问员工的家属，加强员工与企业的联系。

比如，到了夏天或冬天，到下属家里走一趟，询问下属有什么困难，有什么需要等，给员工一些关怀。这对员工是一种很好的激励。

6.1.8　绝不把褒奖留到第二天

【企业实例】　福克斯波罗公司是德国著名的公司。有一次公司遇到一个非常棘手的难题，公司总经理苦思冥想了很久，也没有想到解决的办法。一天夜里，他照常在办公室里加班，一名员工敲门进来，提出了他的建议和想法。就这样，一个长期未能解决、关键性的技术难题被攻克了。

总经理当时非常兴奋，他觉得应该奖励员工，但是奖励什么呢？一时半会儿他也没想好。突然，他看到办公室的茶几上有一根香蕉，于是赶忙拿起香蕉，双手递到员工面前，充满感激地说：“太感谢你了，你是好样的，你的办法解决了公司的难题，你是优秀的，这是奖励给你的。”

员工接过香蕉，激动地说：“谢谢总经理，请您放心，我会在工作中继续努力的。”后来，福克斯波罗公司设立了一个最高的奖项——金香蕉奖章，这个奖章是按照香蕉的样子用纯金打造的，专门用来奖励那些对公司做出重大贡献的员工。

这个故事给了我们很多启示，其中最明显的一点就是奖励要及时，要快一点，再快一点，再快一点，绝不把奖励拖到第二天、第三天甚至一个星期之后。福克斯波罗公司的总经理用实际行动告诉我们：奖励要讲究时效，及时的奖励哪怕只是一根香蕉，也能产生完美的激励效果。

相反，没有时效的奖励所产生的激励效果会大打折扣。其实，惩罚也是这样，没有时效的惩罚等于是“秋后算账”，对问题的解决起到的效果是很有限的。

不仅如此，福克斯波罗公司把这种及时的奖励纳入公司的奖励制度，将其从随意性、偶然性上升到公司制度的高度，将其定为公司的一种文化，可见公司对员工的重视，对奖励机制的看重。

及时的褒奖能让员工感受到受尊重、受肯定、受奖励，员工也会觉得自己为公司所做的是有价值的，这样会极大地激发他们的工作热情。那么，管理者如何做到及时褒奖员工，下面有几点建议值得参考，如图 6-8 所示。

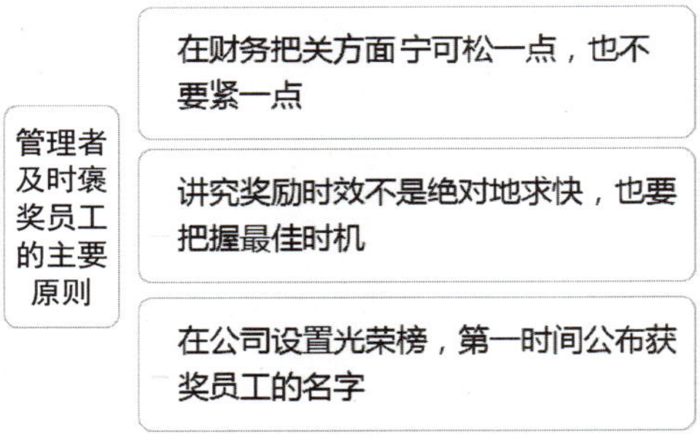

管理者及时褒奖员工的主要原则	在财务把关方面宁可松一点，也不要紧一点
	讲究奖励时效不是绝对地求快，也要把握最佳时机
	在公司设置光荣榜，第一时间公布获奖员工的名字

图 6-8 管理者及时褒奖员工的主要原则

1. 在财务把关方面宁可松一点，也不要紧一点

为什么公司做不到迅速奖励员工呢？因为奖励员工一般需要资金，但由于财务程序比较烦琐、把关太紧，导致资金下拨耽误了时间，这样就错过了奖励的最佳时机。

管理者要明白，财务有自己的制度和计算方法，但必须让财务牢记：及时下拨三五百元钱用于奖励表现突出的员工，远胜于看似为公司着想所做的节约和把关。为此，财务可以精简拨款程序，尽可能做到快速地下拨资金，为及时奖励员工提供资金保障。

2. 讲究奖励时效不是绝对地求快，也要把握最佳时机

克莱斯勒汽车公司的总裁艾柯卡认为，如果管理者能调动员工的积极性，他的成绩就很大。因为部门的正常运转、公司的发展，都是调动员工的积极性，而及时褒奖则是调动员工积极性的最佳手段。

但艾柯卡强调，及时奖励员工不是绝对地求快，也不是等员工干出成绩了才褒奖，而是在下属最需要你的奖励的时候给他奖励。

比如，下属积极奋进，管理者也看到了下属的成绩，这时要马上给予肯定，鼓励他百尺竿头，更进一步。这种褒奖有助于调动员工的积极性，使他心甘情愿地为公司多做点儿事。当下属心灰意懒时，则不要让他陷入难堪。

3. 在公司设置光荣榜，第一时间公布获奖员工的名字

中国人从小就体验过：在教室里有一块黑板，上面有一个光荣榜。谁的作业做得好，谁的表现好，谁的小红旗、小红花、五角星就多，这种置于公众眼前的奖励也是很需要的。

在上海微软的办公区走廊的墙壁上，就有一个非常醒目的光荣榜。光荣榜做得很别致，每个人都有一张彩色的照片，有奖项名称、获奖时间，还有一句员工亲笔写的话，相当于获奖感言。每个员工都有可能成为光荣榜上的明星。上榜的员工从光荣榜面前走过都会有一种自豪感，进而获得信心。

值得注意的是，光荣榜并不是一个摆设：每当员工有突出表现时，微软的管理者都会在第一时间将其贡献写出来，每一年积累的奖项都会在年底换成一笔不菲的奖金。它还是员工晋升的重要考核依据之一。

6.2　如何推行绩效考核

在企业中，考核如同高高悬在每位员工头顶上的达摩克利斯之剑(达摩克利斯之剑，中文或称“悬顶之剑”，对应的英文是The Sword of Damocles，用来表示时刻存在的危险)，考核的结果直接关系到薪酬、晋升等各个方面，令员工不敢有一丝一毫的懈怠。管理者必须牢牢抓住考核这个有力武器，利用这个武器促使员工保质保量地完成工作，为企业发展尽职尽责。

当然，对大多数管理者来说，考核也是一个巨大的挑战。

首先，怎样来进行考核？

其次，怎样才能让企业中的每一位员工都能对考核的结果心服口服？

最后，怎样才能使考核发挥积极的促进作用，而不是反作用？

这些都是管理者必须解决的问题，不然，他们就会成为管理道路上的障碍。

“没有考核，就没有管理”已成为一句管理格言。考核是企业发展的助推器，通过监督、检查、评估能够驱动和保障企业目标的实现。

6.2.1　绩效管理的原则

随着企业的不断发展，绩效管理也逐步走入各企业中，成为评估考核员工的普遍方式。然而，在绩效管理实践中，企业由上至下往往会陷入这样的思想误区：

高层管理者的“叶公好龙”现象，大家都说绩效管理好，不过那是针对下级管理者和基层员工的，真的考核到自己时，往往会百般抵触。

中层管理者的盲从思想，不着力追求管理方法的改进，仅仅认为这是公司要求这样做的，只要按规定完成考核表就万事大吉了。

基层员工的悲观情绪，他们会认为，考核就是扣分扣钱，那是管理者给自己上的“套”，从而片面理解了考核奖惩的激励意义。

从考核成效看，“重结果、轻过程”是要不得的，“员工严、中层紧、高管松”更是要不得的，这样的绩效管理体系是注定不能长久坚持的。对绩效管理，需要遵守以下几个原则，如图6-9所示。

- 权责一致原则
- 量化考核原则
- 兼顾公平原则
- 有效沟通原则
- 全员参与原则
- 注重实效原则

图 6-9 绩效管理的原则

1. 权责一致原则

各项绩效考核指标的主要作用，在于监控和考核相关的业务流程和每项业务流程所对应的工作岗位。绩效考核实施前提是必须解决企业战略清晰化、部门职能规范化、岗位责任细致化和业务流程合理化等基础管理问题；否则，根本不可能做好绩效考核。

所以，绩效考核首先要求明确考核对象，对考核对象承担的责任和赋予的权力有明确的界定，从而明晰管理层次的关系，减少部门摩擦，降低对立情绪，提高企业整体运行效率。

由此可见，科学的管理制度和细致的岗位描述是绩效管理的基础，对被考核者来说，只是考核所在岗位的绩效表现，而不是针对个人。只有在这个前提下，绩效考核才有可能在企业顺利实施下去，才会对管理者和员工起到绩效牵引的作用。

2. 量化考核原则

绩效考核是通过系统量化的方法，对员工在工作过程中表现出来的业绩、工作的数量、质量以及工作能力、工作态度进行公正、客观的评价。

绩效考核往往是单一的上级对下属进行审查或考评，考评者作为员工的直接上司，与员工的私人关系或个人喜好等方面的因素，在很大程度上影响绩效考评结果。同时，考评者常常由于相关信息的缺失，而难以给出令人信服的考评意见，甚至会引发上下级关系的紧张和矛盾。

因此，只有量化了的指标才具有操作价值。在设置绩效指标时，对企业层面的关键业绩指标、部门层面的考核指标和业务层面的日常管理指标，要尽量做到指标量化，能用财务性指标量化的，尽量用财务性指标量化，不能用财务性指标量化的，尽可能准确地描述每种绩效表现和对应的奖惩幅度，从而使考评者能够准确把握绩效标准，公正地对被考核者做出评价。

3. 兼顾公平原则

主要是合理设置考核权重，处理好集体与个人绩效的关系，关键是避免两重理解偏差：第一种情况是个人绩效突出，但因部门绩效不佳，受到牵连，导致个人考评结果不理想，从而极大地损害了员工的工作热情；第二种情况是员工个人绩效极差，却因部门绩效较好，考评结果优异，导致员工存在侥幸心理，认为即使依赖他人努力同样可以获得较高的得分，不利于改进此类员工的工作绩效。

因此，在实际绩效考核过程中，要结合部门和员工实际职责内容，制定和落实“30/70 原则”，即在中、高层管理者考核得分中，个人工作业绩权重为 70%，企业关键业绩权重为 30%，部门工作与企业生产经营业绩的直接关联度越大，此项权重就越大；员工考核得分中，部门业绩权重为 30%，个人业绩权重为 70%。

通过合理设置权重，从而达到拉开差距、激励先进、鞭策后进、兼顾公平的绩效考核目的。

4. 有效沟通原则

绩效沟通是绩效管理的关键，在绩效管理的每个环节都发挥着重要的作用。离开了沟通，企业的绩效管理将流于形式。但是由于管理理念差异以及重结果、轻过程等意识的存在，许多管理者不是很重视绩效沟通，尤其是员工的直接上级。

管理者不进行绩效沟通有三个原因：第一，没有时间；第二，认为根本没有必要；第三，缺乏必要的沟通技巧。这样的沟通意识不利于员工素质和绩效的持续改进和提高。

因此，管理者不仅要注重对员工工作最终结果的考核，并以此作为奖惩的依据，还必须从思想认识、沟通技巧、绩效管理全过程跟踪这三个方面着手，从绩效计划环节中的合理分解指标和分配任务，到绩效实施过程中的辅导支持和管理培训，再到绩效周期结束后的纠偏分析、适时激励，从而把握绩效沟通过程的关键点，做有效沟通的管理者。

5. 全员参与原则

全员参与绩效管理是提升管理执行力的关键，从企业高层到每位员工都有不可推卸的责任。

1) 高层领导的参与

绩效管理是企业管理行为，是企业追求效率最优化和效益最大化的管理系统。因此，绩效管理必然是“一把手工程”，只有企业高管团队亲自参与，下决心并全力支持绩效管理，才有可能把企业战略目标逐级分解下去，同时将绩效管理的理念和方法渗透到企业的各个角落，推动中层管理者和员工参与到绩效管理中来。

2) 中层管理者的参与

绩效管理不只是企业管理部门的责任，企业管理部门在绩效管理实施中主要扮演流程制定、工作表格提供和咨询顾问的角色，真正的责任主体应该是执行层管理者——部门经理、行政主管、班组长，他们在绩效管理中应花费更多的精力和时间，与下属讨论绩效目标、标准，经常进行检查，掌握下属的工作业绩，对下属进行反馈和辅导，评定下属的绩效结果，给予奖励和惩罚。

3) 基层员工的参与

让所有员工的绩效都与企业生产经营业绩紧密关联，使人人肩上都有担子，事事有目标，人人有事做，这往往决定了绩效管理的成功与否。

6. 注重实效原则

持续的管理改进是绩效管理的根本意义所在。绩效管理是通过绩效计划(P)、绩效实施(D)、绩效考核(C)和绩效反馈(A)4 个阶段的循环操作，实现组织目标和员工发展的动态管理过程。

在绩效管理实践操作中，是注重短期结果导向还是注重长期过程改进，取决于以下两个方面。

1) 设定合理的考核周期

如果考核周期设计过长，往往导致过程监控不力，变成事后诸葛亮。对很多企业来说，采用月度考核、季度小结、年度总评的考核方式，能够更好地兼顾短期(月度、季度)的管理改进和长期(年度)的业绩提升。

2) 考核结果的运用

绩效管理必须与员工薪酬挂钩。一般来说，企业将员工薪酬分为岗位工资和绩效工资两个部分，考核权重各占 50%，既保证了基本收入，也合理拉开了考核差距，达到奖优罚劣、激励先进的目标。

同时，考核结果要与员工学习成长和职业发展相互关联，通过绩效测评，疏通员工职业发展渠道，好的(升、奖、委以重任)，差的(降、罚、再培训甚至淘汰)，这样才能使员工更多地关注企业发展、个人绩效和学习成长，营造注重实效、和谐发展的文化氛围。

管理的精髓既在于“知”，更在于“行”，重在知而行之。对管理者来说，坐而论道，不如起而行之。我们要摒弃无益争论，克服畏难情绪，大力倡导勇于创新的“绩效精神”，努力构建追求成功的“绩效文化”，在管理实践中不断探索、不断改进、不断提升。

6.2.2 绩效管理的基本步骤

绩效管理在人力资源管理中是个重要的概念，英文 Performance 翻译成中文有履行、执行、成绩、性能、表演等多种含义。加拿大多伦多大学的一位学者风趣地把绩效管理比作汽车座位上的安全带——大家都认为很有必要，但都不喜欢去使用它。

绩效管理的意义，简要而言有如下几点。

(1) 绩效管理的核心目的是通过提高员工的绩效水平来提高团队的绩效。

在绩效管理的过程中，管理者达到了很多目的，如：员工参与的管理，组织目标的统一，员工能力的提升与业绩的改善等。

(2) 绩效管理提供了一个规范而简洁的沟通平台。

绩效管理是一种既关注结果又关注过程的管理，它要求管理者改变以往简单的指挥、命令、监督的领导方法，把团队和员工个人的目标制定、实施、评估、反馈等有机地融合在工作过程中。

而且在互动的参与中，挖掘下属的绩效潜力，找出下属存在的问题，制订下一步的绩效改善计划，并在下属能力提升与动机激发上提供培训、辅导和教练，激励下属不断取得新的进步与成功。所以，绩效管理实际上就是目标管理加上沟通管理。

(3) 绩效管理是人力资源管理与开发的基础和依赖。

在绩效考核、面谈、沟通的过程中，经理人能够不断积累对下属的知识、能力、态度等方面的认识和观察，从而为员工管理，如辞退、晋升、转岗、降职等提供必要的依据，同时也为解决员工的培训、薪酬设计、职业规划等问题找到参考。

绩效管理的基本步骤如图 6-10 所示。

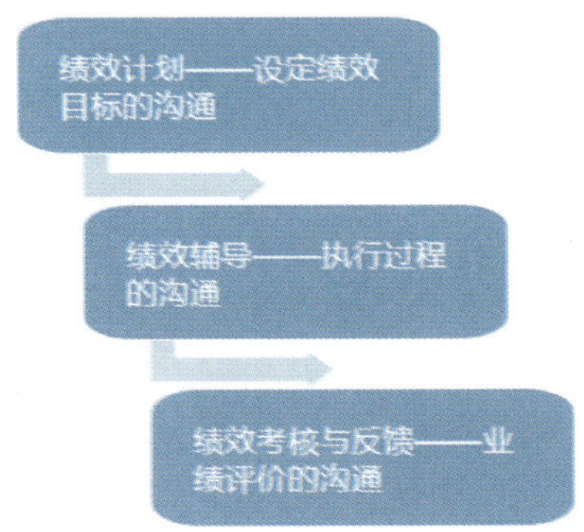

图 6-10　绩效管理循环

1．绩效计划——设定绩效目标的沟通

“目标＋沟通”的绩效管理方式最为有效、实用。只有目标确定了，管理者才能清楚怎么去进行有效管理，员工才明白怎么做才符合公司的要求，做什么才能与公司的发展相适应。

1) 目标管理的作用

1954 年，德鲁克提出了一个具有划时代意义的概念——目标管理(Management by Objectives，MBO)。它是德鲁克提出的最重要、最具影响力的概念，并已成为当代管理体系的重要组成部分。

从根本上讲，目标管理把经理人的工作由控制下属变成与下属一起设定客观标准和目标，让员工靠自己的积极性去完成。这些共同认可的衡量标准，促使下属用目标和自我控制来管理，也就是说，通过自我评估、自我管理，达到自我实现。

对于发挥员工潜能、激发团队意识、增强危机意识、增进上下级感情、提升团队效率等方面，目标管理可以发挥重要作用。

2) 目标管理的参与原则

目标管理职一种参与式、民主式并自我控制的管理制度，也是一种把个人需求与团队目标结合起来的管理制度。

目标管理强调以团队目标为基础，以个人为中心，通过自寻自问、自我定位、自定目标、自我管理实现自我价值与团队价值。

目标管理强调由管理者和下属共同确立目标和建立目标体系，目标是上下级人员共同协商研究的结晶，下属不再只是被动地服从与执行，在平等、尊重、信赖和支持的关系下，团队成员对目标做出自觉自愿的承诺，这不仅能使团队目标更符合实际、更具有可行性，而且能激发团队成员努力实现目标的积极性和创造性，能使员工发现工作的兴趣和价值，享受工作的满足感和成就感。

3) 制定目标的步骤

目标制定是目标绩效管理的第一步，也是至关重要的环节。因此，目标制定过程中应遵循以下 6 个步骤。

(1) 理解并向下属传达公司的整体愿景、规划和目标。

(2) 在上下沟通协商的基础上，寻找问题，制定部门与个人目标。

(3) 审核个人、团队与公司目标之间是否一致。

(4) 评估目标实施过程中可能存在的问题并制定相应对策。

(5) 明确实现目标所需要的资源、技能和权力，并就此确认。

(6) 制订实现目标的具体计划。

4) 关键绩效目标

绩效管理是服务于公司战略的，所以，管理者必须和员工共同分享公司的目标，然后将公司的目标分解到部门，在充分沟通和协商的基础上确立员工的绩效目标。具体地讲，每个员工都应该拥有一份个性化的关键绩效目标(KPI)。

KPI 是指 Key Performance Indicator 的英文缩写，它的中文意思是“关键业绩指标”。根据管理中的“二八原理”，KPI 强调管理者必须能够识别团队与下属最重要、最关键的 2～6 项业绩指标，并根据公司的总体目标定出团队与成员的绩效标准。KPI 可以从公司的战略目标、岗位说明书、平衡计分卡、工作观察与问题出现等方面获得。

【企业实例】 在诺基亚公司，个人目标也被简称为“投资人力资源”(Investment in People，IIP)，包括 4 个部分内容。

(1) 个人主要目标和完成目标的主要行动计划。为了抓住重点、切实可行，个人目标最多为 5 个指标。员工首先对下一期目标提出自己的意见和计划。之后，部门主管与员工沟通公司和部门对员工的期望，以及下一步工作的重点和改进方向。

最后，在上下充分讨论沟通、员工的认可基础上达成一致并形成绩效承诺记录。在这个过程被称为“了解情况，统一认知，灌输公司战略意识”。

(2) 员工业绩评价。每半年对员工的绩效目标完成情况进行一次评估。

(3) 员工技能评估。在业绩评价的同时，对员工的知识、技能、态度现状进行评估，并找出与绩效完成所需能力、理想期望能力之间的差距。

(4) 员工个人发展计划。根据前三个方面的资料和观察，与员工一起讨论职业生涯规划与近期个人发展计划，制定诸如培训、教练、轮岗等改善措施计划，并明确员工个人发展中员工与主管、公司各自应负责的责任。

这个 IIP 表格 4 部分的填制过程是下属与主管一起完成的，这其实也是一次深入探讨业务目标和个人成长的过程，因此称它为“对人的投资”是十分恰当的。这种投资的确给诺基亚公司及其员工带来了巨大的回报和价值。

2. 绩效辅导——执行过程的沟通

绩效目标设定后，管理者的主要工作就是辅导、帮助员工提高操作能力，实现绩效目标。绩效辅导是绩效管理的一个关键环节，它贯穿了绩效管理的过程的始终。

绩效辅导过程中，管理者需要了解员工的工作进展情况，帮助员工清除工作障碍，并与下属一起找出工作中存在的问题与不足，并引导下属自己制订改进计划。

绩效辅导沟通包括正面的沟通和负面的沟通。

在员工表现得优秀的时候给予及时的表扬和鼓励，以扩大正面行为所带来的积极影响，强化员工的积极表现；在员工表现不佳、没有完成目标的时候，也应及时真诚地指出，给员工以改正调整的机会及努力的方向和建议。

经理人不能假设下属自己知道而一味姑息，或者碍于面子不敢说或不想说，不管不问的最终结果只能是伤害员工，对于团队绩效的提高也毫无益处。

当管理者与下属达成了绩效目标之后，作为主管的上司不应该成为甩手掌柜，而应该主动关注一下下属工作的进展，帮助下属解决工作中遇到的自己无法解决的问题和障碍。

如果上司只是抱着“只问结果不问过程”的想法，到头来最后的目标完不成，对团队、对下属都不是一个好结局，及时动用批评、惩罚的管理工具，也只能是秋后算账于事无补。

3. 绩效考核与反馈——业绩评价的沟通

在绩效目标确定和有针对性的持续业绩辅导的基础上，一个考核周期终了后，直线管理与下属应进行面对面的沟通，对员工绩效做出评价。

绩效反馈的内容与步骤，主要是做 3 个方面的工作：一是将考核结果与奖惩分配挂钩；二是针对下一阶段的工作制定改进措施，纳入下一个绩效计划；三是个人发展计划，并与培训计划、能力提升测评结合起来，如图 6-11 所示。

步骤一：收集信息	步骤二：考核与评估	步骤三：反馈
个人工作报告； 部门资料； 会议； 绩效记录。	对绩效完成情况进行定性、定量评估与评价，如果下属不能完成，有不可抗拒的原因吗？找出是由于下属自身原因影响绩效完成的因素。	面谈准备； 正反馈； 负反馈； 反馈记录与改进计划。

图 6-11　绩效反馈的三个步骤

1) 绩效面谈

确保绩效考核与评价的公开、公平、公正是绩效管理的根本。在此基础上，做好绩效面谈是绩效管理的一个重要步骤。在面谈过程中，经理人应注意以下几个方面的问题。

(1) 建立与维护彼此间的信任，营造良好的面谈氛围。

(2) 清楚地说明面谈目的。

(3) 认真倾听，鼓励下属说话，并以事实与依据说话。

(4) 着眼于未来而非过去，避免对立与冲突。

(5) 集中在绩效而不是性格特征，要尊重下属，要对事不对人，不要伤害下属的自尊。

(6) 优点与缺点并重。

(7) 以积极的方式结束面谈。

绩效管理的目的之一是要帮助下属找出不足与改进的方向，确定影响绩效目标完成的问题所在，并据此制订绩效改善计划。可以从以下 4 个方面进行分析，如图 6-12 所示。

原因	问题分析
知识	是否因为员工相关知识的不足影响到绩效的产出？是哪些不足？如何弥补？
技能	是否因为员工技能的不足影响到绩效的产出？如何弥补？
态度	是否因为员工的态度问题影响到绩效的产出？员工为什么会存在态度问题，深层次的原因是什么？可以改善吗？如何改善？
障碍	是否因为外部条件的问题影响到绩效的产出？能做到吗？怎样改善？

图 6-12　员工绩效分析的内容

2) 辅导绩效改善的 5 步面谈法

下属需要上司的帮助，特别是当他们遇到不可克服的困难与瓶颈时，和他们坐下来进行谈话和辅导，将使下属感到上司的善意与鼓励，从而增强下属改善绩效的信心，管理者可参考“5 步面谈法”来辅导下属改善绩效。

(1) 第一步，明确问题。

(2) 第二步，询问员工的想法。

(3) 第三步，征询下属的改进意见，并说明你的指导建议。

(4) 第四步，讨论改善计划，并尽可能形成文字记录。

(5) 第五步，对目标与计划的追踪。

6.2.3 绩效考核的内容

绩效考核作为企业人力资源管理的重要内容，对任何企业而言都是一项十分重要的工作。绩效考核的主要作用有以下几点。

(1) 有力提高企业劳动生产率和竞争力。

(2) 为员工的薪酬管理、职务调整提供依据。

(3) 为企业的招聘和培训工作提供方向。

(4) 有助于提高员工更好地进行自我管理。

(5) 提高员工工作业绩和满意度。

(6) 为人力资源开发与管理提供决策信息。

企业对于员工的考核应从多方面、多角度展开。员工的品德、能力、态度、业绩、个性、适应能力等均可作为绩效考核的内容。通常情况下，绩效考核的内容大体可以归纳为以下 3 个方面，如图 6-13 所示。

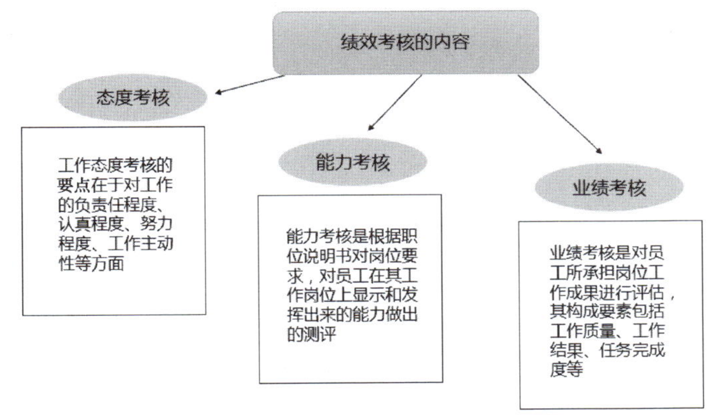

图 6-13　绩效考核的内容

6.2.4 绩效考核的方法

下面介绍几种常见的绩效考核方法及其应用。

1. 360 度考核法

“360 度考核法”又称为“全方位考核法”，它是指从与被考核者发生工作关系的多方主体那里获得被考核者的信息，一次对被考核者进行全方位、多维度的绩效评估的过程。

这些信息的来源包括：来自上级监督者的自上而下的反馈(上级)；来自下属的自下而上的反馈(下属)；来自平级同事的反馈(同事)；来自企业内部的协作部门和供应部门的反馈；来自公司内部和外部的客户的反馈(服务对象)以及来自本人的反馈。

360 度考核法强调从与被考核者发生工作关系的多方主体那里获得被考核者的信息，如图 6-14 所示。

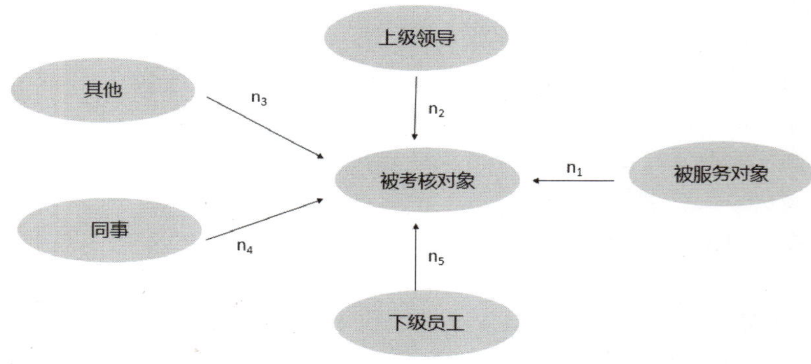

图 6-14 360 度考核法

与单向考核方法相比，360 度绩效考核法其优点表现在：它从全方位、多角度对员工进行考核，可以减少偏见对考核结果的影响；从员工周围的人那里获得反馈信息，可以增强员工的自我发展意识；通过强调团队的内部及外部客户，推动了全面质量管理等方面的工作。

1) 360 度考核方法的优点

360 度考核方法之所以被应用得如此广泛，就在于它有以下 5 项优点。

(1) 综合性强，因为它集中了多个角度的考核信息。

(2) 信息质量高。

(3) 通过强调团队和内部以及外部的顾客，推动了全面质量管理。

(4) 从多个人而非单个人那里获取考核信息，可以减少对考核结果的影响。

(5) 从员工周围的人那里获取考核信息，可以增强员工的自我发展意识。

2) 360 度考核方法注意事项

360 度考核法虽然被广泛采用，但在采用此方法之前，要仔细阅读该方法过程中的每一项，以下 4 点是在实施 360 度考核方法时应该注意的事项。

(1) 360 度考核法涉及的数据和信息比其他考核方法要多，因此收集和处理数据的成本很高。同时，由于大量的信息要汇总，这种方法就变成了机械和追逐文字材料的趋向。

(2) 因为 360 考核评价方法的使用和考核准确性与客观性方面的原因。所以，要把采用 360 度的方法作为一种为员工提供绩效信息的方法，而不是据此做出最后决策。

(3) 理解从不同渠道来的评分和信息有时也容易出错，因为这些渠道并非总是一致。所以，在理解这些从不同渠道来的数据要格外小心。

(4) 员工可能会相互串通起来集体作弊，来自不同方面的意见可能会发生冲突，在综合处理来自各方面的考核信息时比较棘手。

2. 目标管理考核法

目标管理考核法是根据被考核人员完成工作目标的情况来进行考核的一种绩效考核方式。在工作开始之前，考核人和被考核人应该对需要完成的工作内容、时间期限、考核标准等达成一致。在时间期限结束时，考核人根据被考核人的工作状况及原先制定的考核标准来进行考核，如表 6-1 所示。

表 6-1 目标管理考核表

考核部门				考核阶段			
考核者				考核日期			
考核内容							
序号	目标类别	所占比重	预定目标		完成目标		未完成原因说明
1							
2							
3							
……							
考核结果							

一旦确定以目标管理为基础进行绩效考核，那就必须为每个员工建立绩效目标，目标管理系统是否成功，很大程度上取决于这些绩效目标陈述的贴切性和清晰性。

绩效目标的设定除了可以参考其他绩效考核方法中所使用的绩效指标设计的原则外，还必须注意以下 6 点。

(1) 目标要清楚、明确。

(2) 目标可评估。

(3) 目标要有相容性。

(4) 目标必须与在更高的组织层次上所设定的目标相一致。

(5) 目标必须是具体的和富有挑战性的。

(6)目标必须是现实的和可实现的。

1) 目标管理法的优点

目标管理的设计思想是通过有意识地为员工设立一个目标，实现影响个人工作表现的目的，进而达到企业绩效改善的效果。目标管理考核法有以下3个优点。

(1) 成本较低。由于目标管理考核法操作起来比较简单，减少了一些不必要的环节，所以考核成本比较低。

(2) 比较公平。目标管理考核法是在员工与管理者之间达成绩效目标的基础之上开展的考核，考核之前就存在一个客观的标准，这样就增强了员工的公平感。

(3) 符合绩效管理的目的。目标管理考核法可以强化员工对于达成工作成果的愿望，使员工更好地完成工作任务。

2) 目标管理法的注意事项

尽管目标管理考核法存在上述优点，但其缺点也是很明显的，主要表现在以下3个方面。

(1) 重结果，轻过程。目标管理考核法是以结果为导向的，缺少对执行过程的监督，这就导致很多员工在工作中过于追求结果的现象出现，更有一些员工甚至采用不正当途径来达到。

(2) 目标难以确定。由于企业面临的内外部环境随时都有可能发生变化，这就使得真正用来考核的目标很难确定，尤其一些具有“弹性”的目标。如果目标定得太高，势必会打击员工的工作积极性；如果目标定得过低，又失去了目标管理的本意。

(3) 短期效应。由于目标管理考核法的时效性很强，所以目标设定的时限都很短，一般情况下，以季度和月度目标为主，很少有超过一年的，这就导致了一些短期效应的出现，不利于企业长期目标的达成。

3. 基于KPI的考核法

关键绩效指标(Key Performance Indicator，KPI)是用来衡量某一职位工作人员工作绩效表现的具体量化指标，它来自对企业总体战略目标的分解，反映最能有效营销企业价值创造的驱动因素。

作为一种评估体系设计的基础，我们可以从以下三个方面对关键绩效指标加以深入理解。

(1) 关键绩效指标是指用于考核和管理被评估者的绩效的可量化或行为化的标准

体系。

(2) 关键绩效指标体现为对组织战略目标有增值作用的指标。

(3) 员工和管理人员可通过在关键绩效指标上达成的承诺，对员工工作进行展望，对员工现在及未来发展进行沟通。

关键绩效指标体系是对公司宏观目标进行层层分解后，产生的具有可操作性的一系列关键指标。而企业关键绩效指标体系的建立通常会有以下三种方式，如图 6-15 所示。

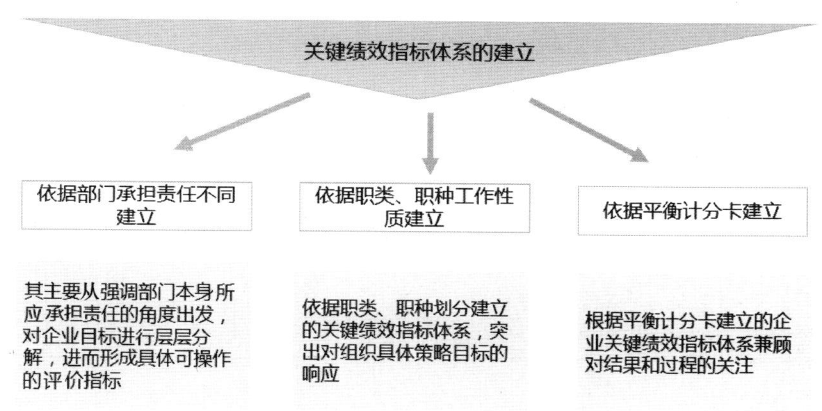

图 6-15　企业关键绩效指标体系的建立方式

1) 基于 KPI 考核法的优点

KPI 是指关键绩效指标，是对业绩产生关键影响力的那部分指标，与其他指标相比，其优点如下。

(1) 目标明确，有利于公司战略目标的实现。

KPI 是企业战略目标的层层分解，通过 KPI 指标的整合和控制，使员工绩效行为与企业目标要求的行为相吻合，不至于出现偏差，有力地保证了公司战略目标的实现。

(2) 提出了客户价值理念。

KPI 提倡的是为企业内外部客户价值实现的思想，对于企业形成以市场为导向的经营思想是有一定的提升的。

(3) 有利于组织利益与个人利益达成一致。

策略性的指标分解，使公司战略目标成了个人绩效目标，员工个人在实现个人绩效目标的同时，也是在实现公司总体的战略目标，达到两者协同，公司与员工共赢的结局。

2) 基于 KPI 的考核法的注意事项

同时 KPI 也不是十全十美的，也有不足之处，主要包括以下几点。

(1) KPI 指标比较难界定。

KPI 更多是倾向于定量化的指标，这些定量化的指标是否真正对企业绩效产生关键性影响，如果没有运用专业化的工具和手段，还真难界定。

(2) KPI 会使考核者误入机械的考核方式。

过分地依赖考核指标，而没有考虑人为因素和弹性因素，会产生一些考核上的争端和异议。

(3) KPI 并不是针对所有岗位都适用。

6.2.5 考核面谈与反馈

绩效考核面谈是绩效管理中关键的步骤之一。仅仅做好绩效评估无法达到改进绩效的目的，还需要通过绩效考核面谈来传达管理者对员工的期望，让被评估者了解自己的绩效状况，在此基础上更有效地改进工作绩效。

如表 6-2 所示是一张绩效反馈表，通过这张表可以对绩效反馈有更加直观的认识。

表 6-2 绩效反馈面谈表

<table>
<tr><td colspan="3">姓名</td><td colspan="3"></td><td colspan="3">职位</td><td colspan="3"></td></tr>
<tr><td colspan="3">部门(公司)</td><td colspan="3"></td><td colspan="3">考核者</td><td colspan="3"></td></tr>
<tr><td colspan="3">面谈时间</td><td colspan="3">年　月　日</td><td colspan="3">面谈地点</td><td colspan="3"></td></tr>
<tr><td colspan="12">考核结果</td></tr>
<tr><td colspan="12">面谈主要内容：</td></tr>
<tr><td colspan="12">绩效改进计划</td></tr>
<tr><td colspan="3">改进事项</td><td colspan="3">改进目标</td><td colspan="3">措施</td><td colspan="3">所需要的支持</td></tr>
<tr><td colspan="3"></td><td colspan="3"></td><td colspan="3"></td><td colspan="3"></td></tr>
<tr><td colspan="3"></td><td colspan="3"></td><td colspan="3"></td><td colspan="3"></td></tr>
<tr><td colspan="3"></td><td colspan="3"></td><td colspan="3"></td><td colspan="3"></td></tr>
<tr><td colspan="2">考核者</td><td colspan="2"></td><td colspan="2">被考核者</td><td colspan="2"></td><td colspan="2">日期</td><td colspan="2"></td></tr>
</table>

1. 面谈的准备

为了更加有效地进行面谈，面谈实施者必须做好充分的准备。为此，面谈实施者在实施绩效反馈面谈前须明白，通过此次面谈要达到什么样的目的。一般来说，通过面谈，至少要达成以下 5 个目的。

(1) 对被评估者的表现达成一致意见。

(2) 使被评估者认识到自己的成就和优点。

(3) 明确被评估者工作中需要改进的方面。

(4) 制订绩效改进的计划。

(5) 确定下一周期的绩效目标与标准。

1) 管理者绩效面谈准备

(1) 确定面谈时间。

面谈是一个双方进行沟通的过程。面谈应尽量安排在双方都合适的时间段。如果在面谈时又安排了其他事情，会影响面谈双方精力集中度，从而影响面谈的效果。

面谈时间选择好后，面谈主管人员应征询被面谈人员的意见。这样，一方面可以确定面谈人员时间是否合适，有利于员工安排好自己的工作；另一方面，也可以显示出对员工的尊重。

(2) 选择合适的地点。

面谈的地点应选择那些不受干扰的地方，应避免电话或访客的干扰。

(3) 面谈资料准备。

在面谈之前，主管人员应该准备好面谈所需的绩效评估表、员工的日常工作表现记录、岗位说明书、薪酬等级说明书等。

(4) 合理安排面谈内容。

由于具体工作性质和岗位的不同，管理者在和下属进行绩效面谈时，具体的面谈内容一般会有较大差别，但主要内容一般包括以下几点。

① 绩效考核周期的主要工作和各项目标的完成情况。

② 员工取得的主要成绩和进步。

③ 在完成目标方面遇到的问题和存在的不足。

④ 哪些方面需要改进以及如何改进。

⑤ 下一绩效考核周期内的主要工作。

⑥ 上司对下属在下一绩效考核周期内的工作绩效期望。

⑦ 下属的个人发展计划。

2) 员工应做的面谈准备

考核面谈是一个双向沟通的过程，只有双方都做好了充分准备，考核面谈才能有一个更好的效果。员工的准备内容有以下几点。

(1) 收集与上一周期绩效考核有关的资料。

(2) 准备好向主管提问。

(3) 个人发展计划。

(4) 安排好自己的工作。

2. 反馈的技巧

为了使反馈效果达到最佳，使员工准确掌握反馈回来的信息，主管人员应当掌握一些反馈技巧，如图 6-16 所示。

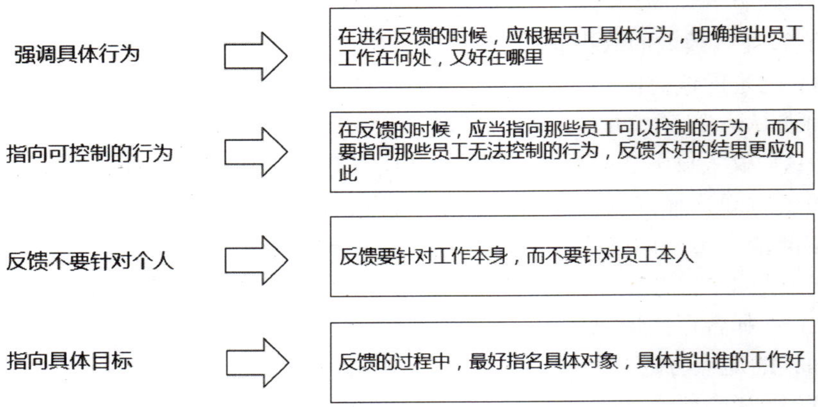

强调具体行为	⇨	在进行反馈的时候，应根据员工具体行为，明确指出员工工作在何处，又好在哪里
指向可控制的行为	⇨	在反馈的时候，应当指向那些员工可以控制的行为，而不要指向那些员工无法控制的行为，反馈不好的结果更应如此
反馈不要针对个人	⇨	反馈要针对工作本身，而不要针对员工本人
指向具体目标	⇨	反馈的过程中，最好指名具体对象，具体指出谁的工作好

图 6-16　反馈技巧

3. 实施绩效面谈

做好绩效面谈的准备工作之后，就可以实施绩效面谈。在面谈过程中，管理者应对其中相关信息给予记录，绩效面谈记录如表 6-3 所示。

表 6-3　绩效面谈记录

面谈参与人员		信息记录者	
时间			
面谈内容	信息记录		
1. 上一阶段工作中，取得的成功有哪些			
2. 工作中需要改进的地方			
3. 对此次考核有什么意见			
4. 你认为本部门员工谁的工作比较好			
5. 下一步的工作计划			
……			

1) 考核面谈的原则

在绩效考核的过程中，应当把握一些原则，这样面谈才可以顺利进行，下面列举了面谈中常用的 10 项常用的原则。

(1) 建立和维护彼此之间的信任。

考核面谈是双向沟通的过程，彼此之间需要建立一个相互信任的氛围，双方应开诚布公，坦诚相待。在面谈氛围方面，也应努力创造一种轻松、惬意的氛围。

(2) 清楚地说明面谈的目的。

主管人员在一开始就应当明确指出面谈的目的，确保双方向着一个方向进行。

(3) 鼓励下属说话。

在面谈中应当鼓励下属说话，让下属能够充分表达自己的想法，把自己真实的想法表达出来。

(4) 认真倾听。

在鼓励下属说话的同时，主管人员应当认真倾听，要保持双方目光的接触，同时要做到不带任何偏见。

(5) 避免对立和冲突。

在面谈中主管和员工可能会有不同见解，会引发冲突和对立，主管人员应当就不同见解向员工解释清楚原则和事实，争取员工的理解。

(6) 集中在绩效。

绩效面谈双方讨论的是工作绩效，而不是员工个人性格特征，在谈到员工的优点和不足，可以谈论员工的性格特征，但要与绩效相关。

(7) 着眼于未来而非过去。

绩效考核的目的在于绩效的提升，而不是对过去绩效的过分注重，讨论和评价过去是为了总结出对未来有用的信息。

(8) 优缺点并重。

对于员工，主管人员不能只看见优点而看不见缺点，也不能只看见缺点而看不见优点。

(9) 该结束时立即停止。

如果双方信赖关系破裂、双方有紧急事情等应及时停止面谈，如未达到面谈目标，可在下次面谈中继续进行。

(10) 以积极方式来结束面谈。

面谈结束时，应使员工怀着积极的情绪离开，要使员工能受到鼓舞，增强信心，不能使员工带着消极的情绪进行以后的工作。

2) 面谈的技巧

在面谈的实施过程中，应当注意一些问题，使用一些技巧，如此才能使面谈达到预期的效果。

(1) 倾听的技巧。

主管在倾听过程中应积极参与到谈话中去，避免外界诸如电话铃声、来访者的干扰，抛开其他事情，对员工不能有任何偏见，全神贯注地倾听员工说话的内容，正确理解对方的意思，不能断章取义和主观臆断。

(2) 表达的技巧。

在面谈的过程中提一些开放性的问题，如，“你觉得怎么样？”“你认为如何？”等；仔细倾听对方的发言之后，以重现或是用自己的语言进行表达，对讲话者做出适当的反应；主管应学会提问题，如，“你觉得这样做不合理，那么你觉得应该怎么做呢？你希望我们能做些什么呢？”

(3) 非语言沟通的技巧。

在绩效反馈面谈中，还传递着非语言的信息。在这个过程中，要注意使用好姿态语和手势，在具体环境中，这些手势和姿势表达了什么意思，以达到补充语言沟通不足的目的。

第7章

制度与人性化管理——现代化的企业管理

学前提示

什么是人性化管理

- 探索人性化管理的根基
- 人性化管理的概念
- 与文化相结合，使制度人性化
- 人性化管理的目的是以人为本
- 企业要实行人性化管理模式

让制度充满“人情味”

- 当制度遇上人性化管理
- “人性化”不等于“人情化”
- 制度化和人性化的统一
- 严管善待是发展企业的基础
- “做事如山”与“做人如水”

7.1 什么是人性化管理

任何一个企业，不管它规模如何，属于哪种类型，都有三种力量影响着其员工的行为——制度、企业文化和管理。这三个因素从不同层面影响企业的个体行为及其结果，相互配合，缺一不可。

而且制度和企业文化最终是服务于管理的。制度是硬性的规则，像热炉，谁碰了谁就要受到惩罚；企业文化是柔性力量，对于员工有着潜移默化的影响。二者双剑合璧，最终影响着员工。

7.1.1 探索人性化管理的根基

【企业实例】 “一日厂长制”，韩国精密机械株式会社实行了这一独特的管理制度，即让职工轮流当厂长管理厂务。

一日厂长和真正的厂长一样，拥有处理公务的权力。当一日厂长对工人有批评意见时，要详细记录在工作日记上，并让各部门的员工收阅。

各部门、各车间的主管，得依据批评意见随时核正自己的工作。这个工厂实行“一日厂长制”后，大部分职工干过“厂长”，工厂的向心力增强。工厂管理成效显著。开展的第一年就节约生产成本300多万美元。

让企业的每一个成员都更深刻地体会到自己也是企业这个大家庭中的一员，并身体力行地做一回管理者，不仅可以充分调动他们的积极性，也对从多方面看到管理上的不足有积极作用。

现代企业管理的重大责任，就在于谋求企业目标与个人目标两者的一致，两者越一致管理效果就越好。

投资理财讲师张雪奎和企业家交流时，经常说的一句话是：“上下同欲者胜。”韩国精密机械株式会社实行的一日厂长制度，就是把上下同欲的具体化。

管理学家说管理是一门科学，也是一门艺术。企业有责任增加员工的满意度，使员工有机会参与管理，建立和谐的人际关系。

不过，要真正达到高效管理的目的，还需要坚持“规范与准则胜于一切”的原则，要做到严而有序，严而有据。而人性化管理可以从下文得出结论，如图7-1所示。

图7-1 人性化管理的根基

1．科学管理和人本管理

以前，企业都是实行科学管理的。这源自泰勒提出的科学管理理论。之后科学管理理论在西方一直占据着重要地位。后来发展成为当代一个重要的管理理论流派。

其主要的观点为，在管理过程中采用科学方法和数量方法解决问题的主张，侧重分析和说明管理中科学、理性的成分和可数量化的侧面。其主要特征有如下几点。

(1) 在劳动分工基础上，规定每个岗位的权力和责任，把这些权力和责任作为明确的规范而制度化。

(2) 按照不同职位的权力大小，确定其在组织中的地位，形成有序的等级系统，以制度的形式固定下来。

(3) 明确规定职位特性以及该职位对人应有能力的要求。

(4) 管理人员根据法律赋予的权力处于拥有权力的地位，原则上所有的人都要服从于制度规定，而不是服从于某个人。

(5) 管理人员在实施管理时，每个管理人员只负责特定的工作，拥有执行自己只能所必要的权力；权力要受到严格限制，要服从于有关章程和制度的规定。

(6) 管理人员的职务是他的职业，他有固定报酬，有按才干晋升的机会，他应忠于职守而不是忠于某个人。

但是科学管理有很多局限性。比如，它主要是通过制度规范来统一管理职工的思想和行为，在实际管理工作中“见物不见人”的现象比较突出。甚至将人当成工具来对待，认为人是追求经济利益的“经济人”，忽视情感等更高层次的需求。

在实际生活中，由于缺乏人性化管理所导致的管理失败的教训很多，如像三株集团的垮掉、郑州亚细亚集团的破产、秦池酒厂的美梦破灭都证明了“家长制”“一言堂”的集权化管理的失败。

从管理实践运作的方式来看，科学管理要求通过科学、理性、量化的手段和方法，建立工作标准与操作规范，为企业管理提供一个严格的制度环境。

当企业管理处在低水平阶段时，这种管理模式对训练员工的职业观念和技能、养成科学意识和品格、从而改进企业管理时相当有效的。

而人本管理的运作，则要求以人的主体意识达到空前觉醒为前提，以奉行组织内一切人的人格平等为基础，以组织内全体成员的优秀技能和敬业精神为依托，通过民主管理与参与，最终达到自我管理。

2．人性化管理和科学管理

很明显，人性化管理致力于管理环境的优化；致力于员工思想的沟通与潜能的挖掘；致力于管理体系的设计与实施；致力于企业的塑造；同时致力于员工需求的满足。人性化管理既是对科学管理的必然依托，又是对科学管理的自然超越。在企业管理处于较高水平时，这是一种更为有效的管理模式。

在我国企业管理的实践中，有人认为，科学管理更实用；有人认为，人性化管理更胜一筹。事实上，两者是两种特殊而又有效的管理模式，它们在不同的社会历史条件下产生，并且在企业管理的不同阶段分别居于主导地位，两者适时、适度的融合，才是我国企业的明智选择。

人性化管理的核心理念当然是以人为本。

这是对以机器为本、以技术为本的科学理念的一大提升。它要求管理者和员工共同进行心理与行为的彻底革命，使得企业管理从管理理念、管理制度、管理技术、管理态度直到管理效益都有一个全面的转变。这种转变将体现出人主宰自然、人是万物之灵的客观规律。

人性化管理不是对科学管理的全盘否定，而是一种理性的继承，一次科学的修正。它汲取了科学管理中的科学思想，肯定了制度在企业管理中的重大作用，同时将科学管理中的“人”与“物”再次颠倒过来，让“人”始终处于原本的主导地位。

这不是简单地顺应潮流，而是坦率地尊重事实。这种实事求是的“人本意识”加“科学精神”，是人性化管理理论对人类的卓越贡献，也是它会受到普遍崇拜的根本原因。

人性化管理与科学管理的理论内涵与运作模式告诉我们，人性化管理，是在科学管理基础上发展起来的一种新的管理模式，它的理念因为反映了人力资源是第一资源的社会现实，所以更具先进性；但它的运作条件比科学管理更为严格，但不同企业在实施过程中，还应理论联系实际，根据本企业的具体情况，选择一种主导管理模式。

7.1.2　人性化管理的概念

【企业实例】　海尔集团首席执行官张瑞敏曾说过这样一段话：“要让员工心里有企业，企业就必须时时惦记着员工；要让员工爱企业，企业首先要爱员工。”

可见，要使员工安心工作、乐于工作，就要对员工的工作、生活进行全方位的体贴。比如，要确保员工的工作安全，当工作效率与安全问题发生冲突的时候，要坚持安全第一的思想。

同时，要关注员工的健康状况，定期检查员工的身体及精神健康状况，为每个员工制订自我健康计划，经常组织员工开展健身活动。

此外为员工提供舒适的工作条件，留意每个节日和每个员工的生日，关怀每个员工的家庭，积极解决员工的后顾之忧，努力避免一切歧视现象的发生等都要摆上企业的议事日程。

什么是人性化管理？所谓人性化管理，就是一种在整个企业管理过程中充分注意人性要素，以充分开掘人的潜能为己任的管理模式。

至于其具体内容，可以包含很多要素，如对人的尊重，充分的物质激励和精神

激励，给人提供各种成长与发展机会，注重企业与个人的双赢战略，制订员工的生涯规划，等等。

人性化管理是将人性学理论应用于管理，按照人性基本属性进行管理的管理哲学。因此，必须对人性有所了解，如图 7-2 所示。

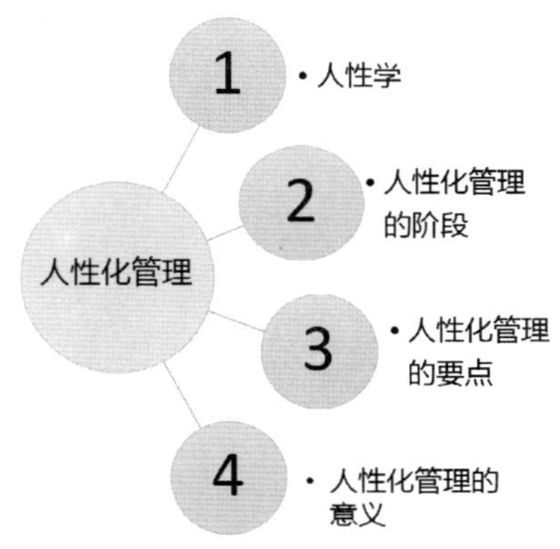

图 7-2　人性化管理的概念

1. 人性学

人性学一般分为两个定律，自然属性的定律和社会属性的定律。

1) 自然属性的三个定律

- 人的生理层面的自然属性是“人类总是要求拥有快乐而不是痛苦”。
- 人的心理层面的自然属性是“人类总是要求得到尊重而不是贬低”。
- 人的心灵层面的自然属性是“人类总是希望有长久的目标，而不是去虚度一生”。

2) 社会属性的三个定律

- 对行为后果的考虑。
- 对自己长远目标的考虑。
- 对人生价值的考虑。

企业只有了解了人性中这些自然属性和社会属性，才能对错综复杂的人际关系和职工的行为动机进行有效的引导和管理，才能根据企业不同的发展阶段提出更高的更能发挥全员潜能的管理目标。

人的社会属性受心灵支配，而心灵则是一种思想意识，是人类社会属性产生的源泉，可以通过人类一代代传承下去，并不断得到丰富。

思想意识在现代管理中起着决定性的作用。意识的先进性是社会进步、企业蓬勃发展的动力之源。因此，抓教育、抓培训、抓文化已成为现代管理成功的必由之路。企业家必须牢牢掌握企业文化对企业成长的作用方式，根据不同的企业特点，塑造自己的企业文化。

2. 人性化管理的阶段

人性化管理其实是对企业文化培育和发展的管理。人性化管理是一个动态发展的过程，也是对人的自然属性和社会属性的表现形态进行有序组织和改造的过程。人性化管理大体可以分为 4 个发展阶段：人际权力管理阶段、人际沟通阶段、合作管理阶段、奉献管理阶段，如图 7-3 所示。

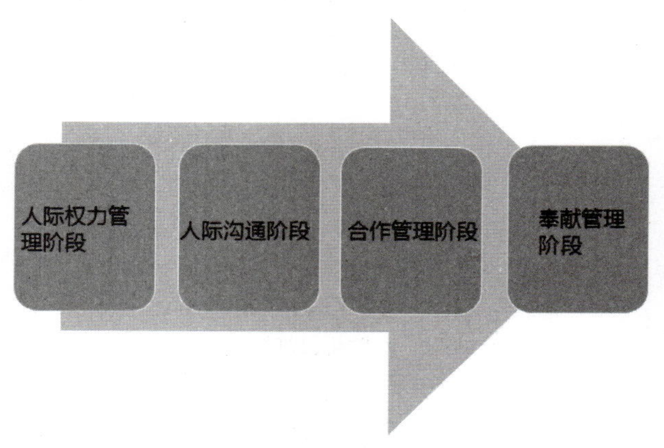

图 7-3　人性化管理的 4 个发展阶段

这 4 个发展阶段实际是企业文化与员工个人意识或文化意识进行整合的过程。

1) 人际权力管理阶段

人际权力管理阶段由于员工来自四面八方，员工的文化意识不一样，而可能出现混乱和冲突。因此，在这个阶段应建立统一的行为规范，并建立严格的等级制度，促使员工服从企业管理。

2) 人际沟通阶段

人际沟通阶段其实已进入人性化管理的意识培育和调整阶段，是为企业发展、成长塑造企业文化的开始。在此阶段应着重上下级之间的沟通，并开始逐步建立共同的价值观。

3) 合作管理阶段

合作管理阶段是培育企业文化的重要阶段。企业领导如不注重研究分析自己企业的特点就没有文化上的创新，就没有属于自己的文化，而且这一个阶段将是一个漫长的发展过程。

4) 奉献管理阶段

奉献管理阶段是企业文化管理阶段。即企业已拥有了属于自己的独特的企业文化，全体员工也融入到了企业文化之中，这时员工的思想行为都自觉地在企业文化的支配之下，并能对变幻莫测的市场，很快地联合行动，采取对策。

3. 人性化管理的要点

人性化管理的要点主要表现在以下几个方面，如图 7-4 所示。

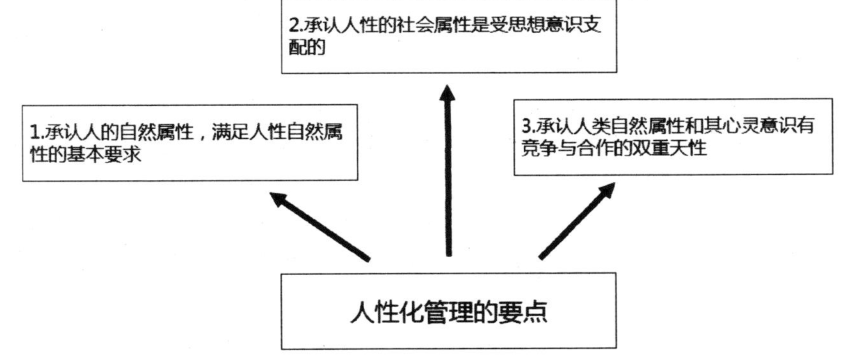

图 7-4　人性化管理的要点

(1) 承认人性的自然属性，满足人性自然属性的基本需求。

(2) 承认人性的社会属性是受思想意识支配的。

- 不同行业，应培育不同风格的文化意识，使人的社会属性组织化。
- 思想意识的第一任务是为其生理、心理满足服务。因此，企业组织要有合理、明确、科学的分配制度和规章。
- 思想意识完成第一任务之后就要为长远目标或其他目标服务。

因此，企业要有满足这种欲望的措施，要塑造自己的行业意识和企业文化，使来自四面八方，在社会属性形态上有差异的人逐渐统一于企业的行业意识和企业文化之下。一旦这种文化意识达成共识，团体的工作效率就会出现意想不到的效果。

人类的职业有成千上万种，社会组织的功能也千差万别，即使是以盈利为目的的企业组织，也存在着职业上的很大差异。

因此，它们所需要的“人”的社会属性形态是有选择的。企业家在组织领导企业时，应充分注意到这一点，否则将会导致由于社会属性形态与职业差异太大而使管理失败。

(3) 承认人类自然属性和其心灵意识有竞争与合作的双重天性。

因此，在企业管理中要有符合这种双重天性的机制。为了使合作与竞争的自然属性能有序高效地得到发挥，必须通过一种社会化组织结构和一种社会化的意识文化加以联结、控制和导向，使人性中这种竞争与合作天性在企业家的组织领导下得到充分的发挥。

“人性化管理”，通常人们也常说成“管理人情化”，但在具体工作的实施中却常有将“人情化”理解成“讲人情”，其实则不然，它们是两个不同的概念。

“人性化管理”是由现代行为科学演变出来的一种新的管理概念，对于这一概念的研究便成为人性管理学。

4. 人性化管理的意义

所谓人性化管理，是指在生产经营管理过程中以人为中心，把调动人的积极性放在首位，在企业内营造一个尊重人性、尊重员工主体地位的良好氛围。其核心是处理好各种人际关系。

当今，人类社会在经历了采集经济、农业经济和工业经济之后，正进入了以全球化、信息化、网络化和以知识驱动力为基本特征的崭新的社会经济形态——知识经济时代。

人的作用比以前任何时候都更显得重要，人在社会中的主导作用更加突出。一个国家、一个民族、一个企业必须拥有一大批优秀的创造性人才，才能发展知识经济。

(1) 人才是知识经济最重要的资源，只有善于管理人才，才能获取较大的效益。因此，如何培养、使用、管理、留住人才成了企业管理头等重要的工作。

(2) 随着技术进步的加快，环境的日趋复杂，信息手段的广泛应用，传统的集权式的组织形式正逐渐受到挑战，组织内部的分权化逐渐成为一种趋势，大规模高度统一的大企业，正逐渐变成由许多自主经营的小单元组成的原子合成型组织。这种分权管理的组织形式必然要求企业更加重视民主管理、自我管理和感情管理。

(3) 在知识经济时代，由于人们受教育程度的提高和生活水平特别是生活质量的提高，劳动者的追求更加广泛和多样化，劳动不再是一种单纯的谋生手段，越来越多的劳动者把工作看成是实现人生价值的重要手段，在工作中寻求人生意义。

这就要求企业更加关注、了解员工，不仅满足他们的物质需求，而且设法满足他们精神方面的要求，提高他们的满意程度，以调动他们的积极性，从而获得更大经济效益。

人性化管理的基础是制度建设的完善，是严格管理前提下的人性化，是管理的高级阶段，是管理理念的升华。它绝不能脱离管理的科学性和严谨性而独立存在，更不是人情化管理和仁慈化管理。

总的说来，人性化管理是一种建立在理性基础之上的感性管理模式，是需要管理者用心来同被管理者进行交流，做到彼此了解，要求管理者在管理中要用“心”去体会，用“心”去感受，用“心”去交流，用“心”来指引。

7.1.3 与文化相结合，使制度人性化

【企业实例】 微软公司云集了世界上许多聪明的人，比尔·盖茨是怎样管理他们的呢？答案是人性化管理，或者说人格化管理，即充分尊重员工，营造一种没有等级隔阂的文化制度。这种理念让员工非常认同，也让很多其他公司的员工欣赏。

在微软公司，每个职工都有独立的办公室或房间。办公室与办公室之间相互隔开，并且每个办公室都差不多大，比尔·盖茨的办公室也不比其他员工的办公室大

多少。每个员工都有自主权，可以按照自己的想法布置和装饰办公室，任何人都没有权力干涉。

办公室的位置不是制度里硬性规定，而是让员工自由挑选的。如果有间办公室有几个人都想要，可以通过抽签决定。另外，如果第一次员工没有抽到中意的办公室，下一次还可以再选，直到满意为止。公司尊重每位员工的隐私，每个办公室都安装了门，微软公司的这种做法让员工感到很有意思，大家工作起来都感到很舒心。

在微软公司，停车场是没有等级划分的。不管是比尔·盖茨还是一般员工，谁先来了谁就先选停车位。但是即使如此，比尔·盖茨也不会因为找不到停车位而烦恼，因为他每天都比别人来得早。

微软的办公大楼没有时钟，这一点也是与众不同的。微软总部位于西雅图，办公大楼的主要材料是玻璃和钢材。地上铺着地毯，房间内散发着柔和的灯光。

但奇怪的是，整座办公大楼内，居然没有一个钟表。大家凭良心上班，愿不愿意加班、加班多少都是自愿的。西雅图的天气阴天多，晴天少，只要出太阳且风和日丽，员工就可以到外面散步。

微软公司免费给员工提供各种饮料，还置办了很多高脚凳，方便员工在公司里不拘形式、不拘办公地点地办公。当然，这种考虑与软件产品开发行业的生产特点有关，旨在营造自由宽松的工作环境，便于员工自由地思考和创新。

微软的企业文化中，有一条是“无等级隔阂”。众所周知，等级隔阂是人与人交往的巨大阻碍。一旦有了等级差别，人与人之间就容易产生隔阂。它会妨碍人们正常沟通，不利于企业凝聚力的增强，不利于团队协作。因此，微软在管理过程中，制定了人性化的管理制度，努力营造一种自由宽松的工作氛围。

正是靠着别出心裁的人性化管理，微软吸引了一大批富有创造力的人才，大家在独特的文化氛围里，享受在微软工作的时光，心甘情愿地留在微软。为什么微软的企业文化、公司制度有那么大的吸引力呢？下面来具体介绍一下，如图 7-5 所示。

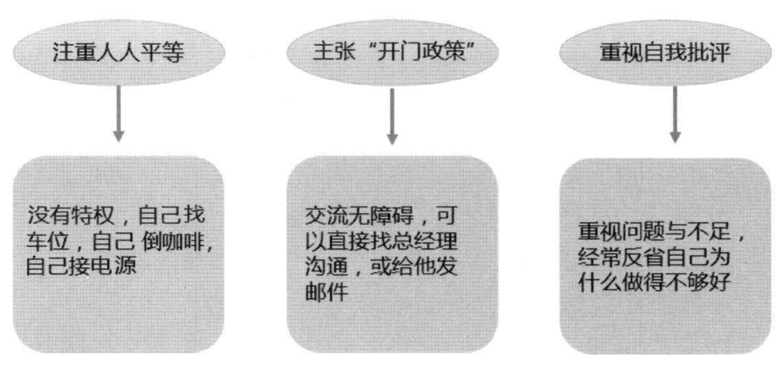

图 7-5　无等级隔阂

1) 注重人人平等

在微软，资深人士都没有“特权”，他们要自己发邮件，自己倒咖啡，自己找车位。办公室基本一样大，没有任何人享有特殊待遇。

一次，一些中国教授到微软访问。在等待微软的 Jim Gray 教授演讲时，看到一个满头华发的老头趴在地上接电线。

他们以为是一名老工人，没想到等他站起来时，他们才惊讶地发现他就是 Jim Gray 教授。他们震惊了，没想到像 Jim Gray 这样的教授，都要亲自接线装电脑。

2) 主张“开门政策”

所谓开门政策，是指任何人可以找别人谈任何话题，也包括给任何人发电子邮件。一次，一个新员工开车上班时，不小心把比尔·盖茨停着的新车撞了，她吓得不知道该怎么办。

比尔·盖茨说：“你发一封道歉的邮件就行了。”新员工发出了邮件，不到一个小时，比尔·盖茨就回信告诉她没事了，没伤到人就好，还欢迎她加入新公司。

这就是微软公司没有阻塞的信息交流，这种“开门政策”增强了员工的主人翁精神，而且还便于及早发现公司发展中遇到的问题。可以说，平等沟通是微软发展的必备平台。

3) 重视自我批评

微软企业文化的一大特色就是重视自我批评。这在科技飞跃发展的今天是难能可贵的。很多人、很多公司因为不愿意自我批评，不愿意承认自己的错误，最终走了下坡路，直到面临倒闭。

有个刚加入微软的市场经理，带着产品去参加一个商品展。回来后，他高兴地发邮件告诉整个小组，说：“我很高兴地告诉大家，今天我们在展览上取得了好成绩，10 项大奖囊括了 9 项，我们一起去庆祝吧！”

没想到，一个小时内，他收到了 10 多封回信，大家问：“哪一项没有获奖？为什么没获奖？我们有什么教训？明年怎样才能得到这个奖？”在那一刻，他明白了微软为什么会成功。

在微软，自我批评已经被系统化了。每个产品推出后，都会有一段时间给大家做自我批评。小组成员会被询问，什么地方可以改进，每个产品细节都会被分析，结果会在公司公布，帮助其他小组避免同样的问题，从而让公司越做越好。

在自我批评方面，比尔·盖茨是一个很好的表率。他鼓励员工畅所欲言，把公司存在问题、缺点以及员工的建议都说出来。他说：“谁能提出建议，说明谁在关心公司，如果人人都能这样做，公司就会有前途。”

除了自我批评，比尔·盖茨鼓励大家接受别人的批评，要有胸怀和魄力去改变自己的不足。1995 年，比尔·盖茨宣布不再涉足 Internet 领域的产品，当时很多员工提出反对意见。

有些员工直接发邮件给比尔·盖茨，说他的决定是非常错误的。这引起了比尔·盖茨的重视，后来他改变了决定，写信承认错误，并重用那些反对他的员工。

从这件事中，我们可以看到，平等的环境、直接的沟通和宽大的胸怀，拯救了微软公司。此外，责任至上、善始善终、虚怀若谷等企业文化，也是微软雄踞全球商业界的制胜因素。

在中国，如何建立具有特色的人性化企业制度呢？这需要继承和发扬中华民族的优秀传统文化，中西合璧，博采众长，在柔性企业文化的基础上，建立人性化的公司制度，如图 7-6 所示。

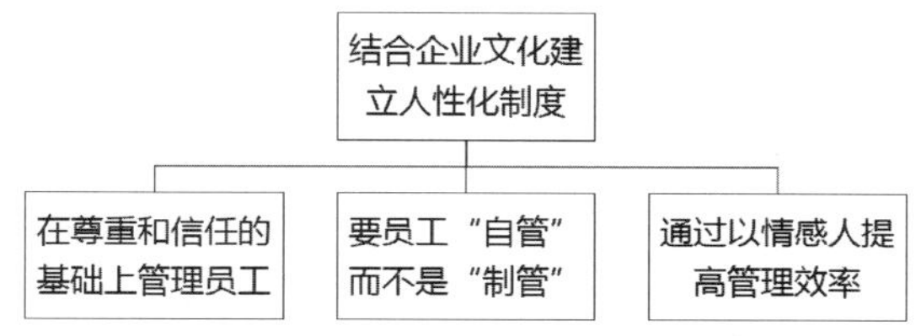

图 7-6　结合企业文化建立企业制度

1．在尊重和信任的基础上管理员工

通用公司有句名言“韦尔奇无处不在”，指的是人性化的魅力让每个员工感到韦尔奇(杰克·韦尔奇是通用电气董事长兼 CEO)的存在。通用公司动力系统的商务经理王泉说：“我一点儿都不觉得与韦尔奇有距离，你与他交流没有任何阻隔，他会经常把他对公司的看法告诉你，因为他尊重你、信任你。”

如果管理者能像韦尔奇那样尊重和信任员工，那么就很容易建立开放性的管理制度，进而会赋予公司极大的自由与发展空间。

2．要员工“自管”而不是“制管”

巴西有一家大型跨国公司，近年来它的业绩扶摇直上，这完全得益于独特的管理体制——自主管理。其做法如下。

1) 让员工确定工作目标

公司将员工分成若干组，由每个组自定生产目标，员工自行分工。

2) 让员工确定工作时间

上班时间或下班时间由员工自行掌握。员工可以选择在状态最佳时全身心地投入工作，因此效率特别高。

3) 员工可以根据自己的贡献，向财务部申报工资

如果员工自定的工资高了，第一个月，公司会照付。第二个月，公司会要求员工提高生产效率。如果员工做不到，公司会与员工协商，适当地降低工资或者转换工作岗位。

这种管理制度获胜的最大秘诀，就是用非常规的管理方式，将员工的责权有机统一起来。同时，最大限度地给员工自主性，让员工自主发挥积极性和创造性，全面提升工作效率。

3. 通过以情感人提高管理效率

人性化管理的理念，就是把人当人看，使员工获得满足感，从而有一个好的精神状态投入到工作中去。松下幸之助曾在一个深夜打电话给一位干部，干部以为老板要传递什么指示，但没想到，松下幸之助说："我突然很想听你的声音。"

松下幸之助以如此真诚感性的方式表达了对下属的关怀，打动了下属，让下属感觉备受重视，从而全心全意地为公司努力工作。

7.1.4 人性化管理的目的是以人为本

【企业实例】 甲骨文公司为员工创造了宽松的工作环境，公司为每个员工配备了高性能的办公设备。对于办公用品的管理更是非常"慷慨"，在每个办公室的角落里有一个柜子，里面放满了员工日常所需的办公用品，员工可以根据自己的需要自由索取，而无须登记。

同样从事软件开发的一家国内企业却采取了相反的态度。虽然这家公司宣传册中将"以人为本"的人才策略浓墨重彩地渲染了一番，但老板对行政部门每月"高昂的"办公用品采购开支大为恼火。

行政部门为了缩减办公用品开支绞尽脑汁，任何员工领取办公用品都要填写领用单据，并要经过主管签字，然后才能到行政部门领取。每个部门每月产生的办公用品开支要核算到部门运营成本中。

甲骨文公司认为，企业为员工创造宽松、方便的办公环境是企业的责任，只有在宽松和谐的环境中工作，员工才能够创造更大价值。另外制度也能体现企业独特的企业文化。

国内这家企业的做法也无可厚非，合理地控制运营成本(包括办公用品采购成本)能够提升企业的效益。但不同的制度带给员工的心理感受是不同的，这种心理感受极大地影响着员工对企业价值理念的认同，影响着员工的行为与态度。

从事同一领域的两家公司，面对相同的市场环境，却对管理、制度采取不同的态度，这在经营业绩上体现出巨大差距。这给我们留下了深深的思考。

人性化管理是指基于科学的人性观基础上的"以人为中心"的管理。人性化管理反映了现代企业管理的新趋向，显示了企业管理文化发展的新态势，揭开了企业管理理论和实践的新纪元，如图 7-7 所示。

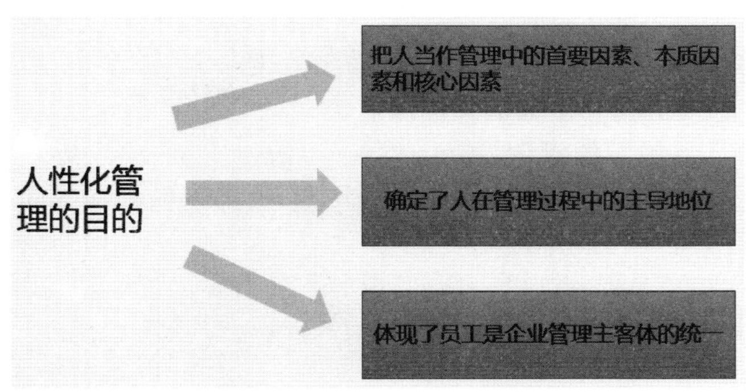

图 7-7　人性化管理的目的

1．把人当作管理中的首要因素、本质因素和核心因素

人性化管理的着眼点是人，它将资源中的人回归到了真正的“人”——实实在在、有血有肉、有情绪、有思想的生物有机体，而不再单纯是劳作的机器、赢利的工具。

在人性化管理的视野中，人的需求、人的属性、人的心理、人的情绪、人的信念、人的素质、人的价值等一系列与人有关的问题均会成为管理者需要悉心关注的重要问题。

2．确定了人在管理过程中的主导地位

企业是人的集合，不是物的堆积，是由人以营利为目的而构筑的经济性组织。企业的营利性目的是要通过对人的管理、发挥其积极性，进而优化物质资源的配置才能够达到的。

企业管理必须调动企业人在物质资源的配置和赢利过程中的主动性、积极性和创造性，而人性化管理正是围绕着调动人的主动性、积极性和创造性去开展企业的一切管理活动的。

3．体现了员工是企业管理主客体的统一

员工既是被管理的客体，也是应当受尊敬的主体。企业所要实现的目标，既是企业的目标，也正是员工个人的目标。员工在追求组织目标的同时也充分发展了自己，组织目标达成之日就是个人目标实现之时。

人性化管理是文化管理运作和实践的核心。人性化管理作为一种现代企业管理方式，相对于其他各种类型的管理方式而言，是一种根本性的超越，是更高层次的管理方式。

人性化管理的着眼点是人，把人的因素当作管理中的首要因素、本质因素和核心因素。确立人在管理过程中的主导地位，把人的因素当作管理中的重要因素和本

质因素，无疑是一种人性化管理。

通过人性化管理达到完善人的意志和品格，提高人的智力、增强人的体力，使人获得超越生存需要的更为全面的自由发展。

这种“以人为目的”的管理才是人性化管理应有的哲学境界。人性化管理的至高境界在于创造一种促进人不断学习、积极发展的组织氛围和共同愿景，从而有利于人的全面发展。

7.1.5 企业要实行人性化管理模式

体现理性精神和文化精神，是人性化制度模式的主要指导思想。制度化管理是以理性分析研究制定的管理规章和制度，同时，制度的模式也是企业文化的写照。

【企业实例】 玫琳凯·艾施是一位美国著名的运用“人性化”制度模式取得成功的女企业家。她原在一家公司干了 25 年的直销工作，1963 年退休后她不甘寂寞，自己开了一家玫琳凯化妆公司，开业的时候只有 9 名成员，办公面积只有 160 平方米。

她由于痛恨过去曾在公司受到的不公平待遇，在她当上经理后，就全部反其道而行之：力求公正、平等待人，从下属的角度来考虑问题，也要求雇员从顾客的角度考虑问题。

为了在管理制度上真正体现这种人人平等的思想，玫琳凯·艾施对每一个新雇来的员工，做的第一件事就是发给员工一块刻有该公司“金科玉律”铭文的大理石。上面写着“你愿意别人怎样对待你，你也要怎样对待别人”。

在她的管理制度模式里，充分地体现了人的自主性和能动性，每个人都可以有发展的机会，而不用去费力地爬传统公司的金字塔，甚至每一个员工都像独立的零售商一样直接和顾客交易，自己定目标、销售计划和报酬。

她的管理方式是坦诚的关心、信任，并深信每个人都有机会获得成功。因此，经过 20 年的努力，玫琳凯化妆品公司已拥有 20 万名员工，年销售额 3 亿多美元。

由此我们知道，一个企业在形成卓越企业文化的时期，人性化制度模式也相应产生。因为，当人的价值实现与企业价值实现融为一体时；当人的习俗、行为准则、规范在企业目标一致时，制度就不再是以约束人为主要特征，而是成为部门与部门之间、人与人之间在工作中的一种联系、协调、沟通的工具。

制度成为人们工作的需要，是一种处事规则，其主要特征从对人转向对事，制度的好坏反映在制度能否适合事务的发展规律。

当企业中人的行为、人的意识已进入到高层次阶段时，制度对人的约束部分已从有形的人性基本假设转向无形的、潜意识的基本假设。

此时制度体现的是高理性精神和高文化精神，这种精神支持着人性化制度模式，而人性化制度模式所具备的符合事物发展的制度体系，优势企业经营管理的有

力支持，从而企业目标的实现就有了牢固的基础。

文化知识、行为选择、处世哲学最能反映人的基本价值观，企业中的员工对自身价值实现的需求只有引导到企业价值实现融为一体时，才能实现双赢，这时将产生一个观念的转变，即从“老板要我这样做”转为“我自己要这样做”。

企业领导者如果能把员工在这方面的要求调动起来，朝着一个方向努力，员工就会把在本企业工作当成实现自己人生目标的不间断的进程，而不仅仅只是一个谋生的手段。

企业价值目标也就因此会上升到一个更高的层次，达到一个新的境界，企业的扩张也因此有了长远的、永不衰竭的动力。

7.2 让制度充满“人情味”

越来越多的企业重视发挥企业文化和企业制度的重要作用，通过建设优秀的企业文化和企业制度在市场竞争中占据优势。

也可以说，企业文化和企业制度是现代企业发展必不可少的竞争法宝，一个没有企业文化和企业制度的企业是没有前途的企业，一个没有信念的企业就是没有希望的企业。

从这个意义上说，企业文化建设既是企业在市场经济条件下生存发展的内在需要，又是构建现代企业制度的重要一环。然而企业是人的集合体，企业创立的基础在于人，存在的关键在于人，发展的根本也在于人。

因此，企业在创建各具特色的企业文化中，要重视以人为本的核心作用，将以人为本的理念贯穿到企业文化建设的各个环节，建设出有“人情味”的企业文化和企业制度。

总之，有“人情味”的企业文化并非无原则的一团和气，而是对“以人为本”核心理念的深刻理解与合理运用。

建设“有人情味”的企业文化，用文化去激励员工，是企业实现可持续发展的有效途径。企业文化作为人的精神需求，是一块肥沃的土地，只要管理者在这里播下敬意、希望和鼓舞的种子，就可以收获员工的火热激情。

将自始至终贯彻“以人为本”的理念，建设“有人情”味的企业文化与制度，促进企业和谐、可持续发展。

7.2.1 当制度遇上人性化管理

【企业实例】 海尔公司曾兼并淮源电视制造厂，新厂长尤建平一上任，就发现了一个问题：原来的管理者都不在工人食堂吃饭，工厂对面有个不大的餐馆，厂领导平时在那里吃饭“谈工作”。这与海尔的情况截然不同。在海尔，管理者们都和员工一样，在食堂排队打饭。

上任当天，尤建平就到职工食堂吃饭，其他管理者也就只好走进食堂，但他们集中坐在两张桌子上，从此这两张桌子就成了他们的专用桌，与广大职工划开了界限。

与那些管理者不同，尤建平每次吃饭的时候，总在不同的桌子上坐着，一边吃，一边与工人们聊天；既可以了解员工的想法，又可以倾听员工的意见，还亲近了员工，赢得了员工的好感和支持。

一天吃午饭的时候，一个工人走到尤建平身边，弯下腰小声说了一句话后，尤建平马上站起来，朝窗外看去，发现一辆车厢上盖着大篷布的大货车。他赶紧放下碗筷，跑了出去，工人们都跟了过去。

尤建平把那辆大货车拦住了，然后走到车后面，把篷布掀起来，发现车厢里装满了塑胶板。在一番追问下，司机交代了实情。原来是副厂长叫他拉的。当时旁边有很多工人围观，大家议论纷纷，大为不满。

接着，尤建平把这个副厂长喊出来，问清了事情的原委。按这个副厂长说的，厂里搞大清理，他打算把这些塑胶板卖掉。可是这些塑胶板是好的，并不是废料。好端端的为什么要卖掉呢？面对大家的议论，这个副厂长低头不语。

过了几天，尤建平在食堂的院子里，向大家宣布在总部的处理决定，只见他把手中的撤职通告挥了挥手，念道："现已查明，某某借口处理废料，多次倒卖工厂的物资，然后从中收取回扣，严重败坏了管理干部的形象，给工厂造成了重大经济损失。海尔公司董事局决定，撤销其副厂长的职务。"

制度化和人性化是辩证的对立统一，注重制度化管理而忽视人性化管理，在管理过程中制度将得不到很好的落实；反之，人性化管理将得不到很好的体现。

但关键是如何维系人性化的管理，人性化管理一定是在制度的前提下才可以谈，人性化管理绝不是不要制度。人性化没有制度化的约束也就无从存在。所以，所谓人性化管理，必须是依托于一定的实体、手段和方法，都必须是在制度的前提下谈论。

人性化管理应该是这样的管理：在流程上，首先用人性化的思维来制定管理制度，而在严格执行单位制度时，可以有一些人性化的手段。

人性化管理首先是制度的人性化，管理者在制定制度的时候一定要考虑到制度是否能够有效地执行。如果制度完全没有人性，肯定是没有办法执行的，如教育从严，处罚从轻，处罚不是目的，只是一种手段。

制度的人性化首先体现在要公平公正，让职工能够心悦诚服地自觉执行，为什么呢？如果自觉执行对所有的人都有利，而破坏了规则、导致不公平，则可能对自己也没有好处。

严格地执行制度与人性化管理并不冲突。在安全生产管理工作中，我们要切忌

制度化官僚，人性化切忌人情，才能保证安全工作的顺利展开。

现在很多公司提倡人性化管理，强调以人为本。于是，就把公司的很多制度和规则给荒废了，置之不理了，从而引发了更多管理难题。

很多人就疑问，严格的制度与人性化管理矛盾吗？严格的制度与人性化管理不矛盾；相反，它们还是相辅相成的(图 7-8)。

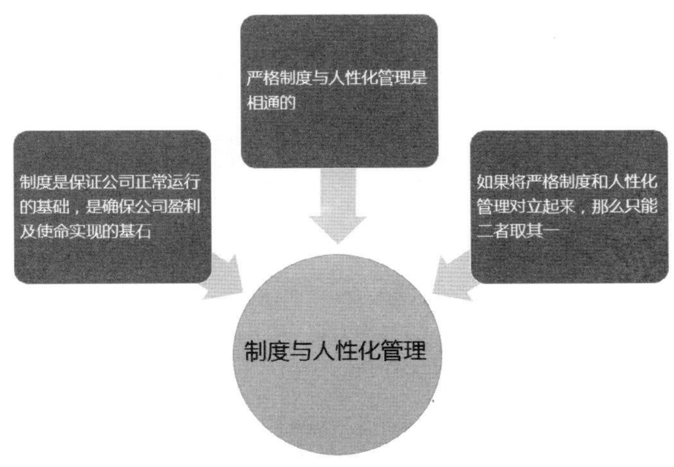

图 7-8　制度与人性化管理

1. 制度是保证公司正常运行的基础，是确保公司盈利及使命实现的基石

制度对员工的确有抑制作用，严格的制度抑制作用更甚。严格的制度是指规范的公司基本行为条例，是做事的原则和态度。要明确，“严格”并不是针对员工个人，而是针对公司的行为，是要规范，是要求，而不是普通意义上的限制、约束。

对待员工要从员工角度出发，为员工着想，为员工做事，给员工一定的自主权，使员工能够更好地为公司工作。从长远来看，公司为员工谋利益，同时考虑员工的长期发展，帮助员工实现既定目标和未来的愿景。

2. 严格制度与人性化管理是相通的

严格的制度与人性化管理是相通的，主要表现在以下几个方面。

(1) 严格的制度是人性化管理的前提，是必须要遵循和坚守的。

制度规定了基本的行为，告诉员工哪些该做，哪些不该做，明确了这个范围，再进行人性化管理就不是问题了。而一旦员工在明确了之后，如果再犯规，就必须接受相应的结果；否则，就会法将不法了，公司也就乱了。

(2) 严格制度与人性化管理的终极目标是一致的。

严格的制度、管理，其指向就是为公司创造价值，公司管理严格了，工作认真了，产品好了，效益变好了，公司盈利了，最大的受益者就是公司的人，公司的员工才会享受到公司的关照，有了钱，公司才有东西帮助员工，才会实现真正的人性化管理。

(3) 严格制度的抑制作用与指向作用对人性化管理有重要的导引作用。

人性中有两个方面：一个是正向的东西，是人性中积极的一面，这一面要求人积极、进取、拼搏、实现；另一个是负向的东西，是人性中消极的一面，这一面要求人自私、懒惰、享受、消极。

制度如果抑制负向的人性，则会严格规范，修正消极的东西，有利于人的成长和发展；制度如果抑制正向的人性，则会变得残忍、苛刻，把积极的因素抹杀，使人畏缩不前；如果制度完全放任，没有抑制，则会产生随意和放纵，人就像没有河道的水，随意流淌，企业和个人的目标也就无从谈起了。

因此，严格的制度一定要针对人性中那些消极的因素，这就导向了制度的制定和执行问题了。

3. 如果将严格制度和人性化管理对立起来，那么只能二者取其一

要制度不管人性，那么企业将会是一个刻板、僵化的企业。要人性化不要制度，那么公司就是无道之水，放任自流。

松下幸之助到他的公司里去巡视，公司的制度很严格，很热的夏天，工人汗流浃背地在厂房里工作。他马上跟随行的人说，那些坐在有冷气办公室里的管理者怎么能要求他的员工拼命为他干活呢？松下幸之助立即要求公司里的人给工人们装上了冷气。这才是将制度与人性化很好地结合起来的管理！

7.2.2 “人性化”不等于“人情化”

【企业实例】 美国的汉诺瓦保险公司总裁欧白恩说过，努力的方向是建立一个更适合人性化的组织模式。

工业时代之初，人们一周工作 6 天，才能赚得足够的金钱，以取得食物与栖身之所。而今天，我们大多数人在周二下午就达成同样的目标。

传统式的组织设计，并没有提供员工自尊和自我实现较高层次的需求，而现代组织必须开始关照所有员工这些需要，否则管理效果不彰的现象仍会继续下去。

首先有必要分清人性化管理与人情化管理。人性化管理是以严格的公司制度作为管理依据，是科学而具有原则性的；人情管理则没有制度作为管理依据，单凭管理者个人好恶，没有科学依据，非常主观。

而作为管理的对象——员工，是有惰性的，必须有相应约束及压力才能产生动力，所以用制度还是用主观意志来管理，而最终产生的结果会不一样，如图 7-9 所示。

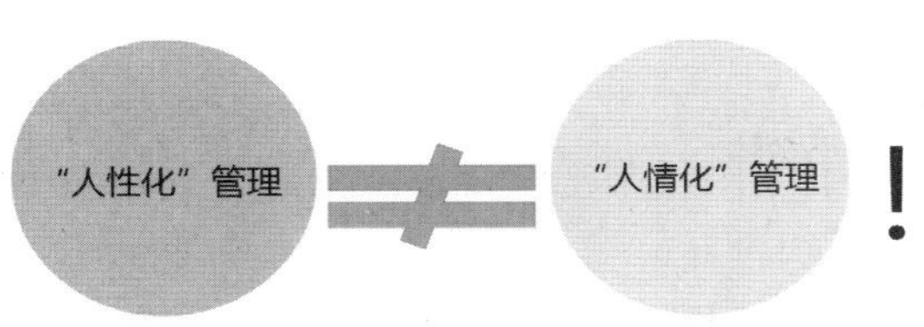

图 7-9 "人性化"管理与"人情化"管理

1. 人情化管理

目前，很多管理者没有真正理解什么是人性化管理，误把人情化管理当作人性化管理。"人性化"，是在完善管理制度前提下的"人性化"，是建立在"社会人"假设之上的，人性化管理强调的是在管理中体现"人文关怀味"，让管理不再"冷冰冰"，而是充满父母般的关怀、妻子般的体贴。

而很多做得失败的公司人性化管理明显缺乏完善的管理制度基础，将"放任""听之任之"看成为"人性化管理"，是个认知误区。而人情化管理常导致企业出现以下问题，如图 7-10 所示。

图 7-10 人情化管理带来的危害

1) 是对企业制度权威性的摧毁

企业作为一个组织，需要在一定的轨道中运行，才能使企业正常发展，减少风险。所以，作为企业的管理者，需要不断强化组织的能力，而不是强调个人的力量。这就需要一套明确且严格的管理方式，通过这套管理方式的明确化最终就形成了企业中的管理制度。所以说，制度建设是企业管理规范化的基础，制度的执行力度就是企业的核心竞争力之一。

对于推崇人情化管理的管理者，在人情和制度面前，往往会倾向于人情的方面，为了卖面子给一些下属而不惜破坏制度的约束。这样做的结果不言而喻，一次两次后，企业的成员会对制度产生怀疑，长此以往，那么企业的制度就会名存实亡。

我们曾经遇见过不少的企业，其实是有比较完善的制度体系的，但是就是执行起来有很多问题，总是执行不下去。结果，制度成为一套被搁置的文件，没有发挥到任何的实际作用。

除去制度体系本身的缺陷不谈，我们发现很多企业就是没有建立起严格执行制度的氛围。高层领导都不能按照制度的要求工作，总是开人情的缺口，那么下面对制度的执行程度就可想而知了。

战国时期的秦国依靠商鞅变法而逐渐强盛，而商鞅变法的开始就是建立了这样的执行氛围，怎么规定就怎么执行，才成就了秦国严格的法律制度的贯彻执行并使其走上强国之路。

2) 树立了不健康的企业文化

企业文化是由企业的核心领导共同缔造的，他们指引了企业的发展和员工的价值观。建立良性的企业文化，对企业的健康发展的作用是非常大的。

我们认为，下属的工作风格和处事原则，大部分来自上级的影响，同样，作为上级也希望使用和自己风格相近的人员。因此，企业文化的自上而下的传递作用是非常明显的，有什么样的领导者，就有什么样的下属。

对于讲究人情的管理者，每时每刻都在把这样的管理思想向下传递，那么下属很快也会走上人情化管理的道路，形成了讲人情的企业文化。这样的企业文化在企业一定的规模时可能还看不出它的危害，但企业发展到一定阶段，需要从人治转向法治的过程中，就会和这样的企业文化发生很大的抵触。

这也是中国民营企业在转型期间遇到的最大问题。因此，作为企业高层管理者，应该引导企业文化的健康发展，建立起适合企业发展的企业文化和价值观，这是关系到企业生死存亡的大事。

3) 使企业发展中的风险加大

企业在发展的过程中无时无刻不在风险当中，我们需要在企业的组织化中通过组织的力量来减少企业发展中的风险。

因为规范的组织管理对风险的控制的方法是可以复制移植的，通过一些流程、方式的设置，可以在一定范围内把风险降到最低，而进行风险控制的前提就是要有一套严格执行的制度和流程。

对于喜欢讲人情的领导者，他们关注的并不是组织，而是人，希望通过治人来管理企业。这样的做法会给企业的未来发展带来很大的风险。

首先，对人的过分关注，会加大企业对某些人员的依赖程度，当这些人员离开企业后，会给企业带来很大冲击；其次，人治的不足之处还在于容易在企业中形成小集团和派系，加大横向沟通的难度，增加企业内耗，降低企业的竞争力。

由上述的分析中，我们不难看出企业需要的是人性化管理而不是人情化管理，我们应该发扬人性化管理的优势，运用正确的方法来进行人性化管理。

2. 人性化管理

人性化管理就是要重视企业内外最重要的资源——人，以人为本位的企业管

理。在日常的管理中关注、关怀我们的员工，让其体会家的温馨和关怀，培养员工主人翁责任感，并让这种热情转化到工作中去。如：为公司每月过生日的员工派送生日礼物、开 Party 等。

但是人性化管理实施过程中，没有人管，没有工作压力、没有工作目标的时候，员工就容易产生惰性。解决这些问题首先要部门主管监督得力，员工的工作任务安排合理，员工的工作目标明确。具体如何做好人性化管理呢，如图 7-11 所示。

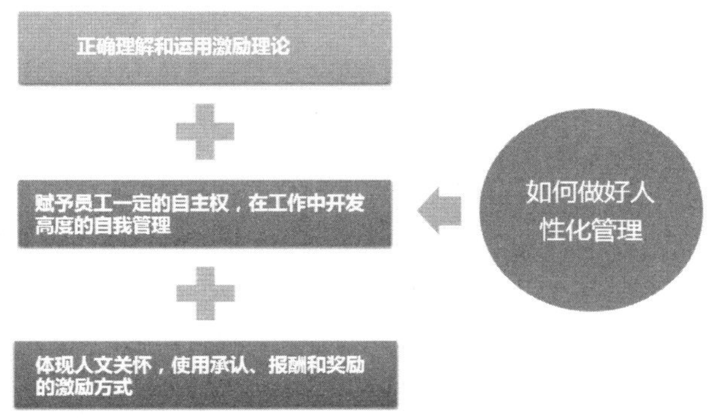

图 7-11　如何做好人性化管理

1) 正确理解和运用激励理论

西方管理学中有一种理论可以为我们提供一个思考的空间，那就是著名的马斯洛的需要层次理论。这是一种动机模型，它的基础是认为所有的人都有驱动其行为的基本需要。

马斯洛将这些需要按重要性分出层次，从最基本的生理需要，到最高等的精神需要——自我实现需要。

(1) 生理需要。生理是解决人的生存的基本问题，也就是维持人的生活所需的各种必要条件，当人们的这一需要没有得到满足，自然就会产生一种行为来达到这种需要。

(2) 安全需要。即保护自己免受伤害或是威胁的需要。作为在企业中的员工，这种基本需要可以通过安全工作的条件、福利方案以及所从事的工作的安全感来实现。

(3) 社会需要。第三层次的需求可以总结为社会需要，也就是出于人性的本能，需要在群体中获得的一种归属感，参与一定组织的劳动及社会活动，这是人性中一种本能的表现，在群体中生活并参与群体的活动。

(4) 尊重需要。即一个人的自我尊重和得到他人尊重的需要，那么这一需要在企业中可以通过工作中的一个重要的头衔，一个特殊的工作岗位或是上司同其他员工对自己的承认和鼓励来得到满足。

(5) 自我实现需要。最高层次的需求是自我实现需要。自我实现与精神和智力上的发展有关。并且根据马斯洛的研究认为，只有当其他几个层次的需要都得到满足后，人们才会关注自我实现，才会产生去达到这一需求的动机，也就是才能主动地在工作中寻找运用其智力或创造力的机会，以达到自身发展、职业发展和自我成长。

人们本能地产生动机去达到第一层次的需要，而当人们达到了这个层次的需要后，就会向着上一级的层次发展，努力达到更高一级层次的需求。

但是，如果人们在低层次上的需要没有得到满足，他们也就不可能被高层次上的因素所激励，不会产生去满足高一层次需要的动机。

比如，如果一个人生活收入本身和人身安全上都没有保证，他就不可能被有挑战性的工作项目所激励。

所以在工作中就对管理者提出了一个新的课题，就是去了解被管理的员工，去了解他们分别都处在哪一种需要层次上，然后采用相应的激励手段去激励员工向着更高层次发展。也就是激发员工为了自己从而去努力地工作，在工作中满足自身的一种潜在需要。

2) 赋予员工一定的自主权，在工作中开发高度的自我管理

众多管理实例表明成功的组织中拥有最好的领导者。这些领导者所做的事情之一就是在员工中开发高度的自主管理。

坚持把决策留给实施工作的人去做，使员工对自己的工作和决策负责，从而提高他们做好一项工作的责任感，可以省去一些批示的中转时间，加快了工作效率，并有助于员工掌握管理技能，通过自我决策而完成的工作满足员工的自我实现意识。

管理者作为工作上的指导，向员工阐明并解释所希望完成的结果和达到的目的，以及这一目的达到后会对员工所造成的影响。

前提是作为管理者应当了解员工当前的技术能力水平，并确认他们对所从事的工作的能力和信心。

如果员工的能力和自信心都很高并且对员工的判断能力有信心，就应该让他们运用自我管理来决定做工作的方法和途径。如果能力或自信心不高，可以帮助员工提高这一水平。

能力和自信度越高，员工的自我管理水平就越高，而优秀的管理者的目标应当是使每一位员工的能力和自信心都尽可能高。

当员工一旦开始工作时，作为管理者要做的最重要的事情就是相信员工的工作能力，并给予相应的支持与鼓励。当然，如果员工做得出色证明管理者的判断力是正确的；如果员工在工作中出现了失误，作为一名管理者应该做些什么呢？中国有句古话：失败是成功之母。

任何人都有可能会犯错误，所以一味地严厉批评甚至处罚都不是最佳的处理办法。相反，询问一下问题所在并帮助员工改正错误却是非常有效的方式。

询问是什么原因导致了失误？员工是否愿意修正它？下一次再从事这种工作时应该注意避免什么？并在下一次将相同工作再交给他们，因为只有这样才能检验出

员工是否真正地改正了错误，才是人性化管理的一种表现。

3) 体现人文关怀，使用承认、报酬和奖励的激励方式

这也是人性化管理中最为重要的一点，因为当员工工作努力，并达到令人满意的绩效时，他们理应得到对自己付出努力的承认。

当工作结束时，应当立即对绩效出色的员工进行评价，支付与员工所付出的劳动相应的报酬以及对完成较好的员工给予适当的奖励。

虽然每个人都应该出色地完成自己的本职工作，这是我们做任何工作时都必须时刻提醒自己的一种责任，无论什么做就要做好。但是同样是完成一种工作，如果做得出色的员工与做得一般的员工同样都没有得到上司的认可及赞同，那么其结果必然是会影响做得出色的员工在以后工作中的积极性。

虽然二者都同样完成了工作，可是作为管理者要恰当地运用好了，可以对先进员工产生推动作用，而且也会对一般员工产生激励作用。管理者需要花费时间向员工灌输工作自豪感和对工作的兴趣。

员工需要获得别人的信任，尤其是管理者的信任，需要被赋予一定的权力以在适当的时间里做适当的事情，而不需要为了得到批准而一趟一趟去向主管请示。

因为一个高绩效的组织，需要的是组织中每个成员的奉献精神，而不仅仅只参与而已。

而且管理者要对员工所做出的贡献给予应有的评价，并不能因为员工完成了一件应该完成的工作就对其默默不理，而一旦发生了失误反而大加批评，这对员工来说并不公平。

员工能够完成本职工作就已经为所在的组织做出了贡献，这一点应该值得认可。当然，出现了错误也不是不应该批评，但一个优秀的管理者应当能够恰当地把握并运用手中的权力，来组织并领导员工完成工作。

专家提醒

人性化管理是一种感性的管理模式，需要管理者对下属的理解和交流，从而达成共识，提高工作绩效。

但是，人性化管理不能做成人情化管理，不能建立讲人情的企业文化。只有明确了这些问题，才能在组织中发挥每个人的最大效用，同时又对风险进行了有效的控制，提升企业的整体绩效，强化企业的核心竞争力。

7.2.3 制度化和人性化的统一

【企业实例】 2007 年春节前夕，亚宝集团公司依然和往年一样牵挂着太原制药公司的员工们，派来了大巴车接送回家过年的员工。

原定的发车时间是早晨七点半，但不到七点十分，所有要回家过年的员工就已

背着行囊齐刷刷地站在了大巴车的门口。

是啊，在省城太原工作一年了，哪个员工不是思家心切？这一幕让经理很感动，心想，也许每名员工对于集团公司给予的这份人性化的关怀都了然于胸。

但是，春节过后，在大巴车从集团送员工前往太原公司上班时，却有少数员工在原定的开车时间半小时后才迟迟赶到发车点，影响了集体的行程和时间。这种人性化与制度化管理的矛盾现象，让经理再次对如何处理二者的关系有了新的感悟。

任何管理都离不开规范的制度，人性化管理也必须以规范的制度为基础。人性化管理需要制度，但这个制度的制定必须体现人性化管理的精神和理念。

有效的管理应该是制度化与人性化的有机融合。制度是一种理性化的规范，人性化是一种对人有激励效能的艺术，将制度化与人性化和谐统一对人有激励效能的管理艺术，将制度化与人性化和谐统一起来，员工才能发挥出最大的价值。

任何一个企事业单位不论它从事的是何种工作，为了它的工作计划能够保质保量地完成，其内部各个单位都会制定相应的规章制度。这些制度整合到一起，就是这个公司或机构的基本章程。

我们可以这样说，如果没有这样一个完整的规章制度体系，这个公司或机构的各项工作就很难顺利展开，其工作计划也很难有效完成。从这个意义上讲，现代西方的企业管理就是由各项严密的规章制度所组成的，如图 7-12 所示。

图 7-12　制度化和人性化的统一

1. 用制度管人是现代企业的重要管理形式

制度在现代公司管理中的重要性是毋庸置疑的。但是，我们注意到，制度是死的而人是活的，再严密的制度由于执行人的素质差异，其执行情况也不尽相同。

某企业有这样的事情，一位刚进厂不久并被分到了质监部门工作的青工，某次上夜班由于一时迷糊，将定时取样的事情耽搁了，事后无奈，只好弄虚作假，结果被值班领导及时发觉，事过让他写检查。这位青工无论如何也写不出来，为什么，因为他对质量检验的重要性理解不深。

在这样的情况下，不论公司管理者在经济上如何处罚他，对他以后的工作在主观能动性上，也不会有多大帮助，原因很简单，他对质量问题的危害性认识不深。

如果我们在质量教育上多下功夫，这位青工就不会犯这样的错误或至少少犯这样的错误。从另一方面讲，如果我们的管理者能够在平时多关心员工，员工工作就会更用心，他也会想方设法克服夜班的发困，从而认真做好自己的本职工作。

制度是重要的，但任何一项制度，都是由人来执行的。现代企业员工的高素质源于专业知识和责任心，但工作的主观能动性，却来自员工对公司的忠诚与热爱。只有员工忠诚于这个企业，才会对他所从事的具体工作高度负责。

所以，在现代企业管理中，如何发挥每一个员工工作中的主观能动性，是一个非常重要的问题。

2．管理者关心和爱护员工，员工才有可能全心全意为企业工作

我们说每一个人都有自己的长处和短处，都有自己的优点和弱点。就管理者而言要能够做到识人善任，用人能够扬长避短，这是管理者管理水平高下的一个重要标志。

人性化管理首先建立在对人的理解和关心的前提下。企业全体员工同心同德，再辅以合情合理的规章制度，其企业或部门的工作理应做得难以挑剔。

我们必须明白所谓现代企业不论各行各业，第一个特点是规模大，第二个特点是科技水平高，第三个特点是产品的标准化要求高，第四个特点是服务全面到位。

而这一切的一切都离不开人。因此，管理好设备的前提是管理好人，善于用人，善于待人，是一个成功的企业家所应具备的基本素质。

7.2.4　严管善待是发展企业的基础

【企业实例】　通用电气前总裁韦尔奇主张：管理越少越好，领导人应该给员工更多自由发挥的空间。韦尔奇希望有更多的决策是由基层做出的。

韦尔奇并不是建议他的经理们每天一到中午就去打高尔夫，但他的确不想看到经理们在所有决定的时刻都去干预员工。

相反，他希望他们能够把精力集中到如何为员工设计未来上，并且保证这样的未来永远都可以看得到，而且最终会实现。这听起来有违常理，不是吗？

经理的作用不就是管理员工吗？如果他们管得少了，会不会为公司带来损失？谁来监督员工是否尽力工作？谁来监控库存标准？谁来关心产品质量？

韦尔奇的回答很明确：“别紧张，别挡道，给员工们足够的空间，别在他们背后张望，让他们摆脱官僚主义的枷锁吧！”

这样可以使管理者的注意力集中在重大事情上。对韦尔奇而言，“管得少”意味着经理们有更多时间去考虑更重要的东西，并且变得更有创造力。

他们得有机会去思考自己的领域之外的事务，并考虑如何有助于发展通用电气的其他业务。

随着“管得越少越好”的策略的推行，韦尔奇发现经理们越来越善于互相帮助。如果他们把大量时间花在为下属检查工作，或者其他的琐事上，他们就不大可能有时间去抓大事。

当然这种领导方式的前提是团队已经发展得相当成熟。在团队组建初期，或者团队成员能力不高时，采用一些命令式的领导方式会有助于团队尽快成长，由团队的领导告诉团队的成员怎么做，并由团队领导来监督。

当团队成员的能力有一定的提高，具有一定的交流能力时，可以采用教练式的领导方式。在这种方式下，团队成员有一定程度的自主性，但其积极性仍旧无法提高。

而协助式的领导方式对团队成员的能力要求有一定的高度，也只有团队成员具备这种能力，其协助才有可能。在这种方式下，责任基本下放到团队，由团队成员承担责任。

严管善待，是建设良好的企业团队、促进企业长远发展的根本。何为严管善待，如何正确处理严管与善待之间相辅相成的关系，真正做到严管与善待的统一，这是每一位管理者在新形势下应该认真思考并加以解决的问题，如图 7-13 所示。

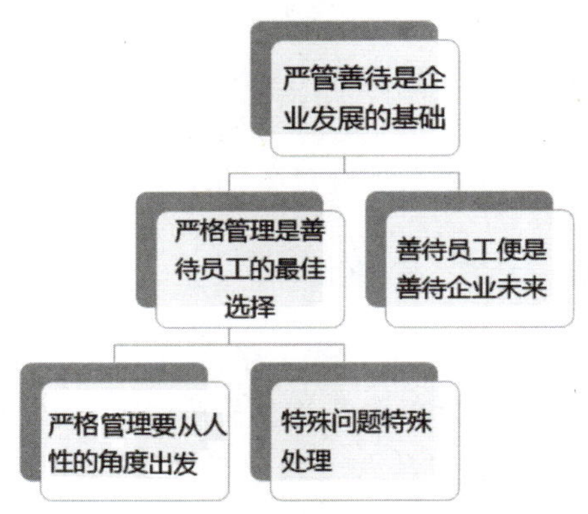

图 7-13　严管善待是企业发展的基础

1. 严格管理是善待员工的最佳选择

一方面，企业的领导一定要具有严格管理的意识；另一方面，员工同样需要具有接受严格管理、认真遵守制度的意识。

“严是爱，松是害。”特别是在生产企业中，放松管理往往导致人身伤亡事故发生，而事故带来的损失会直接导致企业效益下降，生产效益降低，从而导致企业发展停滞甚至倒闭，并且会严重影响员工的就业和收入。

另外，人是有惰性的，如果放松管理，则惰性放大，生产效益降低，从而导致企业发展停滞甚至倒闭，最终损失的还是员工个人。因此，员工应理解“管理虽有情，制度却无情”的道理。

善待员工，要从思想上认识到推行严格管理势必要纠正过去一些自认为不会出

现问题的不正确做法，避免出现员工误以为是领导跟自己过不去的现象。

同时，管理者往往制定了这样的制度——发现问题以罚代管，管理手段单一、缺乏有效的沟通。这种制度在落实中往往无法得到员工的理解、认可，容易形成对立的情绪，这对企业的发展是相当不利的。

因为严格管理的出发点是约束员工的行为，避免事故或意外事件的发生，保证企业正常的生产秩序和员工的生命安全。因此，严格管理是更高层次的善待员工。

善待员工，是要求管理者在工作中更多地从人性角度出发，在制定、落实制度时要做到“无情的制度，有情的操作”。

1) 严格管理要从人性的角度出发

善待员工是为了凝聚员工的向心力，是不断为企业的发展将人力资源调整到最佳状态而采取的措施。

所以我们在推行严格管理时要遵循以人为本的宗旨，把管理者和被管理者的行为纳入理性、规范的轨道，形成长效管理机制，这样才能获得双赢的结果。

严格管理就是制度管理；制度不实用，不健全，管理就严不起来。因此，在制定制度时，管理者必须坚持以下三条基本原则。

(1) 从实际出发，切实可行，推行简约化管理。

(2) 以人为本，充分尊重员工、依靠员工，集中大家的智慧。

(3) 便于执行，制度有操作性，既不能过于简单，又不能过于烦琐。

2) 特殊问题特殊处理

对于企业中个性较强且不服从管理的员工，管理者要特别注意以下几个方面。

(1) 管理者不可摆架子。个性强说明他们有独立的思维能力，因此往往有更好的主意。管理者应该放下架子，与员工平等相处。

(2) 吸纳员工的建议。特别的建议往往和抱怨混合在一起。管理者必须静下心来，仔细分析这些带“刺”的看法。把员工当成自己志同道合的合作者，会更有利于工作的开展。

(3) 讨论和命令并重。当大家在一起讨论而达不成一致意见时，管理者就需要进行决策，采用命令的方式强制执行。

(4) 敢于批评。管理者只有批评得有理有据，能把员工说服，员工往往不但不会生气，还会佩服你的管理才能。

(5) 制度的公正性比合理性更重要。业绩考评很难让每个人都满意。所以，制度的公正性比合理性更重要，即便某个制度不尽合理，但只要对每位员工一视同仁，往往不会产生太大的矛盾。

2. 善待员工便是善待企业未来

当我们研究许多基业长青的优秀企业时，我们会发现：这些企业会从许多方面节约出不必要的开支，而绝不会“抠”自己的员工。

无论是诺基亚的“以人为本”、摩托罗拉的“对人永远的尊重”、可口可乐的“员工都是企业最宝贵的财产”，还是惠普公司闻名业界的“惠普之道”，我们都可以发现这些企业是真正将员工当作一起成长的伙伴，视为企业不可或缺的财产。

这些企业会通过各种各样的方式来满足员工的需求，提高员工的满意度。

【企业实例】 宜家公司的创始人坎普拉德在外人看来是一个很“抠门儿”的人。作为曾超越比尔·盖茨的世界首富，他与家人住在瑞士的乡下，每天开着一辆老式汽车到集市买菜，平时所花的金钱非常少。

正是这样的人，却在不久前发动了“宜家感谢你们”的大型活动，将某一天宜家公司的所有收入作为奖励分发给宜家在全球的员工，以感谢他们对宜家所做的贡献。

另一家以“节省”出名的公司是美国西南航空公司。众所周知，西南航空公司是一家以低廉价格经营短途航线的航空公司。

为了能让票价具有竞争性，西南航空公司采取了一系列措施来降低运营成本，如砍掉一些没有竞争力的航线、简化飞机的餐饮内容、采用电脑联网方式售票等。

这些“抠”法取得了很显著的成果，公司的成本大幅下降。而西南航空公司却以最善意的方式对待员工。

比如在“9·11”恐怖袭击之后，航空业一片萧条的情况下，西南航空公司坚持不裁员，而是与员工一起携手度过最艰难的时刻，赢得了员工的充分信任。

在美国航空公司中，西南航空公司的员工满意度是最高的，顾客的投诉率是最低的，而公司盈利率是最高的。由此我们可以清楚地看出这三者之间的关系。

企业管理者获利多，但员工挣钱少，员工心里很明白。管理者在员工待遇上不厚道，必然会引起员工心中的不满，就难免会有不关心企业甚至出工不出力的现象，严重的话，还可能会引起劳资纠纷、企业停产，企业的对内凝聚力和对外竞争力就会成为空话。

企业应该遵守《劳动法》，保证双方权利与义务等；必须依法按时足额支付员工工资，工资标准不得低于或变相低于当地政府规定的最低工资标准，逐步建立员工工资正常增长机制；必须尊重和保障员工依照国家规定享有的休息休假权利，不得强制或变相强制员工超时工作。

除了促使员工多赚钱，对他们的生活给予保障外，善待员工还有两个层次：一是给他们接受再教育的权利，如把优秀的员工送到国外去培训；二是要给员工一种企业归属感。

(1) 善待员工，就是要在企业管理中，坚持人性化管理、个性化服务，严管与善待相统一，管理与服务相融合，持之以恒地落实好为员工服务的一系列措施，坚持不懈地把善待员工的工作做深、做细、做实。

(2) 善待员工，就是了解员工，倾听员工的呼声，做到与员工心连心。利用到基层检查工作、现场办公、举办员工培训等各种机会，与员工进行广泛的接触与交

流，开诚布公地去解答问题，广泛地征求员工的意见，组织员工积极参与合理化建议活动。

通过有效的沟通，让员工把心里话说出来，把好的意见和建议提出来，有针对性地做好工作，改进服务工作，理顺员工的情绪，以此减少员工的怨气，提高员工满意度和忠诚度。

(3) 善待员工，就是要尊重员工，既包括尊重人格，尊重优点，尊重首创精神，还包括与人为善，宽恕缺点，给人机会。

对企业内发生的问题和员工的过失，如果处理有失偏颇，就会挫伤员工的积极性，甚至会导致离心倾向。

人非圣贤，孰能无过？员工在工作中出现失误在所难免，处理这种失误的关键是要坚持实事求是，要把情况调查清楚，分清是非责任，既不包庇员工，又不伤害员工。只要不是玩忽职守，都以友善的态度，做好教育帮助工作，鼓励他们振作精神，从失误中吸取教训，不再重蹈覆辙，彻底改正错误。

7.2.5 “做事如山”与“做人如水”

【企业实例】 栗先生是 W 市的一个国营企业老板，从 20 世纪 80 年代投身运输行业。创业以来，栗先生的企业发展很快，规模不断壮大，在当地也解决了一些人的就业问题。栗先生现在年近古稀，企业仍有序运营，在逢年过节时，员工们都会与栗先生走动，其乐融融的景象犹如一家人一样。

对此，周围很多人都很羡慕栗先生，并向栗先生讨教经营之道。栗先生片刻沉思之后，说了 8 个字：“做事如山，做人如水。”

栗先生的运输公司明显不同于其他国营运输公司，栗先生在公司内制定了严格的规章制度，包括司机在驾驶途中，严禁有任何不规范的行为，比如吸烟、闲聊、喝酒等，如果有人违反，不管是谁，一律严加处理，轻则罚款，重则直接开除。

与其他运输公司不断强迫司机驾驶路途相比，栗先生的规定，在当时的运输同行里，甚至让人难以理解。比如，栗先生的公司里明确规定，严禁司机连续驾驶 4 个小时以上，司机驾驶够 4 个小时的，必须休息 20 分钟，由此而产生的开支由公司来出。为此，栗先生的公司比其他同行公司多支出不少费用。

此外，栗先生还在公司内规定：运营车辆必须按时检验，在上路营运前，一定要确保零误差。

曾经有一个跟随栗先生 10 年的司机，因为出车前忽略检查，最后导致途中有一个轮胎险些爆裂，跟车人员第一时间报告给了栗先生。栗先生迅速对司机做出指示：立即将车停到最近的安全地带，更换轮胎，重新对车进行全面检查，确保无误后，才能上路。

虽然这件事未造成严重后果，但栗先生仍旧按照规定对事件责任人进行了严肃处理，那个跟随栗先生 10 年的司机险些被开除，并被扣除了两个月奖金。

为了确保员工能理解公司的规章制度，栗先生制定出书面文件，做成海报贴在了墙上，制度条文语言通俗易懂，如“出门全面检查，路上勤加谨慎”“远离烟酒，不要让你的家人失望”等。

既保证了员工能够理解制度的含义，还对员工进行了人性化的提示与关怀。在W市里的运输行业里，栗先生的运输公司基本实现了“中大型事故为零，小型事故非常低”，成为当地运输行业的明星企业。

与严格制度相对应的是栗先生对员工的尊重与关怀。在管理中，栗先生与员工谈话时，态度始终和蔼，能够主动关心员工的家庭情况，很多员工表示，在栗先生这儿上班，感觉跟家里干活差不多。

栗先生每个月都会给员工支付一定量的奖金。而且栗先生手下的员工在当地同行业里，工资始终是最高的。当地很多司机以能够到栗先生的公司上班为荣，因为在栗先生的公司里工作，在当地意味着最高工资。

此外，对于一些家里人生病、孩子上学等亟须用钱的员工，栗先生还会允许员工提前支款。但同时，公司的财务管理非常严格，支款员工必须打上借据，并按时归还，如果遇到特殊情况，可以向公司申请延缓。

对于一些家庭突遭变故的员工，无力归还的，栗先生会以个人名义替其还上。逢年过节时，栗先生会提前为员工置办丰厚的年货，并给员工发放年终奖。公司出动大巴送员工回家，在假期结束后，公司还会出动车辆接员工回来上班；对于距离特别远、公司不便开车接送的员工，可以报销往返路费。

在企业管理中，既有宏观上的“道”与“法”的弘扬，又有具体上的“术”的运用。管理之道，对管理者个人而言，主要在于两点：一是做人；二是做事。

人是有感情的，所以做人要如做水一样，看起来比较柔软，但又可以流进每一个角落，滋润每一个心田；做事则要以结果为导向，以制度为准绳，对事情质量的要求马虎不得。一个管理失败的企业，总是与一个管理失败的管理者相伴而生；一个成功的企业，也往往会有一个杰出的管理者。

这个案例中，栗先生在做事上一丝不苟，保证了公司的业绩，在公司中，高效做事也正是公司各项发展的基础；做人上，栗先生重视社会道义，尊重人性，体贴员工，从而让人性化管理引领公司不断前进。

而有的企业，可以说是对员工进行着“无情”管理，员工在这样的公司里面只能感到制度的冰冷，鲜有人性的温暖。这种管理虽然在一定程度上取得了发展，但最终仍将被历史所淘汰，因为它与人性化的发展趋势相违背。

比如有些国内企业时常出现员工跳楼事件，就足以说明这种管理方式的弊端。还有些企业在管理中，纯粹扮演老好人的角色，员工犯了错，也不管责任大小，各打五十大板，以维护公司内部的“公平”与“和气”，管理上完全以人情代替制度，这样的管理，最终只会葬送企业的前程。

因此，管理者要充分运用管理者中的“方”与“圆”之道，做个受人尊敬的企业管理者。

每一个管理者都希望在管理中既能保质保量地完成公司的目标和任务，又能促进员工的全面发展，实现个体与团队的和谐发展。那么，我们在工作中，可以从几个方面努力，如图 7-14 所示。

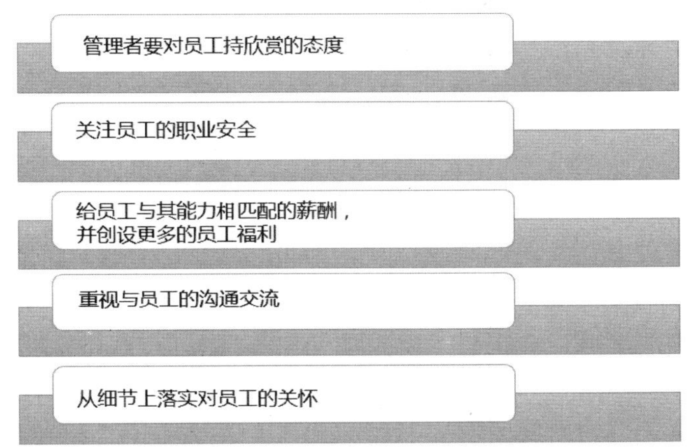

图 7-14　管理者“做事如山”与“做人如水”

1. 管理者要对员工持欣赏的态度

在一个团队中，领导者是否都要比员工强呢？在不少企业中，领导者可能会觉得自己是公司能力最强的人，其他员工都赶不上自己。有这种想法的领导者，确实要修正自己的观点。

我们可以举个浅显的例子，在唐僧取经团队中，作为领导者的唐僧，能力是否是最强呢？对这个问题的回答，需要区分不同的情况，因为能力有不同的种类，领导者在具体的业务方面，能力未必有员工强，这是一个普遍现象。

领导者最重要的是一种对资源的整合能力，有些企业管理者看不起自己手下的员工，甚至“耻”于和属下为伍。管理者要是抱着这样的心态，就很难带好团队，甚至根本带不好团队。

因为就是连一支团队的领导者尚且看不起自己的员工，那么，员工还会全力以赴去做团队的事情吗？这样的团队一般就是一盘散沙。所以，管理者首先要欣赏自己的员工，不要认为自己的这种欣赏无足轻重，很多时候，你的欣赏，会带给员工更大的信心和愉悦的情绪。

2. 关注员工的职业安全

领导者一定要注意保护员工的职业安全，这不仅是对员工负责，也是对企业负责。因为假如工作期间出现了意外事故，那么，员工的工作将受到影响，企业的运营状况也会受到影响。所以，管理者一定要注意员工的职业保护。

3．给员工与其能力相匹配的薪酬，并创设更多的员工福利

企业发展的成果，应该能够与员工分享，这样的话，企业发展的后劲将会更足。因此，管理者可以定期或不定期对员工进行绩效考核，同时根据企业的发展速度，持续提升员工的薪资水平，改善员工的福利待遇，带领全体员工共享发展成果。

4．重视与员工的沟通交流

一个带领团队的人，一定要熟悉自己的团队，否则就难以对这个团队进行高效管理。因此，管理者要重视与员工的沟通交流。只有了解员工、理解员工，才能对团队的构成情况有个比较清楚的了解，从而在管理时做到有的放矢。

5．从细节上落实对员工的关怀

对员工的关怀不能仅限于口头或者书面宣传，要落在实处，落在细节上。比如，员工生日到的时候，送给员工一些精致的礼物；过节时，给员工的家里寄去一些表达谢意的礼物；组织员工外出旅游等。

这些细节的落实，可以有效加深员工对企业人性化管理的领悟与认识，也可以让员工感受到企业的关爱，感受到卓越管理带来的幸福感觉。

专家提醒

人一旦能够做到虚怀若谷，便能够汇集百川而成为汪洋。

人如能做到无欲无争，便能如峭壁一般，屹立云霄。

“做人如水，做事如山”内存玄机和巧妙。短短八个字，既说明了如何做人，又说出了一个人应如何做事。

第8章

制度建设——企业发展的根基

学前提示

软文化，硬制度

- 纪律是企业的生命
- 规章制度是条“高压线”
- 营造循规蹈矩的环境
- 养成良好的工作习惯
- 增强员工的企业认同感

优企业，好制度

- 建立企业管理制度体系
- 建立日常经营管控体系
- 制定管理制度的程序

新时代，新制度

- 影响企业发展的因素及对策
- 影响企业管理变化的主要原因
- 修订企业管理制度的原则
- 让制度与时俱进

8.1 软文化，硬制度

任何一个企业，不管它规模如何，属于哪种类型，都有这三种力量影响着其员工的行为——制度、企业文化和管理。这三个因素从不同的层面影响企业的个体行为及其结果，相互配合，缺一不可。

而且制度和企业文化最终是服务于管理的，制度是硬性规则，像热炉，谁碰了谁就要受到惩罚；企业文化是柔性力量，对员工有着潜移默化的影响。

谈起制度，大家非常熟悉，每个人都感觉就在身边。但谈起文化，却觉得抽象，无从谈起，非要通过载体才能领悟其具体内涵，如“文化是企业的灵魂”“文化是企业的象征”等。

如何理解文化与制度的关系呢？

文化是一种精神，是长期养成的骨子里的东西。就像人的性格，长期成长过程中，无论外界的影响，还是自我约束，都在无形中对自身行为有了一种定位，长期的定位、规范，就使文化潜移默化地成为自身的一部分。如此一来，就形成了性格，而性格养成的外部约束就是制度的作用。

8.1.1 纪律是企业的生命

【企业实例】 朱某原是某信息科技公司的项目经理，在与公司签订的劳动合同中约定，其合同期限自 2001 年 2 月 5 日起至 2004 年 2 月 4 日止，月工资 8000 元；并约定如严重违反劳动纪律或公司规章制度，公司可以立即解除劳动合同。

2001 年 6 月 12 日，朱某接到公司的辞职通知书，理由是朱某违反了公司的规章制度，至少 3 次对客户不礼貌，严重影响公司声誉；因酒醉擅离职守，致使在客户发生事故时不能及时到位，给公司造成重大名誉损失；至少 1 次散布谣言损害同事名誉，以至于该同事要求辞职，给公司项目运营造成极大的负面影响。

朱某认为，公司辞退他没有正当理由，按照《劳动法》规定，公司单方解除劳动合同应当支付违约金，并提前 30 日通知。

在与公司交涉未果后，朱某向当地劳动争议仲裁委员会提出申请，要求公司支付他解除合同经济补偿金 8000 元和因没有提前 30 日通知解除劳动合同而造成的损失 8000 元，仲裁委员会没有支持朱某这项申诉请求。朱某对仲裁结果不服，于是，又向人民法院提起诉讼。

劳动合同法的颁布，对于企业与劳动者的关系产生了极大的触动，企业作为用人单位，要学会用规范的规章制度来规范与劳动者的关系。

一个企业要生存、发展，就必须有比较健全和完备的管理制度，完善的企业规章，有一整套自己的管理方法，这是维系一家企业正常运作的纽带，如图 8-1 所示。

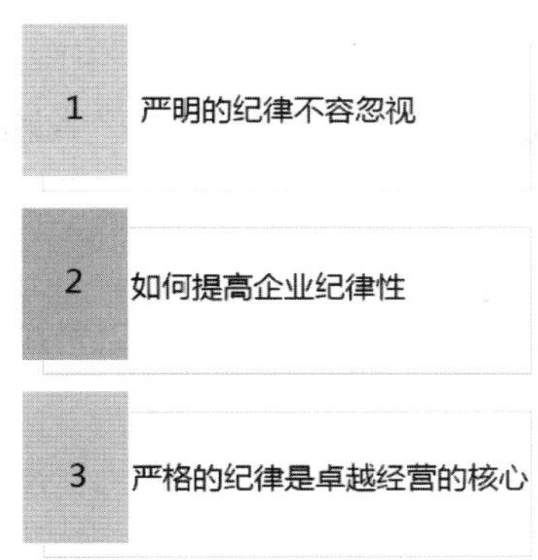

图 8-1 纪律是企业的生命

1. 严明的纪律不容忽视

管理现代企业同治军一样，要有严明的纪律和有令则行的作风。若不讲纪律，对成员行为没有约束，组织就没有效率。组织在执行纪律时，应一视同仁，不能受个人因素的影响，不可感情用事。

在军队中，没有纪律就没有一切。纪律是严明的，有时甚至是残酷的。世界上的任何事情都有其两面性，自由也是，如果没有纪律的约束，自由就会泛滥成堕落。

员工不要把纪律当成洪水猛兽，要知道，企业如果没有了纪律，就是一盘散沙。正所谓，领导是有情的，管理是无情的，制度是绝情的。

2. 如何提高企业纪律性

有纪律的工作团队，其工作目标明确、职责范围清楚、管理者对待员工公平公正。进入这类工作团队的员工会感到心情非常舒畅。管理者也能因培养了有纪律的工作团队而获益，因为在那样的环境中，问题相对较少，而职业道德和工作效率却要比平均水平高得多。

与此同时，离职串岗以及预支相关的资金费用和培训费用还能相应减少。一个有纪律的工作团队实在是企业的一笔财富。提高员工的纪律性意味着通过培训、督导和规范员工，使他们在工作中表现出适当的行为。

有战斗力的企业要建立一种有效的、公正的员工纪律约束制度，一套明确的规则，一套针对违反规则行为的有效惩罚办法，还要培养一批训练有素的管理人员。要实现企业纪律的规范化和透明化，必须注意以下几点，如图 8-2 所示。

1) 宣布工作场所的纪律

员工要使自己的表现符合企业行为和工作表现标准，就必须了解这些具体标准是什么。

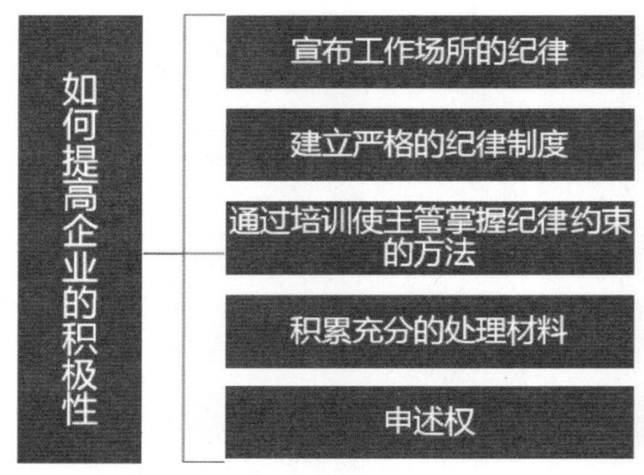

图 8-2 如何提高企业纪律性

对新员工应先发放一本《员工手册》，其中包括他们要遵守的规章制度。对员工进行企业制度培训时，管理者应该向他们解释规章制度的内容和必须遵守的理由，以及违反了规章制度会有什么后果。

对员工工作行为提出期望和要求不是件不合常理的事，通过向员工提供一份有关其行为要求的书面材料，通过对规章制度的解释，以及解答员工对此提出的问题，管理者就能帮助员工了解公司的期望。因为大部分员工是理性的，只要员工清楚了规章制度是什么并认同了规章制度的合理性之后，就会很乐意服从规定。

而由于已将公司的期望和要求向员工解释清楚，管理者在批评、惩罚违反规章制度时就不会听到“我不知道有这样规定”的借口了。

在宣布什么是公司要求的适当行为时，最好在上班时间。

请病假、迟到、未经允许擅自离开工作岗位、不遵守工作安排，未经公司同意会见来访者、不服从管理、工作时间酗酒或争吵、违反安全条例及吸烟条例、偷窃损坏公司财产、恶意破坏闹事、达不到工作表现要求、伪造篡改工作记录等方面说明具体要求，要全面讲清有关规章和设立的理由，最好在每个方面都强调一下要求，明确解释一下什么是违反规章制度的行为以及这种行为发生时会有什么样的惩罚。

2) 建立严格的纪律制度

在设计纪律制度时，要考虑给员工足够的时间和帮助以纠正员工的行为，只有在各种纠正措施都已用遍，而员工仍拒绝遵守时才实行惩罚。

严格的纪律制度在设计上必须能加强经理和员工的沟通，保证使受罚员工得到公平待遇。

一般来说，管理者根据严格的纪律制度所采取的一系列行动包括询问、口头警告、书面警告、严厉训斥、暂停工作和开除。

严格的纪律制度应鼓励主管和经理与违纪员工一同努力，以帮助他们改正错

误。这就是说，需要给员工充分的机会来纠正不良行为，同时需要给予足够的警告促使其明白下一步的纪律处分是什么。

3) 通过培训使主管掌握纪律约束的方法

要培训有纪律的工作团队，主管往往是关键，因为他与员工接触最多，是公司组织中的第一线权威。主管也是了解违纪是怎么回事的人，并且负责纪律约束过程中的每一步的人，他如何处理问题会影响到违纪者是得到行为纠正还是得到处罚。

受过良好培训的主管对严格的纪律的落实至关重要，所以开发主管用纪律管束员工的技能是公司的一大责任。

一个任职的主管起码应具备以下素质：能够为下属提供有效帮助；看问题客观全面，不带成见或偏见；行为必须前后一致，都有一个惯性；善于与人谈话，善于与人沟通。

4) 积累充分的处理材料

保留记录材料是有效的纪律制度中的一个基本方法。书面材料记录有助于维护公司目标，同时保护雇主和员工双方的权利，因为它消除了回忆时会发生的差错和对信息的曲解。

当管理者与一名员工谈有关工作表现或行为上存在的问题时，最好将交谈过程都记录下来。

记录必须尽可能地客观，要只记录事实和明显可见的员工行为表现，不要记录有关指出其动机、对其进行评判或有关个人印象的内容。不管怎么样，要使材料可信，它必须是客观的，而不是带有个人情绪的。

5) 申诉权

申诉权是认为自己在纪律约束中受到不公平对待的员工希望自己的情况被人了解的一种途径。申诉权制度的目的是有效地保证员工的权益。

申诉有多种形式。公司可以设立调停小组，让员工和管理者倾听违纪事件的事实，然后按公司程序就是否公平做出判断。

工作合同还给员工规定了具体的申诉程序。如果员工认为自己受到不公正的纪律约束，便可依此提出申诉。民事服务部门、仲裁程序以及法院听证是员工提出不公平纪律约束申诉的另一些途径。

3．严格的纪律是卓越经营的核心

可以说，军队的纪律比任何东西都更重要，纪律是军队保持战斗力的重要因素，也是士兵们发挥最大潜力的关键。纪律意识是军队最根深蒂固的基本意识。其实，成功的企业对纪律的依赖不亚于军队。

正规的公司都会有完善的章程，这是维系一家公司正常运转的纽带。如果没有严格的纪律，公司的管理就会处于松散状态，长此以往，公司会逐渐衰败下去。

这样的公司还会有前途吗？这对员工本身也无任何好处，会把这种散漫养成习惯，带到生活中。严格的纪律，有法必依，令出必行，不仅是将帅的特质，也应是管理者必备的素质。

纪律绝不是一个抽象的东西，而是非常具体、反映在每个细节中的东西。而对企业员工而言，准点上下班，按公司要求着装，不在上班时间干私活，按销售指标完成任务、按信用政策向客户发放信贷，坚持“质量第一，客户至上”的原则，坚持股东利益最大化的原则等就是纪律。

纪律是对人们行为的一种约束，是确保做事正确、行动有效、执行到位的有力武器。执行纪律时，绝不能因人而异，也容不得半点儿仁慈和怜悯；否则，纪律就会只是个摆设。

毫无疑问，如果每个员工都能为了公司的利益，时刻警觉和约束自己的不良行为，时刻提醒自己在每个细节上自觉遵守纪律，员工的执行力将大大提高，企业的绩效也会有显著增长。

因此，严格的纪律是企业卓越经营的核心，是企业的生命，是企业长久发展的保证。

8.1.2 规章制度是条“高压线”

路边有条高压线，旁边高挂的警示牌警示路人：不得上前触摸。如果有人“明知山有虎，偏向虎山行”，不听劝告，非要上去摸一下不可，结果被电击中。对这种人，我们除了心生同情之外，多少觉得他有点儿“活该”。

每个单位都有自己的“天条”及规章制度，单位中的任何人触犯了都要受到惩罚。制度明明规定了员工该做什么、不该做什么，就像是标明了在那里有“高压线”，令行禁止，制度无情。

如果偏偏还有不信邪的家伙要去碰碰，结果即使被碰得“头破血流”，又岂能怨得了别人？只能是咎由自取了。

企业的规章制度包括《员工手册》《员工行为规范》《纪律处罚条例》等成文的制度。

对新员工进行培训，第一课就是向员工说明规章制度，对老员工也要不断地提醒。让所有员工都了解企业为什么要建立这样的规章制度，让员工认同这些规章制度。如果员工提出了新建议，只要是对企业有利的，不仅要采纳，还要奖励。

只有不断地告知新老员工规章制度的具体内容和要求，公司才可以用这些制度去奖惩员工。

向员工说明了规章制度以后，公司还要不断观察员工的表现，并且经常给予反馈。经理要告知员工“你这么做是不对的，那么做是对的；这么做可能违反了哪一条规定”。只有在经理不断提醒、不断反馈的情况下，如果员工依然犯错误，才有必要对其实施惩罚。

这种提醒过程非常重要，因为中层经理的执行权利中包含这样一条规定——你指导员工不断地反馈，如果员工依然做不到你才能惩罚他或辞退他。

在实施惩罚前，还要将犯错员工的表现和成文的规章制度作对比，比较二者是否相差很多，差距表现在什么地方，这样可以为下一步的实施提供有力的依据。如果员工的行为背离规章制度很远，就要遵照规章制度对其实施恰当的处分。

处罚结束并不意味着结束，员工受到教育，以此为戒，才是真正的结束，如图 8-3 所示。

图 8-3　规章制度是条“高压线”

1. 进行有效的纪律培训

春秋时燕国出兵攻打齐国。齐国军队一开始打了一个大败仗，齐景公非常担心。晏子推荐了司马穰苴。齐景公经过考察之后很满意，于是就任命司马穰苴为将军，统军迎敌。

司马穰苴担心自己出身不高，震不住军队，请求景公派一位有威望的大臣去帮助自己。齐景公派宠臣庄贾去协助他。

司马穰苴与庄贾约定第二天午时在军中见面，准时出兵。第二天，穰苴早早到军中等待庄贾。庄贾仗着自己是景公的宠臣，与亲朋好友在家中饮宴，直到太阳落山时才姗姗而来。

这时候穰苴早已申明军法，巡视军队了。一见庄贾，穰苴便责问他，庄贾却满不在乎。穰苴严厉斥责说：“将军一受命，就要舍家忘死，为国捐躯。如今国家不安，大夫做监军居然视出兵如儿戏，于法当斩！”于是命人捆上庄贾准备斩首。

齐景公听了这个消息，急忙派使者飞车入军营营救，穰苴不为所动。又用军中不可擅闯的条例杀了使者驾车的一匹马，然后处决了庄贾。这一下全军纪律肃然，令出必行，穰苴打了个大胜仗，安定了齐国的局面。

纪律在军队中有着至高无上的地位，企业中也是这样。单靠礼和情并不能完全领导好员工，只有纪律才能把一支各自为政的队伍约束起来。

有了纪律的保证，公司的业务才能正常开展起来。那么，对新员工进行纪律培训就是理所当然的事情了。

不少经理止不住地叹息：“哎，现在的年轻人太缺乏教养。”而这句话是大错特错了：不是年轻人缺乏教养，而是没有对其进行有效的纪律培训，没有使员工认识到纪律的重要性。

2. 从改变人的习惯开始

(1) 首先要严明纪律，向员工讲清楚公司的各项规章制度。同时还要说明遵守规章制度的必要性。如果员工因为不明白条例犯了错误，应该讲明白纪律后再给他一次机会。

我国的“兵圣”孙武为吴王训练女兵，吴王选了 150 名宫女让孙武教习。孙武挑出吴王最宠爱的两个妃子做队长，让宫女们都穿上铠甲，自己申明了军令之后问宫女们听懂没有，宫女们都说听懂了。

孙武发令“向左转”，宫女们都哈哈大笑。孙武说：“令出不明是我的责任。”于是对命令三令五申，又发令：“向右转。”宫女们又哈哈大笑起来。

孙武这次毫不客气，斩了作为队长的两个妃子，别的宫女都吓得发抖。孙武重新选了两个宫女做队长，这次令行禁止，女兵们都很听话了。

(2) 另一种方法就是不断地督导员工，从他们的生活抓起。在他们用餐时，你就可以组织一个检查班子，看他们是否讲究卫生，如：打饭前碗冲洗了没有，如果没有，就当场纠正过来。

再如：看他们吃饭的坐姿是否正确，看他们拿筷子的方法是否正确。吃完饭后，看他们每个人的盘子里还剩多少菜，发现小错误就说服他们、纠正他们，让他们养成服从纪律的习惯。

又例如：在员工的宿舍里，就要要求随时保持整洁，制定的标准要具体一些，检查时要严格一些。这些都是小事情，谁都能很轻松地做到，如因违例批评他们，他们也会感到无话可说。

制定了如此一系列条例后，还需要定期进行检查，评出优、良、差，或者用打分的形式，以保证条例得以贯彻。

如果单位条件许可，也可以每年对员工搞一次军训或者每天都抽出一点时间来对这种纪律进行强化，这样就可以强化纪律，达到培训的目的。

8.1.3 营造循规蹈矩的环境

做什么事情都要有良好的习惯，做人如此，管理企业也是如此。我们时常听到有些家长说，这样的孩子就应该送到军队去锻炼锻炼，为什么不听话的孩子到了军队就能变好呢？

因为军队严明的纪律能改掉孩子身上许多不好的习惯，使孩子具备军人的素质、军人的作风。

军人良好的素质来自平时训练，操练的目的不外乎有三点：增强团队意识；学习战斗中的攻守技能；培养良好的行为习惯。

企业的管理仅凭“温和的刺激”还不行，还需要“强化”，通过“强化”来规

范人的行为，形成自觉意识，循环往复，良好的习惯就能慢慢形成。

亚里士多德有一句名言：人反复做什么事，他就是什么人。

当管理者要求员工形成良好的习惯时，他们自己也就形成了良好的习惯，而当良好的习惯在企业的上上下下形成后，管理者所希望的轻松高效的管理也就不远了。

1. 营造循规蹈矩的环境

国有国法，家有家规。公司制定出来的各种规章制度不能成为摆设。作为领导，应当以有效的手段保证这些规章制度得以贯彻落实，一旦发现有人违规，便加以惩治，绝不手软。

为了促成遵守纪律的好氛围，管理者应该采取以下几个措施，如图 8-4 所示。

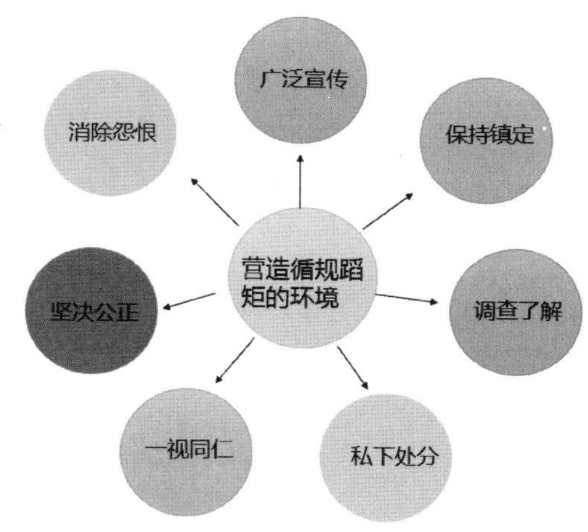

图 8-4　营造循规蹈矩的环境

1) 广泛宣传

许多领导都理所当然地认为：“这些规定谁都知道。”但是，新来的员工，甚至有时有些老员工，直到他们违反了某条规定时才听说有这么个规定。

国外的一些企业会给每个员工发一份公司规定，并让他们签署一份声明，表示已经收到、阅读并理解了公司的规章。这种做法很值得效仿。

2) 保持镇定

无论违规行为多么严重，管理者都应该保持镇定，不能失控。如果觉得自己正在失去冷静，那就应该等一等，直到恢复了镇定时再去采取行动。

怎样才能恢复镇定呢？闭上嘴巴，待会儿再开口，做些拖延时间的事情。告诉员工半个小时之后再到你的办公室来见你，或者请这位员工与你一起去你的办公室或休息场所。切记千万千万不要对员工大发雷霆。

3) 调查了解

管理者不应无视、违反公司规定的行为。如果这样做，那就是在向其他员工表明你不打算执行公司的规章条例。也不应该走向另一个极端，草率地惩罚或处分员工。管理者在行动之前，在做任何事情之前，都必须搞清楚发生了什么问题，以及员工为什么这样做。

4) 私下处分

如果公开进行惩治，那么受处分的员工会因当众受批评而产生怨恨，形势就可能恶化而起破坏作用。

关于私下处理的规则仅有一个例外，那就是员工在其他人面前公开与管理者作对。在这种情况下，必须当众迅速果断地采取行动，否则就有失去控制的风险。如果你不能果断地行动，你会失去员工对你的尊重，失去控制，大大损伤士气。

5) 一视同仁

制定出的规章是让大家遵守的。当然，并非每个违规行为都受到同样的处罚。一视同仁不是说对待所有的人要完全一个样。一视同仁的原则是指在同样条件和同样的情形下，应该采用同一种处罚。

6) 坚决公正

坚决不粗暴或仗势欺人，不是滥施压力而保住自己的地位。对员工要公道是指有充分的根据。它包括解释清楚公司为什么要制定这条规章，为什么要采取这样一个纪律处分，以及你希望这个处分产生什么效果。

7) 消除怨恨

记住，处分的目的在于教育，而不是惩罚。因此，你应该向你的员工表示你相信他会改正错误。在执行纪律处分后以这样积极的态度跟员工谈话，将有助于消除员工的苦恼和怨恨的情感。

2. 防微杜渐，把好“入口关”

惩罚的关键是防微杜渐，但怎样才能做到防微杜渐呢？

首先要把好“入口关”，尽可能雇用最好的员工。员工的综合素质考察是第一位的，不能片面强调学历而忽视实践能力。

“我们寻找那些有潜力的人才，因此在面试过程中我们将应聘人员置于一种真实的工作情景中。”微软公司项目主管莎侬·彼得斯如是说。借助于模拟真实的工作情景，评估小组可以挑选出最佳的应聘人员。

培训是必要的一个环节，培训的内容根据公司的要求而定，公司的规章制度是第一课。要告诉这些员工，今后一定要照章办事，凡是违反规章制度的，公司绝不心慈手软，“勿谓言之不预也”。

到了处罚的时候，不要说“不知者无罪”的话，听不听是他们的事，执行不执行也是他们的事，但是否聘用则是公司的事，公司有这个权力。

对试用期内的员工，要进行认真的观察考核。不否认员工有伪装的可能，但隐瞒是不能持久的，包括学历证明，包括工作能力。

试用期满，正式成为你的雇员后，从开始工作的那一天起，你就应与他们商定工作责任、目标、重点和标准。将这些用文字写下来，并制定日程表定期总结进度、查找问题。要确保你的员工能毫无疑问地完成任务，并达到你预期的效果。

向员工提出的要求必须具体明确，不要模棱两可，不要说“尽快”“尽量”一类的话，一定要说出准确日期，并交代具体方法。

同时，还可以通过与员工边喝咖啡边聊天等简单的手段进行检查和总结，使你有机会用一种随意、温和的方式查找任何问题，并定期评估所有员工的工作表现。

这对于员工和管理者都是同样珍贵的，不仅你自己可以发现工作中的强项和弱项，你的员工也可以更加清楚地认识他们的工作表现是否符合你的期望。

与工作有关的一切，都要用文字记录下来，作为奖励和惩罚的依据。“这对于你以后不得不解雇某员工也很有帮助。”微软公司项目主管莎依·彼得斯说，“关于有谁参与、发生了什么、何时发生等情况要记录下来，到时候你就有案可查。”

文字依据还包括会议记录和员工的临时请假条等，好记性不如烂笔头。只凭记忆往往容易出差错，到时说不清。总而言之，防患于未然，这样才能做到防微杜渐。

8.1.4 养成良好的工作习惯

社会学研究表明，一天中人的行为 90%皆由习惯而生，也就是说每个人都在不断地重复着昨天的行为，重复着习惯性的行为。由此可见，在日常生活、工作、学习中，习惯的力量是多么巨大。

当然，习惯有好坏之分，好的习惯将带给人们无穷的益处。譬如一个具有学习习惯的人，不断地学习会带给他很多物质和精神财富；坏的习惯将带给人们无尽的害处，譬如一个具有赌博习惯的人，不断地赌博会给他造成各方面的危害，有可能危害婚姻的稳定，有可能危害家庭的和谐，也有可能危害人际关系。

因此，每个人都需要注意培养良好的习惯，并从中获取行动的力量。

在我们日常工作中，同样需要注意培养良好的习惯，一旦养成良好的工作习惯，在实际工作中会更加得心应手，并且能够大大地提高工作效率。以下从八个方面谈养成良好习惯对提高工作效率的意义，如图 8-5 所示。

1. 尽可能掌握更多信息

21 世纪，我们处在一个信息化的时代，日常工作中，涉及大量各种各样的信息。如果能够尽可能掌握更多信息，将会提高提取、处理信息的速度，进而提高工作效率。

- 尽可能掌握更多信息
- “没有任何借口”的执行
- 全方面地关照生命
- 团队合作
- 塑造良好的心智模式
- 持续改进
- 为自己工作
- 均衡发展

图 8-5　养成良好的工作习惯

因为市场的不完全竞争，从而导致了信息的不对称，西方经济学家和行政学家很早就开始研究信息的不对称对造成低效率和高成本的影响，如图 8-6 所示。

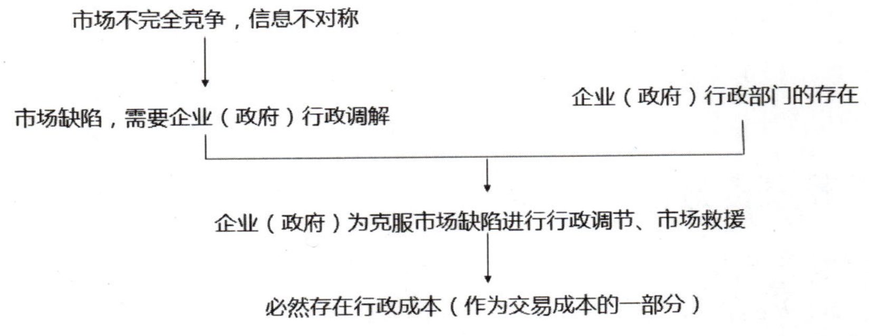

图 8-6　掌握更多信息

从图 8-6 可以看出，信息不对称必然导致行政成本的存在，行政成本的存在，又会导致低效率的普遍存在。

反过来，要提高效率，也就必须尽最大可能去克服信息的不对称，即唯有掌握更多信息，才可能降低成本，提高效率。因此，养成尽可能掌握更多信息这个良好的习惯，也就可以大大地提高工作效率。

2. “没有任何借口”的执行

“没有任何借口”是美国西点军校 200 年来奉行的最重要的行为准则。它强化的是每一位学员想尽办法去完成任何一项任务，而不是为没有完成任务去寻找借口，哪怕是看似合理的借口。

它体现的是一种完美的执行能力，一种服从诚实的态度，一种负责敬业的精神。其核心是敬业、责任、服从、诚实。

据美国商业年鉴统计，“二战”后，在世界 500 强企业中，经过西点军校培养的董事长有 1000 多名，副董事长有 2000 多名，总经理、董事一级的有 5000 多名。任何商学院都没有培养出这么多优秀的经营管理人才。

不要推诿责任，不要逃避挑战，用心地完成上级交给你的任务，这是一个员工，服从上级的习惯之表现。

养成“没有任何借口”的执行的良好工作习惯对于提高工作效率是大有益处的。

3. 全方面地关照生命

陈景润、路遥、蒋筑英等一批中青年精英英年早逝现象，曾引发了一场关于健康危机的大讨论。随着生活节奏的加快，在我们的生活中，“过劳死”“猝死”的现象越来越多，而且年轻化趋势越来越明显。

健康危机成为现代人面临的一个严重的问题。身体是革命的本钱，但是究竟是吃“补品”，还是吃“药品”呢？补品重在预防，而一旦生病，药品是不得不吃，这涉及你对生命的关照层面。现在大部分上班族都处于亚健康状态，如何去仔细呵护自己的健康？

工作有价，健康无价，你的财富只是你的存折上的“0”而已，而健康却决定了那个“1”的位置，你关照生命了吗？养成全方面地关照生命是一个良好的习惯，对你的工作效率的提高至关重要。

4. 团队合作

在非洲的草原上如果见到羚羊在奔跑，那一定是狮子来了；如果见到狮子在躲避，那就是象群发怒了；如果见到成百上千的狮子和大象集体逃命的壮观景象，那是什么来了？是蚂蚁军团来了。

为什么蚂蚁军团能够令狮子和大象集体逃命呢？因为蚂蚁军团的团队力量巨大，会产生一个什么结果？这充分说明了团队力量的伟大。

在信息时代，很多工作是需要若干个人相互配合才能完成的。因此，团队合作便显得极为重要。

这就要求每位员工不能只考虑个人，忽视团队，或者只看到自己的工作，忽视了团队的工作目标，正确的态度应该是把自己融入团队中去，时刻保持自己的工作吻合团队工作目标，并且与队友保持沟通顺畅。养成团队合作的良好习惯更是可以大大地提高工作效率的。

5. 塑造良好的心智模式

叔本华有一句名言：“事物本身并不影响人，人们只受对事物看法的影响。”这句话折射出“心智模式”对人们日常生活的影响。

“心智模式”(Mental Models)这一概念是伴随着彼得·圣吉的《第五项修炼》的出版而让我们熟知的概念。“它是根深蒂固于心中，影响我们如何了解这个世界，以及如何采取行动的许多假设、成见，或甚至图像、印象。”

简单地说，它是指由于过去的经历、习惯、知识素养、价值观等形成的基本的、固定的思维认知方式和行为习惯。

我们通常不易察觉自己的心智模式，以及它对行为的影响。然而，心智模式一旦形成，将使人自觉或不自觉地从某个固定的角度去认识和思考发生的问题，并用习惯的方式予以解决。我们的心智模式不仅决定我们如何认知周围的世界，而且影响我们如何采取行动。

不同的时间、地点、心情，对同一件事情的反应有很大的不同。好的心智模式，可以及时驱除坏的想法、杂念、忧虑等；坏的心智模式，可以令你寝食不安、焦虑、恐惧等。显而易见，坏的心智模式对一个人的热情、注意力的集中等都有影响，而好的心智模式将会带给你无穷的激情和行动的力量。

我们的心智模式改变了，我们工作的方式就会相应改变，工作所赖以运作的流程自然就会改变。因此，塑造良好的心智模式就成为寻找突破的一个重要的思考问题的方法。养成塑造良好的心智模式的良好习惯对你提高工作效率无疑大有帮助。

6. 持续改进

“金无足赤，人无完人”，任何组织和个人都存有自身的不足，对待不足的正确态度是实事求是地承认不足而后完善，而一旦无视、蔑视不足，将会导致一系列后果，如夜郎自大、刚愎自用等。

正因为不足的广泛存在，所以我们要树立“持续改进”的意识，任何不足都是可以完善的，但是做不到十全十美，就同一句如雷贯耳的广告词一样“只有更好，没有最好”。

在 ISO 认证系列里面，“持续改进”的思想更为深刻，发现问题，分析原因，从而改进。

同样，作为每一个员工，也需要时时总结自身的不足，以“持续改进”。你“持续改进”了吗？如果你养成了“持续改进”的习惯，那么你的工作效率也会不断地提高。

7. 为自己工作

你为谁工作？有的人回答说为了老婆而工作，有的人回答说为了生计而工作，有的人回答说为了养家糊口而工作，也有的人说为了孩子而工作。

这些答案无疑都是有一定合理性的。但是抱有这些想法的人，在实际工作中可能体会不到工作的乐趣，因为他们的工作热情没有发挥出来。但如何发挥工作的热情呢？答案就是树立“为自己而工作”的意识。

心理学研究发现，一旦人们知道了做某件事的益处，便会激发无穷的热情做好某件事。比如，在过去的年代里，那些知道自由价值的人，会为了获得自由而抛头颅、洒热血，知道实现自我价值的人，会为了实现理想而奋斗终生。

之所以能够在行动中激发出强烈的热情，是因为他们知道去行动的价值，同样，当你知道你的行为价值，你也会认真地付诸行动。

在企业里，如果员工知道工作的多层面价值，那么就不是简单地是为了某一个层面的价值而工作，更多地是为了多层面的价值而努力工作。

“你不是在为老板打工！而是在为自己工作。因为，工作不仅仅让你获得薪水，更重要的是，它还教给你经验、知识，通过工作，你能够提升你自己，从而变得更有价值。”“……更不要仅仅为金钱而工作，这样的想法只有守财奴才会有。”

工作的意义是多层面的，员工工作的回报也是多层面的。因此，员工应该了解工作的多层面含义，养成为自己工作的习惯，提高工作热情，提高工作效率。

8．均衡发展

“木桶理论”告诉我们，一个木桶盛水量的多少不在于最长的那块板，而是由最短的那块板决定的。同样，一个人的不足往往决定着他成败的概率。

换句话说，如果一个人不断地克服不足、养成良好的习惯，均衡地发展，则他成功的概率将大大提高。

克服不足的过程，也就是一个均衡发展的过程，在优点与不足之间，寻求均衡发展。在我们日常工作中，由于专业背景的不同，存在着各种各样的不足——“短的木板”，在提高工作效率的过程中，只有均衡发展才更具成效。

8.1.5　增强员工的企业认同感

【企业实例】　松下公司向员工灌输企业文化的方式有两种。第一种是训练员工的基本技能。从严格意义上来说，这还算不上企业文化的灌输。第二种是按照松下的价值观训练员工的思想。

这种价值观在员工的整个职业生涯规划中，从学徒时期就开始反复灌输，直到员工在松下退休。对于新加入的员工，松下公司更会持续不断地进行灌输。

松下公司规定，每个工作小组每月都要选一名组员在组内做一次 10 分钟的报告，报告介绍公司的价值观，介绍公司与社会的关系。

有一句话能很好地反映松下对员工企业文化的灌输，这句话是：“如果你因诚实犯了一个错误，公司是非常宽容的，公司会把这个错误当作一笔学费来对待，要求你从中吸取教训。但是如果你违背公司的原则，那么你会受到严厉的批评和处罚。”

松下电器的创始人松下幸之助设计的“职工拥有住房制度”规定让员工 35 岁能够有自己的房子。

这项惠民制度也是松下企业文化的重要内容，为此松下幸之助个人捐赠了 2 亿日元，设立了“松下董事长颂德福会”基金，激励员工按照公司设计的人生规划成长。

在松下的企业文化中，还有一条“遗族育英制度”，旨在向意外死亡的职工(日本员工过劳死的现象非常严重)家属支付年金，保证其子女顺利地接受教育。

当员工进入企业时，在入职培训以及之后的工作中，企业文化的灌输和渗透都是一出重头戏。有人说就像一场恋爱，企业的目的是让员工认同自己的价值理念，了解自己的制度和文化，最终爱上公司。所以，管理者应该重视企业文化的灌输。

与之相比，世界 500 强企业也会给员工进行企业文化的灌输，而且做得很成功。其中有两个原因：一方面，这些企业的企业文化非常人性化，非常清晰明了；另一方面，其灌输方式容易让员工接受，进而使员工快速地认同其文化理念，并乐意地成为企业文化的宣传者和追随者。

那么世界著名的大企业是怎样向员工灌输企业文化的呢？下面通过表 8-1 来介绍几家大公司比较有特点的灌输方式。

表 8-1　著名企业灌输企业文化的方式

公司名称	灌输企业文化的方式	作用和意义
迪士尼公司	上“第一堂传统课”、张贴宣传画报	让员工了解公司的历史和成就、管理风格，明白自己的角色
LG 公司	偏僻野外拉练	让员工感到孤独、恐惧以及个人力量的渺小，从而意识到团队合作的重要性
明基集团	攀登 4000 米山峰	增强员工对公司文化的认同感和团队观念
宝洁公司	住五星级酒店，坐当地最贵的出租车	树立经营主义意识，宣传公司精英文化
沃尔玛公司	向 3 米以内的顾客微笑、打招呼	让员工认识到公司提倡从细微处对顾客进行服务
百安居建材连锁公司	通过内刊《橙封》宣传公司文化	介绍员工的优秀事迹，交流工作心得和成功经验，增强员工的认同感
联邦快递公司	制定《员工公平对待条例》	如果员工对上司的做法或决定不满，可以向上投诉，直到满意为止，让员工知道公司只有理念没有个人权威
麦肯锡公司	给离职的员工寄去贺卡，邀请员工回公司交流	把企业文化向外传播，增强公司的影响力和知名度
联想公司	水果宴、奖励葡萄	通过小小的奖励，使员工感到快乐，为公司感到自豪，从而为公司鞠躬尽瘁
丰田汽车公司	“专职前辈”带新员工，一对一灌输企业文化	帮员工熟悉工作流程、处理人际关系，传递公司理念，灌输企业文化

企业文化是全体员工的行为标准，虽然它不如制度那么刚硬，但它从思想上影响员工，其影响力甚至比制度更大。

因此，管理者要让员工正确地理解企业文化，从而被笼罩在企业文化的氛围中，接受这种文化的熏陶，在向员工灌输企业文化的时候，管理者有必要做到以下几点，如图 8-7 所示。

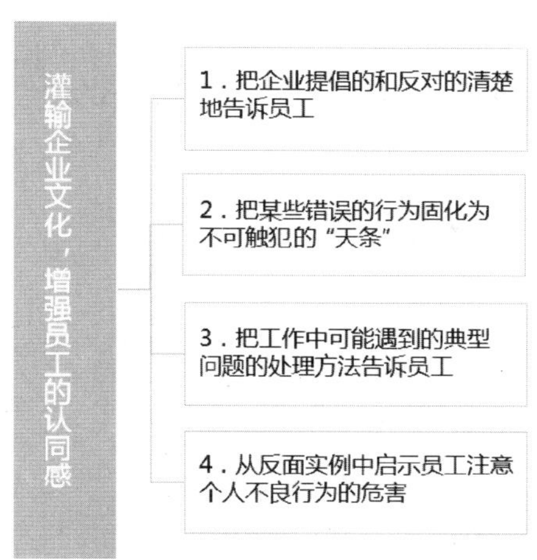

图 8-7　灌输企业文化，增强员工的认同感

1．把企业提倡的和反对的清楚地告诉员工

企业提倡什么、反对什么，应在企业文化中都有明确的体现。管理者应该清楚地把这些告诉员工，让员工准确地理解公司的价值理念和行为准则，让员工更好地认同企业文化。

2．把某些错误的行为固化为不可触犯的“天条”

对于企业反对的行为，管理者有必要制定严格的处罚制度，将这些错误的行为固化为员工思想中不可触犯的“天条”。这样员工才会自觉地避免触碰，从而按照企业文化提倡的去做。

3．把工作中可能遇到的典型问题的处理方法告诉员工

不同的行业、不同的企业，或许都有一些常见的比较典型的问题，如果不能及时妥善地解决这些问题并对员工做好工作会产生不良的影响。

因此，管理者在灌输企业文化的时候，要把这些可能的典型问题列出来，明确地告诉员工怎样解决这些问题。这样有助于提高员工把握和执行规章制度的能力。

4．从反面实例中启示员工注意个人不良行为的危害

对员工表现出来的不良行为，管理者经过调查后，如果发现那是故意所为，那么应该严惩不贷；如果发现那是无心之过，应该给员工弥补过错的机会，同时指导员工怎么避免。

值得注意的是，如果发现员工有不良的行为表现，管理者有必要引导员工以此为戒，使其明白不良行为对个人的危害——受到严厉的惩罚，对公司的危害——影响公司的效益、名誉等，从而让员工自觉地避免不良行为，进而遵从公司的文化。

8.2 优企业，好制度

许多知名企业在激烈的竞争浪潮中屹立不倒，甚至百年之后依然傲视群雄，饱受赞誉，这是因为它们的企业制度起了重要的作用。

管理者多了解、研究、借鉴名企制度，有助于指导自己制定更好的管理制度，把公司经营得更有生命力和竞争力。

8.2.1 建立企业管理制度体系

建立管理体系的具体程序和步骤，通过对这部分内容的学习，可以为自己的企业科学地构建一个管理系统，这个管理系统可以帮您的企业在方方面面实现科学化、制度化，让您的企业运作良好。

建立管理体系不一定能带来胜利，但它可以让你立于不败之地。本讲要探讨如何建立管理体系以及科学化管理体系建立的步骤与方法，如图 8-8 所示。

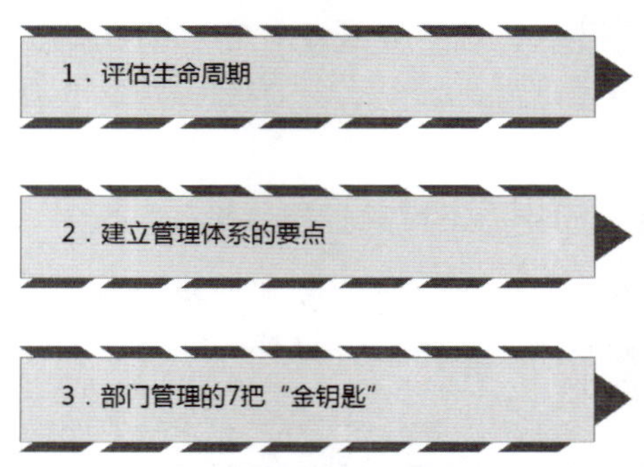

图 8-8　建立企业管理制度体系

1. 评估生命周期

企业生命周期的不同阶段会有不同的挑战。所以首先要明确企业现在处在生命周期的哪个阶段，然后来采取相应的措施。

(1) 企业如果还在婴儿期，最重要的就是赶快赚钱。

(2) 如果已经进入学步期，那么只需要把公司的核心模块架构起来就好。

(3) 如果正好进入了青春期，就需要全方位地架构管理体系。

但是在企业还没有赚钱之前，要先把业务打出来，把业绩拉上去。除非要进行的是一个大规模的投资，母公司资金又很希望你一步到位，在这种情况下，可以先构建管理体系。

一般来讲，企业开始建立管理体系的时间都是在学步期后期至青春期前期这两

个阶段之间。

2. 建立管理体系的要点

建立管理体系主要有以下两个要点。

1) 选择重点

(1) 与核心竞争力有关的，要作为优先挑选项目。

(2) 重复性特别高的，要作为优先挑选项目。

(3) 会造成严重投诉的，必须要尽快标准化。

(4) 容易过度消耗内存的，要优先来做。

2) 以重点为准，多层推进

根据以上 4 个选择标准确定好了建立管理体系的重点项目之后，就从上层开始逐层运作。就像地球先绕着太阳公转，然后自转，最后人类才能把卫星发射上去。

必须要先找出公司的核心，然后把第二层的部门跟公司串起来。从公司到部门必须要定好日程，具体要实施的各个项目也要确定，要保证最终形成 PDCA(PDCA 循环又叫质量环，是管理学中的一个通用模型，最早由休哈特于 1930 年构想，后来被美国质量管理专家戴明博士在 1950 年再度挖掘出来，并加以广泛宣传和运用于持续改善产品质量的过程)的循环。

随着上面两层的正常转动，等到运转顺畅的时候，就可以逐层推广了。

3. 部门管理的 7 把"金钥匙"

所有建立管理体系的转动都来自部门的运作。部门要顺畅地运作必须要求它的 PDCA 能够自觉地转动起来。

一个企业只有连续通过七关，才能使自身的运作进入到一个更高的水平。下面要介绍的就是部门管理的 7 把金钥匙，如图 8-9 所示。

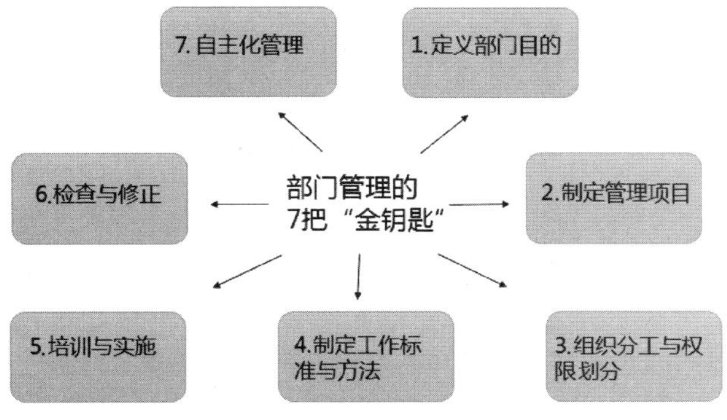

图 8-9 部门管理的 7 把"金钥匙"

1) 定义部门目的

定义部门目的就是要找出这个部门存在的理由。也就是要解答为什么要设置这个部门？这个部门存在的目的是什么？一定要对建立管理体系的这个内容进行一个清楚的界定。

寻找部门存在目的要从三个方面入手，即从上层、客户、横向的需求这三个方面入手。具体就是要研究这三个方面对这个部门有什么需求，从而可以为这个部门的存在原因作一个准确的定义，要达到这样一个效果，即每个人都要知道这个部门是做什么的。

与此同时，一个企业要想有竞争力，还必须要不断有新的愿景和战略。而它的内部需要建立管理体系，要能够和企业的改造配套，而且企业的每个部门的目的也要能够不断更新，能够随着时代的改变调整自身的角色，不断地去适应市场和企业内部的需要。

2) 制定管理项目

当部门目的非常清楚以后，就要设法实现这个部门的目的。实现的具体方式就是制定管理项目。具体步骤如下。

(1) 首先选出那些对这个部门最有影响力的事项。

(2) 然后根据部门目的，把它延伸成一个 PDCA。

比如你的一个部门的目的是加快对市场的反应，那么你要做市场信息的收集计划、传递计划，而且你要执行搜集信息、分析信息、汇总信息、加工信息等工作，接着还要做检查和修正，万一信息有遗漏或不正确，就要做调整。

所以，根据这一项目的你会延伸出 5～6 个建立管理体系的管理项目。如果你把部门的目的一项一项地来考察，最终你大概可以找出 50～100 项这个部门该做的管理项目。

(3) 选出重点管理项目。

从这些项目中选出重点管理项目，要保证只要处理好这几个重点管理项目，就能将这个部门的 80%有效控制好。

(4) 把这些重点管理项目写在一张管理表上，以后就能够按照表单从容应对了。

3) 组织分工与权限划分

(1) 组织分工就是要完成一张分工表。

将已经决定好的管理项目清楚明晰地分配给这个部门的所有人，让每人各司其职，有效完成工作任务。组织分工是为了明确整个部门员工的责任。

(2) 权限划分是为了明晰部门员工的权力。

第一项是人事权。包括人员的任用、奖惩、选择等。必须使员工明确谁有权力做这些事。

第二项是事务权。比如说，谁能够召开股东大会；谁能够召开月例会；谁能够

去协调事情；产品调价谁可以拍板；有人采访谁可以对媒体发言，这些都是事务权。

第三项是法律权。就是谁可以代表公司签合同；代表公司并购；代表公司处分财产等。

第四项是财务权。主要是指预算、调拨费用、审批等

4) 制定工作标准与方法

公司一定要有标准，而且建立管理体系必须要设立出一个清楚明确的数字化的指标。一般来讲，可以用 QCDMSS 六项作为一种指标。

也就是以质量和数量，成本，速度和效果，士气，安全以及服务这六项作为一种标准。具体操作起来也是要将其量化，建立管理体系的目的就是要将其明确给每一个人。以安全为例，那就是要规定事故率必须降低到多少以下等。

5) 培训与实施

要通过团队的正确领导力实施培训的计划，要利用这种领导力推动员工积极主动地参与培训。通过培训使大家的想法一致，使大家更容易将力量凝聚在一起，使大家能够按照建立管理体系的规章制度按部就班地工作。经过培训之后，就可以让大家开始实施所有的项目。

6) 检查与修正

第 6 个步骤即检查与修正是整个建立管理体系的程序中非常重要一个环节。因为每一个环节在做完之后，都必须要经过检查。

而且，检查的结果必须要做成记录。好的管理到最后必须完全用文本反映出来，只有这样才能客观地而不是凭感觉来证明这一套管理系统是否真的很完美。

7) 自主化管理

通过不停地旋转以上的 6 把“金钥匙”，企业就会不断地迈上新的台阶，事情就会越管越细，企业会越运作越稳定，最终就可以运转第 7 把“金钥匙”了，那正是建立管理体系中的自主化管理。这是企业最高的管理境界。

(1) 自主化的意义。

建立管理体系上的自主化的精神是文明的一种进化。自主化就是公司的全体员工，在不需要其他人督导、检查的情况下，就能够主动完成任务并且能够达到组织的要求。

自主化的精神是建立管理体系的最高境界。这是经过全面的、长期的积累，不断地彼此磨合，不断地排除困难才到达的一种境界。在这种境界里，大家有意愿做，也很会做，目标和标准都很明确，所以做起来自然是无比顺畅。

(2) 自主化的程序。

一个企业想要进入到自主化的管理境界，在部门内应该做好如下程序：首先要把过去操作的经验书面化；接下来进行检讨，将不合理的剔除，把不好操作的修改，把太烦琐的流程合并，把某些过程简化；接着开始修正，让它合理化、高速

化；最后将大家都觉得不错的东西标准化。

等到标准化完成后，还要让所有的员工都能够按照标准程序来操作，这样就可以进入到建立管理体系的自主化的境界了。

(3) 自主化的做法。

自主化操作的第一步是把自主化的事情列出清单；第二步是将这些事情编好组，并且将这些任务分块；第三步是要进行培训和培训后的任务重组，让大家适应新的任务。

当你的企业 80%～90%的核心业务都能实现自主化的运作，企业就可以上升到建立管理体系的另外一个高度。

因为，自主化运作使企业的众多业务都有众多人会做，而且都可以做得很好，这样的情况同时会带动更多人去主动学习，而且可以不断地提高学习的速度，改善的速度也越来越快。到最后，企业就变成了一种强厚的组织，任何人离开都不会怕。

8.2.2 建立日常经营管控体系

【企业实例】 近几年，乳制品行业频频出现事故，让消费者心中惴惴不安，不知道应该信赖哪一个品牌。生怕喝着喝着，又曝光了哪些事故。消费者心中迟疑，自然会影响到整个行业的生存和发展。

蒙牛面对如此严峻的市场环境，企业总裁孙伊萍立即做出决策：“从奶源到成品，建立起最为完善的管控系统，从根本上保障产品的生产和质量，让百姓喝我们自己的放心奶。”

为了全面建设奶制品的管控系统，蒙牛将奶源建设作为工作重心，在禾华牧场养殖了数千头的优种奶牛，同时还安装了最先进的奶牛识别器，用以监视和管理奶牛的日常活动，从源头上保障牛奶的质量。

另外，蒙牛在取奶方面采用的是机械化挤奶方式，再加上全封闭式的装置，绝对安全可靠。

当然仅仅靠这些还远远不够。为了完善奶源的管控系统，蒙牛企业还配套安装了更为高效的检测设备，每一个环节都要经过严密的检测，只有合格的产品才能过关，保障了奶牛质量，同时也是对消费者负责。

另外，在奶源加强管控的同时企业还改善整个管控体系，尽量做到与国际先进的管理理念和技术相接轨，处处体现出智能化。比如，产品的生产到入库，全程都靠机械自动化完成，保障出厂的每一滴奶都能成为放心奶。

蒙牛企业的发展，是在不断提高产品质量的同时，力求调整产品品质的管控结构，分离产品标准的定制与执行，确保是最优质的奶源，生产出“咱们老百姓自己的放心奶”。

任何企业都需要做起一个完善的管控系统，这样才能全面把握企业的发展状

况，清晰地反映公司的运营状况，为决策层提出方案和探寻发展方向提供真实可靠的数据，为企业的发展奠定坚实的基础。

那么说到底，什么才是完善的管控系统呢？其实它就是管理者为了掌握企业的运营状况所建立起来的一套最为直观的管理系统，该系统必须符合企业的市场定位和发展需要。

就中国目前的情况来看，企业规模无论大小，企业性质无论为公还是为私，几乎没有几家企业在管控系统的建设上是比较完善的，甚至有的企业根本就不具备管控系统的建设条件。

如此看来，想要让企业在复杂的经济环境中得到更好的发展，必须从各个方面做好管控系统的建设，尤其是日常经营状况，才能保证企业良性发展。

虽然蒙牛建立起了完善的产品质量的管控体系，但并不是每一个企业都有幸可以完成包含日常经营在内的管控体系的建设。所以就目前情况而言，很多企业在这方面仍旧比较缺乏经验，始终无法摆脱市场为其带来的困难。

那么对中国企业而言，如何才能真正建立起完善的企业管控体系，可以参考以下几点，如图 8-10 所示。

图 8-10　建立日常经营管控系统

1. 明确各个部门的职能和人员的责任

中国式企业大多在部门的设立上都不明确，因此才导致企业生产经营的混乱。要想改变这种状况，就要完善企业各部门的管理体系，让部门职能有明确的定位，并且细致到人。规定每个人的责任和义务，这样才能确保企业内部管控体系行之有效。

2. 加强对企业生产经营环境的管控

中国企业大多比较关注企业的盈利和规模的扩张，缺少风险意识。再加上制度不够完善，决策权过分集中，人员之间缺乏必要的沟通，往往会影响决策的正确

性，阻碍企业的发展。

所以，要想克服这点，最直接的办法就是管理者要加强对生产经营环境的管控，掌握最全面的信息，经过仔细分析后再做出最为合适的决策。

3. 综合财务管控，合理预估风险，科学制定目标

企业目标的制定一定要综合考虑各种因素，尤其是企业的财务状况和风险预估。作为企业管理者，每一个决策都会关系到企业的未来，所以做任何决定都不能盲目。

财务状况是企业的命脉，而风险则是制约企业发展的重要因素。因此，只有综合考虑，才能制定出最为科学而合理的生产经营目标。

4. 加强发挥企业的监督和控制职能

每一个企业在生产经营中需要监督和控制体系作为保障。只有建立起完善的监控体系，才能保障出厂产品的质量，才能保障企业管控体系的有效实施。

所以，对企业来说，要想长久地发展，必须建造起一套完善的管控系统。在这套体系中，不仅包含严格的制度管控，还应该开创出属于自己的经营模式。两者综合起来，才能为企业创造更多价值。

8.2.3 制定管理制度的程序

企业规章制度是指用人单位为加强劳动管理，在本单位实施的保障劳动者依法享有劳动权利和履行劳动义务的行为准则。而这种行为准则对单位的全体人员都具有约束力。

按照《劳动合同法》的规定，企业制定劳动规章制度应该遵守法定程序。《劳动合同法》第 4 条第 2 款规定：“用人单位在制定、修改或者决定劳动报酬、工作时间、休息休假、劳动安全卫生、保险福利、职工培训、劳动纪律以及劳动定额管理等直接涉及劳动者切身利益的规章制度或者重大事项时，应当经职工代表大会或者全体职工讨论，提出方案和意见，与工会或者职工代表平等协商确定。”

第 4 款规定：“用人单位应当将直接涉及劳动者切身利益的规章制度和重大事项决定公示，或者告知劳动者。”

企业规章制度的制定是企业的一种内部“立法”行为，这是法律赋予企业的一项重大权利，用以体现和贯彻企业的管理意志。

但是，企业规章制度必须按照法律规定的程序来制定。企业如何制定和执行规章制度，才能最大限度地起到维护经营秩序的作用？根据《劳动合同法》的规定，需要从以下几个方面加以考虑，如图 8-11 所示。

1. 企业职工民主参与

现代企业是以民主管理为基础的，它强调全员管理，充分调动广大职工的积极性，从而提高内部管理水平，增强企业经营决策的准确性和透明度。

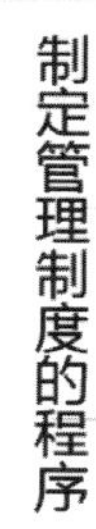

图 8-11　制定管理制度的程序

而且，劳动规章制度只有在吸收和体现职工一方的意志，或者得到职工认同的情况下，才能确保很好地实施。

但是，职工代表大会的通过不能作为劳动规章制度生效的要件，因为职工代表大会仅存在于全民所有制企业，而我国《公司法》只对国有股参股的公司要求有职工代表大会和职工股东、监事，而对非国有股参股的公司却没有规定。

按照《劳动合同法》和有关法律、法规及最高法院司法解释的规定，制定企业规章制度应通过以下程序：

(1) 召开职工大会或者职工代表大会通过。

(2) 由企业工会参与制定。

(3) 如果既未召开职工大会或者职工代表大会，也未设立工会，则应通过适当方式，在制定规章制度的过程中使员工有提出意见、建议的权利，并且员工的建议和意见应充分反映在规章制度的制定过程中。

值得注意的是，企业在采取上述方式制定规章制度的过程中，应注意保留职工大会、工会或者员工参与制定规章制度的证据。

2. 规章制度的公示

企业内部规章制度的适用对象是本企业的全体职工和本企业行政的各个组成部分，所以它必须为企业的所有成员所知悉。

《劳动合同法》对此已有明确规定；《最高人民法院关于审理劳动争议案件适用法律若干问题的解释》第 19 条也规定，用人单位根据《劳动法》第 4 条的规定：“通过民主程序制定的规章制度，不违反国家法律、行政法规及政策规定，并已向劳动者公示的，可以作为人民法院审理案件的依据。”

目前，在我国的一些企业中，仅将劳动规章制度写在员工手册里就作为正式公布，这是不妥当的。此种方式仅是使劳动规章制度的内容为员工所知晓，而不是对劳动规章制度的正式公布。企业对规章制度进行公示的时候，要注意保留已经公示的证据。通常，以下方法可以达到这样的效果。

(1) 将规章制度交由每个员工阅读，并且在阅读后签字确认。阅读规章制度的签字确认，可以通过制作表格进行登记，也可以制作单页的声明由员工签字，内容包括员工确认“已经阅读”并且承诺“遵守”。

(2) 在厂区将规章制度内容公告，并且将公告的现场进行拍照、录像等方式的记录备案，并可由厂区的治安、物业管理等人员见证。

(3) 召开职工大会公示，并以适当方式保留证据。

(4) 委托工会公示，并保留证据。

3. 规章向劳动行政部门报送备案

用人单位劳动规章制度的内容体现了国家法律、法规、劳动政策的执行。因此，各国立法都将劳动规章制度的制定置于国家的监督之下。

在我国，因为不能将职工代表大会的通过作为用人单位劳动规章制度的生效要件，所以，报送备案就显得更为重要。

报送备案的环节能够及时发现和解决用人单位在制定劳动规章制度的过程中可能存在的问题，预防违法行为的发生，以此保障劳动规章制度内容的合法性，保护全体职工的利益。

但是，企业在向劳动行政部门报送的过程中，要注意以下两点。

(1) 企业规章制度生效及生效时间，应以是否符合规章制度生效要件为准，是否送交劳动行政部门审查备案，并不影响规章制度的效力。

(2) 遇到劳动纠纷需要适用企业规章制度时，如果证明规章制度生效的三个要件存在一定困难，那么经过劳动行政部门审查和备案的程序在一定程度上能够起到证明和使规章制度合法化的作用。

因此，如果企业当地的劳动行政部门对企业规章制度提供审查和备案服务，建议企业在规章制度制定后送交劳动行政部门审查和备案。

8.3　新时代，新制度

企业要在激烈的竞争中生存和发展，制度就不能一成不变。管理者必须适时进行制度管理创新，使企业内各要素在质量上发生新的变化，产生新的组合，以适应新的形势需要，从而推动企业向更高、更深层次发展。

8.3.1　影响企业发展的因素及对策

【企业实例】　《华为基本法》在酝酿中

1995 年，华为公司成立仅 7 年，这是它发生战略转折的一年。这一年，公司呈现出蓬勃发展的势头，而公司的组织建设、管理制度建设以及文化建设提上日程。华为公司为此做了以下工作。

从 1995 年 9 月起，华为公司发起了“华为兴亡，我的责任”的公司文化大讨论。华为在创立过程中形成了很有特色的文化，为各界所称道，但真正讨论起来，却发现有关文化的问题很多都没有理清：公司文化到底是什么，它有什么用，对这些缺乏清晰的认识。

1996 年，华为公司在全公司范围内大规模推进 ISO 9001 标准，这使公司业务流程得到规范，公司的运作效率和顾客满意度也全面提高。但在重整后的业务流程体系中，各个部门和岗位的职责和权限如何定位，一切按流程操作会不会导致组织僵化等问题依然困扰着华为人。

为适应公司大发展的需要，华为公司在 1995 年成立了工作改革小组，开始重新设计公司的工作分配方案。这时，设计小组碰到下面的难题：工资水平依据什么来确定？依据绩效、职位，还是能力？要不要考虑资历？

1995 年 1 月，在每年一度的市场主管整训活动中，为迎接即将来临的 1996 年和 1997 年的市场大决战，市场部全体正职干部集体辞职表示愿意接受公司的重新安排，表现出高昂的士气和开阔的胸襟。

但也由此暴露出在公司发展中一些没有妥善解决的根本性问题，如干部跟不上公司发展步伐怎么办，有功的公司元老落后了怎么办，而优秀的员工怎么脱颖而出？

显然，快速发展和激烈的市场竞争，使公司迫切需要一个纲领性文件，来指导组织建设、管理制度建设和文化建设。

我国 30 多年改革进程的实践已经证明，国有及国有控股企业在向现代企业制度和向市场经济的两个转变中都取得了良好的效果，但在深层次的改革中，还没有发生根本性的转变，许多因素还在困扰和影响着企业发展。对此，我们应当在理性的高度给予清醒的认识，并认真采取相关的对策予以克服和消除。

1. 影响企业发展的因素

影响企业发展的因素很多，总体来看主要有以下几个方面，如图 8-12 所示。

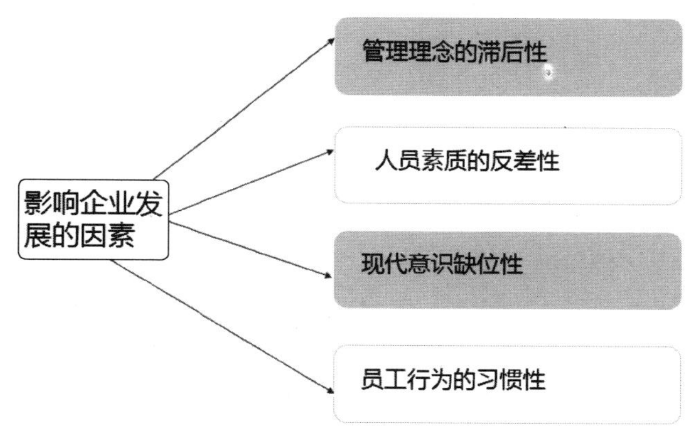

图 8-12　影响企业发展的因素

1）管理理念的滞后性

国有企业向现代企业制度转变时，许多企业十分重视自身组织结构的转变，汲取和借鉴国内外先进经验，改变了计划经济条件下的科层管理体制。大部分企业采取了扁平化管理体制，首席执行官、执行总裁、董事长、总经理、事业部等领导体制迅速构建，对促进领导作风的改变、保证科学决策和政令畅通等都起到了重要作用。

但是，在实际管理中却暴露出新旧体制转换中的冲击与碰撞。其中最重要的是管理理念的滞后，没有根本上从"以制度为本"转变到"以人为本"的理念上来。

许多人受计划经济的影响，习惯于过去的行政命令的管理方式，从管理原则、管理方法、管理手段，甚至在管理跨度和管理纵深上还明显带有不适应的状况。

有些部门和个人经验主义、形式主义、事务主义的倾向依然存在；无章可循、有章不循等随意性管理也较为严重。

从根本上说，这是一种重形式轻内容、重表面轻实质、重口号轻落实所造成的局面，使企业的总体战略和模式在运作中走样，严重地影响了企业的凝聚力和诚信度。

2）人员素质的反差性

市场竞争归根到底是人才的竞争，是人的素质的竞争，这一道理已成为许多企业的共识，但人的综合素质的提高是一个长期积累的过程，不能也不是一蹴而就的。

当前，一些领导干部、管理干部和员工对照现代企业制度的要求，在思想素质、专业技能、科学文化知识、技术水平、心理状态、社会交际等各方面都存在着不同程度的差距，有的差距还十分明显。

造成这些差距的原因有主客观两个方面。客观上是企业尚没有健全和完善的培训教育机制。主观上的原因则是主要方面。

一些人随着地位的提高没有及时地学习；一些人随着改革调整中机构的自然升格，仍然停留在原来的水平上，没有质的改变；一些人则是长期放松对自己的要求，只注意对上级领导和具体事务的应付，并没有着力提高自己的能力；一些人满足于尚能完成基本任务而缺少较高的责任心，等等。

因此，人员素质与职务、岗位的反差使工作缺乏创造性、主动性和创新精神，容易产生满足现状，因循守旧，人浮于事，效率低下的状况，严重地影响着企业综合竞争力的提高。

3）现代意识缺位性

改革开放以来，广大员工对转变观念、勇于创新的重要性的认识有了一定的提高。但在执行党的解放思想、实事求是的思想路线上，还缺乏主观能动性，一些干部和员工停留在上级抓一抓、下边动一动的状态。

特别是在形象意识、公众意识、沟通意识、互惠意识、信誉意识、战略意识、科学意识、创新意识等现代意识上，只知其然，不知其所以然；只停留在口头上而

缺乏实践性。更不要说对“三个代表”重要思想的科学实质、理论意义、战略地位和指导意义的深刻理解了。

究其原因，主要在于一些人主观上对人生观、价值观和世界观改造的淡化与忽视；思想政治工作的削弱和自身的脆弱；激励中对物质和金钱的强化与偏颇；管理中的惩罚多于奖励；经营中的风险尚未真正传递到每一个人，致使工作缺乏前瞻性、预见性和先进性。

4) 员工行为的习惯性

企业体制发生变革以后，广大员工开始逐步接受新的管理机制。但是，由于长期受计划经济的影响，当前部分员工中还存在着几个带有浓重的计划经济色彩的倾向性的问题，如图 8-13 所示。

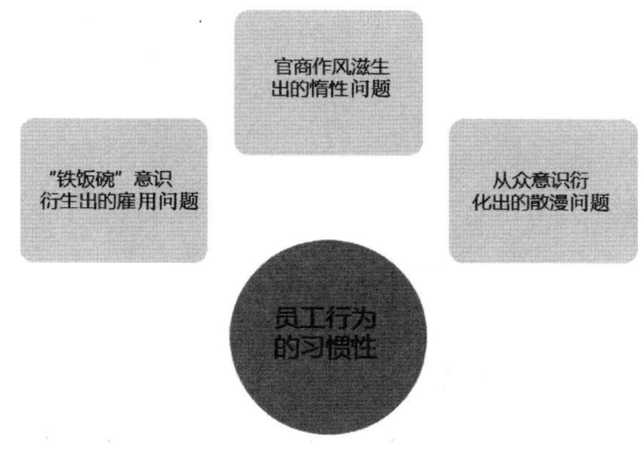

图 8-13　员工行为的习惯性导致的问题

(1) “铁饭碗”意识衍生出的雇用问题。

“不患寡而患不均”思想还在部分员工中存在，分配制度中实际存在的大锅饭的弊端还没有彻底根除，给多少钱就干多少活的现象比较普遍。

(2) 官商作风滋生出的惰性问题。

等靠要的思想比较严重，小富即安，不思进取、等客上门，得过且过的倾向依然存在。

(3) 从众意识衍化出的散漫问题。

不冒尖、不抢先；当一天和尚撞一天钟；稍有不如意就怨天尤人、满腹牢骚。个别管理干部对上报喜不报忧、对下和事佬；有问题推上怨下、有成绩夸夸其谈；不愿负责、不敢负责的现象较为严重地阻隔了领导与群众的联系。

这些思想和行为是与社会主义市场经济的客观要求格格不入的，是与中国新公司腾飞计划极不适应的。

2. 对影响企业发展因素的基本对策

实践“三个代表”重要思想，与时俱进，全面建设小康社会是我国今后一段时期的历史使命。对上述影响企业发展因素的成因，国内贸易部党政领导班子曾经进行过多次研讨，并努力在工作中全方位、多角度地进行引导、改进和变革。我们认为，应当采取以下基本对策。

1) 大力构建以人为本的管理机制

以人为本是现代管理理念，从以制度为本转变为以人为本，不仅是一场思想观念的变革，也是管理机制的根本转变。一切为了激发人的聪明才智和工作积极性是现代管理制度、管理方式、管理手段的出发点和归宿点。

2) 加大对各类人员的教育培训

对全体员工实行在岗终身培训是企业的责任。“十年树木，百年树人”，不断提高员工的综合素质始终是提高企业竞争力的关键环节。在教育培训中应注意坚持“三个结合”。

(1) 把专业培训与学历培训结合起来。

专业培训和学历培训属于正规教育范围，企业本身承担起来较为困难。主要是有计划地选派中层管理人员和专业技术人员定期到相关的院校参加专业培训。

(2) 把思想道德教育与技术培训结合起来。

教育员工把诚信作为职业操守，广泛开展社会主义、爱国主义、“三个代表”重要思想等主题教育和职业道德教育，引导员工树立正确的职业道德。同时，每年要有计划地对员工进行岗位技能培训，不断提高员工胜任本职工作的能力。

(3) 要把提高与普及结合起来。

随着企业的不断壮大，营销技巧、管理手段等亟须进一步提高。同时，如计算机知识、常用公文写作常识等也需要在干部和员工中普及。

3) 用优秀的企业文化激发员工的向心力

企业发展要靠全体员工的努力。“给我一个支点，我可以撬动地球。”企业的支点是什么？就是优秀的企业文化。

要坚持把“天人同序，惠福民生”的企业理念，变成广大员工所认同的价值观。要按照这一理念的要求建立约束和激励员工行为的有效机制；把企业标识系统变为企业外显形象的统一规范；把企业文化建设的基点放在塑造企业良好形象上。

4) 深入研究企业改制中的行为科学，不断满足各类人员的需要

员工作为一个社会的人，是有头脑、有思想、有主见的自然行为人，企业应深入了解各层次人员的需要，不断地创造条件予以满足。在现代企业中，员工不是劳动工具，而是创造价值的主体，必须在日常工作中十分注重员工的思想、文化、物质等方面的需求。

8.3.2 影响企业管理变化的主要原因

【企业实例】 《华为公司基本法》初露端倪

华为总裁任正非顺应形势发展，在 1996 年年初提出起草《华为公司基本法》。当时总裁办公室主任陈小东按习惯思路，把华为公司这些年来发布的内部管理条例和制度加以汇总，重新分类，终止过时的制度，补充缺少的制度，形成体系。

用两个多月的时间，整理出华为公司管理制度汇编。但任正非认为陈小东思路不对，他想要的“基本法”是指能够指导华为公司发展的管理大纲。

正好公司顾问、中国人民大学吴春波博士发表文章指出：华为公司基本法不仅应容纳文化和技术政策、组织建立原则、人力资源管理与开发，以及基本的管理模式与管理制度，还应对基本业务流程和员工守则做出原则性规定。吴博士的文章为华为公司基本法确定了主要内容。

1996 年 3 月，由中国人民大学工商管理学院黄卫伟教授和包正教授为主的华为公司基本法起草小组成立，开始执笔撰写。起草小组与华为公司领导就华为公司基本法的写作宗旨和框架频繁地交换意见，初步明确了华为公司基本法的定位：

华为公司基本法是华为公司的价值观体系和管理政策系统。管理政策是公司管理以及各部门和各级主管的决策指南和行为准则，是调整公司内外重大关系和矛盾的准则；是对公司全部价值的权威性分配；是对公司文化隐含假设的明确阐述。同时又确定了制定华为基本法的 3 个主要目的。

(1) 将华为公司管理层的意志、直觉、创新精神和敏锐的思想转化为成文的公司宗旨和政策，使其能够明确地、系统地传递给职业管理层，从而使职业管理层规范化地运作。

(2) 阐述华为公司管理问题中的基本矛盾，公司内外重大关系的原则和有限次序，建立调整公司内部关系和矛盾的心理契约。

(3) 指导公司的组织建设、业务流程建设和管理的制度化建设，实现系统化管理和推动管理达到国际标准，并使华为公司管理体系具有可移植性。

激烈的市场竞争浪潮，不断影响着各个行业，进而影响到企业内部的管理制度的变化。而影响企业管理制度的变化的主要原因主要有以下几点，如图 8-14 所示。

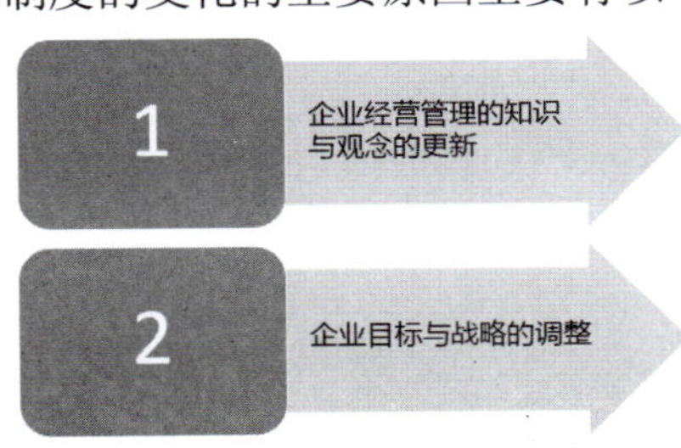

图 8-14 影响管理变化的主要原因

1．企业经营管理的知识与观念的更新

新观念的确会广泛影响到具体管理制度规范。如：以人力资源开发的观念代替传统的人事观念，人事管理职能的范围、内容、侧重点都会发生变化。原有的制度，如人事考核与评价、工资奖酬、培训制度等都要调整，还要补充一些新制度，如工作轮换、职业生涯开发与管理等。

总之，经营管理的新知识、新概念的提出，会给修改、完善现有制度，形成更有效的管理制度提供有益的思路和框架。

2．企业目标与战略的调整

当公司目标、战略调整、改变之后，原有的行为规范可能有些会不适合甚至妨碍目标的达成和战略的实施。对于这部分制度要修改更新。战略变化引起的管理制度的变化主要有以下几个方面。

(1) 产品或服务的经营领域以及市场范围发生变化时，相应的管理制度也要进行修改。

不同的产品或服务的经营业务在生产方式、规模、工程技术等方面具有不同的经济基础特点，不同的市场要求采取不同的市场营销组合，因而所采用的计划、组织、指挥、控制的管理方法也应不同。

(2) 实现战略目标所采用的战略行动的变化会引起一系列管理变化。

如果一个公司的经营目标更改为通过提供优质服务来获得差别优势，扩大销售，那么所使用的具体方法有：雇用更多的推销员，并为推销员提供更详细的市场信息；同时要求他们注意搜集信息，为生产提供依据，生产部门则按照消费者需求组织生产；信息管理系统也要调整；生产计划，运输、供货方式，人员的评价，激励与培训制度等也要进行调整。

(3) 公司内外的技术创新及社会的进步也肯定会引起管理上的某些变化。

社会、经济方面的进步如分期付款也会使得营销、财务等管理制度发生变化。新工艺、新技术有的为公司发展新产品、新服务提供手段，有的如大量流水生产方式、混合流水生产技术等则形成新的资源转换方式。

(4) 某方面的制度变化可能会带来整个管理体系的调整。因为公司管理制度作为一个有机联系的体系，相互影响与制约，彼此依存。

(5) 影响公司经营观念和战略的其他因素也会通过观念、战略的调整而直接或间接地影响公司的管理制度。

总之，公司管理制度要适应外部环境和内部条件的变化，不断进行修订、补充和创新。

8.3.3 修订企业管理制度的原则

【企业实例】 《华为基本法》制定工作在摸索中前进

在中国制定公司基本法还是非常新鲜的事物，很少有适合中国实际的经验可以借鉴。为了使华为公司基本法真正体现华为企业精神和未来发展方向，起草小组开始在华为公司展开深入的调查和访谈，使华为公司基本法逐渐清晰起来。

专家们在华为公司搜集相关资料时，发现华为公司的资料非常全，里面有任总的历次讲话记录、华为公司的管理制度、一本厚厚的《华为文摘》、总共 29 期的《华为人报》，还有公司讨论小组的讨论记录。这些资料真实地记录了华为自身成长的经历和现状。

在专家们与华为公司最高管理层的交流中，专门确定了华为基本法的思考框架。双方互相交流，相互启发，华为公司基本法整个思考框架很快就出来了，为随后更深入更广泛的高层访谈提供了框架和切入的角度。

在连续的高层访谈中，专家们不断思考和讨论这样一个问题：华为公司基本法应确定哪些命题？经过长时间的摸索和探讨，专家组终于取得相当的成果：追求是华为公司基本法的首要命题。

那靠什么实现追求呢？靠人才——华为明确强调“我们强调人力资本增值的目标优于财务资本增值的目标”。

确立了技术创新命题，强调华为公司在独立自主的基础上开放合作地发展拥有自主知识产权的、领先的核心技术，用卓越的产品自立于世界通信诸强之林的决心和宗旨。

另外，专家们认为华为的活力，在于公正的价值体系和价值分配制度，尤其是在华为公司的价值分配体系中，最核心也是最有激励和凝聚力作用的是内部员工持股制度。

起草小组在撰写华为公司基本法“价值分配”时对公司价值创造问题作全新的阐述，并据此提出“知本主义”的全新概念，使华为公司的价值分配理念得到更准确的体现。

企业管理制度要不断适应公司经营的内外部环境及有关因素的变化并适时做出调整。企业管理制度的制定和修订主要有以下 3 个方面的区别，如图 8-15 所示。

(1) 撰写时序的差别。制定公司管理制度在先，修订在后。修订是在公司管理制度已经使用了一段时间的基础上进行的。

(2) 撰写数量的差别。

制定公司管理制度，就是从无到有，建立一部全面的完整的制度；修订公司管理制度只是对原有制度的不合理部分进行局部的修改和完善。

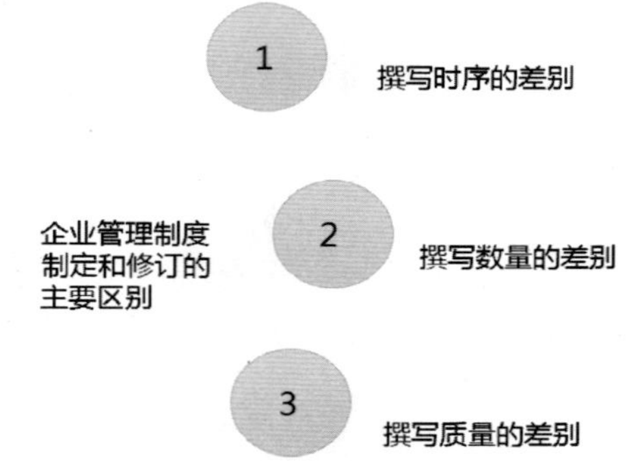

图 8-15　企业管理制度制定和修订的主要区别

(3) 撰写质量的差别。公司管理制度的修订是一个对原有制度不合理部分更新、完善，使其不断成为合理的制度的过程。所以，修订的制度更符合公司当前的发展需要，一般来说，其质量与原有的制度相比要高一些。

公司管理制度修订的程序与其制定相同，应该遵循调查、分析、起草、讨论、反复修改、会签、审定、试行、修订、正式执行这样一个程序。

在起草修订稿时要特别慎重，必须要考虑到，修改的这一部分内容，怎样才能与公司各方面的制度保持协调，避免出现顾此失彼的情况。

如果一种管理制度的修订，造成了某种管理制度同其他管理制度的矛盾，那么势必带来公司管理混乱，因此在修订制度时必须注意到这一点。

在特殊情况下，公司可随时决定对管理制度进行修订。但一般情况下，公司管理制度可以在每年年末修订一次，公司在年终总结各方面工作时，同时也可以对公司管理制度进行检查、总结和修订。

每隔 3 年公司需要对管理制度进行一次比较全面的修订，时间一般安排在年终结合该年度公司的总结工作进行。修订企业管理制度要遵循以下几个原则，如图 8-16 所示。

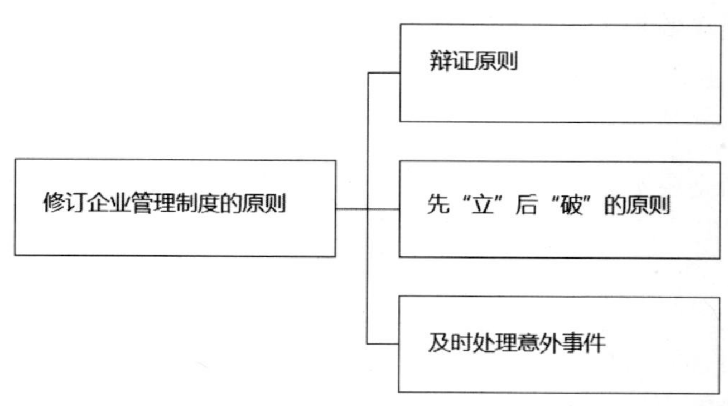

图 8-16　修订企业管理制度的原则

1. 辩证原则

辩证原则，即“稳”与“变”的统一。公司管理制度既要有稳定性又要有灵活性。一方面，公司要根据生产经营的实际需要，对公司管理制度进行适时更新，用最新的管理制度来代替原有的制度。

另一方面，公司管理制度不能朝令夕改而让人无所适从，也不能因为原有的管理制度存在某些问题就全盘否定，而要在具体分析的基础上不断完善它，使之在实践中逐步趋于合理化。

2. 先“立”后“破”的原则

对企业的管理制度的修改、废除要采取先“立”后“破”的原则，在条件尚不成熟，新的制度尚未出台以前，应继续按原有制度的规定办事，待新制度正式建立以后再废除旧制度，以保持公司管理制度的相对稳定性。

3. 及时处理意外事件

现代公司的生产经营活动以及外部环境在不断变化，公司的管理制度同样也要进行相应的修订。

因此，在出现“例外”和“偶然”的情况之下，管理者要善于运用标准化原理，用管理者制度来指导对“例外”和“偶然”时间的处理，并且适时将例外时间纳入管理制度，使它成为管理规范的一部分。

8.3.4 让制度与时俱进

【企业实例】 某家大电器制造厂有一则规定：员工如果延迟交货，其单位一律征收违约金。然而延迟交货，多半事出有因，比如：生产过程中遭遇不可抗拒的天灾、人祸，或厂方本身的耽误，等等。

故此项规定有名无实，应马上改正，如果是碍于面子，觉得刚制定的规则马上又要推翻，怕被员工笑话，那么将来吃亏的仍是自己。

在修订此项规则之前，一是要首先考虑到交货日期的决定是否过于草率，是否经过周密的思考，主管者的工程管理妥善与否，各部门联络工作是否及时、准确等实际情况。

待一切皆完备，才能对员工提出如是要求；否则，难免落得“不近情理”的埋怨，更收不到具体的效果。

人的思想总是有惰性的，人们习惯于从同一个角度出发去思考问题，总是喜欢用现成的、熟悉的方法去解答形形色色、层出不穷的问题，这样一来就很容易形成思维定式，禁锢人的思想。

但在实际生活当中，情况瞬息万变，新问题不断出现，我们不可能用一个固定的模式去应付所有的问题。

如果我们的思维已经形成了定势，坚持用同一个方法来解决不同的问题，那我们就无法把握住问题的症结，也就无法从根本上解决这些问题。

管理也一样，不同时期的人，特性和心态是不一样的，由于客观的社会环境处于不断的变化之中，而不同的个体更是在性格和行事方法上千差万别，这就必然要求管理者根据不同的情况，研究解决新的问题，做出管理方法上的调整。

让规章与时俱进要遵循下面两点原则，如图 8-17 所示。

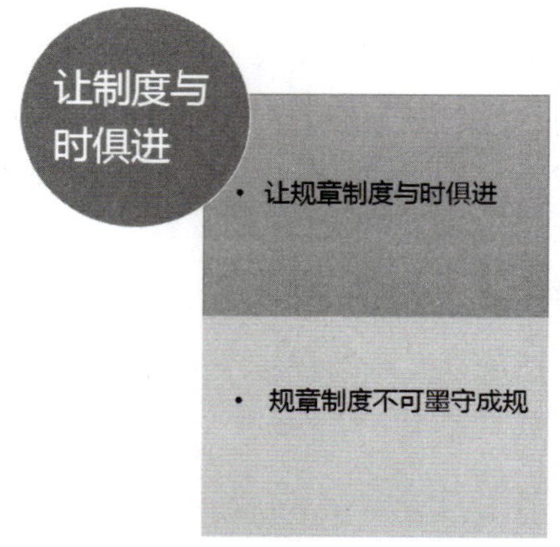

图 8-17 让制度与时俱进

1．让规章制度与时俱进

各行各业制定各种规章制度，其目的就是要人遵守，若只是徒具形式，则毫无意义可言。因此，在规则之外还要另定一项处罚违规者的条文，以约束他人务必遵守规章制度。

然而，不少行业，其规定都有需要改进完善之处。

无论制定什么样的规章制度，事前都要详细了解实际形态、整理分析各类问题，而后制定规则，这样才有意义。若徒具冠冕堂皇的条文，而与现实情形背道而驰，则无异于一纸空文。

总而言之，规章制度的建立、制定是随着生产的发展，企业的进步不断改变的，而不应该是一成不变的。

在过去的生产规模、生产条件下，某项规章制度可能是很完善的，但由于要适应新的形势及新的生产经营方式，许多旧的规则可能会因此而出现各种各样的漏洞，变得不合时宜，这时就要求领导者要及早废止，另谋改善，加以合理性的补充或是重新建立新的符合时宜的规章制度。

千万不要故步自封，否则此项规章将会随着时日的变迁而脱离现实，最终影响事业的发展。

2．规章制度不可墨守成规

(1) 大多数员工往往会忽略所在企业的各项规章制度。

因此，管理者要经常询问员工："目前企业有哪些条文规定？请你做出详细的说明。"若不这样，员工根本不会关心到这个问题，更别提以这些规章制度为基准来从事他的工作。假使是这样，有些员工也只是在做表面工作，从而忽略了制度真正的内涵。

(2) 另一个问题则是关于规章制度本身。

规章制度的制定，目的是使一些不够明晰的事项，经过明确判断，定出一个共同的标准。所以，规章制度是具有时间性的，同时，它也是适应时代、环境而定出来的，因此它绝非千古不变的定律。

当社会发展变化、环境变迁以后，以往的规章制度必然也会失去其合理性。因此，如何使企业的规定切合实际的需要，这是管理者最重要的一项工作。

制定规章制度一定要灵活，随时间、环境的变化而变化，不可一成不变。如果用几百年前的方法去管理现在的企业，那企业只会走向灭亡。

总之，管理者必须时时检查企业订立的各项规章制度，是否有不合情理或不切实际之处，一旦发现问题，就应拿出魄力来加以改革，这一点是千万不可忽略的。

但是也要注意一点，规章制度不可改得太勤，切忌朝令夕改，这样只会让员工对企业的管理失去信心，从而影响员工积极性的发挥。

第9章

文化与制度——企业发展的精神支柱

学前提示

文化与制度——企业发展的精神支柱

企业文化的影响力

1. 文化是企业迅速发展的动力
2. 了解透彻企业文化的精髓
3. 构建独具特色的现代企业文化
4. 管理者要塑造良好的企业文化
5. 企业文化的活力之源
6. 为员工树立远大的愿景

企业文化与制度相互融合

1. 利用企业文化提高制度的凝聚力
2. 用制度与企业文化培养员工的积极性
3. 利用内部关怀消除制度考虑不周的地方
4. 用制度和企业文化建立员工的企业归属感
5. 企业文化激发使命感从而强化制度

9.1 企业文化的影响力

文化是企业的灵魂，企业文化会让管理事半功倍。对一个企业的成长而言，企业文化虽然看起来不是最直接的因素，但却是贯穿企业各项工作的生命线。因此，企业要想获得长足发展，就需要给员工内心注入企业文化的基因。

9.1.1 文化是企业迅速发展的动力

【企业实例】 雅戈尔集团公司地处浙江宁波，它的前身是青春服装厂。雅戈尔是英语“青春”(Younger)的音译。20 世纪 80 年代初建厂，经过近 30 年的风风雨雨，它从一个农村手工作坊，发展成为一个上市公司，它的发展可以说是中国乡镇企业发展的典型代表。

集团公司有下属企业 25 家，涉及制衣业、房地产、贸易、商业、金融业、印刷业、建筑业、广告业、教育等诸多领域。在日本等地设立了多个境外分公司，中国香港地区也设有与公司。

1995 年，按照国际惯例组建了三大中心。生产中心以衬衫西服为龙头，带动其他产品：西裤、时装、童装、针织服装；营销中心从事产品的开发和市场销售，目前营销网络遍布世界各地，市场占有率不断提高；投资管理中心主要从事资本经营及项目投资。

20 世纪 90 年代末集团公司有员工 8000 多人，年生产衬衫 600 万件，西服 100 万套，童装 200 万件，针织时装 20 万打，童装和针织品全部销往日本等国际市场，其主导产品雅戈尔衬衫多年被评为“中国名牌衬衫第一名”，被中国服装检测中心授予中国衬衫行业第一家产品质量免检单位。

1997 年 4 月 14 日被国家工商局认定为驰名商标，1998 年公司经中国证监会批准，于 10 月 12 日在上交所上市。

雅戈尔作为一个服装生产企业，从自身的企业特点和行业特点，把“装点人生、服务社会”作为自己的企业宗旨和根本理念。

从 1991 年以来，公司围绕这个理念做过三次 VI 导入，前后采用了三个不同的企业标识，1991 年采用的是一个圆形图案中间加一个 Y(公司地处三江交汇处，Y 又是英文“青春”一词的词首字母)。

1993 年改为椭圆形图案加 Y，1994 年又增加了一个 1，表示争创一流，下面加英文 Younger，表示永葆青春。

为了统一视觉系统和理念系统，公司认为有必要对它进行整合。于是在 1997 年进行了新的 CI 导入，请中国企业管理研究会和中央美术学院的专家实施 MI、BI、VI 的整合。

在现代社会中，市场的竞争不仅是综合实力的竞争，更是企业文化的竞争。企

业随着改革步伐的加快以及市场经济的深入已经进入了全面竞争的时代。因此，市场竞争在新形势下的核心是企业文化的竞争。

企业在长期的生产实践中逐步形成了企业文化。企业文化的形成过程是一个企业经营思想、行为规范、价值观念等建立和完善的过程，其对职工有着潜移默化的渗透和影响作用。

用一种无形的精神的东西去统一职工的思想、行动就是发展企业文化的目的。通过发展企业文化，不仅有利于增强企业的凝聚力和向心力，更有利于增强企业的活力。

因此，企业必须大力加强企业文化建设才能保持平稳持续发展，如图 9-1 所示。

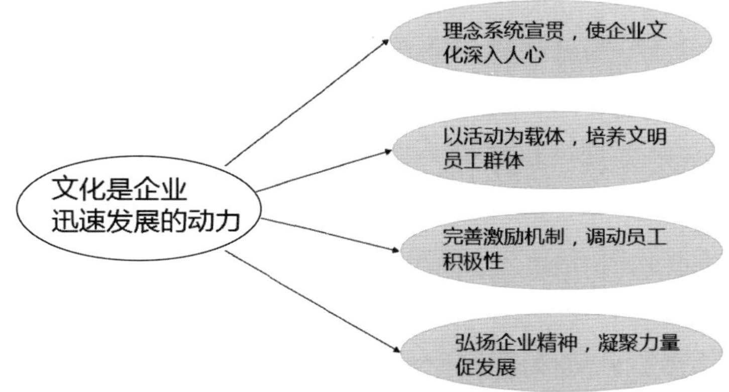

图 9-1　文化是企业迅速发展的动力

1．理念系统宣贯，使企业文化深入人心

(1) 企业文化作为企业发展的动力，用企业文化将企业员工的心凝聚在一起而使得广大管理人员充分认识到企业文化的基本内涵，从而为贯彻实施企业的方针政策奠定良好的基础。

(2) 为了促进员工学习以及自觉地规范自身行为而把全体员工紧紧地联系在一起，企业制定《员工手册》并下发，保证人手一册。

同时，还应当通过板报、标语、征文、橱窗、广播、演讲等多种形式加大对《员工手册》的宣传力度。

(3) 坚持教育、引导、尊重、理解、关心相结合。要通过摆事实、讲道理，运用政策教育，经常性的思想工作等方式，触动员工的思想，进而影响员工的行为。

同时尊重员工，注重倾听他们的呼声，理解他们的喜怒哀乐，关心他们的疾苦，尽可能满足他们的合理要求，把温暖送到员工的心坎里。要善于采取群众喜闻乐见的方式，把道理讲得入情入理。

2. 以活动为载体，培养文明员工群体

企业文化针对目前员工具有较高的文化素质，较高的认识和模仿能力，以及较强的互动性和互制性，从而用简洁精练的语言对员工提出要求，并且采用形式多样的活动促使员工进行自我教育、控制以及管理。

(1) 为了使员工逐步养成文明生产、文明用语以及文明生活的全方位文明行为，应当通过抓员工思想和业务培训为培养现代文明的员工群体奠定基础，从而进一步提高员工的自我约束能力和综合素质。

(2) 以开展争当文明员工活动为载体深入培养工作。为了培养员工良好的行为习惯，企业应当针对员工的行为紧紧抓住评比文明员工这个行之有效的活动载体。

在活动中，坚持按照“一个突出、两个结合、三个围绕”制定规范标准，“一个突出”即突出职业道德；“两个结合”即结合社会公德，结合家庭美德；“三个围绕”即围绕遵纪守法、安全生产和计划生育。

通过评比活动，宣传和引导员工在企业争当文明员工，在社会争当文明公民。

(3) 当代员工不仅具有很强的物质欲望，还具有强烈的精神要求。因此，企业应当创造条件为员工提供充分展示现代文明风采的舞台。企业通过举办各种文化活动让员工一展风采以满足员工这些强烈的要求。

3. 完善激励机制，调动员工积极性

以人为本实施激励管理不仅是企业文化建设的一项重要内容，更是企业文化的不竭之力。关键是运用激励机制培养造就“文明”员工。充分尊重员工的主人翁地位，全心全意落实党的依靠方针和维护职能，加强企业民主管理。

为了形成良好的员工参政议政的氛围，企业应当建立民主管理制度。企业应当推行“厂务公开”制度，公开涉及企业生存发展、员工最关心、反映最强烈的问题以及管理人员的廉洁自律等方面的内容，真正落实员工的知情权、参与权和监督权。将此项工作当作企业的头等大事做好、抓好、落实好。

4. 弘扬企业精神，凝聚力量促发展

企业文化作为企业精神的核心，职工的思想素质和精神面貌随着企业文化的不断发展和完善，在企业文化的熏陶之下不断地提高和升华。

由于企业文化具有很强的凝聚作用，员工接受的企业文化，将会产生巨大的精神和激励作用。

因此，我们应当将贯彻企业精神和做好本职工作结合起来，使得企业精神真正地扎根于员工心中并在各个岗位上开花结果，使得企业文化能真正地凝聚全体员工的精神力量。

企业的发展依赖于文化生生不息的延续。以思想教育、文化活动、激励机制、企业精神为载体，以企业文化和道德的力量来规范和约束企业职工的行为，使企业

文化以积极正确的价值观念引导企业职工的行为。

引导职工在经济运行中沿着正确的轨道前进，这样才能心往一处想，劲往一处使，才能抱团打天下，充分发挥出企业员工的主人翁精神，在集体智慧中实现个人的价值，体现企业文化的系统性，全员参与、全员受益，从而督促企业健康快速地向前发展。

9.1.2 了解透彻企业文化的精髓

【企业实例】 在思科，广泛流传着这样一个故事：一位思科总部的员工看到他们的总裁钱伯斯先生大老远地从街对面小跑着过来。

这位员工后来才知道，原来钱伯斯先生看到公司门口的停车位已满，就把车停到街对面，但又有几位重要的客人在等他，所以他只好几乎是小跑着回公司了。

因为在思科提倡的是员工之间的平等，管理人员哪怕是全球总裁也不享有特权。可以说，塑造企业文化的办法有很多，但根本的还在于企业的管理者尤其是高层管理者，有没有决心和勇气先把自己塑造为遵循企业文化的典范，能不能自己先认同并传播企业文化。

企业文化是指“组织在长期的生存和发展中所形成的为组织多数成员所共同遵循的基本信念、价值标准和行为规范”。

在中国，有很多企业对文化存在误解，认为文化是一种口号，一个目标或是一个希望。

其实不是，文化通俗地讲它是一种价值观，一种感觉尤其是别人对你的感觉。而企业文化的精髓主要表现在以下几个方面，如图 9-2 所示。

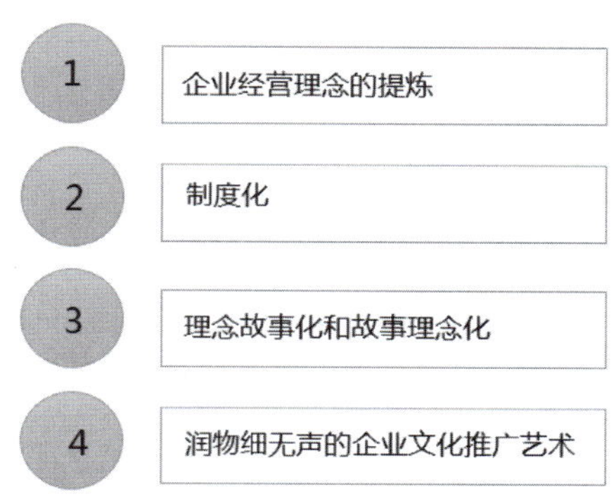

图 9-2 企业文化的精髓

1. 企业经营理念的提炼

经营理念是企业在长期经营过程中所形成的价值观和指导经营活动的原则。不少企业难以形成强有力的文化，其根本原因之一就是没有对这些存在于潜意识中的理念加以提炼而使之明确化。

在对企业经营理念的提炼过程中，应注意以下几个方面的问题。

(1) 注重行业特点。企业文化要与其所处的行业特性和自身的经营特点相一致。道理很简单：“隔行如隔山”，每一个行业都有其独特的运行特点、运作机制。

(2) 广泛征求意见。企业文化并非只是高层的一己之见，而首先应该是大多数员工都认同的东西。为了做到这一点，企业高层管理者应该创造各种机会让全体员工参与进来，共同探讨企业的文化。

通常可以先由高层制造危机感，让大家产生企业文化变革的需求和动机；然后在各个层面征求意见，取得对原有文化糟粕和优势的认知；最后采取扬弃的办法，保留原有企业文化的精华部分，并广泛宣扬，让全体员工都知道公司的企业文化是怎样产生的、其内容是什么。

(3) 提炼核心理念。当我们问一家企业的老总：“贵公司企业文化是什么？”如果他不是在第一秒钟就能给出答案，而是要思考半天，那么“答案”便已经不重要了。因为这说明该企业的文化并不明晰——连老总都不能马上说出来，更何况员工呢？

因此，企业首先必须树立自己的核心价值观念，使之成为全体员工都认知和认同的理念。而且，在做品牌推广和公共关系宣传时，还要让顾客和社会也认同企业的这种价值观念。比如，海尔的“真诚到永远”已经由最初的产品和品牌理念上升为一个企业的理念，成为海尔企业文化的核心。

(4) 扩展理念体系。企业的核心价值理念还必须拓展为企业各个层面的管理思想和方法，才能使企业文化理念体系完整起来。

比如，海尔围绕核心理念形成了完整的理念体系：人才理念——赛马而不相马；质量理念——有缺陷的产品就是废品；兼并理念——吃休克鱼；研发理念——用户的难题就是我们的难题等。在这些理念的背后，又有相应的办法和制度作为支撑，从而使整个理念体系变得生动有效。

(5) 建设沟通渠道。企业理念要得到员工的认同，必须在企业的各个沟通渠道进行宣传和阐释，企业内刊、板报、宣传栏、各种会议、局域网等，都应该成为企业文化宣传的工具，以便让员工深刻理解企业的文化是什么，怎样做才能够符合企业的文化。

同时，企业高层在对外活动中，也应有意识地宣扬企业文化，让顾客和社会认知企业文化，以便使顾客成为公司的忠诚用户、使社会公众对企业留下良好的印象。

2. 制度化

不少企业的文化建设只停留在理念宣传的阶段，不能深入地进行塑造，其原因一方面在于管理者缺乏系统建设企业文化的决心和勇气；另一方面则是对企业文化塑造有误解，认为企业文化建设只是理念塑造。事实上，如果不能把理念转变成制

度，就会大大地削弱企业文化的凝聚作用。

优秀的企业文化只有形成制度化的文字，让全体员工有法可依，有章可循，才能真正发挥其作用。

著名的惠普文化非常强调对人才的培养理念，与此相对应，惠普制定出了完善的培训制度：

(1) 从员工入职开始，就按计划安排各种有针对性的培训；员工培训工作被列为每个经理人的重要职责并作为考核经理人的重要方面。

(2) 公司 90%的培训课程由经理们亲自执教等。在惠普的理念中，认为培训是投入产出比最高的投资。

惠普之所以成为行业的楷模，就在于它不仅树立了一种优秀的“以人为本”的文化，更在于它从制定科学的制度入手来落实这种优秀的理念。

3．理念故事化和故事理念化

要使公司理念和企业文化发挥应有的作用，使其深入人心是关键。理念故事化和故事理念化也许是最通俗、最有效的方法。

(1) 理念故事化。优秀的企业文化并不是只让企业的中高层管理者认同，而更应该让所有的员工都认同，这才叫卓越的企业文化。

企业在导入新的文化时，首先应该根据自己提炼的理念体系，找出企业内部现有的或者过去相应的先进人物、实际进行宣传和褒扬，并从企业文化的角度进行重新阐释。海尔 CEO 张瑞敏“砸冰箱”的故事世人耳熟能详，是理念故事化的典范。

(2) 故事理念化。在企业文化的长期建设过程中，先进人物的评选和宣传要以理念为核心，注重从理念方面对先进人物和事迹进行提炼。

对符合企业文化的先进的人和事，编纂成通俗的故事加以广泛宣传，以便让全体员工都知道：为什么他们是先进的？他们做的哪些事是符合企业的文化的？这样的榜样为其他员工树立了一面旗帜，同时也使企业文化的推广变得具体而生动。

4．润物细无声的企业文化推广艺术

企业文化的建设要从大处着眼，即从企业战略的高度来提炼企业的经营理念；而从企业文化的推广上来看，又应从小处着手。以下几个方面是企业文化在推广过程中必须加以留意的。

(1) 称呼的艺术。企业文化建设的一个重要方面是拉近员工与员工之间，尤其是高层管理者与普通员工之间的心理距离。在这个方面，注重称呼的艺术，往往能收到良好的效果。

在惠普，在联想集团，即使对董事长，都是直呼其名。通过这样的称呼，往往能塑造出浓浓的亲情氛围，拉近员工之间的心理距离，从而提升企业的凝聚力。

(2) 加强日常沟通。高层管理者是企业文化的“设计师”和“牧师”，既是建设

者也是传播者。这就要求高层管理者不能离普通员工太远，而应该在日常工作中经常同员工进行沟通，并在良好的氛围中适时传播企业的管理理念。这对最高管理者尤为重要。

通用电气在自己的价值观里，明确提出“痛恨官僚主义”，提倡管理人员深入基层进行调查走访。前总裁杰克·韦尔奇经常找一些中层和基层主管进行沟通，他的一句名言就是“沟通、沟通、再沟通”。

(3) 从领导做起。作为企业文化的建筑师，高层管理人员承担着企业文化建设最重要也最直接的工作。事实表明，塑造企业文化的关键，是先把高层管理者自己塑造成企业文化的楷模。

一些企业的高层管理者总觉得企业文化是为了激励和约束员工的，其实更应该激励和约束的，恰恰是那些企业文化的塑造者。一些企业的高层领导往往成为各种理念、制度的直接破坏者，他们负面的言行，对企业文化建设的影响是灾难性的。

(4) 从点滴做起。很多企业在进行企业文化建设时，喜欢大张旗鼓地开展一些活动、研讨和大型的培训，其实企业文化的精髓更集中在企业日常管理工作的点点滴滴上面。

因此，作为企业管理者，不管是高层还是中基层，都应该从自己的工作出发，首先改变自己的观念和作风，从小事做起、从身边做起。

9.1.3 构建独具特色的现代企业文化

【企业实例】 20 世纪 80 年代初期，中国引进全面质量管理，并不成功，主要原因是只注重全面质量管理的形式，而忽视它所包含的思想观念。海尔集团是在 1984 年引进德国利勃海尔电冰箱生产技术。

1985 年 7 月，海尔集团接到用户对冰箱质量的投诉，立即突击检查仓库，将 76 台不合格的冰箱全部砸毁。

当员工们含泪看着张瑞敏总裁亲自带头把有缺陷的 76 台电冰箱砸碎之后，内心受到的震动是可想而知的，人们对“有缺陷的产品就是废品”有了刻骨铭心的理解与记忆，对“品牌”与“饭碗”之间的关系有了更切身的感受。

但是，张瑞敏并没有就此而止，也没有把管理停留在“对责任人进行经济惩罚”这一传统手段上，他充分利用这一事件，将管理理念渗透到每一位员工的心里，在将理念外化为制度，构造成机制。

海尔人的“市场链”理论提出，每个人不再对他的上级负责，而是对他的市场负责，“下道工序就是市场”“下道工序就是用户”，以市场链工资激励员工将其价值取向与用户需求相一致。

海尔实行严格的“三检制”，成立了质检处，质检处定员人数占全公司人数的 7.8%。他们开展的“假如我是用户”活动，深入到了每一个海尔人的心中。

企业文化是企业在长期的生产经营过程中，逐步形成并根植于员工心中独特的企业精神、价值观念、经营理念的集中反映，同时也是企业管理思想和行为方式准则的集中体现。

在一个企业中，文化作为一种理念，与企业的兴衰成败息息相关，是企业与生俱来的。在追求精神状态最佳化、物质财富最大化上，所有企业的文化建设目标都是一致的，这就是其共性。

但是，由于各企业所在的行业不同、性质不同、所处的地域不同、价值取向不同、追求的方式不同，为了使自身具有持续的生命力和旺盛的竞争力，在技术层面上，其运作方式又不一样，这就是企业文化的独特性。

独特的企业文化往往会给企业增添独特魅力和勃勃生机，促进企业又好又快地发展。构建独具特色的现代企业文化，企业可以参考以下三个方面，如图 9-3 所示。

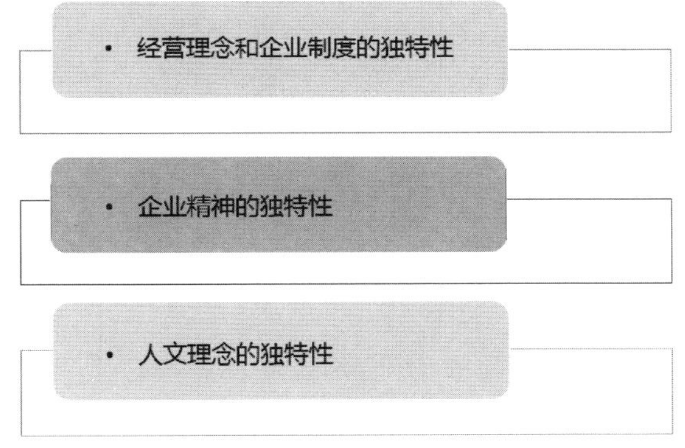

图 9-3　构建独具特色的现代企业文化

1. 经营理念和企业制度的独特性

“二战”后日本在短短 30 年时间里就使自己从一个被战争摧毁的战败国一跃而成为经济大国，令世界惊叹。人们不禁要问，日本究竟靠什么手段实现了经济的腾飞？在诸多因素中，最为引人注目的就属日本独特的企业文化了。而日本企业文化的独特之处首先表现在它独特的经营管理理念和独特的企业制度上。

(1) 独特的经营理念。比如，松下电器的“产业报国”；丰田公司的“上下同心协力，以至诚从事业务的开拓，以产业的成果报效国家”；京瓷社的“追求全体员工物质与精神两个方面幸福的同时，为人类和社会进步与发展做出贡献”等。

(2) 终身雇用、年功序列、企业内工会等。每年大企业通过对应届大学毕业生进行面试，选择录用综合能力较强的人。最初几年，他们受到全面培训，或担负各种工作，增加他们关于公司的知识。

最有前途的人可能被授予最有挑战性的职务。被认为无能的人，通常也不会被解雇，因为公司要严格遵守终身雇用的原则。年功序列和终身雇用密切相关，它是根据职员在企业内连续工作的年数、学历等确定其工资和职务的制度。

企业内工会是指企业内部的工会，它只限于企业内部、部分工种。成员只限于科长以下的员工。企业内工会成为员工与雇主之间交涉的主要角色，它缓和了雇主与员工的矛盾，有利于企业的经营管理。

正是这种独特的理念使日本经济从战后的萎靡状态一跃而起，用 30 年时间创造了日本企业的神话。

2. 企业精神的独特性

企业文化是以企业精神为核心的独特的思维方式、行为方式和企业形象，同时它又是企业在长期生产经营过程中形成的，并为全体人员所遵守和奉行的价值观念行为准则和审美理念的综合选择。

因此，企业文化应该与企业的产品一样，具有鲜明的个性和独特的风格。

由于每个企业的情况各不相同，因而表现出来的企业精神也具有其独特性。然而，现在有很多企业在建设企业文化时，仅仅模仿其他企业文化的语言文字，提出几句口号或标语，都是团结、进取、拼搏、求实、开拓、创新等不同组合。

众多企业都用同一面目去描绘企业的精神，而不讲究企业的具体特点，造成雷同，使企业文化失去独特性。

比如，惠普的企业精神是："创新精神与团队精神"；日立公司的社训为"诚将优良产品贡献给社会；开阔精神，积极进取，独立自主；尊重个人意见，广与谈话，但以和为本"。

这些企业精神、价值观都是每个企业根据自身情况制定出来的，不仅个性鲜明，且言之有物，比起许多企业一概笼统地提出"求实""拼搏"等口号，内容显然要丰富得多。

当然，企业的目标精神制定之后，更重要的还是要采用切实可行的措施加以落实，如果只是口号，而不采取行动去实现，那么用企业文化管理企业就只能成为美好的愿望。

3. 人文理念的独特性

每个企业还会因为它所处的发展阶段不同、生产技术难度不同、经营观念不同、欲达到的目标不一致，而对人才应具备的条件要求也不一致。

比如，海尔的人才观是"人人是人才，赛马不相马"；西安杨森追求的则是"鹰雁精神"，倡导员工做搏击长空的雄鹰。

企业只有根据自身的特点创建适合企业的人才理念，才能让每一个员工在不同的岗位、不同的工作情景下，充分发挥各自的才能，群策能力，协作共进，解决研发以及生产过程中的技术难题，完成各项工作任务。

文化的独特性就像一张标签，装点着企业的门面，使企业能够有自己的特点。所以企业在发展过程中，不要迷失方向，要借鉴其他企业优秀的文化，同时结合自身企业的特点，创造出适合自己独特的企业文化。

9.1.4 管理者要塑造良好的企业文化

【企业实例】 多米诺披萨饼公司的企业信条是“30 分钟内将货送到任何地方”。为了实现这一诺言，该公司不惜包租飞机将货物按时送到。但是，有一次，还是因为供应不及时而使一家商店停止了营业。

事后，公司买来 1000 多个黑袖章，让公司员工戴上，表示哀伤。黑纱给这个公司带来的震撼是非常强烈的。这次事件使员工永远也不会忘记公司的信念和他们所信奉的精神。

还有英国航空公司，有一次因乘客不足，就让乘客改乘另一公司的飞机。几乎所有乘客都同意并乘坐另外公司的飞机，只有一位日本老太太，无论怎么说都不肯。

于是英国航空公司就专门为这一位乘客飞了这一航线。这一事件无论对社会、对公司本身都影响巨大。英国航空公司失去的是物质利益，得到的是震撼企业员工心灵的企业精神的树立。

为什么有的企业能经历数十年、数百年而屹立不倒，有的却只是昙花一现便被湮灭在市场经济的浪潮中，它们的企业大厦会倾倒，都是缺乏企业文化所导致的。

任何一个成功的企业、行业、体制，认真分析研究它们的成功之道，有一个共同点，就是注重企业文化的塑造。

所以，企业要想在激烈的市场竞争中立于不败之地，塑造企业文化不容忽视。如何塑造良好的企业文化，管理者可以从以下两个方面着手考虑，如图 9-4 所示。

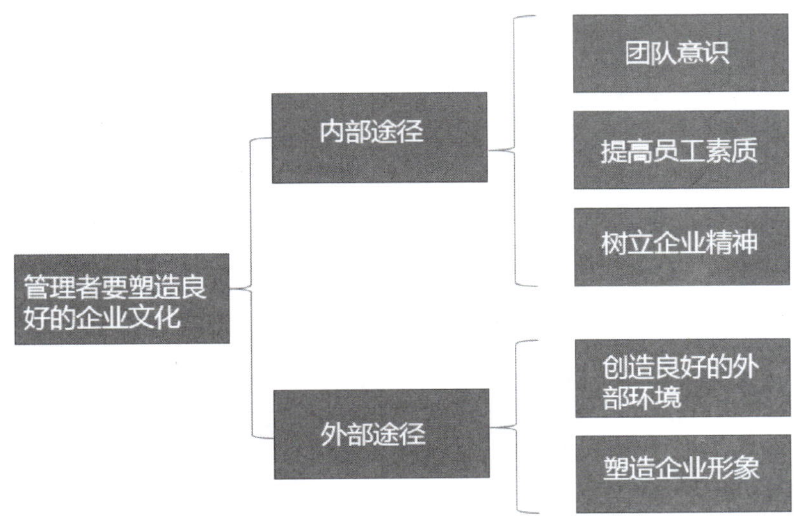

图 9-4 管理者要塑造良好的企业文化

1．内部途径

通过企业内部的各种活动，完善企业自身机制，在企业中形成有利于文化“生长点”的土壤。

1) 团队意识

团队意识也就是集体意识、集体观念。比如，日本企业的团队意识就比较强，在他们的观念中，对自己所属集团的忠诚是一个员工最应具备的品德。这种道德观念是他们“集团意识”存在的重要文化根源之一。

塑造良好的企业文化，团队意识是很重要的一个方面。因为企业文化就其本身而言，是一种命运共同文化，它具有整合性、共生性和献身意识 3 个方面的特点。

团队意识，对企业来说是至关重要的，没有团队意识，就谈不上群体成员之间的协同合作，更谈不上作为他们各个能力总和的“集体力”。

2) 提高员工素质

在任何企业，员工都是主体，企业的经营行为是员工活动的反映，企业文化建设是由员工行为体现出来的。可以说，员工素质的高低，决定着企业的经营成果。因此，提高员工素质是搞好企业文化建设的根基。

提高员工素质可以从提高员工的道德素质、文化素质和技术素质几个方面入手。

(1) 提高道德素质是企业树立良好形象的关键。

可以积极开展各种健康向上的文化活动，让员工从中受到激励，进一步增强员工积极向上、追求真善美的意识，帮助员工进一步辨别是非，抵制假恶丑，塑造美好的心灵。通过道德素质的培养让员工懂得提倡什么，反对什么，什么应该做，什么不应该做，从而树立正确的思想道德观念。

(2) 提高文化素质是推动企业发展的根本保证。

良好的企业文化需要全体员工的认同，需要全体员工的文化素质与企业文化建设要求保持一致。创建学习型组织、打造学习型企业是提高全体文化素质的有效途径。

企业应该通过制定未来发展战略规划，把学习纳入工作，真正构建一种人人潜心学习、共同追求进步的良好范围，使学习成为企业文化建设的一个重要组成部分。

(3) 提高技术素质是推动企业发展的动力。

现代经济的市场竞争离不开科技创新。科技创新离不开员工智慧的充分发挥。先进的技术和设备都需要员工来掌握运用。因此，要提高员工的技术素质。

3) 树立企业精神

企业文化的核心是企业精神。企业精神是企业文化的集中反映，是企业全体员工现代意识与企业个性结合而形成的一种群体意识。

它既是企业现状的客观反映，是全体员工共同拥有、普遍掌握的理念，是稳定性与动态性的统一，又具有独创性、创新性、时代性，还要求企业务实、求实、

求精。

2. 外部途径

塑造良好的企业文化，还需要良好的外部环境。通过企业对外的传播活动，向社会辐射企业的影响，让社会通过企业形象来了解企业，为企业文化提供条件。

1) 创造良好的外部环境

企业的外部环境包括民族文化环境、政治经济环境和市场环境。企业可以通过了解市场环境，对这些环境中的各种因素进行分析，再利用有利的因素，摒弃或改造不利的因素。

例如，企业的竞争对手及他们的优势有哪些，自己的劣势又在哪里，如何处理与对手的关系，市场中积极因素有哪些等。通过了解外部环境，采取措施，改造外部环境，为企业文化的创立提供良好的外部环境条件。

2) 塑造企业形象

众所周知，良好的企业形象是企业文化的外在表现形式。在激烈的市场竞争中，良好的企业形象对扩大企业的影响、增强企业的竞争实力具有重要作用。企业形象就是公众和企业人对企业的整体评价和印象。

企业形象表现在两个方面：一方面，在于公众对企业的认同感上，包括企业的标志、注册商标、产品设计、产品质量、装潢和广告，以及各种附属印刷品的设计。所有这些，都可以使公众对企业产生一种可以信赖的印象。

另一方面，在于员工是否与企业荣辱与共、关心企业的经营和效益、珍视企业的信誉。也就是说，企业必须使员工在工作中产生企业同命运的信念，并且能够在统一价值观念的基础上团结一致，创造出宽松舒畅的工作环境，发挥每一个员工的创新意识和才能，不断推出新产品，扩大企业的社会影响。

9.1.5 企业文化的活力之源

【企业实例】 最近几年，苹果公司的产品销售在全球掀起一波又一波的热潮。每次看到苹果新产品销售时，人头攒动、争先购买的情景就不得不令人感叹产品创新对企业的影响。

正是由于苹果公司的产品开创了前所未有的触控式屏幕，创造了新时代，用户愈来愈多地使用了苹果公司的产品。苹果公司的市值在 2012 年最高达到了 6325 亿美元，成为全球市值最高的企业。

然而，当苹果公司蒸蒸日上的时候，苹果公司的竞争对手，手机巨人诺基亚公司却遭到了前所未有的挑战。诺基亚公司从 2000 年起一步一步打败摩托罗拉、爱立信等大公司，2003—2006 年达到高峰，全球市场占 72.8%。

可是，苹果公司在 2007 年悄悄创新了 iPhone。由于 iPhone 采用了前所未见、更加实用方便的触控式屏幕，匆匆不过 3 年，诺基亚的市场份额就输给了富有创新的苹果。2008 年，诺基亚市值已被苹果超越；根据《商业周刊》统计，2011 年诺基亚市值仅为苹果的 7%。

在企业，文化对企业系统的影响隐性而潜在，但又至关重要。企业文化是企业的灵魂，具有一种无法替代的核心作用。企业文化建设，就是将企业文化中的文化主张、文化意识和文化实践一体化的过程。

创新是企业永恒的主题，没有创新就没有超越。从某种意义上来说，创新是所有优秀企业的文化核心。索尼的创始人井深大在“二战”后的一片废墟上，考虑的不是发展什么业务，而是考虑索尼公司的创立原则，那就是以科技为导向，走持续创新之路，后被称为索尼的“先驱”精神，这无疑是索尼公司的立业之本。

创新关键是能够构建一套规则和机制，而文化则是这种规则和机制的灵魂。即使是同一个行业内的企业，创新的机制也会差别很大，而文化则无疑是这种机制的决定因素。

比如华为与中兴，是两家都很优秀，但文化迥异的公司。两家公司都注重创新，因为在通信制造这个行业，没有创新肯定没法生存下来。华为推崇以目标和业绩为导向的“狼”文化，非常生猛；中兴则倡导以稳健和人本为导向的“牛”文化，也取得了极大的成功。

这两种文化的差异与企业创始人的个性和他们对人性的假设有很大关系，只要做到极致，就都能引领企业的快速稳定发展。

要打造以创新为导向的企业文化，主要有 3 种方法，如图 9-5 所示。

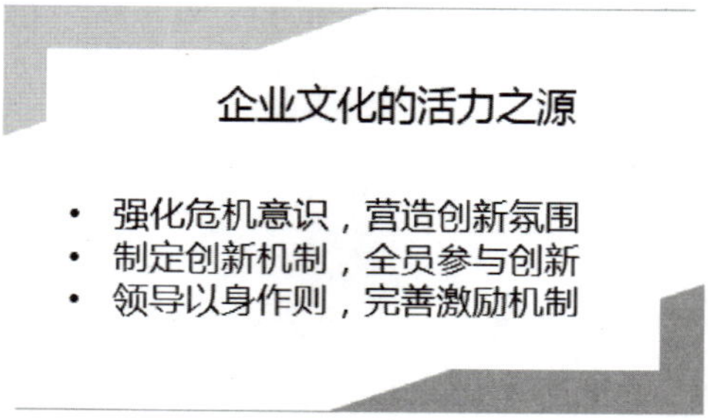

企业文化的活力之源

- 强化危机意识，营造创新氛围
- 制定创新机制，全员参与创新
- 领导以身作则，完善激励机制

图 9-5　企业文化的活力之源

1. 强化危机意识，营造创新氛围

当年华为的总裁任正非去日本松下公司参观的时候，发现无论是在会议室，还是在走廊，都张贴着一幅画，画的内容是一艘即将撞上冰山的巨轮，画的下面还写着一句话：“能拯救这艘船的，唯有你！”

危机意识是日本企业文化的重要元素，也是支撑日本企业走向全球的精神支

柱。这种意识也被融入华为公司中，是华为文化的重要组成部分。

危机意识是打造创新文化的第一步，尤其是目前的中国企业，面临金融风暴的挑战，必须以更强的竞争力来应对危机。危机意识是创新的原动力。作为企业的高层管理者要经常在各种场合激发大家的忧患意识，并鼓舞大家应对挑战。

当然，创新是需要氛围的，很重要的就是要创造坦诚沟通的氛围。3M 公司医药部办公室的阳台扶手上，有很多镂空雕刻的装饰。

因为公司发现，很多不同部门的员工在阳台倒水的时候会碰到并简单交流。这时端着水杯就会比较辛苦，所以公司为了鼓励各部门之间的沟通与交流，特意镂空了阳台的扶手。

IBM 公司专门打造了面向全体员工的 Think place 创意空间，鼓励大家交流自己的创意和想法。企业也可以从办公室环境设计、办公布局、雕塑、画廊等很多地方，营造创新的氛围。

2. 制定创新机制，全员参与创新

当然，创新需要一套完善的机制，包括创新的方法、奖励的标准，并能够做到及时、合理兑现。合理化建议制度可以说是创新机制的重要组成部分，很多企业也都有，但实施的效果并不好，原因就在于忽略了文化的因素。

制定一套机制并不难，难的是让员工充分参与进来，并且充满激情和热情。有些企业老总抱怨，说他发现，员工的创新动力没有以前强了，以前他跟员工聊天，员工总是有很多想法，但现在，往往是说一些表面的话。

透过跟他们公司的很多基层员工的沟通，了解情况，究其原因是：“因为老板忽略了及时的反馈和奖励，员工贡献了自己的想法，却得不到响应，时间长了，大家就有点儿麻木了。”

所以说，企业要鼓励全体员工的参与创新，要有及时的奖励，要能够树立先进的人物事迹。

格兰仕公司流传着一个故事：有一次一个研发小组花了很长时间研发的一个产品失败了，根据公司规定是没有奖励的，后来总裁亲自请这个研发小组吃了一顿饭，鼓励大家不要灰心，从头再来。这个故事从一个侧面体现了公司的创新文化。

3. 领导以身作则，完善激励机制

在创新文化打造中，领导的作用是决定性的，再完善的制度如果没有好的领导，实施效果也会大打折扣。

(1) 领导要能够给予下属一定的权限和空间，不要管得过多过严，这样会压抑下属的创新热情。

很多领导由于害怕员工出错，所以喜欢事无巨细地进行管理。时间长了，员工也会形成一种依赖的心态，凡事都请示汇报，结果领导忙得焦头烂额，一个劲抱怨

下属能力差，其实是他没有给下属锻炼的机会。

虽然下属在独立工作时，可能会出一些差错，但如果领导不能容忍，这样的团队是无法具有创造力的。

(2) 创新的源泉是企业在生产经营中出现的问题，不管是客户的抱怨，还是员工的牢骚，这些问题的解决本身就是一种创新。

所以企业要有良好的沟通渠道。例如，希尔顿有自己的顾客满意度追踪调查，每个月征求 6 万名顾客的意见。管理人员可以在线上看到整理后的意见，这样他们可以确切了解顾客对一系列涉及客服问题的看法，并制订相应的改善计划。

希尔顿为此项调查的花费每年超过了 150 万美元！很多企业由于缺乏有效的公司内部员工之间、与外部客户之间的沟通渠道，所以总感觉创新无处着力。

创新重要的是构建一套机制，但如果得不到文化的支撑，那又会没有实际效果。过于注重物质激励，忽略精神层面的文化引导，是不会取得满意的创新效果的。

9.1.6 为员工树立远大的愿景

【企业实例】 提到宝洁公司，想必大家都不陌生，它是目前美国最大的一家日用品研发销售企业，于 1998 年正式进入中国，在广州成立第一家合资企业。短短十几年的发展，宝洁公司以卓越的产品质量迅速占领中国日化产品市场，成为家喻户晓的品牌。

宝洁的成功是必然的，它先进的文化理念、合理的企业愿景早已为它的发展指明了方向，为其奠定了坚实的基础。宝洁在成立之初，就确定了“生产和提供世界一流产品，美化消费者生活”的服务宗旨，这也是宝洁公司一直为之奋斗的目标。

该企业董事长兼首席执行官雷富礼说过：“宝洁公司的企业文化是由宗旨、价值和原则三项共同组成，它们就像我们捧在手里的罗盘，在激烈的竞争中不至于迷失方向。因此，无论前方的道路多么凶险，我们绝不会让宝洁独树一帜、领先群雄的企业文化丢失，它是我们迈向世界的航标。”

就像小米公司的成功一样，除了“疯狂”雷军的努力，还得益于其高瞻远瞩的文化力量的推动。

小米公司将“我们没有森严的等级，每一位员工都是平等的，每一位同事都是自己的伙伴”，以及“小米崇尚创新、快速的互联网文化。我们讨厌冗长的会议和流程，在轻松的伙伴式工作氛围中发挥自己的创意。我们相信用户就是驱动力，我们坚持‘为发烧而生’的产品理念”作为自己始终不变的信条和奋斗目标，支撑着它在竞争的旋涡中凸起，最终在互联网行业取得耀眼的成功。

每一个企业管理者的脑海中，几乎都装着企业未来的壮丽景象。对企业而言，这幅壮丽的景象就是企业的使命，它揭示了企业存在的理由，揭示了企业前进的方向，是企业持续成长的主要推动力之一。

很多企业的领导都是讲故事的高手。他们会把自己脑海中美丽的梦想，绘声绘色地向大家讲述。例如，张瑞敏会讲海尔将成为世界 500 强的目标，马云会在员工会议上讲阿里巴巴的网商构想，宁高宁讲他的中粮之梦……

作为一个有目标有远见的管理者，要想引导员工为企业的前景共同奋斗，就要勾画出企业的长远目标，并通过有效的沟通，使它成为所有员工共同的愿景与事业。这样才能引导员工与自己步调一致，共同前进。

那么，管理者的具体做法应该有以下几点，如图 9-6 所示。

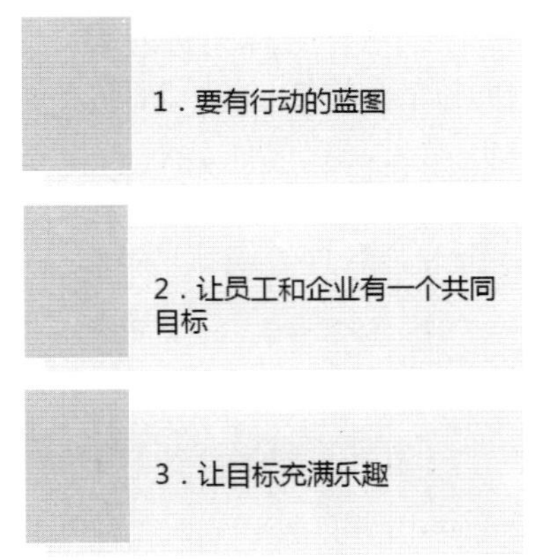

图 9-6　为员工树立远大的愿景

1．要有行动的蓝图

没有魅力的管理者，会因唯恐目标不能实现，而不能展示出令员工心动的愿景。员工对这样的管理者，必然不会抱有信心。如果大家都没有高昂的斗志，就算是微不足道的理想也无法实现。

当然，即使有伟大的愿景，如果没有清楚地规划出实现过程，也不能使员工产生信心。因此，在为员工树立远大愿景的同时，还必须规划出实现愿景的过程。这是一个必经的过程，指的就是从现在到实现愿景所采取的方法、手段及必经之路。

2．让员工和企业有一个共同目标

《孙子兵法·谋攻》曰：“上下同欲者胜。”《黄石公·三略》说：“与众同好靡不成，与众同恶靡不倾。”这些讲的都是只要上下一心，士气旺盛，众志成城，打仗时每个人都奋力向前，军队就会攻无不克，无坚不摧。

这种“上下同欲”的原则，就是告诉企业管理者在树立目标的时候要让员工和企业有一个共同的目标。

塑造一个共同的目标，创建共同的价值立场和相同的价值理念，是激发员工积极性和工作动力的重要手段。因为如果员工认同企业，同时企业也认同员工，那么价值观就会成为激励员工非常有效的手段。

3. 让目标充满乐趣

大多数人都乐意付出更多的尝试去玩一场游戏，其投入程度远胜过他们所干的工作。这其实很容易理解，因为在游戏中，每个人都可以扮演自己喜欢的角色，都知道该怎样去做才会赢，游戏中，人们大多都表现得异常激动并精力充沛。

这种法则，对一个企业挖掘员工的潜力而言，是一种非常可行的方法。

目前，很多企业都在使用这种方法。为了使企业的整体工作水平得到提高，很多企业运用图表法、游戏法和竞争法使目标更具有趣味，从而使企业的行为充满个性，与之相应的回报也必然会是高效率产出及不断增长的利润。

一般情况下，目标的价值越大，意义就会越大，目标激励作用也就越强。所以，管理者要善于给员工树立远大的愿景以激发他们的工作热情和积极性。为了使目标的树立与管理更为科学、合理，管理者应该遵循以下几条原则，如图 9-7 所示。

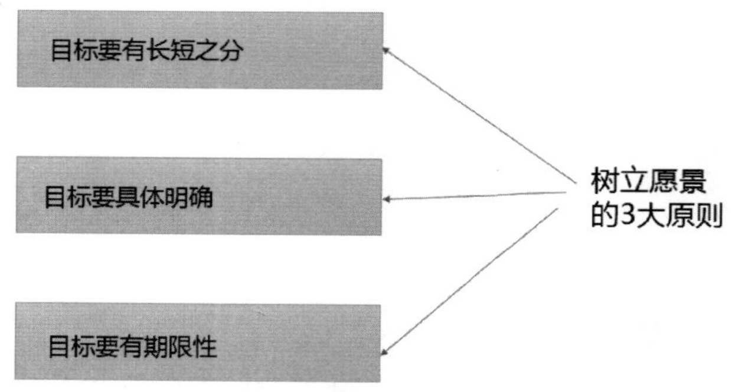

图 9-7　树立愿景的 3 大原则

1) 目标要有长短之分

或许有人会说，理想越是远大就越是空洞，越不容易实现，也越不利于大家付诸行动。其实恰恰相反，理想、目标越微不足道，就越不能激发众人的高昂斗志。

这就需要管理者树立目标的时候要注意目标的长短期之分。

因为要达到最终的目标并不容易，所以要树立达成最终目标的前置目标(以此为第一目标)。同时，达成第二目标也不容易，所以要设定达成第二目标的前置目标(第三目标)。要达成第三目标也不容易……就这样一步一步地设定次要目标，连接到当下。

这样，为了达到最后的目标，就必须从最下位的目标开始，一步一步地向上位目标迈进，依次完成每个目标。这一步一步展开前置目标的过程，就称为“目标功能的进展”。

在“目标功能进展”中，最下位的目标设定必须最接近目前的状况，而且应尽

可能的详细、现实。也就是说，最下位的目标必须是可行的。达成最下位的目标后，再以高层的目标为目的。

2) 目标要具体明确

树立目标的目的是使所有人的行动能够尽量统一，让员工具有共同的方向，从而使行动的效果达到最大化。这就要求目标的树立必须明确。假如目标不明确，就很容易造成员工对目标的理解产生分歧，从而影响目标的执行效果。

大量的研究结果都证明：具体、明确的目标要比笼统、空泛的目标产生的绩效要高得多。比如，在制定每月要达到的销售目标时，用具体的数字往往比用含糊其辞的“尽最大努力”“争取有所提高”等词语要有效得多。

3) 目标要有期限性

一般而言，人们对期限要求明确的事情会全身投入，以期在期限内完成，而对没有确切期限的事情则会无限地拖延下去，甚至会遗忘。所以，管理者一旦制定一个目标，就应该给出一个具体的、明确的期限，没有期限的目标，在很多时候是不会有结果的。

在管理学中，帕金森有一条定律：“工作会延展到填满所有的空间。”所以，在用目标激励员工时，必须对工作目标设定一个期限，没有期限目标就永远完成不了。

另外，目标还应该具有阶梯性，从企业的管理层到执行层都必须有一个清晰的目标，每个层次的目标都是为组织的总目标服务的，这样的目标管理系统才能起到激发整个公司员工积极性的作用。

9.2 企业文化与制度相互融合

企业文化与企业管理制度是企业有效的管理手段，二者之间有着双向的共生效应。企业管理制度推动企业文化的形成，而企业文化又促进了企业管理制度的发展和完善。

在我国改革开放不断深入以及加入 WTO 的大背景下，我国积极融入国际经济大环境中去。对我国企业而言，面对的市场竞争愈加激烈，必须应对来自国内外的各种挑战，要保持企业可持续发展，就必须实现企业管理制度和企业文化之间的有效结合，达到共生与双向互动。

一方面，实现现代企业管理制度不断更新和创造新的文化观念，建立适合企业自身的企业文化；另一方面，新的企业文化又影响着企业竞争力的提升和企业的发展，促进以人为本的企业管理制度的形成。

9.2.1 利用企业文化提高制度的凝聚力

【企业实例】 摩托罗拉公司为了提高员工的凝聚力，经常举办“家庭日”活动，邀请员工的家人及亲属来公司参观。

“家庭日”活动中，既有精彩的节目，又有快乐的笑声，还有丰富的奖品。最让人难忘的是，整个活动充满了温馨的天伦之乐，融洽的联谊之情。

摩托罗拉就是靠这样的文化吸引员工，并靠这种文化增强制度的影响力和凝聚力。当员工试图跳槽时，第一个出来劝阻的不是摩托罗拉的管理者，而是员工的家人。可以说，摩托罗拉不但用人性化的企业文化凝聚了员工，更是把员工的家人及亲属凝聚起来。

另外，与人性化的企业文化相得益彰的是人性化的管理制度。公司专门为员工设立了道德专线，主要作用是为员工提供信息、忠告和建议。员工可以用它来探讨任何疑虑或问题，处理紧急情况。

道德专线最大的特点是工作，在处理一切问题或疑虑的时候谨慎而彻底。该专线没有设置来电识别功能，避免员工提意见、投诉会招来记恨和报复，免除了员工的后顾之忧。

优秀的企业制度有一种号召力和威慑力，会散发出一种无形的力量来影响员工的行为。但是它的影响力不是单独发挥的，而需要与优秀的企业文化互相配合从而产生作用。

上文中的摩托罗拉公司的案例充分说明：在优秀企业文化的指导下所制定的好制度，会产生一种强大的凝聚力，把全公司的人心凝聚在一起，使大家保持强烈的团队合作意识，互相指正缺点，不断改进，从而保证公司创造更好的效益。

众所周知，凝聚力的最突出的表现是团队精神。由于每个员工来自不同的地域、不同的环境，有不同的经历、接受过不同的教育，因此对同一问题的认识、理解和处理方法也往往是不同的。总之一句话，他们有不同的价值理念。

作为管理者，想要把有着不同价值理念的员工团结起来，就要构建优秀的企业文化，并灌输到员工的思想中去，使大家有一个全新的统一价值理念。

接下来，在企业文化的指导下制定合理的制度，来约束员工的行为，使大家有统一的行为准则。这样的公司才会有强大的凝聚力。

如果公司没有优秀的文化，仅有严格的制度，那么这样的公司就会缺少人情味、缺少认同感。员工愿意给公司效劳，看重的可能仅仅是公司给的工资，而没有所谓的成就感、认同感和归属感。

在这种情况下，员工一旦发现有工资更高的公司，就很容易跳槽离开。如此一来，公司的人员流动率就会很高。公司会疲于寻找人才，公司的发展也会受到很大的制约。

为了避免企业人才流失，管理者有必要在建立优秀的企业文化方面好好努力。下面几点是管理者应该努力去做的，如图 9-8 所示。

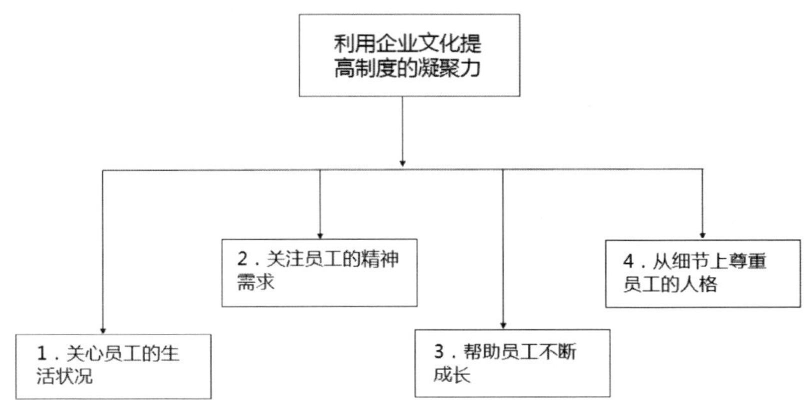

图 9-8　利用企业文化提高制度的凝聚力

1．关心员工的生活状况

在马洛斯的需求层次理论中，生存需求是最基本的需求。虽然在当今这个社会，员工不会吃不上饭、穿不暖衣，但公司员工的生活仍然会遇到一些困难和压力，如住房条件、婚丧嫁娶、天灾疾病等。

企业管理者有必要关心员工的生活状况，真心实意地帮助员工改善生活，切实地解决一些实际问题，消除员工的后顾之忧，让员工感受到企业大家庭的温暖。

2．关注员工的精神需求

员工是有思想、有感情的，除了基本的生存需要，他们还需要精神上的满足。作为公司一员，员工需要结交朋友、倾听感情、享受快乐、放松身心、减轻压力以及实现人生价值等。

精神方面的满足能鼓舞人心，增强员工的工作激情。因此，管理者有必要采取一些措施，如多与员工沟通、开展活动活跃公司气氛、鼓励员工参与公司管理与监督等，以满足员工的精神需求，让员工感受到团队生活的愉悦。这对提高企业适度的凝聚力是非常有益的。

3．帮助员工不断成长

优秀的企业文化应该有提倡进取的内容，优秀的公司应该是一个提倡不断学习、不断进步的团队。“不想当将军的士兵不是好士兵”，不求上进的员工和团队，不是积极的员工和团队。

所以，管理者必须关心员工的个人成长，为他们制定切合实际的发展规划，提供实现人生价值的舞台，创造有利于员工发展的环境，使他们满怀激情地去进取。这样有利于在企业中营造积极进取的氛围，使大家保持工作激情和活力，对企业的发展非常有帮助。

4．从细节上尊重员工的人格

每个员工都具有独立的人格和自尊。虽然在公司里他们的职位可能不及管理者，但是他们都是公司不可缺少的组成部分，理应受到尊重。公司管理者必须从自身做起，在每个细节上尊重员工，尊重他们的付出，尊重他们的意见和建议，尊重他们的想法，肯定他们的成绩等。

在细节上尊重员工，具体表现为主动和员工打招呼，微笑面对员工，制定平等的制度，在企业不高特殊等。这有利于在公司内部形成相互尊重、相互关爱、相互包容的公司文化，让每个员工都感受到自己是团队中不可或缺的一员，从而愿意为公司的发展贡献力量。

9.2.2 用制度与企业文化培养员工的积极性

【企业实例】 Sas 公司是美国著名的软件分析公司。在软件劳动力紧缺的情况下，Sas 公司保持了 4%的人员流动率(平均水平为 20%)。

这在同行业中，简直是一个奇迹。Sas 公司的总裁表示，员工的工作积极性相当高，大家都有很强的自主意识。有些员工甚至具有忘我的工作精神，这让公司的领导们十分欣慰。

当别人问 Sas 公司的员工为什么公司的人员流动率那么低时，员工们是这样回答的："我们在这里享受到了独特的奖励。在工作中，我们有很多机会使用最先进的设备；在承担项目中，公司有许多吸引人的奖励政策；在和同事共事的时候，同事们都很配合，很积极。公司对我们非常关怀，非常欣赏。"

Sas 公司给员工的薪资很高，但没有提供股权、红利等待遇。Sas 公司留住人才的关键因素在于给员工提供了一个充满乐趣的工作环境。

正如 Sas 公司的一名员工所说，人生最大的乐趣是在一个能充分发挥自己才智和技能的地方工作，在一种人与人相互尊重的氛围中工作。

企业文化、制度与员工的工作积极性、工作绩效等有着密切的联系。只有当公司具备人性化的制度和企业文化时，员工才能长期保持高昂的工作斗志，公司的效益才能有保证。著名的管理学家詹姆斯曾说过："让员工保持工作积极性武器很简单——创建员工满意和被尊重的企业文化，给员工及时的奖励和合理的回报。"

有一项针对"影响美国企业最重要的因素"的研究，得出的结论是：一种特定的企业文化决定了企业绩效。实际上，的确有很多企业费尽心思地保持各种神奇的文化，以吸引和留住优秀员工，创造高绩效。对管理者特别是首席执行官来说，建设令员工满意的企业文化是最重要的任务之一。

与以往重视薪酬相比，现在人们越来越重视工作的挑战性、成长的空间、工作环境和培训机会，这些都与公司的文化以及制度有密切的关系。这些因素甚至超过

了单纯薪酬的重要性。

比如，加拿大的科技服务公司开瑞威尔公司的员工满意度高达 97%，顾客满意度也高达 95%。该公司很多薪酬水平低于平均水平的软件工程师，在这里工作了五六年也不跳槽。该公司的主管认为，这是因为公司给大家提供了一个令人兴奋的环境，员工的创意在这里受到重视。

当然，并不是说薪酬不重要。要知道，薪酬和奖励的作用不仅是对员工做出贡献的认可和回报，还是公司战略和价值观转化为具体行动的保证，是保障员工基本生活的重要物质条件。

在这个基础上，公司制定人性化制度和传承人性化的企业文化，才能极大地调动员工的积极性。

要想用制度与企业文化充分调动员工的积极性，管理者需要做到以下几点，如图 9-9 所示。

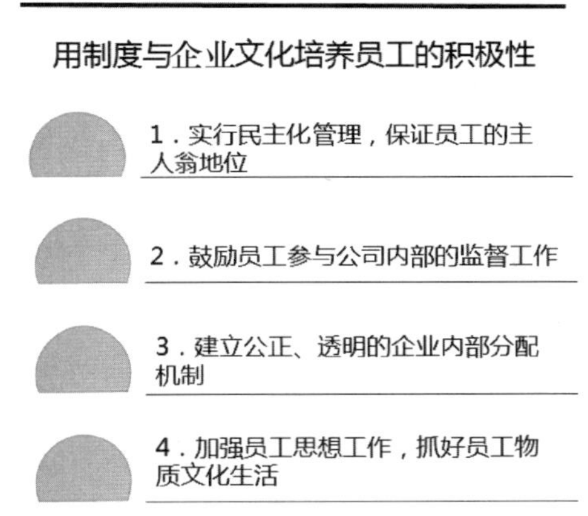

图 9-9　用制度与企业文化培养员工的积极性

1．实行民主化管理，保证员工的主人翁地位

民主化管理是一种倡导平等、自由的管理模式。从人性的角度来看，这充分体现对员工的尊重；从法律上来看，这充分肯定了员工的主人翁地位。

实行民主化管理有利于员工认识到自己是企业的主人，有利于员工意识到自己的利益与企业利益紧密相连。这样一来，员工自然会提高工作积极性。

与此同时，当企业牢固树立了依靠员工办企业的思想，清楚了企业管理者与员工的唇齿相依的关系后，员工在公司的地位得到了认可，公司内部的平等意识会增强，公司的管理也会制度化、规范化，员工参与管理的积极性也会随之提高。这些制度的落实会进一步提高员工的积极性。

2. 鼓励员工参与公司内部的监督工作

没有监督，员工的行为就会变得放任而无所顾忌。以往都是领导监督员工，员工都是被监督对象。

如果管理者能反其道而行之，鼓励员工参与到公司内部的监督工作中来，去监督领导者，指出领导者的不足与缺点，这样就能提高员工的地位，从而有利于调动员工的积极性。

常言道：“群众的眼睛是雪亮的。”当每个员工广泛地参与到监督工作中来后，公司的问题更容易被发现，公司会发展得更顺利。

3. 建立公正、透明的企业内部分配机制

公正透明的企业内部分配机制，是指按劳分配落到实处，这对激励员工发挥着积极性和创造性有重要的作用。

想要建立公正、透明的分配机制，管理者首先要建立正常的工资运营机制，保证员工的薪酬随着公司效益的提升而提升。当员工对企业有突出贡献时，要及时给员工物质奖励和精神奖励，或晋升，或给予福利，并将这些奖励公布出来，让其他员工看到公司对员工的奖励多么有力度。

同时，也要让员工了解分配制度的公平性，明白只要提高工作业绩就会获得公司的奖励，从而有效地调动员工的积极性。

4. 加强员工思想工作，抓好员工物质文化生活

员工获得尊重、理解、关心，是一种基本的需要。无论什么工作，一旦没有尊重、理解和关心，都不能取得好的效果。因此，管理者必须要坚持以人为本的原则，注重了解员工的思想动向，通过挖掘员工的积极品质，使员工更主动地改变、超越、完善自我。

管理者在尊重人才的同时，要兼顾感情、彰显个性，给员工提供合适的岗位，努力实现人尽其才的用人目标。管理者平时要关心员工的生活，帮助员工解决实际困难，还要经常开展企业文化活动，培养员工关心企业、爱岗敬业的思想意识，从根本上调动员工的积极性和创造性。

9.2.3 利用内部关怀消除制度考虑不周的地方

【企业实例】 华阳集团旗下的信华精机社会事业部，有一名普通的职员叫邹华鲁。他经常提前去上班，到了公司会主动把办公室打扫干净，工作中也是保持高涨的热情。

2008 年，邹华鲁的妻子生了孩子，一家人沉浸在幸福中。然而，不久之后邹华鲁检查出肝癌，这个噩耗让这个幸福的家濒临崩溃。考虑到家庭经济状况，邹华鲁

拒绝化疗，选择中医保守治疗，并且持续上班。

当公司的领导和同事得知邹华鲁的病情后，没有一个人用异样的眼神看待他，而是在工作上给他更多的鼓励和帮助。领导和同事们的亲切关怀让邹华鲁对生活充满信心。邹华鲁的爱人知道大家很照顾自己的丈夫，感到非常欣慰。

2009 年 2 月，邹华鲁的病情恶化了，不得不住院。这个消息传到公司后，领导和同事们迅速行动起来，每天都有人去医院看望邹华鲁，陪他聊天。病房里的鲜花和笑声始终不断。与此同时，公司领导还悄悄发起了募捐活动，筹集资金 7 万多元。

当公司把 7 万多元交给邹华鲁时，他的泪水湿润了眼眶。他强忍疼痛，把同事们的名字、捐钱数额以及说过的话用笔记下了，记了 20 多页 A4 纸。他告诉妻子，公司是他们的恩人，同时是他们的亲人，以后要告诉儿子。

虽然有家人的关怀，有公司领导和同事的支持，但邹华鲁还是被无情的疾病夺走了生命。邹华鲁去世半年后，他以前的同事还经常去看望他的妻子和儿子。过年还给他儿子压岁钱，这让邹华鲁的妻子感动不已。

很多公司的制度里都没有关于“照顾重病的员工及其家属”的条文和规定。很多公司认为这不是公司管理的内容，员工生病、重伤乃至去世，与之关系不大，最多也就给他们照发工资，礼节性地看望、慰问一下。至于后续关怀与照顾，就更是少之又少。

有些公司甚至视重病的员工为累赘，巴不得早点儿将其踢出团队，而对于员工提出的赔偿要求，公司更是无情拒绝。

其实，除了员工重病乃至去世这一情况，还有很多问题都是公司制度没有考虑到的。对这些没有考虑到的内容或考虑不周的地方，公司怎样去处理呢？这体现了一个公司的企业文化和价值理念。

上文案例充分说明，华阳公司是一家重视人性化管理、尊重员工生命的企业，是一家“以人为本”的企业。华阳公司对员工的关怀，不但消除了制度考虑不周的地方，更是树立了企业的文化理念，在员工心目中树起了高大的企业形象。

这对凝聚人心、团结员工、调动大家的积极性有重要的意义。

近年来，深圳某公司屡次发生的跳楼事件，显然是企业管理者未料到的情况，也是企业制度不曾考虑周到的地方。对此，管理者们应该有所启示：是不是企业内部应设立员工的心理辅导室？是不是应该加强与员工的沟通平台建设？是不是制度中应规定改善后勤服务质量……对于企业制度考虑不周的地方，管理者有必要在事情发生之后，积极地利用内部关怀去消除事件不良影响。那么具体该怎么做呢？

有很多情况是企业制度未考虑到的或者考虑不周的。对于这些情况，管理者应该积极去解决，不管是出于道义，还是出于义务，抑或是出于树立的公司形象，都有必要去认真做好。

当然，亡羊补牢是没有办法的情况下的办法，企业最好做好事先预防工作。但在事情发生之后，“亡羊补牢”也为时不晚。下面有几点建议，值得管理者借鉴，如图 9-10 所示。

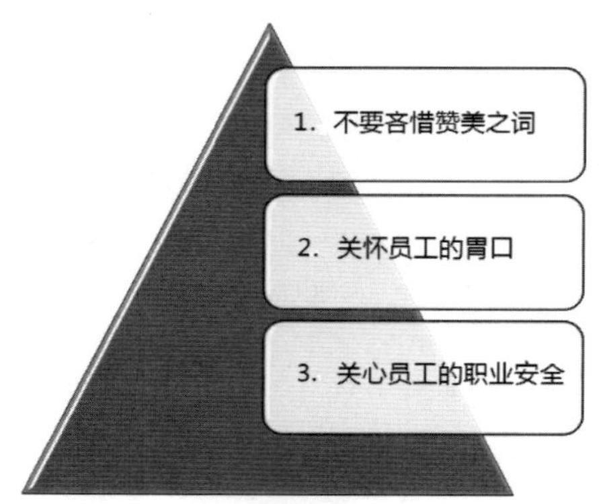

图 9-10　利用内部关怀消除制度考虑不周的地方

1. 不要吝惜赞美之词

如果你对世界百年大公司有所了解，你一定不会忽视一条：尊重员工、欣赏员工，这是获得员工好感和支持的最有效的做法。时间证明，高薪能留住人，但从内心去关注和赞美员工，才能真正留住员工的心。

每个员工都有被欣赏、被重视的需求，管理者应该发挥好“保龄球效应”，大力发挥赞美的激励作用。钢铁大王安德鲁·卡内基亲自挑选的第一任总裁查尔斯·史考伯曾说过：“我认为，能让员工鼓舞起来的能力，是我拥有的最大资产。想让一个人发挥最大的能力，最好的方法就是赞美和鼓励。”

所以管理者对员工不要吝惜赞美之词。尽管公司的制度里并没有规定一定要赞美员工，但是优秀的企业文化里一定少不了这一条。因为这是一种自上而下的精神关怀。

同时，管理者还应该鼓励员工之间相互赞美和鼓励，特别是当员工遇到困难时，这种赞美和鼓励会给员工注入新的活力。可以说，这是一种可贵的内部关怀。

2. 关怀员工的胃口

如今很多大公司都很重视员工的生活和个人健康，纷纷在饮食方面提升档次，为员工提供优质的食品。

美国微软公司、日本三菱公司，除了给员工提供正餐外，还提供免费的酒水饮料。有些公司得知员工患有新陈代谢综合征后，马上改变餐饮结构。谷歌更是在办公楼举办聚餐，聘请高级厨师为员工提供美味佳肴。有道是：“满足了员工的胃，就得到了员工的心。”

关怀员工的胃口，是一种非常人性化的内部关怀。千万不要等到员工因饮食出现问题后，才意识到饮食对员工有多么重要。

3. 关心员工的职业安全

在我国，职业安全最重要的保障就是社会保险，但因保障的深度、广度不足，所以需要增加其他保障措置。目前主要有意外伤害险、补充医疗保险等。比较理想的保险是组合险，即将员工的主要家人包含在内的保险。这样不仅让员工本人有保障，也消除了他们的后顾之忧，从而死心塌地为公司贡献力量。

在这方面，杜邦公司做得非常出色。该公司的安全目标是“零工伤、零职业病和零事故”。员工进入杜邦公司后，首先会接受安全培训。公司要求员工要守安全守则，管理层要对意外事故负责。无论公司召开内部会议，还是与政府首脑会谈，会议主持人首先介绍安全出口，并宣布疏散步骤。

9.2.4 用制度和企业文化建立员工的企业归属感

【企业实例】 重视人才是宝洁公司的文化，宝洁公司认为人才是最宝贵的财富。宝洁公司前任董事长 Richar Dupree 说过，如果把宝洁公司的人才带走，把宝洁公司的资金、厂房以及品牌留下，那么宝洁公司会垮掉；相反，如果把宝洁公司的人才留下，把宝洁公司的资金、厂房以及品牌拿走，10 年内，宝洁公司将会复兴。

正是因为宝洁公司把员工看成财富，所以员工对公司有很强烈的归属感，觉得公司就是自己的家，为企业工作就像是在为家做贡献。

在这种情况下，有谁会不尽全力去工作呢？在世界各地，宝洁公司员工都在尽力展现自己的聪明才智、创新精神和团队精神。这一切都是宝洁公司飞速发展的动力。

宝洁公司有科学的招聘制度，以保证吸纳优秀的人才，然后为其提供好的学习平台。每年宝洁公司都会从各类优秀大学吸纳人才，这些人才必须具有强烈的进取心、出色的创造性、杰出的领导才能、超群的分析能力、良好的交际能力与合作精神。

员工进入公司后，首先会接受宝洁公司的培训，还会接受经理一对一的指导，所以员工能够非常迅速地成长。

此外，宝洁公司重视员工不同的观点和意见，坚信多元化和多样化能给公司带来强大的发展后劲。所以，公司努力营造一种集思广益的轻松氛围。

重视人才的企业文化、选择人才的科学制度，加上最好的培训，还有开放的工作环境，这是宝洁公司给员工归属感的 4 大因素，也是宝洁公司成功的基础。

众所周知，人才是最重要的资源，是最宝贵的财富，这是很多公司都意识到的问题。可是，很多公司宣传“以人为本”的企业文化，把人才培养作为重要内容，不过是把人才当作“资本”，努力提高人才的工作效率，从而为企业创造更多效益，并没有真正为人才做职业生涯规划。

这在本质上把人当作工具来看待，培养人才的目的是最大限度地榨取剩余价值。这种重视和培养，显然不利于人才的发展。

与之不同，宝洁公司把人才的发展视为目的，而不是单纯获利的手段，这种企业价值的变化是巨大的进步。为了更好地培养人才，宝洁公司创造良好的培训平台；为了让人才更好地发挥聪明才智，宝洁公司营造一种多元化的开放的工作环境。在这种绝佳的成长环境中，员工对宝洁公司自然充满了归属感。

可以说，宝洁公司给了员工强烈的成长感，而这种成长感增强了员工对宝洁公司的归属感。

另外，给员工成就感也能够增强员工对企业归属感。所谓成就感，是指获得成绩后的良好感觉。要想增强员工的成就感，最重要的手段是肯定员工的付出。

比如，当员工为企业做出成绩时，管理者要能够给他享受成长、获得成就的喜悦，这样员工会觉得自己的努力很有价值，自己的存在对企业很有意义，那么他对工作就会更努力，聪明才智就会被激发出来。

想要增强员工的企业归属感，长久地留住人才，除了在招聘中选择发展方面明确、有潜力的应聘者，在培训环节增强员工对企业的认同感之外，最关键的是在日常工作中，从细节上对员工进行潜移默化的影响。

具体做法有以下几点，如图 9-11 所示。

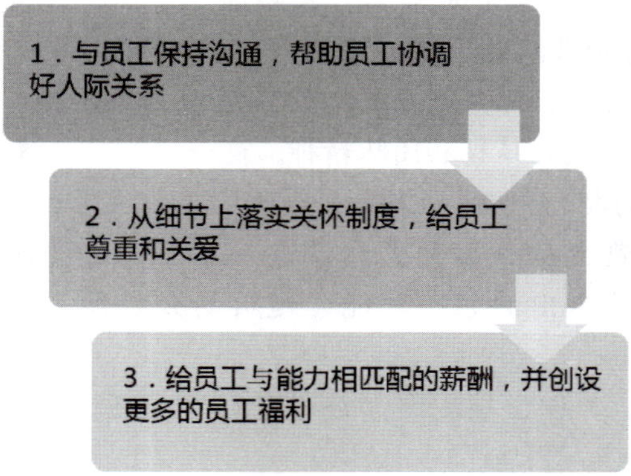

1．与员工保持沟通，帮助员工协调好人际关系

2．从细节上落实关怀制度，给员工尊重和关爱

3．给员工与能力相匹配的薪酬，并创设更多的员工福利

图 9-11　用制度和企业文化建立员工的归属感

1．与员工保持沟通，帮助员工协调好人际关系

人是社会性动物，如果没有良好的人际关系，能力再强，再受领导器重、业绩再好，也不会工作得快乐。因此，管理者应该重视与员工保持沟通，更应该制订每月的沟通计划。

沟通不仅是为了发现工作中的问题，及时协助员工解决，还是为了了解员工的

思想动态，了解员工的人际状况。这样有助于避免员工产生孤独感，便于员工倾诉情感，更有助于减少员工的流失。

作为高层管理者，应该明白“办公室政治”是导致员工离职的重要原因之一。因此，在公司内部，应该为上下级之间、部门之间、同事之间的和谐相处方式提供制度保障。

比如，制度可以规定：如果上司和下属发生矛盾，上司必须率先道歉，下属有权向上诉讼，直到结果满意为止。这样有利于营造平等的企业文化，营造和谐的人际气氛。当员工在公司与大家相处得愉快时，就会对企业产生更强的归属感。

2. 从细节上落实关怀制度，给员工尊重和关爱

好的关怀制度是员工产生归属感的重要因素。制度在于落实，从细节上落实。在日常工作中，管理者应该关注员工的思想动态，尽可能创造欢愉的工作氛围。当发现员工有特殊的事情或遇到麻烦时，关怀制度就有了落实的机会。

举两个例子来说：当员工过生日时，管理者不妨以公司的名义，送给员工一个蛋糕和生日卡片；当员工生病了不能上班时，管理者不妨亲自或安排其他人送上一束鲜花和一些水果，到员工家里或医院看望员工，并带去公司领导和同事们的慰问。

这样做，为的是让员工感受到公司对他的关心，感受到自己是公司大家庭中的重要一员，这样他对公司的归属感就悄然间产生了、增强了。

3. 给员工与能力相匹配的薪酬，并创设更多的员工福利

没有人否认自己对物质生活的需求，薪酬、福利是员工不能置之度外的重要问题。因此，给员工与能力相匹配的薪酬，并创设更多的福利待遇，是留住员工的必要手段。

除了薪酬和福利，公司还应注重平时工作中的激励措施。这有助于激发员工的工作热情和提高员工对企业的忠诚度，最终有助于增强员工的企业归属感。

9.2.5 企业文化激发使命感从而强化制度

【企业实例】 1999 年春节，马云在放假期间回到杭州，把十几个朋友叫到家里开了一次创业动员会。

会上马云讲到三点：第一，要做一个持续发展 80 年的公司；第二，要做世界十大网站之一；第三，要让所有商人用阿里巴巴的网站。这三点就是公司的愿景目标，也是公司的使命。

阿里巴巴创办人之一的金建杭回忆这件事时说：“当时大家都会迷茫空洞，因为十多个人要做 80 年的公司，这个目标太遥远，好像跟大家没关系；说做全球十大网站，当时打死也没人相信。就凭十多个人，怎么做出全球十大网站？让所有商人

都用阿里巴巴的网站，这个听起来比较舒服，但是永无止境。”

5 年之后，在阿里巴巴的周年庆典上，马云提出了一个新目标——做 102 年的公司。之所以把 102 年当作一个目标，是因为阿里巴巴创办于 1999 年，如果做 102 年，将跨越 3 个世纪，必将是中国最伟大的公司之一。

为了实现“102 年”这个目标，阿里巴巴特意研究全球具有百年以上历史的公司制度、文化、体系等方面的建设，最后制定了从招聘员工、培训员工、帮助员工成长这一整套体系。

马云表示，102 年的目标不是一个人能实现的，而需要像接力赛一样，必须由几个人甚至几代人共同完成，马云认为自己是第一棒。

马云说，企业是为了使命感而生存的。全球各大企业都提倡使命对公司发展的意义，这促使马云提出价值观、使命感和共同目标。对于什么是使命感，马云举了丰田公司一个令人感动的故事：

一个大雨天，一辆丰田轿车的雨刮器坏了。司机傻眼了，不知道该怎么办。突然，有个老人冒雨冲了过来，把雨刮器修好了。司机问老人是谁，老人说它是丰田公司的退休工人，他认为自己有义务把雨刮器修好。这就是强大的企业文化和使命感的影响力，它使老人把公司的事当作自己的事。

如今人们已经不觉得奇怪，因为阿里巴巴已经是中国最大的网站之一，是世界上十大网站之一。

但是当年马云喊出这个口号时，又有多少人相信？马云正是靠这股信念、这个价值理念支撑起内心强大的使命感，然后再进一步地落实公司的发展规划。

企业的使命感是指由企业所肩负的使命感而产生的一种原动力。使命感源于一种坚持，是因坚持使命、履行使命而产生的强大的精神动力。

使命感能结合企业的发展指明方向，使公司的决策、经营战略等正确地展开。否则，企业就很容易走上一条不归路。

light to world(让全世界亮起来)，这是爱迪生公司的使命；make the world(让世界快乐起来)，这是迪士尼公司的使命；“让天下没有难做的生意”，这是阿里巴巴的使命。

创业的时候，阿里巴巴的使命是创办中国最好的企业，而不是纯粹地赚钱，这样企业才有凝聚力，员工才有使命感，才会用心地去落实公司的制度和战略。

员工的使命感是指肩负重大的任务和责任。

正所谓“担忧使命，万死不辞”，使命之所以是使命，是因为别人做不到，非你去做不可。这是一个人价值的体现。

有了这种价值感的员工会为自己感到自豪，而那个赋予他使命感的企业，自然会成为他的归属，因为在那里他才能闪耀。

员工产生使命感是企业文化升华的最高表现。

有了使命之后，员工的能量是共同的，在工作里更容易得到快乐。有了使命感之后，员工会以解决企业大事为己任，尽心尽忠。

在企业遭遇困难的时候，有使命感的员工绝不会置企业于不顾。这就是企业为何带给员工一种强烈的认同感和归属感。

通过企业文化建设，可以让每个员工了解企业的使命感，进而思考自己的使命感。公司再制定相应的培训制度、奖励制度，引导员工提高自身素质，增强责任心，去实现企业的目标。

在强烈的使命感的推动下，企业制度的落实便非常轻松了。那么，具体该怎样培养员工的使命感呢？下面几点建议值得参考，如图 9-12 所示。

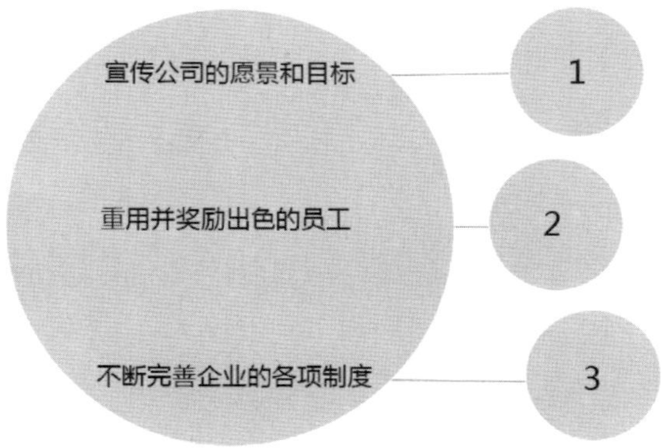

图 9-12　企业文化激发使命感从而强化制度

1. 宣传公司的愿景和目标

伟大的公司都有一个愿景，看似遥不可及，但却是公司长久发展必不可少的目标。就像阿里巴巴的愿景——“让所有的商人都用阿里巴巴的网站”，看似很难实现，但正是这个长远的目标带给阿里巴巴人强烈的使命感，促使其不断地向这个目标努力。

当公司确定了愿景和目标之后，要加大宣传的力度，让员工知道自己除了为拿工资而工作，还有更重要的使命。

也让员工明白，如果自己做得更好，将会获得更好的发展。宣传的方式可以是简报，也可以是召开会议，还可以是创办企业内刊。

2. 重用并奖励出色的员工

企业重视人才，人才也会重视企业。重视人才的最好方法是：肯定人才的价值，对于人才所创造的成绩，要给予及时的肯定和奖励；对于才华出众的人才，要积极地予以重用，使其在公司的发展中发挥更大的作用。这样，员工的使命感才会逐渐地被激发出来。

3. 不断完善企业的各项制度

公司的发展不能缺少文化、价值理念的指导，也不能缺少制度的保障。在企业发展的过程中，管理者要及时发现各项制度的不合理之处，并不断进行完善。

比如，管理操作制度、人才招聘制度等。总之，要系统化。这些制度的制定和完善，需要充分调动员工的积极性和参与性。这样有助于大家理解制度，明确制度的具体规定，从而自觉地加以落实。